高等学校交通运输与工程类专业规划教材

Jiaotong Yunshu Gongchengxue

交通运输工程学

过秀成　主编

人民交通出版社股份有限公司
China Communications Press Co.,Ltd.

内 容 提 要

本教材概括了交通运输工程的概念、特征及发展趋势，介绍了道路、轨道、水路、航空、管道五种运输方式的系统组成及设施、运输工具、组织管理方法等基本知识。

本教材共分13章，包括：绪论、道路交通运输系统、轨道交通运输系统、水路运输系统、航空运输系统、管道运输系统、区域交通运输规划、城市交通规划、交通运输组织与运输服务、货物运输组织、旅客运输组织、交通运输安全、交通运输发展新趋势。

本教材定义明确、论述清晰，利于读者掌握交通运输工程的基本概念和基本方法，以及构建对交通运输工程的整体认知。

本教材可作为高等院校交通工程、运输工程等专业的教材，也可作为其他相关企业技术人员的参考书。

图书在版编目(CIP)数据

交通运输工程学 / 过秀成主编. — 北京 : 人民交通出版社股份有限公司, 2017.12

ISBN 978-7-114-14315-1

Ⅰ. ①交… Ⅱ. ①过… Ⅲ. ①交通工程学—高等学校—教材 Ⅳ. ①U491

中国版本图书馆CIP数据核字(2017)第277646号

高等学校交通运输与工程类专业规划教材

书　　名：交通运输工程学

著 作 者：过秀成

责任编辑：肖　鹏　卢俊丽

出版发行：人民交通出版社股份有限公司

地　　址：(100011)北京市朝阳区安定门外外馆斜街3号

网　　址：http://www.ccpress.com.cn

销售电话：(010)59757973

总 经 销：人民交通出版社股份有限公司发行部

经　　销：各地新华书店

印　　刷：北京市密东印刷有限公司

开　　本：787×1092　1/16

印　　张：20

字　　数：462千

版　　次：2017年12月　第1版

印　　次：2020年8月　第3次印刷

书　　号：ISBN 978-7-114-14315-1

定　　价：49.00元

高等学校交通运输与工程(道路、桥梁、隧道与交通工程)教材建设委员会

主任委员: 沙爱民　(长安大学)

副主任委员: 梁乃兴　(重庆交通大学)
陈艾荣　(同济大学)
徐　岳　(长安大学)
黄晓明　(东南大学)
韩　敏　(人民交通出版社股份有限公司)

委　　员: (按姓氏笔画排序)

马松林	(哈尔滨工业大学)	王云鹏	(北京航空航天大学)
石　京	(清华大学)	申爱琴	(长安大学)
朱合华	(同济大学)	任伟新	(合肥工业大学)
向中富	(重庆交通大学)	刘　扬	(长沙理工大学)
刘朝晖	(长沙理工大学)	刘寒冰	(吉林大学)
关宏志	(北京工业大学)	李亚东	(西南交通大学)
杨晓光	(同济大学)	吴瑞麟	(华中科技大学)
何　民	(昆明理工大学)	何东坡	(东北林业大学)
张顶立	(北京交通大学)	张金喜	(北京工业大学)
陈　红	(长安大学)	陈　峻	(东南大学)
陈宝春	(福州大学)	陈静云	(大连理工大学)
邵旭东	(湖南大学)	项贻强	(浙江大学)
胡志坚	(武汉理工大学)	郭忠印	(同济大学)
黄　侨	(东南大学)	黄立葵	(湖南大学)
黄亚新	(解放军理工大学)	符锌砂	(华南理工大学)
葛耀君	(同济大学)	裴玉龙	(东北林业大学)
戴公连	(中南大学)		

秘书长: 孙　玺　(人民交通出版社股份有限公司)

前言

交通运输业是国民经济重要的基础性、服务性、先导性、战略性行业,是社会生产、生活、生态组织体系中不可缺少的重要环节。我国正处于产业结构转型升级、产业布局调整、统筹区域协调发展、促进城乡一体化发展的关键时期,交通运输系统必须转型发展,建设安全、便捷、高效、绿色、智能的现代化综合交通运输体系,以适应数据驱动时代的客货运输需求规模和需求结构的变化,并成为支撑引领经济社会发展的新引擎。

交通运输工程学是一门研究交通运输系统特征、演变规律,运用现代技术和科学原理,对各种运输方式的运输设施进行规划、功能设计、运营和管理,实现安全、迅速、舒适、方便、经济,并与环境相协调地运送旅客和货物,涉及工程、经济、环境、教育、法规、能源等的科学。

本教材主要介绍交通运输工程基本概况、不同运输方式的设施设备、交通运输规划、交通运输组织管理、交通运输安全以及交通运输发展新趋势等内容,旨在帮助学生更好地构建交通运输工程学重要的知识体系,掌握交通运输工程学的基本理论、基本方法和基本技能。

全书共分13章:第1章绪论;第2章道路交通运输系统;第3章轨道交通运输系统;第4章水路运输系统;第5章航空运输系统;第6章管道运输系统;第7章区域交通运输规划;第8章城市交通规划;第9章交通运输组织与运输服务;第10章

货物运输组织；第11章旅客运输组织；第12章交通运输安全；第13章交通运输发展新趋势。

本教材由过秀成教授主编，编写分工如下：第1章过秀成（东南大学）、温旭丽（东南大学成贤学院）；第2章王卫（东南大学）、陶涛；第3章叶茂（南京理工大学）；第4章徐宿东（东南大学）、温旭丽（东南大学成贤学院）；第5章陈欣（南京财经大学）；第6章邓一凌（浙江工业大学）；第7章杨洁（东南大学）、郑美娜；第8章过秀成（东南大学）、沈佳雁；第9、10章姜晓红（南京林业大学）；第11章严亚丹（郑州大学）；第12章盛玉刚（南京林业大学）、孔德文；第13章李岩（长安大学）、朱震军。同时，也感谢唐爽、张益邦、龚小林、黄兆国（兰州理工大学）、钱思名等在教材资料收集、材料整理及编排过程中所做的工作。

感谢国内外交通运输类院校师生对课程建设的帮助，特别感谢窦雪萍（新加坡国立大学，National University of Singapore）、过晓宇（得州农工大学，Texas A&M University）等对教材体系和知识结构的建议。

教材在编写中参考了大量国内外文献和书籍，由于条件所限，未能与原著者一一取得联系，引用及理解不当之处敬请见谅，在此谨向原著作者表示崇高的敬意与衷心的感谢！

由于作者本人水平所限，书中难免有错漏之处，恳请读者批评指正。

电子邮箱：seuguo@163.com。

过秀成

于东南大学交通学院大楼328室

2017年10月

目录

第1章 绪论

1.1 交通运输工程学的定义

(1)交通

《辞海》定义交通为:"各种运输和邮电通信的总称。即人和物的转运和输送,语言、文字、符号、图像等的传递和播送。"《中国大百科全书·交通卷》对交通的解释则为:"交通包括运输和邮电两个方面。运输的任务是输送旅客和货物。邮电是邮政和电信的合称。邮政的任务是传递信件和包裹,电信的任务是传送语言、符号和图像。"交通是指人员的往来、货物的交流和信息的传递。人员的往来和货物的交流是通过各种运输方式,实现人和物的空间位移;而信息的传递,主要指语言、文字、图像、符号等信息的传递与播送,能够满足此功能的手段主要是邮电和通信。交通行业包括道路运输业、铁路运输业、航空运输业、水路运输业、管道运输业、邮政业和电信业,通常称为"Communication"。(编者注:交通的英文准确表达应为transportation)由于专门化物质传输系统的形成,通常输电、输水、供暖、供气等形式的物质位移及语言、文学、符号、图像等形式的信息传输已不列入交通的范围,因此,目前的交通是指"运输工具在运输网络上的流动"。

(2)运输

《辞海》定义运输为"人和物的载运和输送"。运输是指借助公共运输线路及其设施和运输工具,实现人与物空间位移的一种经济活动和社会活动。运输应具备公共运输线路及其设施、运输工具、人和货物的空间位移等要素。而如经济活动中的输电、输水、供暖、供气,以传送语言、符号和图像等信息为特征的电信,由运输工具改作他用的特种移动设备(包括特种车辆、船舶、飞机)行驶所引起的人与物的位移,在工作单位、家庭周围、建筑工地等由运输工具所完成的人与物的位移等均不属于运输的范围。

(3)交通运输

交通是指运输工具在运输网络上的流动,运输是指借助公共运输线及其设施和运输工具来实现人与物空间位移的一种经济活动和社会活动。交通强调的是运输工具(交通工具)在运输网络(交通网络)上的流动情况,而与运输工具所运载人员、物资的数量没有关系。运输强调的是运输工具上载运人员和物资的数量以及位移的大小,而并不关心使用何种运输工具和运输方式。

交通量与运输量这两项指标反映了交通与运输的区别。例如,在公路运输中,交通量是指单位时间内通过道路某一地点、某一断面或某一条车道的交通实体数,它与运输对象无关。运输量是指一定时期内运送人员或物资的数量。如某路段的交通量是 8 000 辆/日,这 8 000 辆车的装载情况不会改变交通量,但会影响总运输量的大小。

交通与运输反映的是同一过程的两个方面。同一过程就是指运输工具在运输网路上的流动过程;两个方面指的是:交通关心的是运输工具的流动情况(流量的大小、拥挤的程度),运输关心的是流动中的运输工具上的载运情况(所载人与物的数量,将其输送了多远的距离)。在有载时,交通的过程同时也就是运输的过程。因此,运输以交通为前提,没有交通就不存在运输;没有运输的交通,也就失去了交通存在的必要。交通是一种手段,而运输是最终的目的。交通与运输既相互区别,又密切相关,统一在一个整体之中。

综上所述,交通运输指运输工具在运输网络上的流动和运输工具上载运的人员与物资在两地之间位移这一经济活动的总称。研究交通运输是探讨通过交通工具在运输网络上的流动,如何将人和物迅速、安全、经济、便利、准时地从甲地运到乙地,以创造空间效用和时间效用。

(4)交通运输工程学

交通运输工程学是一门新兴的学科,它以交通运输业为对象并与多种学科结合,是伴随着交通运输业的发展和交通运输科学技术的进步而逐步发展起来的。

公路运输、铁路运输、水路运输、航空运输和管道运输是现代交通运输的主要方式。信息、电子、材料、现代控制和环境工程等现代工程技术和高新技术又为交通运输的发展注入了新的活力,推动和促进了现代交通运输业的迅速发展。由多种运输形式共同组成的国际、国内多维运输网络已成为现代经济和社会发展中不可缺少的组成部分。各种交通运输方式应统筹规划、合理分工、扬长避短、协调发展,以提高综合运输能力,适应国民经济可持续发展。在此过程中,交通运输工程成为一个独立的学科门类。

交通运输工程学科与土木工程、机械工程、信息工程、电子科学与技术、材料科学与工程、经济学、管理学等学科有着密切的联系并相互交叉,涉及交通基础设施的布局与修建、载运工具的运用、交通信息工程及控制、交通运输规划与管理、交通运输的现代化及安全技术等有着共同的理论和专业基础的研究领域。

美国交通工程师协会(Institute of Transport Engineers,ITE)指出:交通运输工程学是为了能安全、迅速、舒适、方便、经济和与环境相协调地运送旅客和货物,运用现代技术和科学原理,对各种运输方式中的运输设施进行规划、功能设计、运营和管理的科学。

综上所述,交通运输工程学是一门研究交通运输系统特征、演变规律,运用现代技术和科学原理,对各种运输方式的运输设施进行规划、功能设计、运营和管理,实现安全、迅速、舒适、方便、经济并与环境相协调地运送旅客和货物,涉及工程、经济、环境、教育、法规、能源的"6E"科学。

1.2 交通运输系统特性

1.2.1 交通运输系统构成要素

交通运输系统是由公路运输、铁路运输、水路运输、航空运输、管道运输构成的一个复杂大系统。交通运输系统的基本结构如图 1-1 所示。

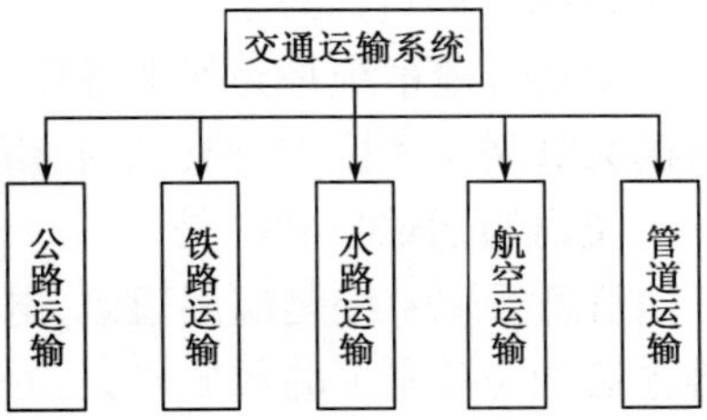

图 1-1 交通运输系统的基本结构

(1)公路运输

公路运输是主要使用汽车在公路上运送货物和旅客的一种运输方式,它在中短途运输中效果比较突出。

(2)铁路运输

铁路运输是使用铁路列车运送货物和旅客的一种运输方式,它适合于长距离运输大宗货物,如煤炭、矿石、钢材等,也适宜承担中长途的旅客运输。

(3)水路运输

水路运输是一种使用船舶(或其他水运工具)通过各种水道运送货物和旅客的运输方式。它特别适合于承担时效性要求不太高的大宗、廉价货物的中长距离运输,包括煤、石油、矿石、建材、钢铁、化肥、粮食、木材、水泥、食盐等。

(4)航空运输

航空运输是一种使用飞机(或其他飞行器)运送人员、物资和邮件的运输方式。它适合于承担各大城市之间的和国际间的快速客运以及报刊、邮件等对实效性要求高和昂贵、精密、急需货物的运输。

(5)管道运输

管道运输是一种由大型管道、泵站和加压设备等组成的运输系统。管道是流体能源非常适宜的运输手段,流体能源主要包括原油、天然气、成品油(包括汽油、煤油、燃料油以及液化石油气)。

整个交通运输系统是上述五种交通运输方式并存的综合系统,公路、铁路、水路、航空、管道既是交通运输系统的五个基本要素,又分别构成了公路、铁路、水路、航空、管道五个子系统。而这五个子系统本身又是由不同的要素组成的,包括载运工具、线路、场站、交通控制与管理系统、设施管理系统、信息管理系统六大部分。

(1)载运工具

载运工具的功能在于容纳与承载被运送的人和货,如汽车、火车、轮船、飞机、管道等。有的载运工具与动力完全分离,如铁路的货车车厢、海上的驳船、集装箱拖车等;有的则与动力同体,如汽车、飞机、轮船等。

(2)线路

线路是运输系统中连接运输始发地、到达地,供载运工具安全、便捷运行的线路。某些线路是自然形成的,如空运航线、水运的江河湖泊、海洋的航路;而大多数则是人工修建的专门设施,如铁路、公路、运河、管道等。

(3)场站

场站是指交通运输工具出发、经过和到达的地点,为运输工具到发停留,客货集散装卸,售票待运服务,运输工具维修、管理,驾驶人员及服务人员休息,以及运输过程中转连接等的场所,包括火车站、汽车站、机场、港口等。

(4)交通控制与管理系统

交通控制与管理系统包括各种交通信号、交通标志、交通规则等,是为了保证载运工具在线路上和场站内的安全、有效运行而制定的规则及设置的各种监控、管理装置和设施。

(5)设施管理系统

设施管理系统是为保证各项交通运输设施处于完好或良好的使用或服务状态而设置的设施状况监测和维护(维修)管理系统。

(6)信息管理系统

信息管理系统是应用通信、电子信息等高新技术建立的,为现代交通运输服务的系统。它通过建立一套完善的数据采集、处理与共享机制,构建交通信息平台,为交通运输的发展提供强有力的信息保障。信息系统在整个交通运输系统中起着桥梁和纽带的关键作用,通过它能够使交通运输系统的其他构成要素实现有机联系并互通情报,从而实现整个运输系统的合理规划、统筹安排,提高系统的运营效率和服务质量。

1.2.2 交通运输系统性能与特征

1)各类运输系统性能与特征

交通运输系统的五大运输方式都有其适用区域,其在交通运输系统纵向上分化细密,横向上重叠交错。在满足人或物的空间位移的要求上具有同一性,但它们所采取的技术手段、运输工具和组织形式等都不相同。因此,各运输子系统所形成的技术性能(速度、质量、连续性、保证货物的完整性和旅客的安全与舒适性等)、对地理环境的适应程度和经济指标(如能源和材料消耗、投资、运输费用、劳动生产率等)都是不同的。

(1)公路运输系统

公路运输机动灵活、适应性强,深入性和方便性好,能满足多方面、多种运输的需求,可以实现门到门直达运输,避免中转环节,减少货损货差,在中、短途运输中,运送速度较快。运距在200km以下时,公路运输的货运速度比铁路运输快4～6倍。公路运输的原始投资少,资金周转快,回收期短,利润大。与火车驾驶员或飞机驾驶员培训相比,汽车驾驶技术比较容易掌握,对驾驶员各方面的素质要求相对也比较低,掌握车辆驾驶技术较容易。另外,公路运输还可以为其他运输方式提供集散或接运服务,公路运输还可以承担铁路、水路运输达不到的区域内的运输,能有效补充和衔接其他运输方式。

在长途运输业务方面,公路运输有着难以弥补的缺陷:一是耗用燃料多,造成途中费用过高;二是机器磨损大,因此折旧费和维修费用高;三是运量小,运输成本高,与铁路运输相比,若运送同样质量的货物,公路运输需耗用更多的人力;四是运行持续性较差,在各种现代运输方式中,公路的平均运距是最短的;五是公路运输的安全性较差,由于车种复杂、道路不良、驾驶人员疏忽等因素,交通事故较多。此外,公路运输对环境的污染较大,汽车所排出的尾气和引起的噪声也严重威胁着人类的健康,是大城市环境污染的源头之一。

(2)铁路运输系统

铁路运输系统主要承担中、长途的运输任务。铁路运输的优势主要体现在:铁路运输能提供较大的线路输送能力和通过能力,一般单方向自动闭塞双线铁路可达 1 亿吨每年(通过能力最大利用程度能实现 1.7 亿吨每年 ~1.8 亿吨每年);单方向单线铁路可达 0.17 亿吨每年 ~0.18 亿吨每年(通过能力最大利用程度能实现 0.5 亿吨每年 ~0.6 亿吨每年)。铁路能以较快的直达速度运输货物,假定一般普通货物列车的速度为 100%,直达列车则为 130% ~140%,比城间公路运输(相对速度为 180% ~200%)慢,但比内河航运(相对速度为 60% ~70%)和管道运输(相对速度为 40% ~50%)要快。铁路运输能提供全天候、多方向的运输服务,不受气候、季节条件的限制和影响。铁路运输还具有耗能省、运输成本低的特点,在等量运输条件下,铁路、公路和航空的能耗比约为 1:9.3:18.6,铁路、公路、水路、航空的客运成本之比约为 1:1.59:6:5.54,货运成本之比约为 1:6.23:0.64:17.2。铁路运输还具有安全性好、污染小的特点,在旅行安全性、舒适性方面也比公路有优势。

铁路运输的缺点是:投资大,建设周期长,占用土地多,铁路短途运输的平均成本高,在单位运输成本中,因为始发和终到作业所占的比重与运输距离成反比,所以 50km 以下的短途运输成本,铁路运输要比公路运输高,且铁路运输受轨道限制,灵活性较差,必须有其他运输方式支持。

(3)水路运输系统

水路运输船舶的载运量大,劳动生产率高。航道通过能力高,技术上的发展潜力大。运输成本低,水路运输成本比公路运输成本低约 2/3。水运投资省、见效快,占用土地少,运输货种几乎不受限制,特别适宜运输长大件。

水路运输的主要缺点是:运输速度慢,运输过程中换装倒载环节多,受地理条件和季节气候影响大,内河还要受冬天封冻、水量大小以及拦堤截坝的影响。

(4)航空运输系统

航空运输的最大优势是速度快,现代喷气运输机速度约 900km/h,比海轮快 20 ~30 倍,比火车快 5 ~10 倍。航空运输不受地形地貌、山川河流的阻碍,只要有机场并有航路设施保证,即可开辟航线,如果采用直升机,则机动性更大,且建设周期短、投资少、回收快、占用土地少、舒适安全。航空公司的运输管理制度也比较完善,货物的破损率较低,采用空运集装箱的方式运送货物更为安全,节约包装、保险、利息等费用。采用航空运输方式,货物在途时间短,周转速度快,企业存货可以相应减少,有利于企业资金的回收,减少利息支出和仓储费用。

航空运输也有局限性,主要表现在:航空货运的运输成本和运价比其他运输方式高,不适合低价值货物。机舱容积和载质量小,对大件货物或大批量货物的运输有一定的限制。飞机飞行安全容易受恶劣气候的影响,从而影响准时性。此外,航空运输速度快的优势在短途运输中难以充分发挥,因而仅适宜于 500km 以上的长途客运,以及鲜活易腐或时效性强、价值高的货物运输。

(5)管道运输系统

管道运输有着独特的优势,主要表现在:管道运输运量大,根据其管径的大小不同,其每年的运输量可达数百万吨至几千万吨,甚至超过亿吨。管道运输占地少,仅为公路的3%,为铁路的10%左右;受各种恶劣气候条件的影响小,便于长期稳定运输,运输的连续性好;劳动生产率高,整体性强,可以在调度指挥系统中心实现远程控制,自动化程度高,便于管理;耗能低、运费低,以运送石油为例,管道运输、水路运输、铁路运输的运输成本之比约为1:1:1.7;建设周期短,费用低,运输系统不存在空载行程,运输效率高。同时,管道运输过程无噪声、漏失污染少、安全性好,易燃的油、气密闭于管道中,挥发损耗少,比其他运输方式安全得多。

管道运输的缺点是:不如其他方式灵活,承运的货种比较单一(主要是油、气和煤炭),货源减少时不能改变路线,当输送量降低较多并超出合理的营运范围时,运输成本会显著增大。故管道运输适用于单向、定点、量大的货物运输。

(6)五种运输方式的综合评价

公路运输、铁路运输、水路运输、航空运输和管道运输等五种现代化运输方式在送达速度、运输成本、投资水平、运输能力、能源消耗等方面的特点各不相同。

①送达速度

各种运输方式有其适用的速度范围:公路运输的最优速度为50~100km/h,铁路运输为100~300km/h,航空运输为500~1 000km/h,水路运输一般在50km/h以下。不同运输方式可以满足人们对交通运输速度的不同需求。

②运输成本

运输成本是运输业的一个综合性指标,受多种因素的影响。在运输成本计算中,如果无关支出占的比重较大,则运输成本受运输密度的影响较大,这一因素对铁路运输最显著,水路运输、公路运输则较小。运输距离对运输成本也有很大影响,运输距离越长,路途运行费用越低,运输距离对水路运输影响最大。此外,运载量的大小同样影响着运输成本,运载量较大的运输工具一般来说其运输成本较低,水运在这方面居于有利地位。考察某种运输方式的运输成本需根据具体情况进行分析。一般来讲,水路运输及管道运输成本较低,其次是铁路和公路运输,航空运输成本最高。

③投资水平

各种运输方式由于其技术设备的构成不同,不但投资总额大小各异,而且投资期限和初期投资的金额也有较大的差别,各种运输方式在线路基建投资和载运工具投资方面也各有差异。水路、航空运输线路投资最低,公路次之,管道和铁路运输最高(线路设备是专用的)。铁路的技术设备(线路、机车车辆、车站、厂、段等)需要投入大量的人力物力,投资额大且工期长,因此投资集约程度高;水路运输是利用天然航道进行的,线路投资远低于铁路。从载运工具等基建投资来看,管道运输投资最低,铁路运输、水路运输次之,航空运输最高。

④运输能力

运输能力上,水路运输和铁路运输都处于优势地位(就单个运载工具而言,特别是海运,运输能力最大),而公路和航空的运输能力相对较小。

⑤能源消耗

铁路运输可以采用电力牵引,因而具有优势,而公路和航空运输则是能源(石油)消耗最大的。管道运输所耗能源约为水路的10%,铁路的2.5%。

⑥运输的通用性和机动性

铁路与管道运输受气候和季节影响最小,而在机动灵活方面则公路与航空运输更为优越。

⑦对环境的影响程度

对空气和地表污染最为明显的是公路运输,喷气式飞机、超音速飞机等噪声污染更为严重,相比之下,铁路运输对环境和生态的影响程度较小,特别是电气化铁路,影响更小。

五种运输方式的各项技术经济指标综合评价如表1-1所示。

五种运输方式的各项技术经济指标综合评价表 表1-1

评价指标	运输方式				
	公路运输	铁路运输	水路运输	航空运输	管道运输
运输成本	中	低	低	高	很低
运输速度	快	快	慢	很快	很慢
频率	很高	高	有限	高	连续
可靠性	好	很好	有限	好	很好
可用性	有限	广泛	很有限	有限	专业化
运输距离	中、短	中、长	很长	很长	长
运输规模	小	大	大	小	大
运输能力	强	强	最强	弱	最弱

(7)五种运输方式的适用性

五种运输方式各有优势,也各有其不同的适用范围。各运输方式之间相互补充、相互协作,充分发挥各自优势,才能最大限度节省运输建设投资和运输费用,提高综合运输能力。五种运输方式的适用性如下:

①公路运输在中短途运输中效果最突出,特别是"门到门"的运输更显优越,可补充和衔接其他运输方式,如担负铁路、水路运输达不到的区域以及起终点的接力运输。

②铁路运输在国土幅员辽阔的大陆国家是陆地交通运输的主力,适合经常稳定的大宗货物运输,特别是中长途货物运输,也适合中长途、短途城际和现代快速市郊旅客运输的需要。

③水路运输特别适合于大宗货物的长途运输,尤其是远洋运输,是国际间贸易的重要运输方式。

④航空运输适用于长途旅客运输、货物运输及邮件运输,包括国际和国内运输,在通用航空运输方面(摄影、人工降雨、林业播种、抗灾救护等)更显优势。

⑤管道运输是流体能源非常适宜的运输方式,尤其是输送属危险品的油类。由于管道多埋在地下,受地面干扰少,运送此类物品较为安全。

2)交通运输系统的性能

各类交通运输系统具有不同的性能,通常从以下四个方面表征或评价交通运输系统的性能。

(1)普遍性(通达性)

普遍性主要指进出交通运输系统的出入口数量,即这些出入口之间交通运输线路的直接程度以及系统适应各种交通量的能力等方面的性能。它直接关系到使用者进出和使用该系统的便利性。影响普遍性的主要因素是交通运输线路网的密度和进出系统的出入口或场站的数量。

(2)机动性

机动性可定义为交通运输系统在单位时段内处理交通运输对象数量的能力(或容量)和系统内交通流的速度两个方面。

(3)效率和效益

效率和效益包括为修建和维护交通运输系统基础设施所需投入的资金量,使用该系统所需支付的运行费用(能源消耗,载运工具,基础设施的耗损、控制和管理费用等),系统的可靠性和使用的安全性,系统对周围环境的负面影响等。

(4)服务对象和服务水平

服务对象指交通运输系统适宜输送的对象(货物或旅客的类别),服务水平指系统所提供的服务质量(舒适性、频率等)。

3)交通运输系统的特征

交通运输系统既具有一般系统的共性,同时还具有规模庞大、结构复杂、目标众多等特征。

(1)交通运输系统是具有层次结构的可分系统

交通运输系统包括多个子系统,并且这些子系统又各有客运和货运两个分系统。这些子系统的多少和层次的阶数,还会随着经济的发展、人们对运输需求的提高和研究的深入而不断扩充。系统与子系统之间、子系统与子系统之间,存在着时间和空间及资源利用方面的联系,也存在总目标、总费用以及总运行结果等方面的相互关系。

(2)交通运输系统是跨地域的大系统

世界经济的全球化和信息化促使运输生产活动突破地域界限,形成了运输跨地区、跨国界发展的趋势。跨地域性正是交通运输系统创造空间价值的体现,跨地域的特点使得系统的管理难度加大,对信息的依赖程度变高。

(3)交通运输系统是动态开放系统

交通运输系统一般总是联结多个生产企业和客户,系统内的要素及运行随需求、供应、渠道等而变化。交通运输系统是一个具有满足社会需要、适应环境能力的动态开放系统。为适应经常变化的社会环境,人们必须不断修改完善交通运输系统的各组成部分,这就要求交通运输系统必须具有足够的灵活性与可改变性。

(4)交通运输系统是复杂系统

交通运输系统涉及各种人力、物力、财力资源的组织和合理利用,是一个非常复杂的系统。交通运输系统中存在各种运输工具,其大小、长度、容量、行驶速度等各不相同,各种运输工具行驶的线路和配套设施差别也很大,从事运输生产活动的人员数量极其庞大,使得交通运输系统结构复杂。

(5)交通运输系统是多目标系统

交通运输系统的总目标是实现宏观和微观的经济效益,但具体目标是多重的,要求高效、快速、经济、舒适、安全、环保。交通运输系统的功能要素之间存在着非常强的"交替损益"或"效益背反"现象,同时满足上述要求是很难办到的,即某一功能要素的优化和利益发生的同时,必然会存在另一个或另几个功能要素的利益损失。这种多个目标冲突的现象在交通运输系统中普遍存在,只有在交通运输系统总目标下对各要素目标进行协调,才能获得交通运输系统总体最优的效果。

1.2.3 交通运输系统性质与作用

1)交通运输系统的性质

交通运输业是一个不创造新的可见物质的产业,其生产活动不提供具有实物形态的产品,只是实现旅客和货物的时空位移。交通运输系统在整个国民经济大系统中起着纽带的作用,它把社会生产、分配、交换和消费各个环节有机联系起来,是保证社会经济活动得以正常进行和发展的前提条件。交通运输系统具有以下性质:

(1)对于国民经济系统具有基础性

交通运输系统的基础性表现在:工农业生产、人民生活及其他社会经济活动诸方面对交通运输系统有着普遍的需求性,交通运输系统是社会经济最基础的子系统,是其他子系统得以有效运转的主要载体,是各子系统之间协调发展的基本条件,也是社会再生产得以延续的不可缺少的基本环节。

(2)对于空间、地域与时间具有较强的依附性

对交通运输系统的这一性质可以从两个方面来理解:一是交通基础设施(路网、港口、车站等)在空间和地域上不能挪用,必须就地兴建;二是运输能力在时间上不能挪用。由于运输与生产、消费是同时发生的,运输能力不能像其他行业的产品那样可以储存备用,也不能靠临时突击来解决,而是要长期有计划地、可持续地建设和累积。

(3)对于社会和经济系统的贡献具有间接性和隐蔽性

这是从交通运输系统的基础性派生出来的,主要表现在:第一,它的经济效益除少部分体现在上交国家的利税外,更重要的是蕴含在运输对象或其拥有者身上;第二,运输需求是从其他社会经济活动中派生出来的,交通运输只是实现目标的手段,而并非最终目标;第三,交通运输对国民经济的影响是全局性的,而交通建设项目本身的效益则主要是通过对国民经济的社会效益来体现的。

(4)交通运输系统内部各运输方式在一定程度上具有可替代性

在完成具体的运输任务时,对运输方式、运输工具的选择一定程度上可以优化。交通运输业与邮电通信业之间也存在着某些替代关系。正是由于这种可替代性,才使得发展综合运输体系成为可能。

2)交通运输系统的作用

(1)交通运输系统是国民经济发展的先决条件

现代化大生产条件下,无论是现有企业的生产,还是新经济区的开发、新建项目的动工,都必须具备相应的运输条件。考察一个地区投资环境好坏的一个重要指标就是该地区的交通运输状况。

(2)交通运输是实现流通的物质手段

流通的最终目的是在社会再生产过程中加速商品和资金的周转,交通运输是实现流通的物质手段。运输发达可减少商品在流通过程中占用的时间,节约流通费用,加速资金周转。

(3)交通运输是开发资源、联系城乡、发展横向联系、实现生产合理布局的纽带

资源的开发、经济发达地区的形成,有赖于交通的开通。交通运输系统的发达可带动整个地区经济的发展,使地区资源得到有效利用,实现全面开发。交通运输也是横向联合企业集团和农、工、贸联合体共同开发和协调发展的纽带。

(4)交通运输业是国民经济的重要生产部门以及工业生产的巨大市场

交通运输业除提供就业和产生直接的经济效益外,其发展也为其他工业部门提供了巨大市场:铁路、港口、公路、机场的大规模修建促进了建筑业的发展;各种运输机械对金属的需求是采矿业和冶金工业取得迅速发展的动因之一;运输业的能源消耗促进了煤炭和石油工业的兴旺;运输工具的大量生产对机械加工业的发展起到积极推进作用。交通运输业也是成熟技术应用的广阔市场,新材料、新工艺、新技术在汽车、飞机、造船、铁路装备及通信中的应用也十分可观。

(5)交通运输是实行对外开放、发展对外贸易的必备条件

实行对外开放要求我们通过学习国外先进的技术和经验,增强国家的自力更生能力,同时融入国际经济的分工协作和循环,提高在世界市场的竞争力。因此对外开放不仅需要完善法制、管理水平等"软设施",同时也需要通信、运输等"硬设施",为引进技术和投资创造良好的环境。

(6)交通运输系统对社会精神文明建设起到积极促进作用

交通运输系统不仅是国民经济和工农业生产的重要环节,也是社会精神文明传播的触角和导线。交通运输使人们得以便利的往来接触,促进地区间相互的沟通与了解,并促进科学文化的融合与发展。

1.3 交通运输工程的发展现状与趋势

1.3.1 交通运输工程的发展阶段

纵观交通运输业的发展史,按照不同运输方式在不同时期所起的主导作用,交通运输可以划分为四个阶段:即水路运输阶段,铁路运输阶段,公路、铁路、航空和管道运输阶段以及综合发展阶段。

(1)水路运输阶段

水路运输是历史最悠久的运输方式,同时也是一种现代化的运输方式,在运输业的早期发展阶段起主导作用。交通运输革命性的进展出现在1785年,詹姆斯·瓦特发明了蒸汽机之后。蒸汽动力的出现揭开了第一次工业革命的序幕,同时也为轮船等现代交通工具的出现奠定了基础。1807年,美国人罗伯特·富尔顿提出用蒸汽机提供船舶动力的方案,起名叫轮船。同时,运河的开凿沟通了陆地上原来分离的各个水系,延长了通航水道,组成了联系广泛的内陆水运网。轮船和运河的出现,使水路运输得到了迅猛的发展。

在铁路出现以前,水上运输与以人力、畜力为动力的陆上运输工具相比,无论从运输能力、运输成本还是方便程度等方面,都处于优越的地位。因此,资本主义国家早期的工业大多沿通航水道设厂。历史上水运的发展对工业布局的影响很大,而海上运输还具有其独特的地位,几乎不可能被其他运输方式替代。

(2)铁路运输阶段

1804年,英国的特里维西克制成了牵引着货车在铁轨上行驶的机车。1825年,英国在斯托克顿至达灵顿修建世界第一条铁路并投入公共客货运输,从此标志着铁路时代的开始。蒸

汽机的发明和锻铁铁轨的出现促使铁路迅速发展。19 世纪，英国、美国和西欧各国都进入了铁路建设的高潮，横贯美国大陆的铁路就是在这个时期建成的。这种形势也影响着其他一些国家到 19 世纪后半期便已扩展到非洲、南美洲和亚洲各国，从此，铁路成了陆地交通的主要工具。但美国早期的铁路运输，由于铁道较短且资金不足，只起到弥补水路运输不足的作用，直到 1850 年，美国人才清楚地意识到唯有大力发展铁路运输才能促进资源的开发。其后他们广借外债，致力于铁路的兴建。40 年后，美国境内由东到西、由南到北，铁路网密布。

在铁路发展阶段，铁路运输基本处于垄断地位。铁路能够快速、大容量地运输旅客和货物，因而极大地改变了陆上运输的面貌，为工农业的发展提供了全新的、强有力的交通运输方式。从此，工业布局摆脱了对水上运输的依赖，内陆腹地的工农业加速发展起来。

(3)公路、航空、管道、铁路运输阶段

1892 年，汽车的出现标志着道路交通工具进入了新的历史阶段。20 世纪初，工业国家的公路系统初步形成，客运和货运汽车被大众所接受并得以迅速发展。汽车工业的发展和公路网的扩张，使公路运输能充分发挥其机动灵活、迅速方便的优势，在短途和长途运输方面地位显著。

1903 年，美国莱特兄弟第一次实现天空飞行标志着航空运输的到来。此后，随着飞机设计技术的进步、机构的完善，1914 年美国首次开辟了从坦帕到圣彼得堡的定期航班；1919 年又开设了从伦敦到巴黎的定期航班。这些航线的开通使得人们的出行时间大幅度缩短。工业的发展和科学技术的进步，促使人们对时间的价值观念日益增强，而航空技术的巨大发展正好满足人们在这方面的需求。航空运输在速度上的优势，不仅使其在旅客运输方面（特别是长途旅客运输方面）占有重要的地位，也在货运方面得到发展。

现代管道运输起源于 1865 年美国宾夕法尼亚的第一条原油管道，其直径 50mm，长近 10km，距今已有 150 余年的历史。以连续运输形式出现的管道运输，虽然其运输货物的品类有限，但运输成本低，输送方便，因此发展很快。

20 世纪 30 ~ 50 年代，公路、航空和管道运输相继发展，与铁路运输激烈竞争。这一阶段的主要特征是公路、航空和管道三种运输发挥的作用显著上升，铁路、公路、航空和管道共同竞争。

(4)综合发展阶段

20 世纪 50 年代，人们开始认识到在交通运输的发展过程中，公路运输、铁路运输、水路运输、航空运输和管道运输这五种运输方式是相互协调、竞争和制约的，需进行综合考虑，协调各种运输方式之间的关系，构成一个现代化的综合运输体系。综合发展阶段的重点之一是在整体上合理进行铁路、水运、道路、航空和管道运输之间的分工，发挥各运输方式的优势。此外，还必须从人类同环境（公害）和能源关系的角度去考察问题，而这些在过去交通运输业的发展过程中并未或无需加以考虑的。目前世界交通运输网的扩展速度相对于大发展时期已经有所减缓，而调整交通运输的布局和提高交通运输的质量则成为综合发展阶段的主要趋势。

1.3.2 各类交通运输方式的发展历史

1)公路运输的发展

现代公路运输的历史仅有 130 多年。1885 年，第一辆四冲程汽车在德国诞生标志着现代公路运输的开始；1924 年，意大利首先建造了一条 405km 长的高速公路，但并不符合现代高速公路的标准;在1929—1932年间建造的约长20km的德国科隆—波恩间的高速公路,是世界上第一条真正符合现代高速公路标准的高速公路。西欧各国和日本由于国土面积小、公路网基础好,公路运输一直是内陆运输的主力。到目前为止,国际上发达国家的大规模道路建设时期已经基本结束,高速公路网骨架基本形成,城市道路交通开始走上现代化,进入全面现代化道路运营管理的阶段。回顾历史,公路运输的发展大致经历了四个发展阶段。

公路的普及阶段(19世纪末—20世纪30年代)。这期间随着汽车的大量使用,在原有乡村道路的基础上,按照汽车行驶的要求进行改建与加铺路面,构成了基本的道路网,从而达到大部分城市都能通行汽车的要求。

公路的改善阶段(20世纪30年代—20世纪50年代)。这期间由于汽车保有量的迅速增加,公路交通改善需求增长很快。各国除进一步改善公路条件外,开始考虑城市间、地区间公路的有效连接,着手进行高速公路和干线公路的规划。在这个阶段,英、美、德、法等国都相继提出了以高速公路为主的干线公路发展规划,并通过立法,从法律和资金来源方面保障规划的实施。

高速公路和干线公路的高速发展阶段(20世纪50年代—20世纪80年代)。这期间各国大力推进高速公路和干线公路规划的实施与建设,并基本形成了将道路使用者税费作为公路建设资金来源的筹资模式。经过几十年的发展,各国初步形成了以高速公路为骨架的干线公路网,为公路运输的进一步发展奠定了基础。

公路的综合发展阶段(20世纪80年代末至今)。这期间各国在已经建成发达的公路网络的基础上,维护改造已有的路桥设施并进一步完善公路网络服务系统,重点解决车流合理导向、车辆运行安全以及环境保护等问题,以提高公路网综合通行能力和服务水平。

2)铁路运输的发展

17世纪前后,英国的煤矿开始用木轨和有轮缘车轮的车辆运送煤和矿石。后因木轮在行驶中受路面铺板磨损严重改用铁车轮,可铁车轮又损伤铺板,所以又把铺板改为铁板,而后又发展成棒形,这就是最初的铁轨。1776年,英国的雷诺兹首次制成凹形铁轨。1789年,英国的杰索普提出在车轮上装上轮缘的方案,这时的铁轨形状已接近I字形。铁路运输一经出现就显示出了多方面的优越性,并很快在世界上迅速发展起来。总体上说铁路运输发展共经历了四个阶段。

铁路运输的萌芽期(1825—1900年)。这期间世界主要国家铁路相继通车。表1-2列举了世界各主要国家铁路的通车年份。

世界主要国家铁路通车年份 表1-2

国家	通车年份	国家	通车年份	国家	通车年份
英国	1825	俄国	1837	巴西	1851
美国	1830	奥地利	1838	印度	1853
法国	1832	荷兰	1839	澳大利亚	1854
比利时	1835	意大利	1839	埃及	1855
德国	1835	瑞士	1844	日本	1872
加拿大	1836	西班牙	1848	中国	1876

铁路运输的蓬勃发展期(1900—1945 年)。这是铁路发展的一个顶峰时期,出现了世界铁路大发展的局面。

铁路运输的衰退期(1946—1964 年)。随着公路(汽车)运输和航空运输的相继兴起,铁路运输不再居于独占的优势地位。

铁路运输的复苏期(1965 年至今)。其标志是 1964 年日本建成了世界上第一条时速 200km/h 的高速铁路东海道新干线,此后铁路运输与其他现代化运输方式共同协作并在综合运输网中发挥其重要作用。

3)水路运输的发展

水路运输历史悠久,水路运输的发展无论是对工业布局还是对城市发展都有很大影响,早期的城市就是依赖水路交通发展而形成的。在我国的周朝或者更早就出现了独木舟;春秋时期的吴国已经有了载客 92 人的木船;西汉武帝时期,木船已经可以运载千余人;希腊罗马时代的运货船可以达到装载 400t 的货物。自 19 世纪初詹姆士 · 瓦特发明的蒸汽机被应用于水路运输后,便开始了海上运输的机械化时代。1883 年,加拿大汽船—皇家威廉Ⅱ号首次横渡大西洋。随后的半个多世纪,汽船取得了快速发展,船身由木制变成铁制,而后变成钢制。19 世纪中叶,螺旋桨推进器取代了早期的明轮推进器。1854 年和 1897 年第一个复合往复式蒸汽机及蒸汽涡轮先后使用。进入 20 世纪后,蒸汽涡轮取代了蒸汽机,水路运输随之发生了很大的变化。纵观历史,从远古的独木舟发展到现代的运输船舶,大体经历了四个时代:

(1)舟筏时代:最原始的以舟筏作为运输、狩猎和捕鱼的工具;

(2)帆船时代:人类学会借助风力航行,自此进入帆船时代;

(3)蒸汽机时代:1807 年美国人富尔顿将蒸汽机用于船上,从此机械力代替自然力;

(4)柴油机时代:柴油机船问世得到很快的发展,逐渐取代了蒸汽机船。

水路运输发展到现在,包括了内河、沿海和远洋三部分的运输系统。目前国际贸易量中约 90% 是通过水路运输(主要是海运)完成的。现代化的海港是一个城市航运业发展的重要标志。为适应现代船舶运输发展的需要,尤其是集装箱船舶大型化发展,吸引国际班轮公司进挂靠港口,许多海港城市加快建设深水航道,并通过各种优惠措施创造优越的政策环境。

4)航空运输的发展

世界航空运输发展大致经历了四个发展阶段。

(1)萌芽期(1903—1914 年)。人类首次飞行是美国的莱特兄弟在 1903 年用螺旋桨做动力的飞行,由此飞机的雏形产生。我国的飞行家冯如驾驶自制飞机于 1909 年试飞成功,这是中国人首次驾驶飞机飞上天空。此后,飞机制造工艺不断改进。

(2)现代航空运输开始(第一次世界大战—第二次世界大战)。1914 年,第一次世界大战开始后,交战双方竞相制造作战飞机,使航空工业得以建立和发展起来。自 1919 年起,大批飞机和驾驶员转入民航,由此开创了民航运输。

(3)快速发展期(第二次世界大战后—20 世纪 70 年代)。20 世纪 40 年代中期以后,许多国家大力发展民航运输业和开展有关的技术革新,民航运输迎来了发展期。民航飞机也开始广泛采用航程更大的发动机,使横跨大西洋和太平洋的航线愈加活跃,同时开辟了从欧洲通过亚洲大陆南部沿岸直达远东的新航线。

(4)现代化运输时期(20 世纪 70 年代至今)。20 世纪 70 年代初,大型宽体喷气式运输机开始出现,航空通信、导航和气象设施也发生了重大变化,航空运输量迅速增加。飞机以及航空发动机的不断改进和完善,提高了载运能力、航程和速度,也推进了世界范围航空网的形成。现代航空运输的发展给人们的出行活动带来了方便,缩短了时空距离,扩大了活动空间,同时也给城市带来了新的活力。航空运输越来越贴近普通百姓的生活,逐步成为人们进行国际交往、长距离商业活动和旅游的主要交通方式。国际城市之间的交通联系基本上依赖于航空运输,航空港成为世界大城市对外联系的窗口。

5)管道运输的发展

管道运输是历史最短的一种运输方式。在美国人开发宾夕法尼亚州油田之后,人们才于1865年开始利用管道来运送石油。但在此后50年间,美国油管运输的发展非常缓慢,主要是由于它的发展与铁路运输业以及载货汽车业的利益相冲突,因此铁路运输企业不允许人们在铁路之下埋设油管。进入20世纪之后,由于大量油田的发现,管道运输才成为一种重要的运输方式。管道运输的发展也与汽车的普遍化、内燃机的发展有密切的关系。从1971年后,管道运输的货物已不限于原油以及汽油等油类产品,甚至可采用煤浆管道来运送煤炭或石灰。

早期所用的油管都是口径小、管壁厚的重铁管,其缺点是容易腐蚀或破裂。第二次世界大战后,人们开始改用大口径、薄管壁的轻管,使油管运输的输油量大大增加。同时,压油技术也日新月异,早期使用蒸汽推动的往复式压油机改成柴油发动机推动的压油机,后又改成由电力推动的、可遥控的离心式压油机,既节省了人力,又减少了管道上的加压站数目。

1.3.3 我国交通运输工程基本概况

新中国成立以来,交通运输体系通过多年的不断改造和建设,取得了长足的进步和发展。交通运输设施和装备成倍增加,运输能力不断加强;技术状况明显改善,运输服务质量大大提高;客、货运输量大幅度增长,运输效率和运输效益显著提高,现已初步形成全国性的结构合理、协调发展的现代化交通运输体系。

(1)公路运输系统

我国已建立了一个具有相当规模的公路系统,“五纵七横”国道主干线于2007年底全部开通,已拥有横跨东西、纵贯南北的快速公路运输网络。

2016年末,全国公路总里程已达469.63万km,其中高速公路13.10万km。2016年公路运输货运量为336.34亿t,货物周转量为61210.98亿t·km,公路运输客运量为156.25亿人,旅客周转量为10294.79亿人·km。

(2)铁路运输系统

由京沪、京哈、沿海、京九、京广、大湛、包柳、兰昆“八纵”和京兰、煤运北、煤运南、陆桥、宁西、沿江、沪昆、西南出海“八横”组成的“八纵八横”铁路运输通道基本形成。

截至2016年底,我国铁路已覆盖全国的各省、自治区、直辖市,营业里程达12.4万km,全国高铁运营里程超过2.2万km。2016年我国铁路旅客发送量完成28.14亿人,旅客周转量为12579.29亿人·km;货物发送量完成33.32亿t,货物周转量为23792.26亿t·km。

(3)水路运输系统

我国内河交通网基本上由长江、珠江、黑龙江、淮河和京杭运河所组成,形成“两纵三横”水运主通道。

2016年末全国内河航道通航里程12.71万km,等级航道6.64万km,占总里程的52.3%。其中三级及以上航道1.21万km,五级及以上航道3.04万km,分别占总里程的9.5%和

23.9%。2016年水路运输货运量为63.63亿t,货物周转量为95399.90亿t·km,水路运输客运量为2.71亿人,旅客周转量为72.04亿人·km。

(4)航空运输系统

截至2016年底,我国境内民用航空机场共有218个;定期航班航线3794条,按重复距离计算的航线里程为919.3万km,按不重复距离计算的航线里程为634.8万km。2016年我国民航完成旅客运输量为4.88亿人次,旅客周转量8378.13亿人·km,完成货邮运输总量为668.00万t,货邮周转量222.45亿t·km。

(5)管道运输系统

我国现有的运输管道包括原油管道、成品油管道、天然气管道和其他气体管道,此外尚有少量的矿浆管道。其中,原油管道是管道网的主体,石油天然气管道随着石油工业的创建得到快速发展。我国已形成了由西气东输一线和二线、陕京线、川气东送为骨架的横跨东西、纵贯南北、连通海外的全国性供气网络。"西气东输、海气登陆、就近外供"的供气格局已经形成,并形成较完善的区域性天然气管网。中哈、中俄、西部、石兰、惠银等原油管道构筑起区域性输油管网。以兰成渝、兰郑长等为代表的成品油管道,作为骨干输油管道,形成了西油东送、北油南下的格局。

截至2016年底,全国油气管道总长度约12.6万km,2016年全年的管道运输货运量为7.0亿t,货物周转量为4670.6亿t·km。

1.3.4 我国交通运输工程发展趋势

随着城市交通的不断发展,以城市交通为基础的区域化和城市群交通不断改善和丰富着传统的五种运输方式,并由公路运输演变出包括城市道路运输和传统公路运输的道路运输方式,以及由铁路运输演变出的包括城市轨道交通和传统铁路运输的轨道运输方式。

交通运输业是一个迅速发展的产业,随着新时期国家客货运输需求规模和需求结构的变化,交通运输系统面临转型发展的重大现实问题。加快科技创新,以"综合"为突破口,提升各种交通运输方式间的综合协同运行能力,以"智慧"为手段提升交通运输系统从设施到运行系统的全链条智能管控能力,将交通运输组织管理与智能交通技术融合为一体,对形成完善的可持续发展的综合交通运输体系、提升运输效能和安全保障能力具有重大作用,也是实现综合交通运输"绿色、平安"发展的必经之路,符合国家科技发展的方向。

(1)综合交通

随着城市群、都市圈等城市形态的发展,区域协同、运输一体化需求显著,应综合运用多种制式的轨道交通、通用航空等方式,构建多层次协调的交通网络系统;应重视交通网络基础设施与国土资源的开发,协调模式的演变以及新型城镇化背景下的综合交通网络规划建设;众创空间、特色小镇、高铁枢纽地区等入住人口呈现出交通行为更加多元化的活动特征,应努力构建更加精细化的运输服务体系,实现更具综合运输效率和活力的运营组织。

(2)智慧交通

综合交通运输与智能交通技术深度融合正在加快综合交通运输业的升级换代,综合集成现代管理技术与现代装备技术、信息技术,提高运输装备的现代化水平以及运输管理信息化水平,推进运输过程一体化,成为大幅度提升交通运输效率和安全保障能力的方向。以大数据为支撑的更加精细、准确、完善和智能的服务需求也将加速交通产业生态圈跨界融合，促进综合交通运输系统的运行组织模式和服务模式的变革。

（3）平安交通

交通运输安全技术和保障问题仍是当前交通运输业的薄弱环节，交通事故所造成的人员伤亡和物资损失日趋严重。要通过进一步深入研究交通运输过程中的安全运行规律，为交通运输提供安全技术保障，从而减少交通事故的发生率和伤亡率、促进公众出行和货物运输的安全，提高运输的社会和经济效益。

（4）绿色交通

能源消耗快速增长和污染排放持续恶化的局面，对我国的能源安全和生态安全是一个巨大挑战。针对资源约束趋紧、环境污染严重、生态系统退化等制约国家经济社会可持续发展的瓶颈，要坚持把绿色发展、循环发展、低碳发展作为基本途径，推动资源利用方式根本转变，优先发展公共交通，优化运输方式，推广节能与新能源交通运输装备，发展甩挂运输，强化节能减排，大力推广绿色低碳出行，加快构建低碳、便捷的综合交通运输体系。

1.3.5 交通运输工程学科的重点研究方向

针对交通运输工程综合、智慧、平安、绿色的发展需求，确定学科的重点研究方向包括如下6点。

（1）交通基础设施智能监管

智能型设施是支撑智慧运输发展的重要基础，主要研究方向有：

①交通基础设施状态的实时精准感知；

②基础设施状态信息、环境信息、系统运行信息的互联互通和高效安全传输；

③交通基础设施状态信息精确定位和信息可视化表达；

④对交通基础设施服役性能的实时监测和评估；

⑤交通基础设施的网络化监测和管理。

（2）载运工具、设施、环境智能协同

车路协同技术研究已从交通管控运用阶段向以车—车、车—路通信下的智能联网为特征的车路协同阶段发展，无人驾驶、V2X技术发展促进了交通运行模式和安全防控的革命性变化，交通参与者、载运工具、设施一体化协同系统的主要研究方向有：

①车—车（船—船）、车—路（船—岸）通信技术的市场应用；

②基于移动互联网及大数据云平台技术的载运工具之间、载运工具与基础设施之间的高效协同；

③交通系统大规模网联及智能运行方法与关键技术；

④车路协同技术在安全及控制系统中的研究与应用。

（3）交通系统协调运行智能管控

交通运行监管与协调正朝着多模式整合、智能化管控、城市群协调等方向发展，主要研究方向有：

①综合交通网络的协同与一体化理论及方法；

②信息化条件下主动式智能交通控制技术；

③高精度实时动态交互式交通系统仿真技术；

④管控措施和信息服务协同一致,跨区域交通运行信息无缝对接。

(4)大型交通枢纽协同运行与服务

随着城市群和综合交通枢纽的涌现,多方式枢纽的协同运行与布局优化、以航空港为代表的客运枢纽协同运行技术和以港口为代表的货运枢纽场站接驳转运技术逐渐成为研究热点,互联网、物联网等信息技术应用成为提升枢纽运行效率和服务水平的关键因素。主要研究方向有:

①城市群多枢纽及其与城市的功能耦合和多枢纽协同运行;

②多源交通信息、大数据融合技术及其应用系统;

③枢纽多方式交通协同运行组织与高效服务技术集成;

④大型港口货运场站接驳转运系统智能化。

(5)多式联运及综合运输一体化

基于状态感知和信息互联的多式联运资源优化配置、货运智能配载、转运技术与装备成为研究热点,主要研究方向有:

①基于交通大数据的多式联运资源优化配置;

②对综合运输网络宏微观交通仿真的一体化与精确化;

③多式联运货物配载智能化与集成化;

④服务于多式联运的装运、转运先进装备研发;

⑤互联网环境下货物运输状态智能感知与供需信息智能交互服务;

⑥城乡一体化、多模式一体化的区域快速公交系统构建。

(6)区域综合运输服务与安全

区域综合实时动态信息集成服务应用、运输网络综合安全风险主动防控等成为区域综合运输服务与安全技术研发重点,主要研究方向有:

①基于交通大数据的交通运行态势主动辨识与事故风险预测技术;

②基于人因机理的交通安全分析与调控技术手段;

③内河航运事故的应急仿真与应急搜救。

1.4 交通运输工程学课程教学

1.4.1 交通运输工程类专业人才培养目标

交通运输工程类专业人才培养目标要求具有如下的知识、能力和素质:

①具有丰富人文科学素养,强烈的社会责任感,良好的工程职业伦理道德和终身学习能力;

②具有从事工程规划与设计所需的相关数学、自然科学、经济管理以及人文科学的知识;

③掌握扎实的交通运输工程的理论方法与技术及掌握交叉学科的基本方法和技能;

④了解科技革命(包括大数据、互联网、信息技术)和先进生产方式及交通运输工程的前沿发展现状与趋势;

⑤具有综合运用所学的科学理论与方法和技术手段独立分析和解决工程问题的

能力；

⑥熟悉交通运输工程领域的规范、规程、技术标准，和相关行业的政策、法律和法规；

⑦具有开拓创新意识和产品开发与设计的能力，以及工程项目策划、商务与管理的基本能力；

⑧具有良好的组织管理能力、交流沟通、环境适应和团队合作能力；

⑨具有应对危机与突发事件的基本能力和良好的领导意识；

⑩具有国际视野和多种文化环境下的交流、竞争与合作的基本能力。

1.4.2 课程教学目标

交通运输工程学是交通运输工程类专业的大类学科基础课，其开设目的是引导学生专业情怀和兴趣，初步构建交通运输工程专业的知识架构，掌握本专业的基本知识、基本概念、基本方法和基本技能。

交通运输工程学课程的教学旨在帮助学生了解交通运输工程的基本情况以及交通运输系统的特性；掌握道路运输、轨道运输、水路运输、航空运输以及管道运输等不同运输方式的设施设备、运输能力及运行特征；明确区域交通运输规划与城市交通规划的内容与流程；理解多种运输方式的组织管理方法；掌握交通运输安全的各类影响因素及安全保障技术；并了解交通运输系统发展的新趋势。

1.4.3 教学内容与结构

本书按照不同运输设施及能力、装备及设备、运行特征到交通运输规划、交通运输组织管理、交通运输安全再到交通运输系统发展的新趋势的思路进行课程内容组织。

全书共分 13 章。第 1 章绪论包括交通运输工程学的定义，交通运输系统的构成与特性，公路运输、铁路运输、水路运输、航空运输和管道运输这五大运输方式的技术经济特征与适用范围，交通运输工程的发展现状与趋势以及交通运输工程学的重点研究方向。

第 2 ~ 6 章阐述了不同运输方式的设施设备，主要根据道路运输系统、轨道运输系统、水路运输系统、航空运输系统以及管道运输系统，分别介绍各种运输方式的设施构成、设施能力以及各种运输方式的交通控制与管理。

第 7 ~ 8 章阐述交通运输规划，分为区域交通运输规划和城市交通规划，包括各类交通运输规划的原则、内容和流程。

第 9 ~ 11 章为运输组织与运输服务，分别从货物运输和旅客运输两方面介绍了多种运输方式的组织要求和组织形式，以及多种运输方式的组织生产与管理过程。

第 12 章交通运输安全叙述了道路、轨道、水路、航空、管道运输等各种运输方式的特点，运输事故的分类，事故影响因素，交通运输安全技术以及交通运输突发事件的应急救援。

第 13 章交通运输发展新趋势主要介绍了交通运输发展理念的变革、运载工具的变革以及控制组织系统的变革等方面，介绍智慧交通、车联网、新能源汽车、无人驾驶、现代物流、真空管道等新技术的发展。

【复习思考题】

1. 简述交通运输工程学的定义。
2. 简述交通运输系统的构成、性质和特点。
3. 简述我国交通运输工程的现状与发展趋势。
4. 简述交通运输工程学科的研究重点。
5. 简述交通运输工程类专业的人才培养目标。

第2章

道路交通运输系统

2.1 公路交通运输系统

2.1.1 公路交通运输系统概述

1)公路交通运输系统的组成

公路交通运输是使用汽车和其他运输工具在公路上从事旅客和货物的运输。公路交通运输系统包括公路运输设施、运输设备(运输工具)、运输对象(旅客、货物)及劳动者(驾驶员)等。公路运输设施又可以分为公路运输线路设施和公路运输场站设施两大类。

(1)公路运输线路设施

公路是一种线形构造物,是车辆运输的基础设施,由路基、路面、桥梁、涵洞、隧道、防护工程、排水设施与设备以及山区特殊构造物等基本部分组成。此外,还需设置交通标志、安全设施、服务设施及绿化栽植等。

(2)公路运输场站设施

公路运输场站设施主要指组织运输生产所需要的生产性和服务性的各类建筑设施,如客运站、货运站、停车场(库)、加油站及食宿站等。

2)公路交通运输的功能

公路交通运输具有以下 3 个功能。

(1)承担中短途运输

中短途运输主要包括城间公路客货运输、城市市区与郊区客货运输及厂矿企业内部生产过程运输等。其中,短途运输是指运距在 50km 以内的运输,中途运输是指运距达 50 ~ 200km 的运输。

(2)独立承担长途运输

由公路承担长途运输时,一般要求经济运距超过 200km。资料显示,美国公路货运的平均运距为 600km 左右,而且近几年来,运距达 1 600km 左右的水果和蔬菜、油料及蛋品的大部分运输由公路承担。发展中国家公路运输的经济运距虽然低于 200km,但是基于国家政治、经济建设等方面的需要,长途运输也常常由公路承担。

(3)与其他运输方式衔接

货物从生产地点到消费地点或旅客由出发地到目的地的全部运输过程往往需要由几种运输工具分工协作才能完成,公路在整个运输过程中,作为运输的起终点,或中间某一段运输所用方式的中短途接力运输,即为公路的衔接功能。公路运输的机动灵活性和"门到门"直达运输的特性使之不仅可以起到各种运输方式之间的纽带作用,将各种运输方式联结成为综合运输网络,而且可以将客货运输对象运送到最终目的地。

2.1.2 公路运输线路设施

1)公路的组成

公路是一种建筑在大地上的带状空间结构物,它主要承受各种汽车车轮荷载的重复作用,并受到各种自然因素的长期影响。因此,公路不仅要有平顺的线形、缓和的纵坡,而且还要有坚固稳定的路基、平整和抗滑性好的路面、牢固可靠的桥涵以及必要的防护工程和附属设施,以满足公路交通的要求。

公路工程由路线工程和结构工程两大部分组成。

(1)路线组成

公路路线即公路的中心线。公路为平面上有曲线、纵面上有起伏的立体空间线形结构物。路线平面的形状称为平面线形,由直线、圆曲线和缓和曲线组成。平曲线指的是在平面线形中路线转向处曲线的总称,包括圆曲线和缓和曲线。其中缓和曲线是指设置在直线和圆曲线间或半径相差较大、转向相同的两圆曲线间的一种曲率连续变化的曲线;竖曲线则指在道路纵坡的变坡处设置的竖向曲线,一般为圆曲线。在进行路线设计时,为满足汽车运动学和力学要求,研究如何满足视觉和心理方面的连续、舒适,与周围环境相协调,并有良好的排水条件的工作,称为平、纵线形组合设计。

公路路线的平面、纵断面和横断面是公路的几何组成部分,如图 2-1 所示。

公路的选线是指根据道路的性质、任务、等级和标准,结合地形、地质和地物及其沿线条件,综合平、纵、横三方面因素,在实地或纸上选定道路中线的平面位置。选线的一般方法有实地选线、纸上选线、航测选线等。一条公路路线的选定是经过由浅入深、由轮廓到局部、由总体到具体、由面到带到线的过程。选线的一般步骤为:确定路线的基本走向;确定路线走廊带;确定路线方案;选定具体线位。

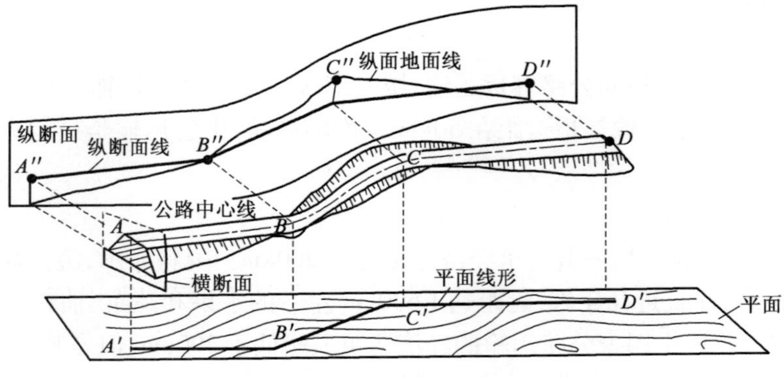

图 2-1　公路路线的平面、纵断面、横断面示意图

(2)结构组成

公路的结构组成主要包括:路基、路面、桥涵、隧道等设施。

①路基

路基是公路的重要组成部分,是线形构造物的主体。路基是路面的基础,它与路面共同承受车辆荷载的作用。路基通常由天然土石材料修筑而成,必须具有足够的强度、整体稳定性和水稳定性。路基构造的基本形式如图 2-2 所示。

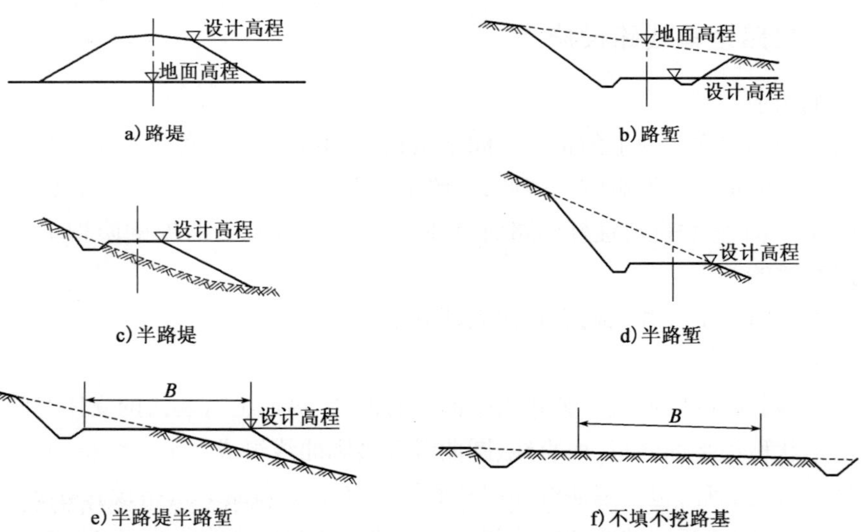

图 2-2　路基构造的基本形式

②路面

路面是公路与机动车车轮直接接触的结构层,主要承受车轮荷载和磨损,因此要求其具有足够的强度、稳定性、平整度和粗糙度,以利车辆在其表面安全而舒适地行驶,一般的路面结构如图 2-3 所示。路面工程的质量直接影响公路的使用性能和服务质量。

常用的路面结构可以分为两种,即沥青类路面和水泥混凝土类路面。

沥青路面类是由沥青作为结合料,黏结矿料修筑面层,并和基层(底基层)、路基(垫层)共同组成的路面结构,也称柔性路面。

水泥混凝土类路面是指由水泥混凝土面板、基层或底基层所组成的路面,也称刚性路面,包括普通混凝土路面(JPCP)、钢筋混凝土路面(JRCP)、钢纤维混凝土路面(SFCP)、预应力混凝土路面、连续配筋混凝土路面(CRCP)、装配式混凝土路面等。

③桥涵

公路路线常常需要跨越大小不同的障碍物(如河流、山谷、铁路、公路),故需要修筑桥梁和涵洞。桥梁指架设在江河湖海上,使车辆行人等能顺利通行的构筑物。桥梁亦引申为跨越山涧、不良地质或满足其他交通需要而架设的使通行更加便捷的建筑物。涵洞是指为保证地面水流能够横穿公路而设置的小型构造物,一般由基础、洞身、洞口组成。

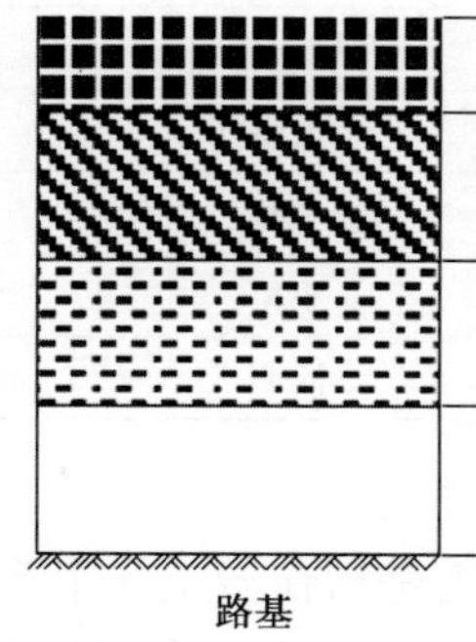

图 2-3 路面的基本结构

桥梁由五个基本部分组成:上部结构、下部结构、基础、支座和附属设施。按上部结构与行车道的相对位置,桥梁分为上承式、中承式和下承式桥,如图 2-4 所示。

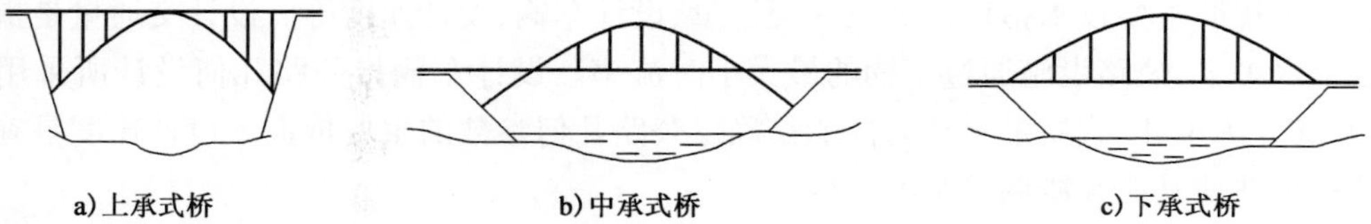

图 2-4 桥梁按上部结构行车道位置分类图

按结构体系,桥梁分为梁式桥、拱式桥、钢构桥、悬索桥、斜拉桥等,如图 2-5 所示。

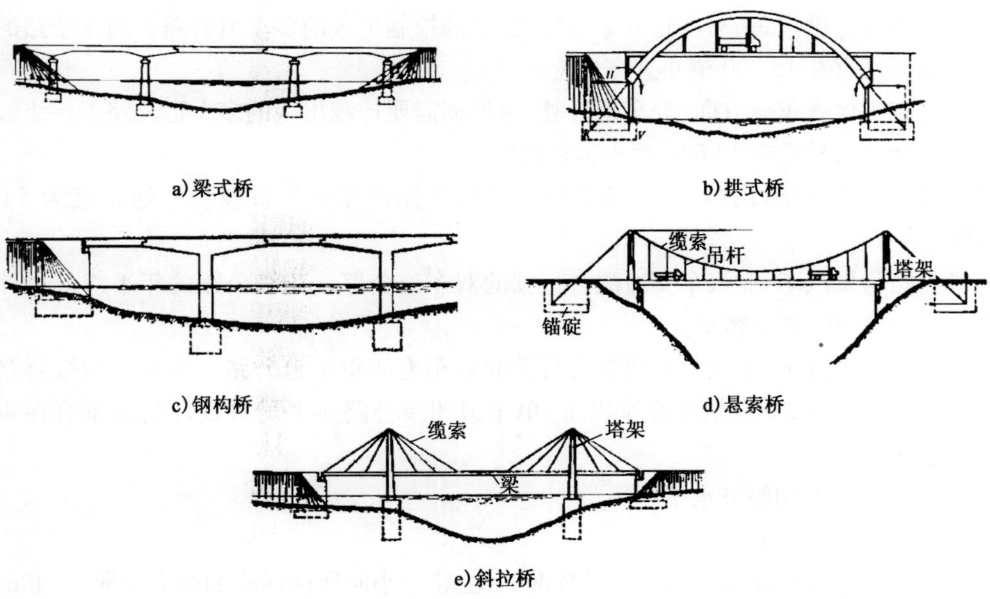

图 2-5 桥梁按结构体系分类图

在《公路工程技术标准》(JTG B01—2014)中,桥涵按照跨径进行分类,具体如表 2-1 所示。

桥涵按跨径分类表　　表 2-1

桥 涵 分 类	多孔跨径总长 L(m)	单孔跨径 K(m)
特大桥	$L>1\,000$	$K>150$
大桥	$100\leqslant L\leqslant 1\,000$	$40\leqslant K\leqslant 150$
中桥	$30<L<100$	$20\leqslant K<40$
小桥	$8\leqslant L\leqslant 30$	$5\leqslant K<20$
涵洞	—	$K<5$

④隧道

隧道是指在岩土体中开挖形成的用作地下通道的地下工程结构物。按地质情况不同，隧道可以分为石质隧道和土质隧道。按其长度可分为短隧道($L\leqslant$500m)、中长隧道(500 $<L<$ 1 000m)、长隧道(1 000 $\leqslant L\leqslant$ 3 000m)和特长隧道($L>$ 3 000m)。

2)公路工程技术指标

公路工程的主要技术指标包括设计交通量、设计车辆、设计速度等。设计交通量是指相应设计服务水平下，公路设施通过车辆的最大小时流率。设计车辆指公路几何设计所采用的代表车型，其外廓尺寸、载质量和动力性能是确定公路几何参数的主要依据。设计速度是确定公路设计指标并使其相互协调的基准速度。

3)公路分级

根据行政等级，公路可划分为国家干线公路(国道)、省级干线公路(省道)、县级干线公路(县道)、乡级公路(乡道)、村级公路(村道)和专用公路。

根据技术等级，公路可分为高速公路、一级公路、二级公路、三级公路、四级公路。

高速公路为专供汽车分方向、分车道行驶，全部控制出入的多车道公路。高速公路的年平均日设计交通量宜在 15 000 辆小客车以上。

一级公路为供汽车分方向、分车道行驶，可根据需要控制出入的多车道公路。一级公路的年平均日设计交通量宜在 15 000 辆小客车以上。

二级公路为供汽车行驶的双车道公路。二级公路的年平均日设计交通量宜为 5 000 ~ 15 000辆小客车。

三级公路为供汽车、非汽车交通混合行驶的双车道公路。三级公路的年平均日设计交通量宜为 2 000 ~ 6 000 辆小客车。

四级公路为供汽车、非汽车交通混合行驶的双车道或单车道公路。双车道四级公路年平均日设计交通量宜在 2 000 辆小客车以下；单车道四级公路年平均日设计交通量宜在 400 辆小客车以下。

4)公路通行能力和服务水平

(1)公路的通行能力

公路的通行能力指在不同运行质量情况下，公路一小时所能通行的最大交通量，亦即求得在指定的交通运行质量条件下，公路所能承担交通的能力。因此，通行能力分析过程中要进行运行质量的分析，将公路规划、设计及运营管理等与运行质量相联系，以合理地使用公路工程资金，提高公路工程和汽车运输的综合经济效益。

公路通行能力按照作用性质主要分为三种，即基本通行能力、可能通行能力和设计通行能力。

①基本通行能力，是指公路组成部分在理想的道路、交通、控制和环境条件下，该组成部分一条车道或一车行道的均匀段上或一横断面上，不论服务水平如何，一小时所能通过标准车辆的最大辆数。

②可能通行能力，是指已知公路的一组成部分在实际或预测的道路、交通、控制及环境条件下，该组成部分一条车道或一车行道对上述诸条件有代表性的均匀段上或一横断面上，不论服务水平如何，一小时所能通过的车辆（在混合交通公路上为标准汽车）的最大辆数。

③设计通行能力，是指设计中的公路的一组成部分在预测的道路、交通、控制及环境条件下，该组成部分一条车道或一车行道对上述诸条件有代表性的均匀段上或一横断面上，在所选用的设计服务水平下，一小时所能通过的车辆（在混合交通公路上为标准汽车）的最大辆数。

（2）公路的服务水平

服务水平是指驾驶员感受公路交通流运行状况的质量指标，通常用平均行驶速度、行驶时间、驾驶自由度和交通延误等指标表征。根据《公路工程技术标准》（JTG B01—2014），高速公路服务水平划分为6级，如表2-2所示。根据交通流状态，各级服务水平定性见如下所述。

高速公路路段服务水平分级 表2-2

服务水平等级	v/C 值	设计速度（km/h）		
		120	100	80
		最大服务交通量［pcu/(h·ln)］	最大服务交通量［pcu/(h·ln)］	最大服务交通量［pcu/(h·ln)］
一	$v/C \leq 0.35$	750	730	700
二	$0.35 < v/C \leq 0.55$	1 200	1 150	1 100
三	$0.55 < v/C \leq 0.75$	1 650	1 600	1 500
四	$0.75 < v/C \leq 0.90$	1 980	1 850	1 800
五	$0.90 < v/C \leq 1.00$	2 200	2 100	2 000
六	$v/C > 1.00$	0～2 200	0～2 100	0～2 000

注：v/C 是在基准条件下，最大服务交通量与基准通行能力之比。最大服务交通量是指在通常的道路条件、交通条件和管制条件下，保持规定的服务水平时，道路某一断面或均匀路段在单位时间内所能通过的最大小时交通量。基准通行能力是五级服务水平条件下，对应的最大小时交通量。

一级服务水平，交通流处于完全自由流状态。交通量小，速度高，行车密度小，驾驶员能自由地按照自己的意愿选择所需速度，行驶车辆不受或基本不受交通流中其他车辆的影响。在交通流内驾驶的自由度很大，为驾驶员、乘客或行人提供非常优越的舒适度和方便性。较小的交通事故或行车障碍的影响容易消除，在事故路段不会产生停滞排队现象，很快就能恢复到一级服务水平。

二级服务水平，交通流状态处于相对自由流的状态，驾驶员基本上可按照自己的意愿选择行驶速度，但是开始要注意到交通流内有其他使用者，驾驶人员身心舒适水平很高，较小交通事故或行车障碍的影响容易消除，在事故路段的运行服务情况比一级差些。

三级服务水平，交通流状态处于稳定流的上半段，车辆间的相互影响变大，选择速度受到其他车辆的影响，变换车道时，驾驶员要格外小心，较小交通事故仍能消除，但事故发生路段的服务质量大大降低，严重时会阻塞后面形成排队车流，驾驶员心情紧张。

四级服务水平，交通流处于稳定流范围下限，但是车辆运行明显受到交通流内其他车辆的相互影响，速度和驾驶的自由度受到明显限制。交通量稍有增加就会导致服务水平的显著降低，驾驶人员身心舒适水平降低，即使较小的交通事故也难以消除，会形成很长的排队车流。

五级服务水平，为交通流拥堵流的上半段，其下是达到最大通行能力时的运行状态。对于交通流的任何干扰，例如车流从匝道驶入或车辆变换车道，都会在交通流中产生一个干扰波，交通流不能消除它，任何交通事故都会形成长长的排队车流，车流行驶灵活性极端受限，驾驶人员身心舒适水平很差。

六级服务水平，为拥堵流的下半段，是通常意义上的强制流或阻塞流。这一服务水平下，交通设施的交通需求超过其允许的通过量，车流排队行驶，队列中的车辆出现停停走走现象，运行状态极不稳定，可能在不同交通流状态间发生突变。

一级公路和二、三、四级公路的服务水平划分如表2-3、表2-4所示。

一级公路路段服务水平分级 表2-3

服务水平等级	v/C 值	设计速度(km/h)		
		100	80	60
		最大服务交通量 [pcu/(h·ln)]	最大服务交通量 [pcu/(h·ln)]	最大服务交通量 [pcu/(h·ln)]
一	$v/C \leqslant 0.3$	600	550	480
二	$0.3 < v/C \leqslant 0.5$	1 000	900	800
三	$0.5 < v/C \leqslant 0.7$	1 400	1 250	1 100
四	$0.7 < v/C \leqslant 0.9$	1 800	1 600	1 450
五	$0.9 < v/C \leqslant 1.0$	2 000	1 800	1 600
六	$v/C > 1.0$	0~2 000	0~1 800	0~1 600

注：v/C 是在基准条件下，最大服务交通量与基准通行能力之比。最大服务交通量是指在通常的道路条件、交通条件和管制条件下，保持规定的服务水平时，道路某一断面或均匀路段在单位时间内所能通过的最大小时交通量。基准通行能力是五级服务水平条件下，对应的最大小时交通量。

二、三、四级公路路段服务水平分级 表2-4

服务水平	延误率(%)	设计速度(km/h)										
		80				60				≤40		
		速度(km/h)	v/C			速度(km/h)	v/C			v/C		
			禁止超车区(%)				禁止超车区(%)			禁止超车区(%)		
			<30	30~70	≥70		<30	30~70	≥70	<30	30~70	≥70
一	≤35	≥76	0.15	0.13	0.12	≥58	0.15	0.13	0.11	0.14	0.12	0.10
二	≤50	≥72	0.27	0.24	0.22	≥56	0.26	0.22	0.20	0.25	0.19	0.15
三	≤65	≥67	0.40	0.34	0.31	≥54	0.38	0.32	0.28	0.37	0.25	0.20
四	≤80	≥58	0.64	0.60	0.57	≥48	0.58	0.48	0.43	0.54	0.42	0.35
五	≤90	≥48	1.00	1.00	1.00	≥40	1.00	1.00	1.00	1.00	1.00	1.00
六	>90	<48	—	—	—	<40	—	—	—	—	—	—

注：v/C 是在基准条件下，最大服务交通量与基准通行能力之比。最大服务交通量是指在通常的道路条件、交通条件和管制条件下，保持规定的服务水平时，道路某一断面或均匀路段在单位时间内所能通过的最大小时交通量。基准通行能力是五级服务水平条件下，对应的最大小时交通量。

2.1.3 公路运输场站设施

1)公路货运站

公路货运站是指公路货运网络中组织货物集散、中转运输及相关服务,并具有一定规模的场所。

(1)类型划分

公路货运站可以分为以下几类:

①综合型公路货运站:主要业务功能应体现运输和仓储等物流多环节服务的功能,同时符合从事物流多环节服务业务,可以为客户提供运输、货运代理、仓储、配送、流通加工、包装、信息等多种服务,且具备一定规模;按照业务要求,自有或租用必要的装卸设备、仓储设施及设备;配置专门的机构和人员,建立完备的客户服务体系,能及时、有效地提供服务;具备网络化信息服务功能,应用信息系统可对服务全过程进行状态查询和监控等要求。

②运输型公路货运站:主要业务功能应体现运输服务为主的中转服务功能,同时符合以从事道路货物运输业务为主,包括公路干线运输和城市配送,并具备一定规模;可以提供门到站、站到门、站到站的运输服务;具有一定数量的装卸设备和一定规模的场站设施等要求。

③仓储型公路货运站:主要业务功能应体现道路运输为主的仓储服务功能,同时符合以从事货物仓储业务为主,可以为客户提供货物储存、保管等服务,并具备一定规模;具有一定规模和数量的仓储设施及设备等要求。

④信息型公路货运站:主要业务功能应体现道路运输为主的信息服务功能,同时符合以从事货物信息服务业务为主,可以为客户提供货源信息、车辆运力信息、货流信息及配载信息等服务,并具备一定规模;具有网络化的信息平台,或为客户提供虚拟交易的信息平台;具有必要的货运信息交易场所和一定规模的停车场所;具备网络化信息服务功能,应用信息系统可对交易过程进行状态查询等要求。

(2)站址选择原则

公路货运站站址选择应充分考虑城市发展要求,尤其是作为公路运输的重要节点,既满足运输网络能力及服务范围内的货运组织能力,又要有便捷的城市对外交通条件,同时考虑建站地质等条件,一般遵循如下原则:

①符合城市或城镇总体布局规划;

②与公路网、城市道路网和综合运输网合理衔接;

③靠近较大货源集散点,并适应服务区域内的货运需求;

④尽量利用现有场站设施,并留有发展余地;

⑤具备良好的给排水、电力、道路、通信等条件;

⑥具备良好的环境和地质条件等。

(3)设施配置准则

公路货运站在进行设施配置时,不同类型的货运站应遵循对应的配置要求。配置的设施主要包括办公设施、生产设施以及生产辅助和生活服务设施。具体见表2-5和表2-6的要求。

公路货运站设施面积配置参考比例 表 2-5

公路货运站		设施名称			
		办公设施	生产设施		生产辅助和生活服务设施
			库(棚)设施与信息交易中心	场地、道路及绿化设施	
综合型	一级	≤7%	≥45%	≥40%	≤8%
	二级	≤8%	≥40%	≥45%	≤7%
	三级	≤9%	≥35%	≥50%	≤6%
运输型	一级	≤3%	≥40%	≥50%	≤7%
	二级	≤4%	≥35%	≥55%	≤6%
	三级	≤5%	≥30%	≥60%	≤5%
仓储型	一级	≤3%	≥45%	≥45%	≤7%
	二级	≤4%	≥40%	≥50%	≤6%
	三级	≤5%	≥35%	≥55%	≤5%
信息型	一级	≤3%	≥25%	≥65%	≤7%
	二级	≤4%	≥20%	≥70%	≤6%
	三级	≤5%	≥15%	≥75%	≤5%

公路货运站站内设施配置标准 表 2-6

设施类型	设施名称		综合型			运输型			仓储型			信息型		
			一级	二级	三级	一级	二级	三级	一级	二级	三级	一级	二级	三级
办公设施	货运站站房		●	●	●	●	●	●	●	●	●	★	★	★
	生产调度办公室		●	●	●	●	●	●	●	●	●	★	★	★
	信息管理中心		●	●	★	●	●	★	●	●	★	●	●	●
	会议室		●	●	★	●	●	★	●	●	★	●	●	★
	国际联运代理业务办公室	海关	★	★	★	★	★	★	★	★	★	★	★	★
		国检	★	★	★	★	★	★	★	★	★	★	★	★
		税务	★	★	★	★	★	★	★	★	★	★	★	★
生产设施	库(棚)设施与信息交易中心	中转库	●	●	★	●	●	●	★	★	★	★	★	★
		仓储库	●	●	●	★	★	★	●	●	●	★	★	★
		零担库	●	●	●	●	●	●	★	★	★	★	★	★
		信息交易中心	★	★	—	★	★	—	★	★	—	●	●	●
	场地、道路及绿化设施	集装箱堆场	★	★	—	★	★	—	★	★	—	—	—	—
		货场	●	●	●	●	●	●	★	★	★	★	★	★
		装卸(作业)场	●	●	●	●	●	●	●	●	●	★	★	★

续上表

设施类型	设施名称		综合型			运输型			仓储型			信息型		
			一级	二级	三级	一级	二级	三级	一级	二级	三级	一级	二级	三级
生产设施	场地、道路及绿化设施	停车场	●	●	●	●	●	●	●	●	●	●	●	●
		道路及绿化	●	●	●	●	●	●	●	●	●	●	●	●
生产辅助设施	维修设施		★	★	—	★	★	—	★	★	—	—	—	—
	动力设施		●	●	●	●	●	●	●	●	●	●	●	●
	供水供热设施		●	●	●	●	●	●	●	●	●	●	●	●
	环保设施		●	●	●	●	●	●	●	●	●	●	●	●
生活服务设施	浴室、卫生间、食宿设施		★	★	★	★	★	★	★	★	★	★	★	★
	其他服务设施		★	★	★	★	★	★	★	★	★	★	★	★

注:1."●"表示必须配置;"★"表示视条件配置;"—"表示无须配置。

2. 环保设施包括生活污水处理设施、生产污水处理设施、垃圾处理设施等。

2)公路汽车客运站

公路汽车客运站是公益性交通基础设施,是道路旅客运输网络的节点,是道路运输经营者与旅客进行运输交易活动的场所,是为旅客和运输经营者提供站务服务的场听,是培育和发展道路运输市场的载体。

(1)站址选择

公路汽车客运站的选址应考虑城镇发展规划、旅客集散能力、客运系统组织、公用工程、地质条件等因素,一般遵循如下原则:

①应符合城镇总体规划及交通枢纽总体布局规划;

②应便于旅客集散和换乘组织,与公路、城市道路、城市公交系统和其他运输方式的场站衔接良好;

③具备必要的工程、地质条件,方便与城市的公用工程网系(道路网、电力网、给排水网、排污网、通信网等)的连接;

④具备足够的场地、能满足车站建设需要,并有发展余地。

(2)级别划分

根据车站设施和设备配置情况、地理位置和设计年度平均日旅客发送量(以下简称设计年日发量)等因素,将车站分为一至五级以及简易车站和招呼站。其中一至五级车站设施、设备配置要求见表2-7和表2-8。车站划分标准见表2-9。

汽车客运站设施配置表 表2-7

设施名称		一级站	二级站	三级站	四级站	五级站
场地设施	站前广场	●	●	★	★	★
	停车场	●	●	●	●	●
	发车位	●	●	●	●	★

续上表

设施名称				一级站	二级站	三级站	四级站	五级站
建筑设施	站房	站务用房	候车厅(室)	●	●	●	●	●
			重点旅客候车室(区)	●	●	★	—	—
			售票厅	●	●	★	★	★
			行包托运厅(处)	●	●	★	—	—
			综合服务处	●	●	★	★	—
			站务员室	●	●	●	●	●
			驾乘休息室	●	●	●	●	●
			调度室	●	●	●	★	—
			治安室	●	●	★	—	—
			广播室	●	●	★	—	—
			医疗救护室	★	★	★	★	★
			无障碍通道	●	●	●	●	●
			残疾人服务设施	●	●	●	●	●
			饮水室	●	★	★	★	★
			盥洗室和旅客厕所	●	●	●	●	●
			智能化系统用房	●	★	★	—	—
		办公用房		●	●	●	★	—
	辅助用房	生产辅助用房	汽车安全检验台	●	●	●	●	●
			汽车尾气测试室	★	★	—	—	—
			车辆清洁、清洗台	●	●	★	—	—
			汽车维修车间	★	★	—	—	—
			材料间	★	★	—	—	—
			配电室	●	●	—	—	—
			锅炉房	★	★	—	—	—
			门卫、传达室	★	★	★	★	★
		生活辅助用房	司乘公寓	★	★	★	★	★
			餐厅	★	★	★	★	★
			商店	★	★	★	★	★

注:“●”表示必备;“★”表示视情况设置;“—”表示不设。

汽车客运站设备配置表 表 2-8

设施名称		一级站	二级站	三级站	四级站	五级站
基本设备	旅客购票设备	●	●	★	★	★
	候车休息设备	●	●	●	●	●
	行包安全检查设备	●	★	★	—	—
	行车尾气排放测试设备	★	★	—	—	—
	安全消防设备	●	●	●	●	●

续上表

设施名称		一级站	二级站	三级站	四级站	五级站
基本设备	清洁清洗设备	●	●	★	—	—
	广播通信设备	●	●	★	—	—
	行包搬运与便民设备	●	●	★	—	—
	采暖或制冷设备	●	★	★	★	★
	宣传告示设备	●	●	●	★	★
智能系统设备	计算机售票系统设备	●	●	★	★	★
	生产管理系统设备	●	★	★	—	—
	监控设备	●	★	★	—	—
	电子显示设备	●	●	★	—	—

注:"●"表示必备;"★"表示视情况设置;"—"表示不设。

车站划分标准 表2-9

车站级别	划分标准
一级车站	设施和设备符合表2-7和表2-8中一级车站必备各项,且具备下列条件之一: ①设计年日发量在10 000人次以上的车站;②省、自治区、直辖市及其所辖市、自治州(盟)人民政府和地区行政公署所在地,如无10 000人次以上的车站,可选取设计年日发量在5 000人次以上具有代表性的一个车站;③位于国家级旅游区或一类边境口岸,设计年日发量在3 000人次以上的车站
二级车站	设施和设备符合表2-7和表2-8中二级车站必备各项,且具备下列条件之一:①设计年日发量在5 000人次以上,不足10 000人次的车站;②县以上或相当于县人民政府所在地,如无5000人次以上的车站,可选取设计年日发量在3 000人次以上具有代表性的一个车站;③位于省级旅游区或二类边境口岸,设计年日发量在2 000人次以上的车站
三级车站	设施和设备符合表2-7和表2-8中三级车站必备各项,设计年日发量在2 000人次以上,不足5 000人次的车站
四级车站	设施和设备符合表2-7和表2-8中四级车站必备各项,设计年日发量在300人次以上,不足2 000人次的车站
五级车站	设施和设备符合表2-7和表2-8中五级车站必备各项,设计年日发量在300人次以下的车站
简易车站	达不到五级车站要求或以停车场为依托,具有集散旅客、停发客运班车功能的车站
招呼站	达不到五级车站要求,具有明显的等候标志和候车设施的车站

2.2 城市道路交通运输系统

2.2.1 城市道路交通系统功能

城市道路具有城市骨架、交通设施、城市空间、城市景观、市政空间与防灾减灾设施等六大功能,是城市空间不可或缺的组成部分。城市道路功能主要可分为广义道路功能与狭义道路功能,即空间功能与交通功能,具体如图2-6所示。

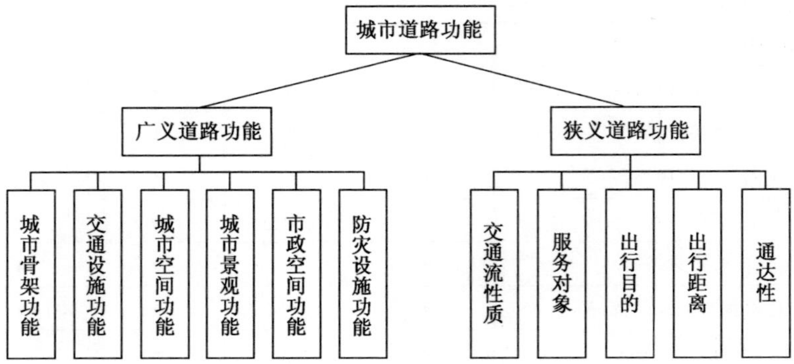

图 2-6　城市道路功能

2.2.2　城市道路交通设施

1)城市道路分类

对城市道路进行分类的基本要素是交通性质、交通量和行车速度。但城市道路与城市结构组成、交通组成有错综复杂的关系,难以用单一指标来分类,故应综合考虑分类因素,结合城市的性质、规模及现状来合理划分。

我国城市道路根据《城市道路交通规划设计规范》(GB 50220—1995)的规定分为快速路、主干路、次干路和支路四类,如表 2-10 所示。

我国城市道路划分与主要技术指标　　表 2-10

道路类别	级别	设计速度(km/h)	双向机动车道数	车道宽度(m)	分隔带设置	横断面形式
快速路	—	60～100	≥4	3.75～4.00	必须设	双幅路、四幅路
主干路	Ⅰ	50～60	≥4	3.75	应设	单幅路、双幅路、三幅路、四幅路
	Ⅱ	40～50	≥4	3.5～3.75	应设	单幅路、双幅路、三幅路
	Ⅲ	30～40	4	3.5～3.75	可设	单幅路、双幅路、三幅路
次干路	Ⅰ	40～50	≥2	3.5～3.75	可设	单幅路、双幅路、三幅路
	Ⅱ	30～40	2	3.5～3.75	不设	单幅路
	Ⅲ	20～30	2	3.50	不设	单幅路
支路	Ⅰ	30～40	2	3.50	不设	单幅路
	Ⅱ	20～30	2	3.25～3.50	不设	单幅路
	Ⅲ	20	2	3.00～3.50	不设	单幅路

①快速路完全为交通功能服务,是解决城市长距离快速交通的主要道路。快速路进出口应采用全控制或部分控制。快速路与快速路相交或与高速公路相交,必须采用立体交叉。

②主干路以交通功能为主。主干路上机动车与非机动车应分道行驶;平面交叉口间距以 800～1 200m 为宜,主干路不宜设置公共建筑物出入口。

③次干路是城市区域性的交通干道,为区域交通集散服务,配合主干路组成道路网,起广泛连接城市各部分与集散的作用。

④支路为联系各居住小区的道路,解决地区交通、直接与两侧建筑物出入口相接,以服务

功能为主。支路应满足公共交通车辆行驶的要求。

2）城市道路通行能力及服务水平

城市道路通行能力是指在一定的道路和交通条件下，单位时间内道路上某一路段通过某一断面的最大交通流率，包括基本通行能力和设计通行能力等。

基本通行能力是指在一定时段，在理想的道路、交通、控制和环境条件下，道路的一条车道或一均匀段或一交叉路口，期望能通过人或车辆的合理的最大小时流率。

设计通行能力是指在一定时段，在具体的道路、交通、控制及环境条件下，一条车道或一均匀段上或一交叉路口，对应设计服务水平下的最大服务交通流率。

《城市道路工程设计规范》（CJJ 37—2012）建议快速路基本路段一条车道的通行能力如表2-11所示。

快速路基本路段一条车道的通行能力 表2-11

设计速度（km/h）	100	80	60
基本通行能力［pcu/（km·ln）］	2 200	2 100	1 800
设计通行能力［pcu/（km·ln）］	2 000	1 750	1 400

服务水平是衡量交通流运行条件及驾驶员和乘客所感受的服务质量的一项指标，通常根据交通量、速度、行走时间、行驶（走）自由度、交通间断、舒适和方便等指标确定。城市快速路服务水平分为四级：一级服务水平时，交通处于自由流状态；二级服务水平时，交通处于稳定流中间范围；三级服务水平时，交通处于稳定流下限；四级服务水平时，交通处于不稳定流状态。

快速路基本路段服务水平应符合表2-12的规定，新建道路应按表中三级服务水平设计。

快速路基本路段服务水平分级 表2-12

设计速度（km/h）	服务水平等级	密度［pcu/（km·ln）］	平均速度（km/h）	饱和度（v/C）	最大服务交通量［pcu/（km·ln）］
100	一级（自由流）	≤10	≥88	0.40	880
	二级（稳定流上段）	≤20	≥76	0.69	1520
	三级（稳定流）	≤32	≥62	0.91	2000
	四级（饱和流）	≤42	≥53	≈1.00	2200
	四级（强制流）	>42	<53	>1.00	—
80	一级（自由流）	≤10	≥72	0.34	720
	二级（稳定流上段）	≤20	≥64	0.61	1280
	三级（稳定流）	≤32	≥55	0.83	1750
	四级（饱和流）	≥50	≥40	≈1.00	2100
	四级（强制流）	<50	<40	>1.00	—
60	一级（自由流）	≤10	≥55	0.30	590
	二级（稳定流上段）	≤20	≥50	0.55	990
	三级（稳定流）	≤32	≥40	0.77	1400
	四级（饱和流）	≤57	≥30	≈1.00	1800
	四级（强制流）	>57	<30	>1.00	—

关于其他等级道路通行能力和服务水平的分析、评价，目前国内尚未有成熟的研究成果，可参阅美国《道路通行能力手册》中的相关内容。

3)交叉口通行能力及其控制规划

城市道路网络的通行能力往往取决于城市道路关键交叉口的通过能力。

(1)道路交叉的分类及其选择

根据《城市道路工程设计规范》(CJJ 37—2012)，城市道路交叉宜分为平面交叉和立体交叉两类，交叉形式应根据道路交通网规划、相交道路等级及有关技术、经济和环境效益的分析合理确定。

①平面交叉口

平面交叉口应按交通组织方式分类，并应满足表2-13的要求。

平面交叉口分类列表 表2-13

类　型	交　叉　口
A类：信号控制交叉口	平A_1类：交通信号控制，进口道展宽交叉口
	平A_2类：交通信号控制，进口道不展宽交叉口
B类：无信号控制交叉口	平B_1类：干路中心隔离封闭、支路只准右转通行的交叉口(简称右转交叉口)
	平B_2类：减速让行或停车让行标志管制交叉口(简称让行交叉口)
	平B_3类：全无管制交叉口
C类：环形交叉口	平C类：环形交叉口

平面交叉口的选用类型应符合表2-14的规定。

平面交叉口选型 表2-14

平面交叉口类型	选　型	
	推荐形式	可选形式
主干路—主干路	平A_1类	—
主干路—次干路	平A_1类	—
主干路—支路	平B_1类	平A_1类
次干路—次干路	平A_1类	—
次干路—支路	平B_2类	平A_1类或平B_1类
支路—支路	平B_2类或平B_3类	平C类或平A_2类

②立体交叉口

立体交叉口应根据相交道路等级、直行及转向(主要是左转)车流行驶特征、非机动车对机动车干扰等进行分类，主要类型划分及功能特征宜符合表2-15的规定，分类应满足表2-16的要求。

城市道路立交类型应根据交叉节点在城市网中的地位、作用、相交道路的等级并应结合城市性质、规模、交通需求及立交节点所在区域用地条件按表2-17选定。

立体交叉口功能特征　　表 2-15

立体交叉口类型	主线直行车流行驶特征	转向(主要指左转)车流行驶特征	非机动车及行人干扰情况
立 A_1	快速或按设计速度连续行驶	经定向匝道或经集散、变速车道行驶	机非分行、无干扰;车辆与行人无干扰
立 A_2	快速或按设计速度连续行驶	一般经定向匝道或经集散、变速车道行驶,或部分左转车减速行驶	机非分行、无干扰;车辆与行人无干扰
立 B	快速或按设计速度连续行驶,次要主线受转向车流交织干扰或受平面交叉口左转车冲突影响,为间断流	减速交织行驶,或受平面交叉口影响减速交织行驶,为间断流	机非分行或混行,有干扰;主线车辆与行人无干扰
立 C	快速或按设计速度连续行驶	—	—

立体交叉口分类表　　表 2-16

类　　型	交　叉　口
A 类:枢纽立交	立 A_1类:主要形式为全定向、喇叭形、组合式全互通立交。宜在城市外围区域采用
	立 A_2类:主要形式为喇叭形、苜蓿叶形、半定向、定向一般定向组合的全互通立交。宜在城市外围与中心区之间区域采用
B 类:一般立交	立 B 类:主要形式为喇叭形、苜蓿叶形、环形、菱形、迂回式、组合式全互通或半互通立交。宜在城市中心区域采用
C 类:分离式立交	立 C 类:分离式立交

立 体 交 叉 选 型　　表 2-17

立体交叉口类型	选　　型	
	推荐形式	可选形式
快速路—快速路	立 A_1类	—
快速路—主干路	立 B 类	立 A_2类或立 C 类
快速路—次干路	立 C 类	立 B 类
快速路—支路	—	立 C 类
主干路—主干路	—	立 B 类

注:当城市道路与公路相交时,高速公路按快速路,一级公路按主干路,二级和三级公路按次干路,四级公路按支路确定与公路相交的城市道路交叉口类型。

(2)立体交叉口规划通行能力

①立体交叉设置条件

高速公路与城市各级道路相交时,必须采用立体交叉。快速路与快速路相交必须采用立体交叉;快速路与主干路相交,应采用立体交叉。主干路与主干路交叉口的交通量超过 4 000 ~ 6 000pcu/h,相交道路为四车道以上,且对平面交叉口采取改善、调整交通组织均收效甚微时,可设置立体交叉。两条主干路交叉或者主干路与其他道路相交,当地形适宜修建立体交叉,且技术经济比较合理时,可设置立体交叉。道路跨河或跨铁路时,可利用桥梁边孔修建道路与道路的立体交叉。

②立交形式选择

城市道路立体交叉口的形式选择,应符合以下规定:

a. 整个道路网中,立体交叉口的形式应力求统一,其结构形式应简单,占地面积少;

b. 交通主流方向应选择捷径,少爬坡和少绕行;

c. 非机动车应行驶在地面层上或路堑内;

d. 当机动车与非机动车分开行驶时,不同的交通层面应相互套叠组合在一起,减少立体交叉口的层数和用地。

③立体交叉用地控制要求

各种行驶立体交叉口的用地面积和规划通行能力宜符合表 2-18 规定。

立体交叉口规划用地面积和通行能力 表 2-18

立体交叉口层数	立体交叉口匝道基本形式	机动车与非机动车有无冲突	用地面积（万 m^2）	通行能力(千辆/h)	
				当量小汽车	当量自行车
二	菱形	有	2.0 ~ 2.5	7 ~ 9	10 ~ 13
	苜蓿叶形	有	6.5 ~ 12.0	6 ~ 13	16 ~ 20
	环形	有	3.0 ~ 4.5	7 ~ 9	15 ~ 20
		无	2.5 ~ 3.0	3 ~ 4	12 ~ 15
三	十字形	有	4.0 ~ 5.0	11 ~ 14	13 ~ 16
	环形	有	5.0 ~ 5.5	11 ~ 14	13 ~ 14
		无	4.5 ~ 5.5	8 ~ 10	13 ~ 15
	苜蓿叶形与环形①	无	7.0 ~ 12.0	11 ~ 13	13 ~ 15
	环形与苜蓿叶形②	无	5.0 ~ 6.0	11 ~ 14	20 ~ 30
四	环形	无	6.0 ~ 8.0	11 ~ 14	13 ~ 15

注:①三层立体交叉口中的苜蓿形位机动车匝道,环形为非机动车匝道。
②三层立体交叉口中的环形为机动车匝道,苜蓿叶形为非机动车匝道。

(3)平面交叉口控制规划

在城市道路系统中,除快速路系统和个别主干路上的立体交叉口外,城市中的道路交叉口基本上均为平面交叉口。平面交叉口有"十""X""T""Y""环形"等多种形式。应根据相交道路等级、分向流量、公交站点设置交叉口周围用地性质,确定交叉口形式及其用地范围。

①平面交叉口设置要求

平面交叉口必须进行渠化设计,必须通过增加交叉口进口道车道数来弥补时间资源的损失,使交叉口通行能力与路段通行能力相匹配;交叉口渠化改造和规划建设必须考虑系统性,不能孤立改造某个交叉口,将交通矛盾转到其他交叉口;尽可能利用平面交叉口渠化来挖掘既有设施潜力,尽量不建立交;平面环形交叉口可采用"环形交叉口 + 信号灯"控制方式。

②环形交叉口设置要求

机动车与非机动车混行的环形交叉口,环道总宽度宜为 18 ~ 20m,中心岛直径宜取 30 ~ 50m,其规划通行能力宜按表 2-19 的规定采用。

环形交叉口的规划通行能力 表 2-19

机动车的通行能力(千辆/h)	2.6	2.3	2.0	1.6	1.2	0.8	0.4
同时通过的自行车数(千辆/h)	1	4	7	11	15	18	21

注:机动车换算成当量小汽车数,非机动车换算成当量自行车数。

规划交通量超过 2 700pcu/h 的交叉口不宜采用环形交叉口。环形交叉口上的任意交织段上,规划的交通量超过 1 500pcu/h 时,应改建交叉口。

③平面交叉口用地控制要求

城市道路平面交叉口的规划用地面积宜符合表 2-20 规定。

平面交叉口的规划用地面积 表 2-20

相交道路等级	T 形交叉口			十字形交叉口			环形交叉口		
	城市人口(万人)						中心直径(m)	环道宽度(m)	用地面积(万 m^2)
	>200	50~200	<50	>200	50~200	<50			
主干路与主干路	0.60	0.50	0.45	0.80	0.65	0.60	—	—	—
主干路与次干路	0.50	0.40	0.35	0.65	0.55	0.50	40~60	20~40	1.0~1.5
次干路与次干路	0.40	0.30	0.25	0.55	0.45	0.40	30~50	16~20	0.8~1.2
次干路与支路	0.33	0.27	0.22	0.45	0.35	0.30	30~40	16~18	0.6~0.9
支路与支路	0.20	0.16	0.12	0.27	0.22	0.17	25~35	12~15	0.5~0.7

④交叉口范围红线拓宽

车辆通过交叉口的可通过时间一般相当于路段可通车时间的 1/2,导致交叉口进口道上每条车道的通行能力不到路段通行能力的 1/2。因此,平面交叉口规划设计须使进口道通行能力与其上游路段通行能力相匹配,可采取增宽交叉口处的红线宽度,在交叉口进口道增加车道等措施。

平面交叉口进口道的展宽段长度和宽度应根据规划交通需求量和车辆在平面交叉口的排队长度确定。表 2-21 提供了平面交叉口规划红线宽度增加值和展宽段长度指标。平面交叉口出口道红线可增宽 3m,增宽长度视道路等级取 60~80m,渐变段取 30~50m。

新建平面交叉口进口道规划红线宽度增加值和长度(单位:m) 表 2-21

相交道路等级	规划红线宽度增加值			进口道规划红线长度					
				展宽段长度			展宽渐变段长度		
	主干路	次干路	支路	主干路	次干路	支路	主干路	次干路	支路
主干路与主干路	10~15	—	—	80~120	—	—	30~50	—	—
主干路与次干路	5~10	5~10	—	70~100	50~70	30~40	20~40	20~40	—
主干路与支路	3~5	—	3~5	50~70	—	—	15~30	—	15~30
次干路与次干路	—	5~10	—	—	50~70	—	—	15~30	—
次干路与支路	—	3~5	3~5	—	40~60	30~40	—	15~30	15~30
支路与支路	—	—	3~5	—	—	20~40	—	—	15~30

2.2.3 城市常规公共交通设施

1)城市常规公共交通线路网布局

城市的公共交通线路网呈现不同的布局结构,主要有:设有中央终点设施的放射形网络、主干线和驳运线相结合的网络、带合环线或切线状线路的放射形网络等三类。公共交通线路网布局时应遵循如下原则：

①城市中有多种公共交通方式时，其线路网必须综合规划；

②市区线路、郊区线路和对外交通线路应紧密衔接，并协调各线路网的集疏能力；

③应对城市用地的发展具有较好的适应性；

④应与城市用地规划范围内主要客流的流向一致；

⑤主要客流的集散点应设置不同交通方式的换乘枢纽，方便乘客停车与换乘，以缩短乘客出行时间，扩大乘客活动可达范围。

城市公共交通线路网密度大小反映出居民接近线路的程度。城市公共交通线路网密度与城市人口密度、城市形态结构、道路网密度密切相关，一般线网平均密度约为2.5km/km^2，在市中心可以加密些，达到3～4km/km^2，而城市边缘地区取值可小些。居民步行到公共交通车站的平均时间以4～5min为佳。

为保证公共交通的正常运营，提高公共交通服务水平，公共交通主要线路的长度宜控制在8～12km，线路的非直线系数不宜过大，一般不应超过1.4。

公共汽车交通线路的通行能力受沿线各站通行能力的制约，其中通行能力最小的停靠站，是控制线路通行能力的站点。停靠站的通行能力取决于车辆占用停靠站的时间长短。因此，公共汽车交通线路的通行能力如下式：

$$C_{线} = \min[C_{站}] = \frac{3\,600}{T} \tag{2-1}$$

式中：$C_{线}$——公共汽车交通线路的通行能力（辆/h）；

$C_{站}$——停靠站的通行能力（辆/h）；

T——车辆占用停靠站的总时间（s）。

汽车在站停靠时间与车辆性能、车辆结构、上下车乘客的多少、车站秩序等因素有关系。一般可用式（2-2）估算：

$$T = t_1 + t_2 + t_3 + t_4 \tag{2-2}$$

式中：t_1——车辆进站停车用的时间（s），$t_1 = \sqrt{2l/b}$，其中，l为车辆驶入停车站时，车辆之间的最小间隔，取等于车辆长度（m）；b为进站时制动减速度，一般取$b = 1.5\text{m/s}^2$。

t_2——车辆开门和关门的时间，为3～4s。

t_3——乘客上下车占用时间（s），$t_3 = \Omega K t_0 / n_d$，其中，Ω为公共汽车容量；K为上下车乘客占车容量的比例，一般$K = 0.25 \sim 0.35$；t_0为一个乘客上车或下车所用时间（s），平均约为2s；n_d为乘客上下车用的车门数。

t_4——车辆起动和离开车站的时间（s），$t_4 = \sqrt{2l/a}$，其中，a为离开停车站时的加速度，可取$a = 1.0\text{m/s}^2$，l同前。

将上述各值代入式（2-1），简化得到：

$$C_{线} = \frac{3\,600}{T} = \frac{3\,600}{2.57\sqrt{l} + \dfrac{\Omega K t_0}{n_d} + 4} \tag{2-3}$$

按式（2-3）可以计算出公共汽车交通线路的通行能力。线路的设计通行能力是线路通行能力与线路的实载率之积,一般可取该值的 0.8 倍。

2)城市常规公共交通车站与场站设施

城市公共交通车站分为起、终点站,枢纽站和中途站。各种车站的功能和用地要求是不同的。

(1)起、终点站及其设施配置

公共交通起、终点站是影响车辆运营速度和调度计划的重要因素,其主要功能是为线路上的公交车辆在开始和结束营运、等候调度以及下班后提供必要的停放场地。公共交通起、终点站的设置位置和进出口的交通组织与管理既对公交系统作用的发挥有着很大影响,同时又影响着城市道路交通秩序和安全,规划时应遵循以下原则:

①公交起、终点站的设置应与城市路网的建设及发展相协调,宜选择在紧靠客流集散点和道路客流主要方向的同侧。

②公交起、终点站的选址宜靠近人口比较集中、客流集散量较大而且周围留有一定空地的位置,如居住区、火车站、码头、公园、文化体育中心等,使大部分乘客处在以该站点为中心的服务半径范围内(通常为 350m),最大距离不超过 700 ~ 800m。

③起、终点站的规模应按所服务的公文线路所配营运车辆的总数来确定。一般配车总数(折算为标难车)大于 50 辆的为大型站点,26 ~ 50 辆的为小型站点,小于 26 辆的为小型站点。

④与公交起、终点站点相连的出入口道应设置在道路使用面积较为富裕、服务水平良好的道路上,尽量避免接近平面交叉口,必要时出入口可设置信号控制,以减少对周边道路交通的干扰。

起、终点设施配置如表 2-22 所示。

起、终点站设施配置表 表 2-22

设施		配置	
		起点站	终点站
信息设施	站牌	●	●
	区域地图、公交线路图	★	★
	公交时刻表	★	★
	实时动态信息	★	★
便利设施	无障碍设施	●	●
	候车亭	●	★
	站台	●	★
	座椅	★	—
	非机动车停车换乘处	●	★
	机动车停车换乘处	★	—
安全环保	候车廊	★	★
	照明	●	●
	监控	★	—
	消防	●	★
	绿化	●	★

续上表

设施		配置	
		起点站	终点站
运营管理	站场管理室	★	—
	线路调度室	●	★
	智能监控室	★	—
	驾驶员休息室	●	—
	卫生间	●	★
	餐饮间	★	★
	清洁用具杂物间	★	★
	停车坪	●	★
	回车道	●	●
	小修和低保	●	—

注:“●”表示应设置的设施;“★”表示可选择设置的设施;“—”表示可不设的设施。

(2)枢纽站设施配置

公共交通枢纽站是公共交通线路之间、公共交通与其他交通方式之间客流转换的场所。随着城市不断扩大,公共交通线路不断增加和延伸,客运交通方式向多元化发展,人们的工作、社交、购物、文化娱乐等各项活动的出行范围也在不断扩大、出行距离不断增长。乘客从起点到终点完成一次出行,往往需要使用多种交通方式或转换线路,把多种交通方式、多条线路有机衔接起来,方便乘客换乘,是客运文通系统提高服务水平、吸引乘客的重要手段。

城市公共交通枢纽可以分为对外交通枢纽和市内交通枢纽两种。

对外交通枢纽是市内公共交通与市际交通的联系点,一般在铁路客运站、长途汽车站、轮渡港口、航空港口和城市出入口道路处,这类交通枢纽在城市中的位置相对比较确定。

市内交通枢纽一般是城市区域内的客流集散点,是公共交通之间或公共交通与其他交通方式之间的转换场所,如常规公交与快速轨道交通、非机动车交通的换乘枢纽,多条公交线路汇聚的交点等。其中,公交—非机动车换乘枢纽的规划具有重要的现实意义,对公共交通系统而言,在某些情况下设置公交—非机动车换乘枢纽可以提高公共交通的吸引力。例如,在城市边缘地区和新开放地区的出行强度不大、公交线网密度较低、步行到达公交线路的时间较长,在这些地区合理地组织非机动车和公交的换乘可以减少总的出行时间,提高公交系统的吸引力和服务水平。

枢纽站设施配置如表2-23所示。

枢纽站设施配置表 表2-23

设施		配置		
		大型枢纽站	中、小型枢纽站	综合枢纽站
信息设施	公共信息牌	●	●	●
	站牌	●	●	●
	区域地图、公交线路图	●	●	●
	公交时刻表	●	●	●
	实时动态信息	●	●	●

续上表

设施		配置		
		大型枢纽站	中、小型枢纽站	综合枢纽站
便利设施	无障碍设施	●	●	●
	候车亭	●	●	●
	站台	●	●	●
	座椅	★	★	★
	人行通道	●	●	●
	非机动车存放设施	●	●	●
	机动车停车换乘设施	★	★	★
安全环保	候车廊	★	★	★
	照明	●	●	●
	监控	●	●	●
	消防	●	●	●
	绿化	●	●	●
运营管理	站场管理室	●	●	●
	线路调度室	●	●	●
	智能监控室	●	●	●
	驾驶员休息室	●	●	★
	卫生间	●	●	●
	餐饮间	●	★	★
	清洁用具杂物间	●	●	●
	停车坪	●	●	●
	回车道	●	●	●
	小修和低保	●	●	★

注:"●"表示应有的设施;"★"表示可选择的设施。

(3)中途站设施配置

公共交通中途站点的位置、间距、站点形式和规模对公交系统的正常运营有很大影响,是决定公交车辆运营速度和行车牌时效性的重要因素。

公共交通中途站点的规划布置通常主要考虑中途站点的合理间距。最优站间距规划的目标是使所有乘客出行的总行程时间最短。较长的车站间距可提高公交车的平均运营速率,并减少乘客因停车造成的不适,但乘客从出行起点(终点)到上(下)车站的步行距离增加,并给换乘出行带来不便,站间距缩短则相反。

公共交通中途停靠站的站距受交叉口间距和沿线客流集散点分布的影响,在整条线路上是不等的。市中心客流密集、乘客乘距短、上下站频繁,站距宜小;城市边缘区,站距可大些;郊区线乘客乘距长,站距可更大。设置公共交通停靠站的原则是应方便乘客乘车并节省乘客总的出行时间。几种主要公共交通方式的站距推荐值如表2-24所示。

《城市道路交通规划设计规范》(GB 50220—1995)中对公共交通车站服务面积的规定

是:以 300m 为半径计算,不得小于城市用地面积的 50%;以 500m 为半径计算,不得小于 90%;城市出租汽车采用营业站定点服务时,营业站的服务半径不宜大于 1km。从保证交通安全与畅通的道路交通管理要求出发,公共交通中途停靠站点的设置应重点考虑道路交通运行状况及相应的设站条件。规划建设时应遵循以下原则:

①中途站点应设置在公共交通线路沿途所经过的各主要客流集散点上;

②中途站点应沿街布置,站址宜选择在能按要求完成公交车辆的停靠和正常通行的地方,尽量减少车辆停靠对道路交通流的影响;

③交叉口附近设置中途站点时,一般设在离交叉口 150m 以外处,在大城市车辆较多的主干道上宜设在离交叉口 100m 以外处。

公共交通站距推荐表　　表 2-24

公共交通系统类型	市区线(m)	郊区线(m)	公共交通系统类型	市区线(m)	郊区线(m)
公共汽车与电车	500 ~ 800	800 ~ 1 000	中运量快速轨道交通	800 ~ 1 000	1 000 ~ 1 500
公共汽车大站快车	1 500 ~ 2 000	1 500 ~ 2 500	大运量快速轨道交通	1 000 ~ 1 200	1 500 ~ 2 000

公交车站的形式按其设置位量分成路内式与港湾式两类,按站台高度又可分为高站台与低站台两种。路内式公交车站占地少,布设简单,但当有公交车在站台上停靠时,其他行驶的车辆要受其影响,产生延误,尤其是在车流量大,难以利用其他车道进行超车时,这种延误影响将更为严重。港湾式公交车站可以大大减少由于公交车进站停靠而对其他行驶中的车辆所造成的延误影响,提高安全性,缺点是要占用一定的道路空间,同时还可能对慢行交通构成较大的干扰,且公交车辆进出车站时要走一条反向曲线,车辆停靠、启动加速、驶出不够便利。公交车站的站台高度对乘客上、下车时间的影响较大,在配置普通型公交车辆的线路上应考虑增高站台,尽量缩小车辆地板与站台的高差,以方便乘客上、下车,减少公交车辆在站点的停车时间。

中途站设施配置如表 2-25 所示。

中途站设施配置表　　表 2-25

设　施		配　置
信息设施	站牌	●
便利设施	无障碍设施	●
	候车亭	★
	站台	★
	座椅	★
	自行车存放设施	★
安全设施	候车廊	★
	照明	●

注:"●"表示应有的设施;"★"表示可选择的设施。

(4)维修场设施配置

维修场设施配置如表 2-26 所示。

维修场设施配置表 表2-26

设施		配置
生产辅助设施	保养车库	●
	修理工间	●
	车辆检测线	●
	材料仓库	●
	动力系统	●
	油气站	●
	劳保后勤库	●
生产管理设施	技术管理设施	●
	保修机务调度设施	●
	行政办公设施	●
	停车设施	★
	待保停车坪(库)	●
	洗车台(间)	●
	试车道	●
	场区道路	●
生活服务设施	食堂、卫生间	●
	单身宿舍、医务保健设施	★
安全环保设施	照明设施	●
	监控设施	●
	消防设施	●
	绿化设施	●

注:“●”表示应有的设施;“★”表示可选择的设施。

2.3 道路交通运输工具

道路交通运输工具包括汽车、挂车、有轨/无轨电车、摩托车、电动助力车、自行车以及各种专用车和特种车辆,本节主要介绍汽车和挂车。

2.3.1 汽车

各种道路交通运输工具中,最主要的运输工具是汽车。汽车是由自带动力装置驱动,具有四个或四个以上车轮的非轨道承载的车辆,由动力装置、底盘、车身、电器及仪表等部分组成,主要用于载运人员和货物。

动力装置是汽车行驶的动力源,包括发动机及其燃料供给系、冷却系统。底盘是接受动力装置发出的动力,使汽车产生运动,保证正常行驶的装置和机构。它包括传动系统(离合器、变速器、方向传动装置、驱动桥)、行驶系统(车架、轮胎及车轮、悬架、从动桥)、转向系统(带转向盘的转向器及转向传动机构)和制动系统(制动器和制动传动机构)。客车一般是非承载式,车身是整体车身。货车是承载式,车身一般包括驾驶室和各种形式的车箱(厢)。电器及仪表包括电源、发动机的起动系统和点火系统,以及照明、信号、仪表等设备。

1)汽车分类

汽车分为载货车辆和载客车辆,按欧洲 EEC 标准,如表 2-27 所示。

汽 车 分 类 表 表 2-27

M 类(客车)		N 类(货车)	
M1	座位数≤8,厂定最大总质量≤3.5t	N1	厂定最大总质量≤3.5t
M2	座位数>8,厂定最大总质量≤5t	N2	3.5t<厂定最大总质量≤12t
M3	座位数>8,厂定最大总质量>5t	N3	厂定最大总质量>12t

厢式汽车、罐式汽车、包棚式汽车等专用汽车以及由多节车辆组成的汽车列车都属于载货车辆的范畴。载客车辆则包括轿车、微型客车、轻型客车、中型客车、大型客车以及特大型客车(如铰接客车、双层客车等)。

汽车根据动力燃料不同,又可分为传统汽车和新能源汽车,这里仅介绍电动汽车。电动汽车是指以电能为动力的汽车,一般采用高效率充电电池或燃料电池为动力源。电动汽车的分类及特点详见表 2-28。

电动汽车的分类及特点 表 2-28

类　别	定　义	优　点	缺　点
纯电动汽车	是指以车载电源蓄电池为动力,用电机驱动车轮行驶	行驶过程中无污染	蓄电池自重较大,充电时间长,续航里程较短,成本高,折旧快,易对环境造成二次污染
混合动力电动汽车	是指装有两个以上动力源的汽车	续航里程长,可储备电能,提高汽油燃烧效率,有利于环境保护	技术工艺复杂,材料多,自重大,仍旧依赖石化燃料
燃料电池电动汽车	是指一种可以将燃料中的化学能直接转化为电能的能量转化装置	能量产生效力比石化燃料高,且获取燃料较容易	电池使用寿命有限

2)汽车的主要性能指标

汽车的主要性能指标有容载量、比功率、最高车速、燃料消耗量、制动距离等。容载量是指载客车辆座位数和车内站立乘客数之和;对载货车辆,以最大装载质量表示。比功率为发动机标定最大功率(kW)与厂定最大总质量(t)之比。最高车速是指规定装载状态下,水平良好路面上,变速器处于最高挡且节气门全开时,车辆稳定行驶的最大速度。燃料消耗量为规定装载状态下,单位行驶距离消耗的燃料量(L/100km)。制动距离是指规定装载状态下,以一定车速行驶时,实施紧急制动,从踩制动踏板开始到完全停车为止测得的车辆驶过的距离。

3)车辆换算系数

为真实反映道路交通运行状况,需要将不同车型的交通量换算为标准车当量交通量。根据《城市道路工程设计规范》(CJJ 37—2012),各种车辆的换算系数见表2-29。

车辆换算系数 表2-29

车辆类型	小客车	大型客车	大型货车	铰接车
换算系数	1.0	2.0	2.5	3.0

2.3.2 挂车

挂车是指因设计和技术特性,需由汽车牵引才能正常使用的一种无动力的道路车辆,通常用于载运人员和货物或用于其他特殊用途。

1)挂车分类

《汽车和挂车类型的术语和定义》(GB/T 3730.1—2001)中对挂车的分类如表2-30所示。

挂车分类及特点 表2-30

挂车种类	主要特征	后继分类
牵引杆挂车	之上有两根轴,其中一轴可转向。通过角向移动的牵引杆与牵引车联结,牵引杆可垂直移动,联结底盘上,不能承受任何垂直力	牵引杆挂车主要可分为:客车挂车、牵引杆货车挂车、通用牵引杆挂车以及专用牵引杆挂车
半挂车	车轴置于车辆重心(当车辆均匀受载时)后面,并且装有可将水平或垂直力传递到牵引车的联结装置的挂车	半挂车主要可分为:客车半挂车、通用货车半挂车、专用半挂车和旅居半挂车
中置轴挂车	牵引装置不能垂直移动(相对于挂车),车轴位于紧靠挂车的重心(当均匀载荷时)的挂车	中置轴挂车主要为旅居挂车

而按照挂车的最大设计总质量,可将挂车分为4类:O_1类,最大设计总质量不超过750kg;O_2类,最大设计总质量超过750kg,但不超过3 500kg,O_3类,最大设计总质量超过3 500kg,但不超过10 000kg;O_4类,最大设计总质量超过10 000kg。就半挂车或中置轴挂车而言,对挂车分类时所依据的质量是半挂车或中置轴挂车在满载且和牵引车相连的情况下,通过其所有车轴垂直作用于地面的静荷载。

2)半挂车通用技术条件

在整车方面,半挂车应符合相关强制性标准的要求,并按照规定程序批准的图样技术文件制造。半挂车中具有专用功能的部件及总成应符合相应的国家标准或行业标准。集装箱半挂车装载空箱的高度应不大于4 000mm。半挂车的机构应保证半挂汽车列车满载时能适应90km/h的车速。当半挂车需要采用货箱顶盖时应满足使用要求。在使用过程中货箱顶盖应能够阻止货物的散落,遗洒;顶盖处于开启状态时,不得与车辆行驶部分发生干涉。

在车架方面,半挂车车架总长度不大于8 000mm时,其长度极限偏差为±5mm;当总长度每增加1 000mm(不足1 000mm按1 000mm计算),长度极限偏差增加1mm;宽度极限偏差在任意点测量为±4mm。在纵、横梁的任意横截面上,上下翼面对腹板的垂直度公差不大于翼板宽度的1%。纵梁腹板的纵向直线度公差,在任意1 000mm长度内为2mm,在全长上为其长度的0.1%。当车架长度不大于4m时,车架对角线之差不大于5.5mm,长度每增加1m(不足1m时按1m计算),车架对角线之差允许增加1mm。

2.4 道路交通管理与控制设施

2.4.1 道路行车组织管理

1)接入管理技术

接入管理技术是指针对特定道路,对其接入支路的位置和间距、设计及运营、中央分隔带开口、立体交叉形式、接入的街道等进行系统的控制,提供一个层次分明、功能清晰、分工明确的道路系统,并构建辅助性的街道和循环道路系统。

2)车速管理

车速管理是指运用交通管制的手段,强制性要求机动车按照规定的速度范围在道路上运行,以确保道路交通安全。行驶车速的限制是指对各种机动车辆在无限速标志路段上行驶时的最高行驶速度的规定。《中华人民共和国道路交通安全法实施条例》对路上最高行驶速度的规定,见表2-31。

部分道路类型最高行驶车速规定表　　表2-31

道路类型		最高行驶速度(km/h)
没有道路中心线的道路	城市道路	30
	公路	40
同方向只有一条机动车道的道路	城市道路	50
	公路	70

控制行驶车速的方法主要有:法规控制、心理控制和工程控制。

①法规控制是指根据交通规则中的规定对车速加以限制。如通过交通信号、标志、标示对车辆进行限速,例如一般道路上的最高限速和高速公路上的最低限速等都属于这类情形。

②心理控制是指利用人的心理作用对车速加以控制。它是根据人们的心理特点,起到对车速有所限制的作用。一般是运用视力判断方法,使驾驶员对前方道路条件产生不良反应,本能地降低车速。如在急转弯处路面上画有斑马线、横线;在下陡坡处画有鱼骨刺形条纹,使驾驶员产生车速过快不安全感及道路条件不良感,从而自觉地放慢驾驶速度;在接近有横向干扰的交叉路口,有意识地使道旁的树梢互相靠近,从心理上给驾驶员造成道路狭窄之感,从而促使驾驶员自动减速。

③工程控制是指通过道路工程设施对车辆进行强制减速的控制。如在住宅区道路或高速公路、快速道路的出口处设置颠簸路面、波状路面、齿状路面和分割岛(设障碍物强迫车辆减速绕行)等。

3)单行线管理

单向交通又称单行线,是指道路上的车辆只能按一个方向行驶的交通。实施单向交通一般应具备以下条件:①具有相同起终点的两条平行道路,它们之间的距离在350~450m以内;②具有明显潮汐交通特性的街道,其宽度不足三车道的可实行可逆性单向车道;③复杂的多路交叉口,某些方向的交通另有出路的,才可将相应的进口道改为单向交通。

4)变向交通管理

变向交通,是指在不同的时间段内变换某些车道上的行车方向或行车种类的交通。变向交通又称"潮汐交通"。变向交通按其作用可分为两类:方向性变向交通和非方向性变向交通。

方向性变向交通,是指在不同时间段内变换某些车道上的行车方向。这类变向交通可使车流量方向分布不均匀现象得到缓和,从而提高道路的利用率。

非方向性变向交通,是指在不同时间段内变换某些车道上的行车种类。它可分为车辆与行人、机动车与非机动车之间相互变换使用的变向车道。这类变向交通对缓和各种类型的交通在时间分布上不均匀性的矛盾有较好的效果。

(1)方向性变向交通的实施条件

方向性变向交通的实施条件是:

①道路上机动车道数应为双向三车道以上。

②交通量方向分布系数 $K_D > 2/3$。

③重交通方向在使用变向车道后,通行能力应得到满足;轻交通方向在去掉变向车道后,剩余的通行能力应能满足交通量的需求。

④在城市道路上使用时,需考虑在信号控制交叉口进口道上相应地增加进口道的车道数。

(2)非方向性变向交通的实施条件

非方向性变向交通的实施条件是:

①自行车借用机动车道仅适用于一块板、二块板的道路,借用后机动车剩余车道的通行能力应能满足机动车交通量的需求。

②机动车借用自行车道后,剩余车道应能保证自行车通行的安全。

③行人借用车行道适用于中心商业区,除定时步行街外,均要对机动车流进行分流疏导和控制。

5)禁行管理

为了调节道路上的交通流,将一部分交通流量均分到其他负荷较低的道路上去,或满足某些特殊的通行要求,根据道路条件和交通条件,实行对机动车和非机动车的某种限制通行的管理,称为禁行管理。禁行管理大致可分车种、转向、时段等情形。

6)专用道管理

专用道管理包括多乘员车辆专用道、公交车辆专用车道和自行车专用车道管理等。

2.4.2 交通标志标线

(1)交通标志

交通标志按其作用可分为主标志和辅助标志。主标志包括警告标志、禁令标志、指示标志、指路标志、旅游区标志、作业区标志和告示标志。警告标志是警告车辆、行人注意道路交通的标志;禁令标志是禁止或限制车辆、行人交通行为的标志;指示标志是指示车辆、行人应遵守的标志;指路标志是传递道路方向、地点、距离信息的标志;旅游区标志是提供旅游景点方向、距离的标志;作业区标志是告知道路作业区通行的标志;告示标志是告知路外设施、安全行驶信息以及其他信息的标志。辅助标志为附设在主标志下,对其进行辅助说明的标志。

(2)交通标线

道路交通标线由不同颜色的线条、符号、箭头、文字、立面标记、突起路标和路边轮廓标线等组成,常敷设或漆划于路面及构造物上,作为一种交通管理设施,起引导交通与保障交通安全的作用,可同交通标志配合使用,亦可单独使用,是道路交通法规的组成部分之一,具有强制性、服务性和诱导性。交通标线在道路交通管理中占有重要地位,高速公路、一二级公路以及快速路、城市干道均需按国家规定设置交通标线。

道路交通标线按其功能分为指示标线、禁止标线和警告标线三类;按形态又可分为线条、字符标记、突起路标、路边线轮廓标线。

2.4.3　交叉口信号控制

1)单点交叉口信号控制

单点交叉口信号控制是指利用交通信号灯,对交叉口运行的车辆和行人进行通行权的分配。单点交叉口信号控制以交通信号控制模型为基础,通过合理控制路口信号灯的灯色变化,达到减少交通拥堵、保证城市道路畅通和避免发生交通事故等目的。单点交叉口信号控制是城市道路交通信号控制的基本形式,是城市道路交通控制最主要、最基本的方法。

单点交叉口信号控制根据控制方式的不同可分为定时式控制、感应式控制以及自适应控制。

(1)定时式控制是指交叉口信号具有确定的控制方案,信号灯在控制时段内按照预先设定的控制方案周期式地进行信号控制。定时式控制具有工作稳定可靠,便于与相邻交叉口的交通信号进行协调,设施成本较低,安装、维护方便等优点,适用于交通需求波动小或交通量较大(接近饱和状态)的情况,但存在灵活性差、不适应交通需求波动的缺点。

(2)感应式控制是指交通信号灯能根据交通检测器检测到的交叉口实时交通流状况,采用适当的信号显示时间以适应交通需求的一种信号控制方式。感应式控制对车辆随机到达以及交通需求波动较大的情况适应性很强,然而存在协调性差、设施成本较高的缺点。

(3)自适应控制是基于人工智能技术发展起来的一种信号控制方式,具有学习、抽象、推理和决策等功能,能根据环境的变化做出恰当的适应性反应。自适应控制具有较强的实时性、鲁棒性和独立性,但控制策略较为复杂,且需要配套相应的检测装置。

2)干线交叉口信号协调控制

干线交叉口信号协调控制是为了保持城市主干道的畅通,对主干道上的信号控制交叉口采取的协调控制。

单向行驶道路的协调控制方式主要包括:简单协调(前向协调)、可变协调、逆向协调、同步协调。

3)区域交叉口信号协调控制

区域交叉口信号协调控制(简称面控制)系统的控制对象是城市或某个区域中所有交叉口的交通信号。

目前国内外普遍使用的控制系统主要有 TRANSYT 系统、SCATS 系统、SCOOT 系统和 ACTRA 系统。

【复习思考题】

1. 简述公路的主要组成。
2. 简述公路通行能力与服务水平的定义及关系。
3. 比较各类公路运输场站的异同点。
4. 简述城市道路的主要功能。
5. 简述常规公交线路网的布局原则。
6. 简述汽车的主要性能指标。
7. 简述挂车的分类及特点。
8. 简述道路行车组织管理的几种主要措施。
9. 简述交通标志及标线的类别。
10. 简述单点交叉口控制的几种方式。

第3章

轨道交通运输系统

3.1 轨道交通概述

3.1.1 轨道交通的分类与组成

1)轨道交通的分类

随着轨道交通技术的不断进步和发展,出现了许多新的轨道交通形式,按运输能力范围、车辆类型及主要技术特征一般可分为普通铁路、高速铁路、城市轨道交通、现代有轨电车、单轨交通、磁悬浮交通、新交通系统等形式。通常也可以根据以下不同的标准对轨道交通基本类型进行分类。

(1)按运输能力分类

线路运输能力指单向每小时的断面最大的乘客通过量。按照运输能力大小,轨道交通可分为高运量轨道交通、中运量轨道交通、低运量轨道交通。高运量轨道交通要求高峰小时单向运输能力达到3万人以上,如普通铁路、高速铁路、重型和轻型地铁等;中运量轨道交通要求高峰小时单向运输能力为1.5万~3万人,如微型地铁、高技术标准的轻轨和单轨;低运量轨道交通是指高峰小时单向运输能力为0.5万~1.5万人,如低技术标准的轻轨、自动导向交通和现代有轨电车。

(2)按敷设方式分类

根据不同的敷设方式,轨道交通可分为地下(隧道)、高架和地面三种形式。大运量轨道交通在较为繁忙的地区多采用隧道和高架形式,在城际、市郊可采用全封闭的地面形式;中运量轨道交通可兼有三种敷设形式,且通常不与机动车混行;低运量轨道交通一般采用地面形式,可与机动车混行。

(3)按路权分类

路权是指轨道交通系统运行线路与其他交通的兼容程度。根据路权,轨道交通可分为独立路权、半独立路权和共有路权三种基本形式。独立路权的轨道交通系统与其他交通完全隔离,不受平交道路与人、车的干扰,一般用于大运量及1.6万人次/h以上的中等运量轨道交通系统;半独立路权的轨道交通系统沿行车路线采用缘石、隔离栅等措施与其他交通实体隔离,但在交叉路口仍与横向的人、车平交混行,受信号系统控制,一般用于1.6万人次/h以下的中等运量轨道交通系统;共有路权的轨道交通系统即地面混合交通,不具有实体分割,轨道交通与其他交通混合出行,在路口按照规定通行。

(4)按导向方式分类

根据导向方式,轨道交通可分为轮轨导向与导向轮导向。轮轨导向由钢轮轮缘和钢轨之间的作用力来提供导向力,包括钢轨钢轮系统(地铁、轻轨、有轨电车),这种导向方式启动较快。导向轮导向包括单轨及自动导向交通系统等胶轮车辆,具有耐磨性好,使用寿命长等优点。

(5)按轮轨支撑形式分类

轮轨支撑形式即车辆与转移车道表面之间的垂直接触方式与运行方式。按照轮轨支撑形式,轨道交通系统可分为钢轮钢轨系统、胶轮混凝土轨系统以及特殊系统三种形式。钢轮钢轨系统包括普通铁路、高速铁路、地铁、轻轨、有轨电车;胶轮混凝土轨系统主要是指单轨及自动导向交通系统;而特殊系统则包括支撑面置于车辆之上的悬挂式单轨系统、磁悬浮式轨道交通系统等。

2)轨道交通系统的组成

轨道交通系统主要由车站、线路、车辆、控制通信信号系统等一系列设施组成,如图3-1所示。

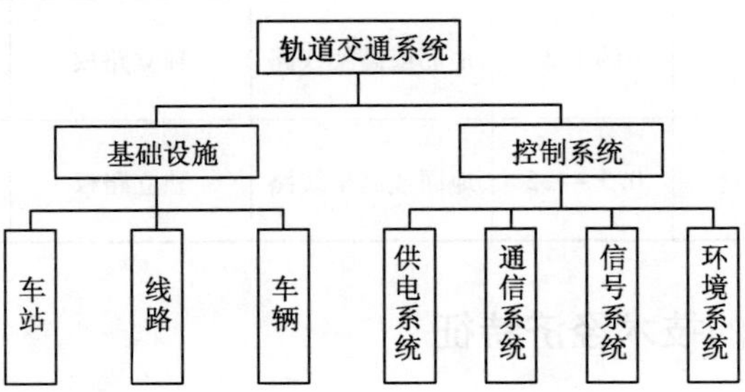

图3-1 轨道交通系统组成

车站是交通运输的基本生产单位,也是轨道交通系统运行的主要设施。车站的设计要保证乘客使用安全、方便,并具有良好的内部和外部环境条件,对于枢纽地区,车站还需考虑高架车站、地面车站与地下车站之间客流乘换的方便性，并满足各种安全防护要求；线路是轨道交通基础设施的中的主体部分，是机车与车辆运行的基础，由路基、轨道和桥涵隧道结构物组成，考虑到乘客出行的方便、土地充分利用、节约建设费用等因素，线路走向一般选择易于施工和客流相对比较集中的地区。车辆是轨道交通系统中最重要的组成部分，也是技术含量较高的机电设备。轨道交通车辆应具有先进性、可靠性和实用性，不仅要保证车辆运行的安全、快速，而且能为乘客提供良好的服务条件，使乘客舒适、方便，同时还应考虑对环境和能源的影响。

轨道交通的供电系统负责提供车辆及设备运行的动力能源。供电系统是否可靠直接影响到轨道交通的畅通和人员的安全，轨道交通一旦停电将导致交通混乱，且易造成人员伤亡。高度安全、可靠和经济合理的电力供给是城市轨道交通正常运营的重要保障和前提。轨道交通的通信系统是列车运行、组织运输生产及进行公务联络的重要手段。轨道交通的特点是客流密集、运输繁忙，为了保证行车安全和实现快速、高效、准时的优质服务，必须设置功能完善、可靠的内部专用通信系统。轨道交通信号设备是轨道交通的主要技术装备，它担负着指挥列车运行、保证列车运行安全和提高线路通过能力的重要任务。环境系统的任务则是为列车运行和旅客出行提供满足一定要求的空气环境，包括空气的温度、湿度、空气流动速度和空气质量。

轨道交通各运输方式的比较情况如表 3-1 所示。

各轨道交通方式比较 表 3-1

运输方式	运营速度（km/h）	运输能力等级	运输能力（万人次/h）	线路		车辆	
				线路空间位置	路权形式	支撑导向	车厢编组数
普通铁路	200 以下	高运量	3～4	地面线路	独立路权	钢轮双轨	18～20 节
高速铁路	250～350	高运量	0.6～1	地面线路	独立路权	钢轮双轨	8～10 节
地铁	60～130	高运量	3～8	地下线路为主	独立路权	钢轮双轨	6～10 节
现代有轨电车	35～110	低运量	0.6～1	地面线路	独立路权	钢轮双轨	1 节或铰接
单轨交通	70～80	中运量	0.5～3	地面或高架线路	独立路权	胶轮单轨	2～6 节
磁悬浮交通	20～25	中运量	约 1.3	地面或高架线路	独立路权	常导、超导	4～6 节
自动导向交通	100～500	低运量	0.5～1.5	地面或高架线路	独立路权	胶轮导轨	1～6 节

3.1.2 轨道交通的技术经济特征

轨道交通的各种运输方式虽然都能实现旅客或货物的位移，但其技术性能（速度、重量、连续性、保证货物的完整和旅客的安全、舒适程度等）对地理环境的适应程度和经济指标（能源和材料消耗、投资、运输费用、劳动生产率等）是不同的。

人们对交通运输的要求是安全、迅速、经济、便利。轨道交通各种运输方式的技术经济特征主要体现在以下 6 个方面。

(1)速度

速度是交通运输尤其是旅客运输最重要的技术指标。运输方式的速度有技术速度和送达速度之分。技术速度决定运载工具在途运行的时间,但不包括途中的停留时间和始发、终到两端的作业时间。技术速度是决定送达速度的基本因素,因而比较各种运输方式的技术速度仍具有意义。轨道交通各种运输方式的技术速度如表 3-2 所示。

各种轨道交通运输方式的技术速度 表 3-2

运输方式	铁路	高速铁路	地铁	轻轨	现代有轨电车	单轨交通	磁悬浮交通	自动导向交通
技术速度(km/h)	≤200	250~350	60~130	35~110	70~80	20~25	100~500	30~40

对旅客和收、发货人而言,送达速度更具有实际意义。计算送达速度时应计途中的停留时间和始发、终到两端的作业时间,即送达速度等于路线长度除以运输消耗时间,因而送达速度低于技术速度。

(2)运输能力

运输能力是通过能力和输送能力的总称,是在一定的设备条件、交通条件、控制条件和环境条件下,单位时间内(一昼夜或一小时)能够生产的运输产品数量。通过能力是指在一定的行车组织条件下,区段内各种固定设备在一昼夜中所能通过或接发的最多列车数(或列车对数);输送能力是在一定技术设备和行车组织的条件下,列车一昼夜内能够运送的旅客人数或货物吨数。通过能力是输送能力的基础,输送能力是运输能力的最终体现。各种轨道交通运输方式的运输能力如表 3-3 所示。

各种轨道交通运输方式的运输能力 表 3-3

运输方式	铁路	高速铁路	地铁	轻轨	现代有轨电车	单轨交通	磁悬浮交通	自动导向交通
运输能力(万人次/h)	3~5	0.6~1	3~8	1~3	0.6~1	0.5~3	1.5~3	0.5~1.5

(3)建设成本

各种运输方式由于其技术设备的构成不同,不仅投资总额大小各异,而且投资期限和初期投资的金额也有很大差别,建设周期的长短也不同。

(4)运输成本

运输成本是交通运输业的一个综合性指标,各种运输方式的运输成本受多种因素影响。如与运量无关的固定费用在运输成本中所占的比重较大时,运输密度对运输成本的影响较大;运输距离对运输成本也有很大的影响,两端作业成本(始发和终到)的比重随着运输距离的增加而下降;载质量较大的车辆一般来说其运输成本较低。

(5)安全性

交通运输安全对人的生命、财产以及资源、环境等影响巨大。交通运输安全应包括两个方面:一是人身安全,二是货物安全。人身安全包括使用运输工具的旅客安全和非使用交通工具的第三方人身安全。货物安全包括两个方面:一方面是因交通事故和运输责任造成的货物被盗、丢失、火灾、损坏、腐坏、污染、湿损、票货分离等;另一方面是货物运输过程中的自然损耗。在各种现代运输方式中,按照运输的旅客(人公里)和货物(吨公里)计算事故率,轨道交通运输的事故率是很低的。

(6)准时性

旅客和货主对运输准时性的要求较高。旅客和货主选择运输方式和工具以后,即希望按照预期的运输时间完成运输活动,后续的生产、生活、工作等也是根据这个预期的运输消耗时间来安排的。影响各种运输方式准时性的因素有很多,如运输组织是否合理、突发事件及气候因素等。

除了以上几个方面,还应从能源、对环境的影响、舒适性等方面考察各运输方式的特性,如表3-4所示。

各运输方式技术经济特征对比　　表3-4

运输方式	运营速度(km/h)	运输能力(万人次/h)	建设成本	安全性	对环境影响	技术经济特征
普通铁路	200以下	3~4	较高	高	小	运量大,适合中长距离运输,对环境影响小,建设成本较高,建设周期长高速
高速铁路	250~350	0.6~1	高	高	小	运行速度快,运量大,安全性高,污染小
地铁	60~130	3~8	高	高	小	运量大,速度快,可靠性强,安全性高,污染小,舒适性强,建设成本高,建设周期长
轻轨	35~110	1~3	低	较高	小	造价低,建设周期短,适应性强,一般车站设施比较简单
现代有轨电车	70~80	0.6~1	低	较高	较小	造价低,建设周期短,环境适应性强,运量中等
单轨交通	20~25	0.5~3	低	高	较小	运输速度快,运量较大,乘坐舒适,对沿线居民的生活干扰小,有粉尘污染,能耗大
磁悬浮交通	100~500	1.5~3	高	高	小	运输速度快,节能,安全性高,冲击小、振动小、噪声低,造价高
自动导向交通	25~30	0.5~1.5	较低	高	小	运输速度慢,运量较小,耗能大,但建设费用较低,噪声低,安全性高

3.2 铁路运输系统

3.2.1 铁路运输系统组成

铁路运输是以铁路轨道为运输通道,以机车牵引车辆运输工具进行的运输形式。铁路运输系统主要由线路、枢纽场站、运输设备(运输工具)、运输信号系统等设施组成。

铁路线路承受着由机车、车辆轮对传来的巨大压力,并引导机车、车辆轮对运行,为了确保列车按规定速度安全、平稳和不间断运行,铁路线路各部分必须保持完好状态,以保证铁路运输部门能够优质地完成客货运输任务；铁路场站既是铁路办理客、货运输的基地，又是铁路系统的一个基层生产单位，场站除可办理旅客和货物运输的各项作业以外，还可办理和列车运行有关的各项作业；铁路枢纽站是在铁路网节点或网端，由客运站、编组站或其他车站以及各种为运输服务的设施和连接线等组成的整体运输设施；铁路车辆是铁路运送旅客和货物的设备，它一般没有动力装置，必须由机车牵引才能沿线路运行，按用途可分为客车和货车两大类。

铁路运输信号系统的作用是保证列车运行与调车作业安全，用于提高铁路运输生产的效率、降低运输成本、改善行车人员的劳动条件，主要包括铁路信号、联锁、闭塞、机车信号等设备。铁路通信以运输生产为目的，主要功能是实现行车和机车车辆作业的统一调度与指挥，铁路通信将有线和无线相结合，包括多种通信方式。

3.2.2 铁路运输能力

铁路运输能力取决于固定设备的设置数量与互相配置结构以及活动设备的时空配置，同时也要求固定设备和活动设备的相互适配。满足固定设备设置条件的铁路运输能力统称为铁路通过能力，而满足活动设备的数量和配置的铁路运输能力称为铁路输送能力。

(1)铁路通过能力

铁路通过能力是指在一定的机车车辆类型、信号设备和行车组织方法条件下，铁路区段内各项固定设备在单位时间内(通常为一昼夜)所能通过的最大列车数(以对/d 为单位)。固定设备包括区间、车站、机务段设备及整备设备、给水设备和电气化铁路供电设备。按照铁路区段各项固定设备计算的铁路通过能力又称为区间通过能力或车站通过能力等，其中的最小值即为铁路区段的最终通过能力。

若一个运行图周期内所包含的列车对数或列数用 $n_{周}$ 表示，则放行一列或一对列车平均占用该区间时间为：

$$t_{占均} = \frac{T_{周}}{n_{周}} \quad (\text{min}) \tag{3-1}$$

当不考虑固定作业占用时间、有效度系数时：

$$n = \frac{1\,440}{t_{占均}} = \frac{1\,400 n_{周}}{T_{周}} \tag{3-2}$$

当考虑固定作业占用时间而不考虑有效度系数时：

$$n = \frac{(1\,440 - T_{固}) n_{周}}{T_{周}} \tag{3-3}$$

当同时考虑固定作业占用时间、有效度系数时：

$$n = \frac{(1\,440 - T_{固}) n_{周}\, d_{有效}}{T_{周}} \tag{3-4}$$

上式中：$n_{周}$——一个运行图周期内所包含的列车对数或列数(列)；

$t_{占均}$——放行一列或一对列车平均占用该区间时间(min)；

$T_{周}$——运行图的一个周期(min)；

n——铁路通过能力(对/d)；

$T_{固}$——固定作业占用时间(min)；

$d_{有效}$——有效度系数。

(2)铁路输送能力

铁路输送能力是指某条铁路线或某一铁路区段在一定的固定设备和行车组织方法的条件下,按照现有活动设备(主要是机车车辆)和人员配备(主要是机车乘务组、车长等),在单位时间内(通常为一昼夜或一年)所能输送的最大列车数、车辆数或货物吨数。输送能力和通过能力应当协调配合发展,即在运量不断增长的条件下,应当按照通过能力的大小相应地配备机车、车辆和各种定员。

按货物吨数计算的铁路年输送能力可按下式计算:

$$\text{输送能力}(\mathrm{t/a}) = \frac{\text{通过能力}(\text{列车数}/\mathrm{d}) \times \text{列车总重} \times \text{平均载重系数} \times 365}{\text{月间货运量波动系数}} \tag{3-5}$$

按乘客人数计算的铁路年输送能力可按下式计算:

$$p = n_{\text{最终}} m p_{\text{车}} \tag{3-6}$$

式中:p——小时内单向最大输送能力(人);

$n_{\text{最终}}$——小时内铁路最终能通过的最大列车数(列);

$p_{\text{车}}$——车辆定员数(人)。

3.2.3 铁路线路

铁路线路是机车车辆运行的基础,兼有承载和导向的功能。铁路线路由路基、桥隧建筑物、轨道以及沿线设施组成。

1)路基

路基工程主要由路基本体、路基防护和加固建筑物、路基排水设备三部分组成。路基最常见的两种断面就是路堤和路堑。此外,还有半路堤、半路堑、半路堤半路堑和不填不挖路基。

(1)路堤:铺设轨道的路基面高于自然地面时,经填筑而形成的路基。路堤路基的组成包括路基面、边坡、护道、取土坑和纵向排水沟等。

(2)路堑:铺设轨道的路基面低于自然地面时,经开挖而形成的路基。路堑路基的组成包括路基面、侧沟、边坡、弃堆和截水沟等。

2)桥隧建筑物

当铁路线路要通过江河、溪沟、谷地、山岭等天然障碍,或要跨越公路、铁路时,就需要修建桥隧建筑物,以使铁路线路得以继续向前延伸。桥隧建筑物包括桥梁、涵洞和隧道等。在铁路线路的修建过程中,桥隧建筑物的工程量所占比重往往较大,大桥和长大隧道的施工期限时常还是新建线路能否按时竣工的关键。

(1)桥梁

桥梁主要由桥面、桥跨结构、墩台基础三部分组成。桥面是桥梁上铺设的轨道、人行道和护栏部分;桥跨结构是桥梁承受荷载、跨越障碍的部分;墩台基础则是桥跨结构的支承体,即桥梁的支承部分,其中设于桥梁中部的称为桥墩,设于桥梁两端的称为桥台,桥墩与桥台的底部与地基接触的部分称为基础。

(2)隧道

隧道是铁路线路越过山岭时,为避免开挖深路堑或修建很长的迂回线而修建的穿越山岭的建筑物。此外,还有各种水底隧道以及大中城市的地下铁道。

隧道的两端应修筑洞门，以保持洞口上方仰坡和两侧边坡的稳定，并将雨水引离隧道；隧道内部一般用混凝土等材料进行衬砌，以防止四周岩层塌落、洞底变形及渗水；为了保证入隧道进行线路养护的线路维修人员的人身安全，在隧道内洞身两侧还应修建避车洞。

3）轨道

轨道是列车运行的基础，其作用主要是引导列车行驶方向，承受机车、车辆的压力，并把压力扩散到路基或桥隧结构上。轨道主要由钢轨、轨枕、道床、联结零件以及道岔等组成。

（1）钢轨

钢轨的作用是引导车轮的运行方向，直接承受车轮的巨大作用力并将其传递给轨枕。另外，在电气化铁路或自动闭塞区段，钢轨还兼作轨道电路之用。因此钢轨应具有足够的强度、韧性和耐磨性。钢轨采用具有最佳抗弯性能的工字形断面，分为轨头、轨腰、轨底三部分，如图3-2所示。

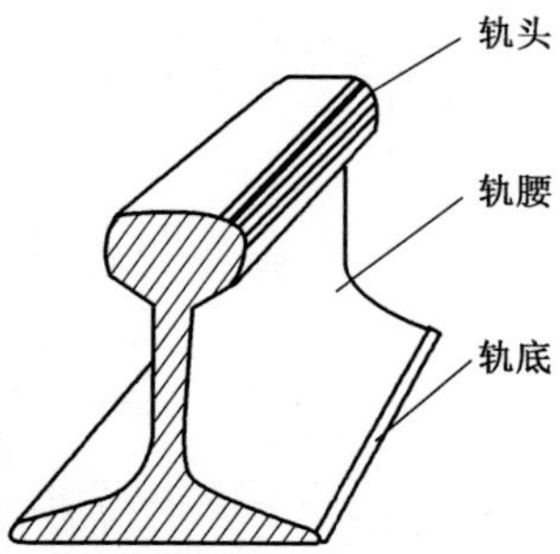

图3-2 钢轨断面

（2）轨枕

轨枕的作用是支承钢轨，并将钢轨传来的压力均匀地传递给道床，同时保持钢轨应有的位置和轨距。轨枕应具有足够的坚固性、弹性和耐久性，并且造价低廉、制作简单、铺设及养护方便。轨枕按其制作材料的不同，可分为木枕和钢筋混凝土枕两种。木枕具有弹性好、易加工、重量轻、易铺设、易更换等优点；缺点是木材消耗量大、使用寿命较短。钢筋混凝土轨枕使用寿命长、稳定性能好，轨道的强度和稳定性好，能减少线路的养护工作量，其材料来源也广，可大量节省木材，是我国铁路主要使用的轨枕。

（3）道床

道床是铺设在路基面上的石砟（道砟）层。其主要作用有：支承轨枕，把从轨枕传来的压力均匀传递给路基；固定轨枕的位置，阻止轨枕纵向和横向移动；缓和机车、车辆轮对钢轨的冲击；调整线路的平面和纵断面。道床的材料应当具有坚硬、不易风化、富有弹性，并有利于排水的特点。常用的材料有碎石、粗砂等，粗砂在非渗水土路基道床中也可作垫层。

（4）联结零件

联结零件包括接头联结零件和中间联结零件（亦称钢轨扣件）两类。接头联结零件是用来联结钢轨与钢轨间接头的零件，它包括夹板、螺栓、螺母和弹性垫圈等。

（5）道岔

把两条或两条以上的轨道在平面上进行相互连接或交叉的设备称为道岔。其作用是使列车由一条轨道转入或越过另一条轨道，以满足铁路运输中的各种作业需要。道岔因其构造不同而形式多样，最常见的是普通单开道岔。

3.2.4 铁路枢纽场站

1）枢纽

枢纽是在铁路网节点或网端，由客运站、编组站或其他车站以及各种为运输服务的设施、连接线等组成的整体运输设施。它是沟通纵横交错的轨道线的重要结点，其主要任务是承担客、货流的集散和中转，包括办理各种列车的到发、通过和改编，车流的交换，旅客乘降和换乘，以及货物的承运、交付、中转和换装等作业。

(1)枢纽分类

铁路枢纽按其在路网中的地位与作用可以分为三类:路网性铁路枢纽、区域性铁路枢纽、地方性铁路枢纽。按其区域内场站结构布置形式可分为以下八种类型:一站枢纽(图3-3)、三角形枢纽(图3-4)、十字形枢纽(图3-5)、顺列式枢纽(图3-6)、并列式枢纽(图3-7)、环形枢纽(图3-8)、尽端式枢纽(图3-9)和混合式枢纽(图3-10)。

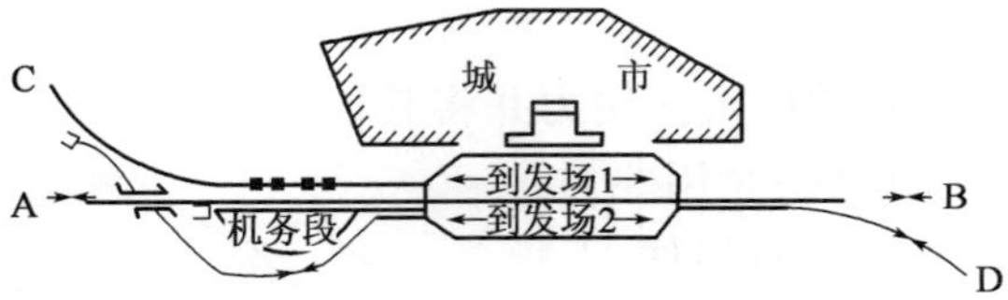

图3-3 一站枢纽布置图

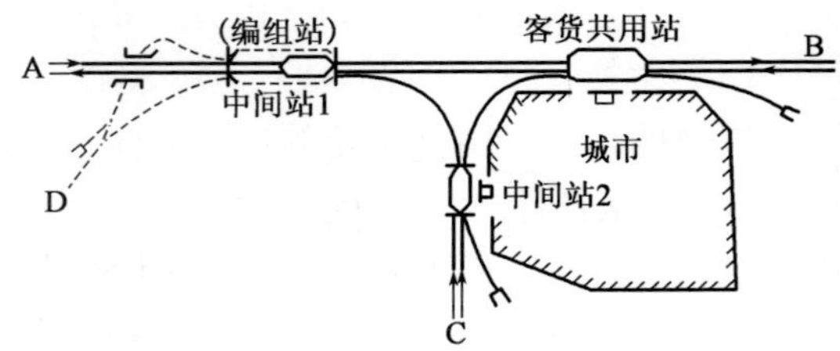

图3-4 三角形枢纽布置图

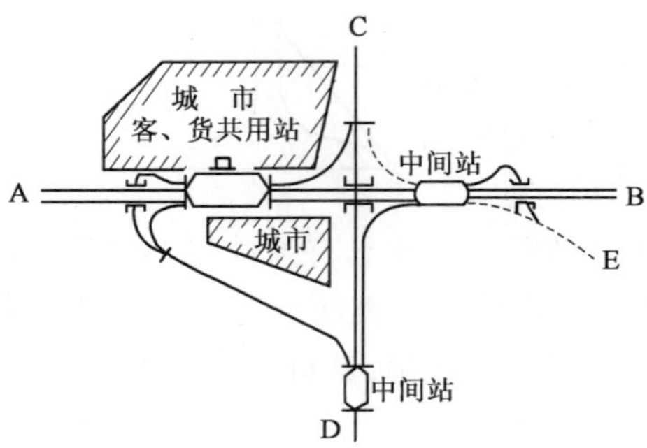

图3-5 十字形枢纽布置图

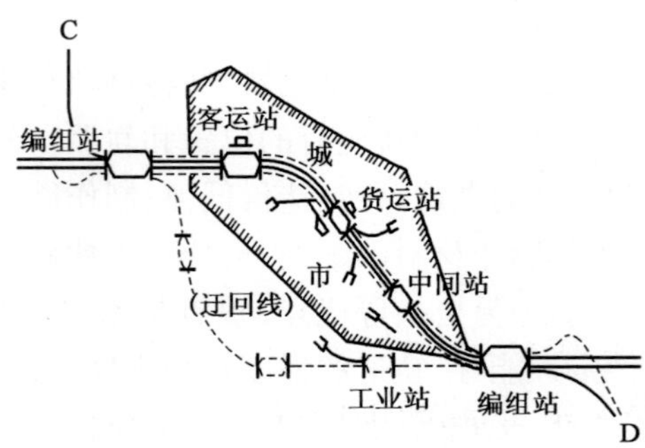

图3-6 顺列式枢纽布置图

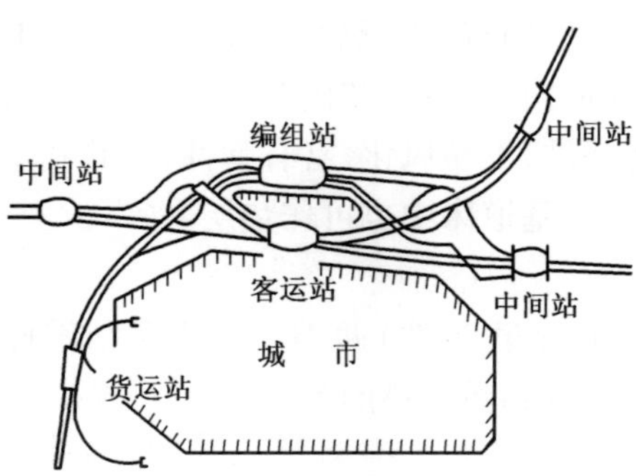

图3-7 并列式枢纽布置图

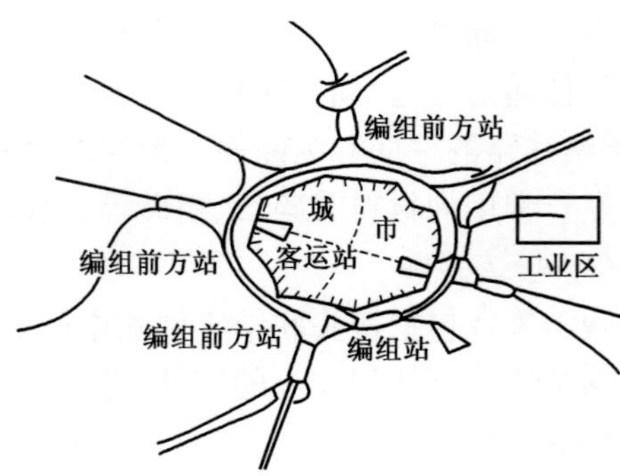

图3-8 环形枢纽布置图

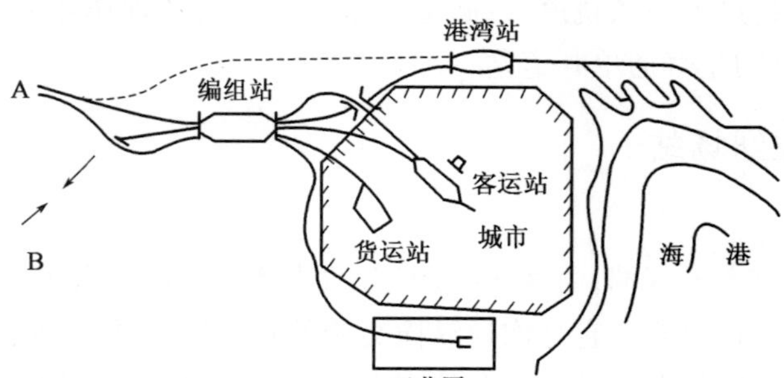

图3-9 尽端式枢纽布置图

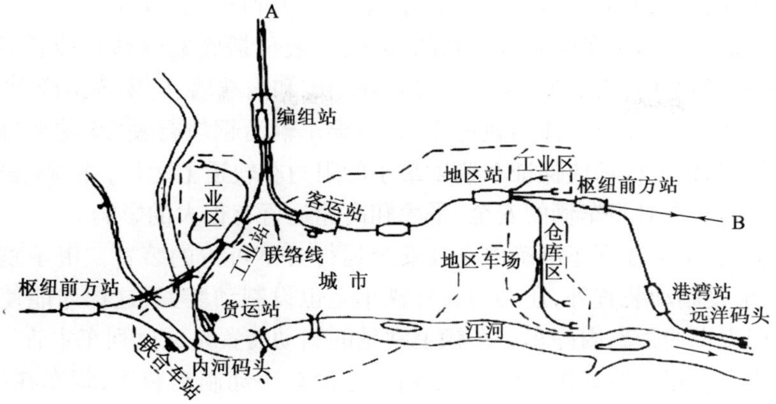

图3-10 混合式枢纽布置图

(2)枢纽布置

枢纽内专业车站的配置应考虑枢纽的客货流性质、线路引入方式、城市及其他运输系统的规划等因素进行总体布置。枢纽内编组站一般设置在主要干线汇合处,且规划在市区边缘之外,以保证主要车流方向有顺直的径路,使折角车流最少,同时减少对城市的污染。中、小规模的枢纽一般设置一个综合性货运站;大枢纽内可设置两个及以上货运站。货运站位置的选择要与编组站衔接方便,同时要求有方便的道路运输路线。枢纽内的客运站应配合城市规划,设在市区便利的旅客运输地段。客运站应有与市中心、市区主要干道以及其他办理客运业务的铁路车站、长途和市内汽车站、客运码头、机场等有方便的交通联系。如果引入方向较多、客流较大,可分设两个或更多的客运站,既可按快、慢分工,也可按方向或始发、终到与中转分工。

2)场站

场站既是铁路办理客、货运输的基地,又是铁路系统的一个基层生产单位。在场站上,除办理旅客和货物运输的各项作业以外,还办理和列车运行有关的作业。为了完成上述作业,场站上设有客货运输设备及与列车运行有关的各项技术设备,还配备了客运、货运、行车、装卸等方面的工作人员。

场站按技术作业分为中间站、区段站和编组站。区段站和编组站统称为技术站。中间站设置在技术站之间的区段内;它的主要作用是办理列车的接发、会让和通过作业,摘挂列车的调车和装卸作业。区段站设置在划分货物列车牵引区段或区段车流集散的地点;它的主要作用是办理货物列车的中转作业,解体与编组区段、摘挂列车,更换货运机车和乘务人员,进行车辆技术检修和货运检查整理。编组站设置在大量车流集散的地点;它的主要作用是担当大量货物列车的解编作业,编组直达、直通、区段、摘挂列车,更换货运机车和乘务人员,进行车辆技术检修和货运检查整理。

3.2.5 铁路车辆

铁路车辆是铁路运送旅客和货物的设备。它一般没有动力装置,必须由机车牵引才能沿线路运行。铁路车辆种类繁多,但其结构大致相似,一般由车体、走行部、制动装置、车钩缓冲装置、车辆内部设备等五个基本部分组成。

①车体:它是旅客乘坐或装载货物的部分,车体一般和车底架构成一个整体,其结构与车辆的用途有关。货车车体是车辆装载货物的部分,一般包括底架、侧墙、端墙、车顶等;客车车体一般采用薄壁筒形结构,由底架、侧墙、车顶、外端墙和内端墙、门窗等组成。

②走行部:它的位置介于车体与轨道之间,引导车辆沿钢轨行驶,承受来自车体及线路的荷载并缓和动作用力,走行部应保证车辆以最小的阻力在轨道上运行,并顺利通过曲线。走行部能否保持良好的状态对于车辆的安全、平稳和高速运行有很大的影响。

③制动装置:它是保证列车准确停车及安全运行必不可少的装置。由于整个列车的惯性很大,除在机车上设制动装置外,还必须在每辆车上也设制动装置,这样才能使运行中的车辆按需要减速或在规定的距离内停车。车辆上常见的制动装置是通过列车主管中空气压力的变化而使制动装置产生相应的动作。此外,车辆上还设有手动制动装置,货车在编组、吊车作业中常要用到它,其他车辆的手动制动装置作为一种辅助装置以备急需。

④车钩缓冲装置:它是使机车和车辆或车辆与车辆之间连挂一起,并传递牵引力和制动力,缓和列车运行或调车作业时所产生的冲击力的装置。车钩缓冲装置包括车钩、缓冲器两部分,安装在车底架中梁的两端。车钩缓冲装置无论是承受牵引力还是冲击力,都要经过缓冲器将力传递给牵引梁,这样就有可能使车辆间的纵向冲击振动得到缓和消减,从而改善运行条件,保护车辆及货物不受损坏。

⑤车辆内部设备:它是一些为运输对象提高服务质量而设于车体内的固定附属装置。如客车上的电气、给水、空调、座位、行李架等。

3.2.6 铁路信号及其他设备系统

除线路、车辆、枢纽场站设施外,铁路运输系统设施设备还包括信号系统、通信系统、牵引系统、供电系统、环境系统等。下面主要介绍信号系统和通信系统。

(1)信号系统

铁路运输信号系统的作用是保证列车运行与调车作业安全。信号系统能有效提高铁路运输生产的效率,降低运输成本,大大改善行车人员的劳动条件。铁路运输信号设施包括铁路信号、联锁、闭塞、机车信号设备等。

铁路信号设备用于指示列车运行及调车工作的命令、有关行车人员必须严格执行;联锁设备在铁路车站上,其作用是保证和列车在进路上的安全,并使机车和车辆能有效利用站内线路,高效率地指挥行车和调车,改善行车人员的劳动条件,通过利用机械、电气自动控制和远程控制、计算机等技术和设备,使车站范围内的信号机、进路和进路上的道岔相互具有制约关系;闭塞设备是用来保证列车在区间内运行安全和提高区间通过能力的区间信号设备;机车信号设备是将地面信号机的显示及各种条件信息连续不断地传递到机车上,并控制机车信号机显示的设备。

(2)通信系统

铁路运输生产必须实行高度集中,为可靠指挥列车运行,组织运输生产及各部门工作间的互相联系,必须设置性能完善的铁路通信系统,构成完整的通信网。铁路通信系统是铁路实现统一指挥、组织、管理运输生产的重要工具。

铁路通信系统按传输方式分为有线通信和无线通信;按服务区域可分为长途通信、地区通信、区段通信和站场通信等;按业务性质可分为公用通信、专用通信和数据通信。铁路专用通信设备一般是指用于组织、指挥铁路运输生产的专用通信设备,由区段通信设备、站场通信设备、电视电话会议通信设备等组成,包括调度电话、站间电话、区间电话、站内通信设备、无线扩音对讲系统等。

3.3 高速铁路系统

3.3.1 高速铁路运输系统组成

高速铁路是指设计开行时速250km以上(含预留),并且初期运营时速200km以上的客运列车专线铁路。高速铁路运输系统主要由线路、车站、车辆、信号系统四部分组成,具有速度快、运输量大、准点率高、占用土地少、能源消耗低、对环境污染小、安全可靠、社会经济效益良好等优点。

高速铁路线路的功能与普通铁路基本相同,不同的是高速列车在高速条件下行驶,既要为高速运行的机车车辆提供高平顺性和高稳定性的轨面条件,又要保证线路各组成部分具有一定的强度与耐久度。与常规铁路车站相比,高速铁路车站具有客流到发密集、旅客集散顺畅、服务功能完善多样、内外交通衔接便捷、活动环境整洁舒适等特点。高速铁路车辆是高速铁路的标志性装备,轻量化的车体、良好的动力学性能、安全可靠的制动系统等都能保证列车在高速下安全平稳运行。高速铁路信号系统由综合调度系统、列控系计算机联锁系统等组成,各部分之间通过具有保护功能的广域网连接并传输信息。

高速铁路运输系统还包括牵引供电系统和通信系统等。其中,牵引供电系统负责不间断地向机车(或动车组)供电,牵引供电系统主要由牵引变电所和牵引网组成。通信系统主要为实现铁路专用通信业务,可分为有线通信和无线通信。

3.3.2 高速铁路运输能力

高速铁路运输能力可分为通过能力和输送能力。取决于固定设备设置条件的高速铁路运输能力称为高速铁路通过能力;取决于活动设备的数量和配置的高速铁路运输能力称为高速铁路输送能力。按照高速铁路区段各项固定设备计算的高速铁路通过能力又称为区间通过能力、车站通过能力等,其中的最小值即为高速铁路区段的最终通过能力。在高速铁路最终通过能力的基础上获得的输送能力则用以表现高速铁路的运输能力。

(1)高速铁路平行运行图的区间通过能力

$$N = \frac{1\,440 - T_{\mathrm{w}}}{I} - \frac{60S}{vI} \tag{3-7}$$

式中:N——平行运行图通过能力(对或列);

v——列车运营速度;

T_{w}——综合维修天窗时间或非有效利用时间(min);

I——追踪列车间隔时间(min);

S——客运区段长度,如天窗开设长度小于客运区段,则为天窗开设长度(km)。

(2)高速铁路车站通过能力

$$N_{客} = \frac{M_{客}(1\,440 - T_{停})(1 - \gamma_{空})}{t_{占均}} \times K \tag{3-8}$$

式中：$N_{客}$——到发线通过能力(列)；

$M_{客}$——用于接发客车的到发线数(条)；

$T_{停}$——车站一昼夜内停止接发客车的时间(min)；

$\gamma_{空}$——客车到发线空费系数，其值取0.15～0.25；

$t_{占均}$——平均一列车占用到发线时间(min)，按式(3-9)计算；

K——到发线利用率，取0.90～0.95。

$$t_{占均} = \alpha_{通} t_{占通} + \alpha_{折} t_{占折} + \alpha_{始} t_{占始} + \alpha_{终} t_{占终} \tag{3-9}$$

式中：$\alpha_{通}$、$\alpha_{折}$、$\alpha_{始}$、$\alpha_{终}$——通过、立折、始发、终到客车所占旅客列车总数的额比例(%)；

$t_{占通}$、$t_{占折}$、$t_{占始}$、$t_{占终}$——通过、立折、始发、终到客车占用到发线的时间(min)。

(3)线路输送能力

一列列车的年输送能力可表示为：

$$P_{高} = (365 A_{高} \lambda_{高}) \times 10^{-4} \tag{3-10}$$

式中：$P_{高}$——一列列车年输送能力[万人/(年·列)]；

$\lambda_{高}$——列车客车满载率，运营速度为300km/h的列车一般取0.7～0.8，运营速度为200km/h的列车一般取0.8～0.85；

$A_{高}$——列车定员(人/列)。

不同速度等级列车混运的线路输送能力为：

$$\Gamma_{年} = N'_{高1} P_{高1} + N'_{高2} P_{高2} \tag{3-11}$$

式中：$\Gamma_{年}$——高速铁路线路运输能力(万人/年)；

$N'_{高1}$——不同速度等级列车混匀条件下的300km/h列车使用能力(列)；

$P_{高1}$——一列运营速度为300km/h列车年输送能力[万人/(年·列)]；

$N'_{高2}$——不同速度等级列车混匀条件下的200km/h列车使用能力(列)；

$P_{高2}$——一列运营速度为200km/h列车年输送能力[万人/(年·列)]。

3.3.3 高速铁路线路

在高速运行条件下，列车的横向加速度增大，列车各种振动的衰减距离延长，导致各种振动叠加的可能性增加，相应旅客乘坐舒适度更为敏感，因此要求线路的技术标准也相应提高，高速铁路平纵面设计的标准要以提高线路的平顺性为主，尽可能降低列车的横向和竖向加速度，减小列车各种振动叠加的可能性，从而提高旅客乘坐的舒适度，同时也要考虑在保证安全的前提下，减少工程量、降低造价、便于施工、运营、维修等。

1)高速铁路线路的平面设计

铁路的长期运营实践证明，线路的平纵断面对行车速度影响很大。线路平面标准包括最小曲线半径、缓和曲线、超高、欠超高等；线路纵断面标准包括坡度值和竖曲线等。各项参数值的确定应满足线路平纵断面的变化尽可能平缓和舒适，保证线路高速行车的安全性与高平顺性。

(1)最小曲线半径

最小曲线半径是高速铁路线路主要的设计标准之一，它与铁路运输模式、速度目标值、旅客乘坐舒适度等有关。对于高速客运专线，因为速度比较单一，最小曲线半径的选择可由式(3-12)确定：

$$R_{\min} = 11.8 \times \frac{v_{\max}^2}{h + h_q} \tag{3-12}$$

式中：$R_{\min}$——最小曲线半径(m)；

$v_{\max}$——列车最大速度(km/h)；

h——实设超高允许值(mm)；

h_q——欠超高允许值(mm)。

实设超高允许值 h 主要取决于列车在曲线上停车时的安全、稳定和旅客乘坐舒适度要求。高速铁路的欠超高允许值 h_q 主要取决于旅客乘坐舒适度要求，同时考虑过大的欠超高可能带来较大的线路养护维修工作量，所以在选择欠超高允许值时，应考虑留有一定的余地。根据京津城际铁路测试结果和专家建议等，选定高速铁路欠超高允许值 h_q 如表 3-5 所示。

欠超高允许值(单位：mm)　　表 3-5

舒适度条件	优秀	良好	一般
欠超高允许值 h_q	40	60	90

(2)最大曲线半径及曲线半径的选用

①最大曲线半径

最大曲线半径标准主要受到线路的铺设、养护、维修养护精度控制。综合考虑线路测设精度和轨道检测精度，并参考国外试验线上最大曲线半径情况、国外研究高速铁路(350km/h)，设计标准的新动向，规定高速铁路最大曲线半径为 12 000m。

②曲线半径的选用

高速铁路由曲线半径直接决定行车速度，曲线半径应根据线路不同地段的行车速度适当选定。对于大型场站两端减、加速地段或必须限速的站外引线上，由于行车速度较低，为减少工程，可选用与实际行车速度相适应的较小曲线半径；对于地形、地质条件困难，工程艰巨地段，也可适当选用较小曲线半径并宜集中设置，以免列车频繁限速，恶化运营条件。

(3)缓和曲线

缓和曲线是直线与圆曲线之间的一段变曲率、变超高线段，其作用是引导列车由直线(或圆曲线)驶向圆曲线(或直线)，使离心力逐渐产生或消失，并减缓外轮对外轨的冲击。因此，在设计高速铁路的缓和曲线时应考虑在缓和曲线始终点和缓和曲线范围内运行的列车应有较好的稳定性，以确保行车安全和舒适。缓和曲线线形要力求简单，便于测设与养护，且应尽量短些，以减少工程量和投资费用。

缓和曲线的线形很多，较为常用的线形有三次抛物线、三次抛物线余弦改善形、半波正弦曲线形等。我国京沪高速铁路采用三次抛物线形，该线形简单、设计方便、平立面的有效长度长、有现场运用和养护经验。

(4)线间距

线间距是指相邻两股道线路中心线之间的最小距离。由于高速列车运行时会产生列车风，相邻线路高速列车相向运行所产生的空气压力冲击波易振碎车窗玻璃，使旅客感到不适，甚至影响列车运行的稳定性，故高速线路的线间距较普通铁路有所增加。其大小取决于机车车辆幅宽、轨距、高速列车相遇产生的风压以及考虑将来铺设渡线道岔等因素。

一般高速铁路正线线间距为：设计行车速度 250km/h 的高速铁路采用 4.6m，设计行车速度 300km/h 的高速铁路采用 4.8m，设计行车速度 350km/h 的高速铁路采用 5.0m。

2）高速铁路线路的纵断面设计

为了适应地面的起伏，线路上除了平道以外，还要修建不同坡道。平道与坡道形成了线路纵断面的组成要素。从列车运行平稳性要求出发，纵断面坡度长度宜设计为较长坡段；从节省工程投资角度分析，较短的坡段能较好地适应地形，减少工程数量，降低工程投资。高速铁路线路纵断面的控制标准有坡度、竖曲线半径和最小夹坡段长度。

（1）最大坡度

在一定自然条件下，线路的最大坡度与设计线的输送能力、牵引质量、工程数量和运营质量有着密切的关系，有时甚至影响线路走向。客货共线的铁路线路最大坡度是由货物列车运行要求所决定。高速列车采用大功率、轻型动车组，牵引和制动性能优良，能适应大坡度运行。

根据我国高速客运专线特点，结合具体条件并经牵引计算检算，对于一定的纵断面和初始速度条件，正线最大坡度为 2.0%，困难地段达到 3.0%，动车组走行线的最大坡度不应大于 3.5%。

（2）坡段长度

两个坡段的连接点即坡度变化点，称为变坡点。一个坡段两端变坡点间的水平距离称为坡段长度。

（3）竖曲线半径

高速铁路线路相邻坡度差大于 0.1%，应设置竖曲线。竖曲线一般采用圆曲线。竖曲线半径的大小除应保证列车经过变坡点时车钩不脱钩、车轮不脱轨外，还应考虑在竖曲线上产生竖向离心加速度和离心力对旅客舒适度的影响。

竖曲线的半径通常按式(3-13)确定：

$$R_s = \frac{v^2}{3.6a_s} \tag{3-13}$$

式中：R_s——竖曲线半径（m）；

v——列车速度（km/h）；

a_s——竖向离心加速度（m/s^2），一般为 $0.4m/s^2$，困难时为 $0.5m/s^2$。

我国高速铁路竖曲线半径采用的标准如表 3-6 所示。

我国高速铁路竖曲线半径采用的标准　　表 3-6

最高行车速度 v(km/h)	350	300	250	200
竖曲线半径 R_s(m)	25 000	25 000	20 000	15 000

3）轨道结构类型

高速铁路轨道结构与普通铁路轨道结构一样，由钢轨、轨枕、扣件、道床、岔道等部件组成。目前应用在高速铁路上的轨道结构可分为有砟轨道和无砟轨道。有砟轨道即所谓常规轨道，是铁路运输常规的轨道结构；无砟轨道是用耐久性好、塑性变形小的材料代替道砟材料的一种新型轨道结构。

有砟轨道弹性条件好、具有较好的轮轨接触效应、维修较方便、造价相对较低，但线路状态保持能力较差，在列车动荷载作用下，有砟轨道养护维修工作量较大；与有砟轨道相比，无砟轨道结构具有稳定性好、平顺性高、轨道状态可以长期保持、维修工作量大幅减少等特点。在保证路基、桥梁、隧道等线下基础稳定的条件下，设计时速 300km 及以上线路可采用无砟轨道。

3.3.4 高速铁路场站

高速铁路场站是高速铁路重要的基础设施,大型高速铁路车站既是国家或地区重要的交通枢纽,也是所在城市的重要地标和公众活动中心。与常规铁路客站相比,高速铁路车站具有客流到发密集、旅客集散顺畅、服务功能完善多样、内外交通衔接便捷、活动环境整洁舒适等特点。

根据技术作业性质不同,高速铁路的场站可划分为四种类型,即越行站,中间站,始发、终到站以及通过兼始发、终到站。

(1)越行站

越行站只办理速度较快的列车越行速度较慢的列车作业,而不办理旅客乘降作业,故只需设两条待避用的到发线,可采用图3-11的布置。由于不办理客运业务,越行站原则上可不设站台。

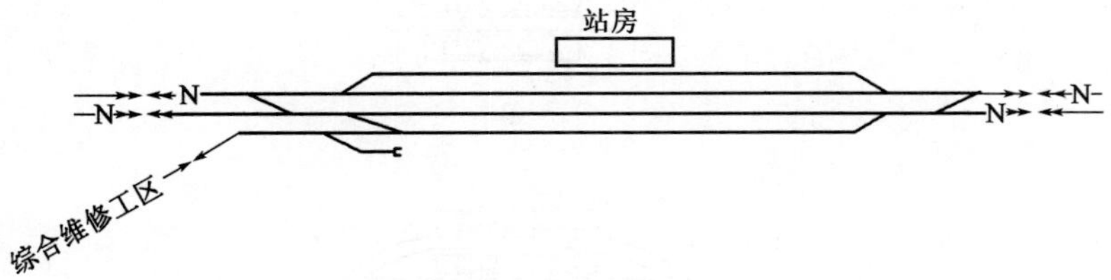

图3-11 高速铁路越行站布置图

(2)中间站

中间站的布置图有两种:

①对应式

对应式中间站(图3-12)的两个站台夹四条线,考虑到办理四交会作业的可能,故设两条停车待避用的到发线。这种布置图的优点是站台不靠近正线,高速列车自正线通过时,不影响站台上旅客的安全,站台安全退避距离不必加宽。

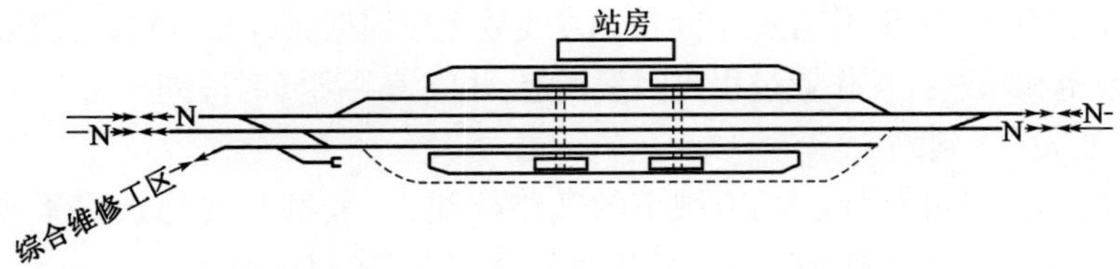

图3-12 高速铁路对应式中间站布置图

②岛式

岛式中间站的中间站台靠近正线,为便于高速列车动车组停留折返,有少量动车组折返停留作业的中间站,宜采用如图3-13所示布置图,折返用到发线应以折返列车到达时不切正线为原则。

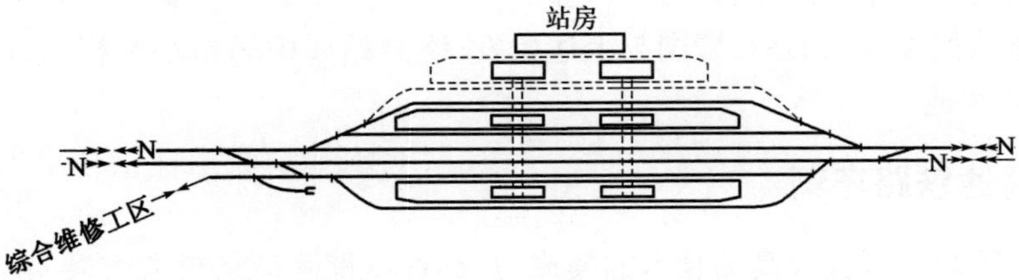

图3-13 有折返作业的中间站布置图

(3)始发、终到站

这类场站设置在高速铁路的起点和终点,位于特大城市的铁路枢纽,主要办理始发、终到高速列车的作业。

新建的高速铁路始发、终到站布置图可如图3-14a)所示。若没有不停站通过列车,正线与到发线间可设中间站台,如图3-14b)所示。

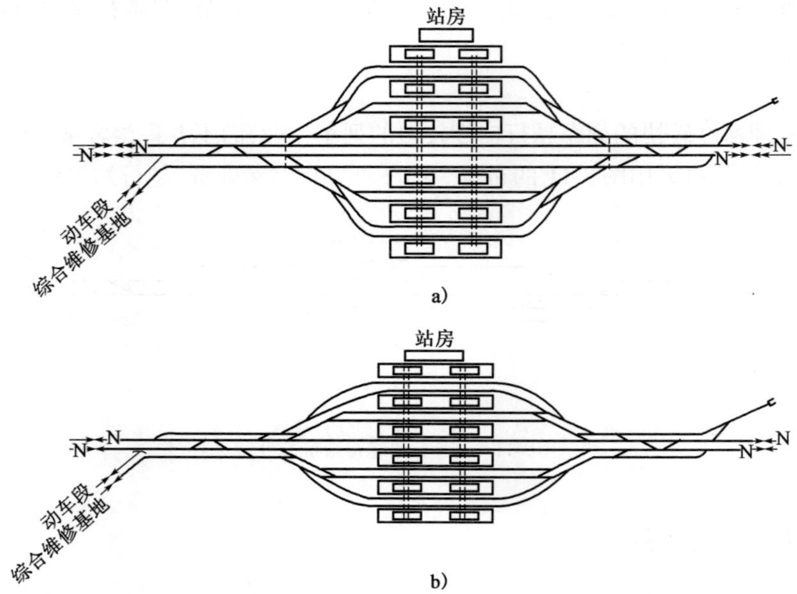

图3-14 高速铁路始发、终到站布置图

始发、终到站应设有与到发线相衔接的动车段(所)或综合维修基地。动车段(所)宜靠近场站设置并留有发展余地,并宜纵列配置于场站到发列车较少一端的咽喉区外方。

始发、终到站和有立即折返作业的中间站到发线数量应根据旅客列车对数及其性质、列车开行方案、引入线路数量和场站技术作业过程等因素确定,并应满足高峰时段列车密集到发的需要。

(4)通过兼始发、终到站

这类场站设在高速铁路沿线大、中城市的铁路枢纽,一般都与普通铁路干支线接轨,以办理通过的高速、跨线旅客列车作业为主,兼办理部分始发、终到作业。

新建的通过兼始发、终到站办理以下作业:

①办理高速、跨线旅客列车的客运业务和旅客换乘;

②办理停站、不停站的高速、跨线旅客列车通过作业;

③办理部分始发、终到高速旅客列车的始发、终到作业;

④办理高速列车动车组的整备、检修作业。

新建的通过兼始发、终到站布置图与上述始发、终到站或中间站基本相同,可设有动车段(所)或综合维修基地。

3.3.5 高速铁路车辆

高速铁路车辆是当今世界高新技术的集成,是高速铁路系统的标志性装备。轻量化的车体、良好的动力学性能、安全可靠的制动系统、舒适安静的环境是高铁客车的发展趋势。

1)高速铁路车辆分类

根据列车动力配置的不同,可将高速列车分为动力分散型和动力集中型;按照列车各车辆之间的连接方式的不同可以将高速列车分独立(转向架)式和铰链(转向架)式,如图3-15所示。

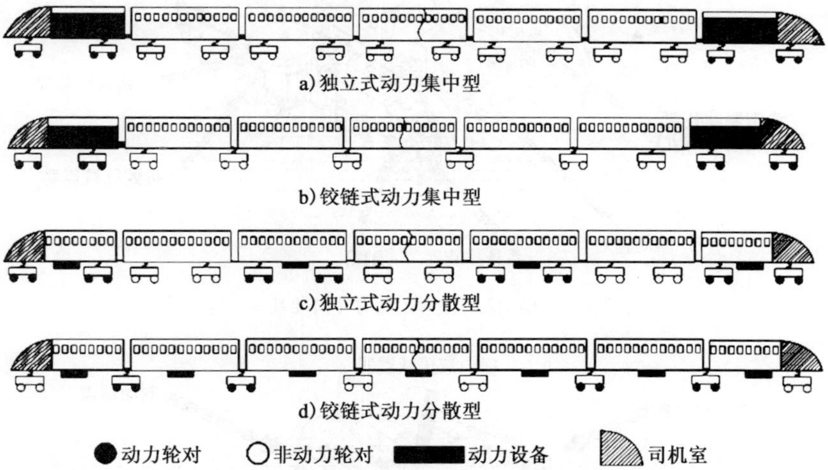

图3-15 四种动车组类型

动力分散型列车是指把由电机驱动的动力轮对分散在编组内全部或部分车辆的多组轮对上,同时将主要电气机机械设备集中吊装在车辆下部,列车的全部车辆都可以载客。

动力集中型列车是将电气和动力设备集中安装在位于列车两端的动力车(即机车)上,仅有动力车的轮对是受电机驱动的动力轮对,动力车不载客,只有中间拖车载客。

独立式列车的每节车辆都置于两台转向架上,车辆与车辆之间用密接式车钩缓冲装置进行连接,每节车辆从列车上解挂之后可以独立行走;铰链式列车是将车辆之间用弹性铰相连接,两相邻车体的连接处放置一个公用转向架,因此每节车辆不能从列车中解开成为一个可独立行走的车辆。

2)高速铁路车辆的结构及其技术特点

(1)车体

车体是车辆供旅客乘坐的部分。为了使旅客在高速运行条件下具有较高的舒适度,与一般车速的车体相比,高速客车车体重量轻、运行阻力小(呈流线型)、重心低、气密性和隔声性能好、防火措施严格。

为实现车体轻量化,普通钢质材料已逐渐淘汰,目前高速列车车体的主要材料是铝合金和不锈钢,玻璃钢也用于制造车体的部分构件;对于速度在200km/h以上的客车,为减少空气阻力,需将车体外形设计成流线型;为提高气密性,应对车体进行密封处理。

(2)转向架

转向架置于车体和轨道之间,用来牵引和引导车辆沿轨道行驶、承受和传递来自车体及线路的各种荷载,并缓和其动作用力。高速列车转向架分动力转向架和非动力转向架,如图3-16和图3-17所示,动力转向架包括牵引电动机及传动装置。

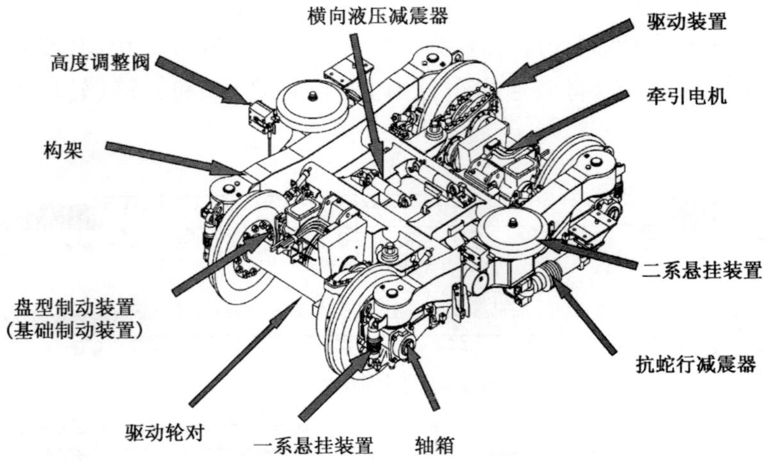

图 3-16　CRH2 高速列车动力转向架基本结构

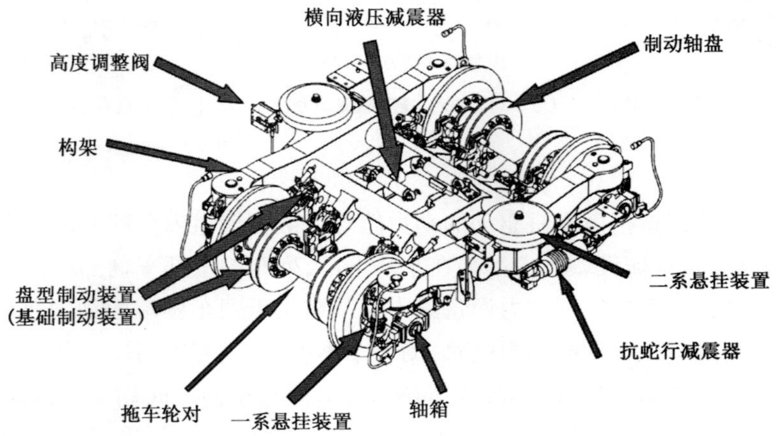

图 3-17　CRH2 高速列车非动力转向架基本结构

(3)连接装置

连接装置通常包括车钩、电气与风管连接器、缓冲器及风挡装置等。

①车钩:随着列车运行速度的提高,车钩缓冲装置的作用越来越重要,其中缓和列车纵向冲动的功能更显突出。

②缓冲器:缓冲器主要是用来缓和列车在运行中由于起动、制动及调车作业时车辆相互碰撞而引起的纵向冲击和震动,具有耗散车辆之间冲击和震动的功能。

③风挡装置:风挡装置是旅客来往于各车厢间和乘务员工作及服务的必经之路,它必须保证安全,并具有良好的纵向伸缩性和竖向、横向的柔性,以适应车辆运行中振动与安全通过曲线和道岔的需要。

(4)制动系统

从能量的观点来看,制动的实质就是将列车动能转变成其他形式的能量或转移走;从作用力的观点来看,制动就是让制动装置产生与列车运行方向相反的外力,使列车产生较大的反向加速度,尽快减速或停车。

制动系统由制动控制装置、动力制动装置、空气制动装置(包括风源)、电子防滑器和基础制动装置等组成。制动时采用空电联合复合制动,常用制动时电制动优先,可尽最大能力发挥再生制动作用,将能量反馈回电网。

(5)空调系统

当列车以80~120km/h或更高的速度运行时,如果开启车窗,车内将会产生强烈的“穿堂风”和噪声,并随之进入大量灰尘,为此,高速客车都采用固定车窗。又由于其车体采用气密性高的结构,必须很好地解决车内的通风换气问题。另一方面,在外界气温变化时,车内应保持一定的温度和相对湿度,为旅客创造舒适的旅途生活条件。因此,空气调节装置是高速客车的主要设备之一,并具有以下特点:高可靠性,高舒适性,适应车外压力波的变化,适应高速车辆轻量化、小型化的要求,低噪声和低振动。

3.3.6 高速铁路牵引供电设备及其他设备系统

除线路、车辆、场站设施外,高速铁路设施设备还包括牵引供电系统、信号与控制系统、通信系统、环境系统等。下面主要介绍牵引供电系统、信号与控制系统和通信系统。

(1)牵引供电系统

将电能从电力系统传送到电力机车的电力设备总称为电气化铁道的牵引供电系统。其基本供电流程是:发电厂发出的电能需要在升压变压站进行升压,变成高压电能后,再通过高压输电线输送到铁路沿线的牵引变电所,在牵引变电所里将电流变化成所要求的电流或电压后,再转送到邻近区间和站场线路的接触网上供电力机车使用。

高速铁路牵引供电系统主要包括牵引变电所和牵引网两部分(图3-18)。

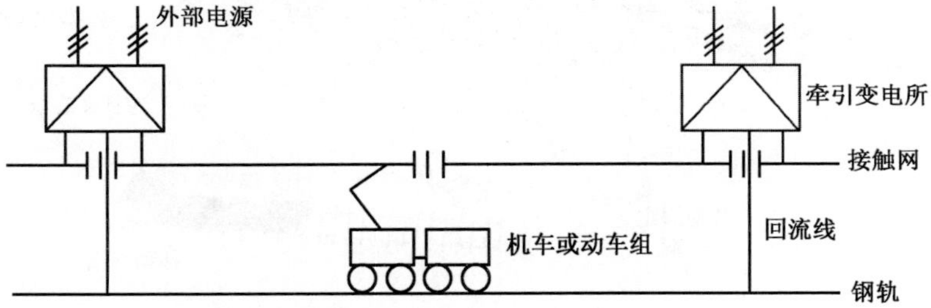

图3-18 牵引供电系统示意图

①牵引变电所是电气化铁路供电系统的心脏牵引,主要任务是将电力系统输送来的110kV三相交流电变换为27.5kV(或55kV)单相电,然后以单相供电方式经馈电线送至接触网上,电压变化由牵引变压器完成。

②牵引网由馈电线、接触网、轨道回路和回流线组成。牵引供电系统要保证质量良好、不间断地向机车(或动车组)供应电能。电流从牵引变电所馈出,经馈电线送到接触网,然后通过电力机车(或动车组),再经由轨道回路和回流线流回到牵引变电所。

(2)信号与控制系统

高速铁路信号与控制系统是集计算机技术、通信技术和控制技术于一体的行车指挥、列车运行控制和管理自动化系统,是指挥高速列车运行、保证列车安全、提高运输效率的主要技术设备。

高速铁路信号与控制系统主要由计算机联锁子系统、列车运行控制子系统和调度集中子系统组成。计算机联锁子系统根据计划实时建立各列车安全进路,为列车提供进、出站及站内行车的安全进路;列车运行控制子系统根据车站进路、前行列车的位置、安全追踪间隔等向后续列车提供行车许可、速度目标值等信息,由车载列控设备对列车运行速度实施监督和控制;调度集中子系统根据列车基本运行图所制定的日、班计划和列车运行正、晚点情况,编制各阶段计划,并下达给各个计算机联锁系统。

(3)通信系统

高速铁路运输是一个完整的大系统,它的各个部分都离不开通信。通信系统在铁路运输中起着神经系统和网络的作用。通信系统主要完成以下三个方面的任务:一是保证指挥列车运行的各种调度指挥命令信息的传输;二是为旅客提供各种服务的通信;三是为设备维修及运营管理提供通信条件。

目前正在推广的铁路综合数字移动通信系统(GSM-R)是专门为铁路通信设计的专用数字移动通信系统,主要提供无线列调、编组吊车通信、区段养护维修作业通信、应急通信、隧道通信等语音通信功能,可为列车自动控制与检测信息提供数据传输通道,并可提供列车自动寻址和旅客服务。

GSM-R 由三大部分组成:GSM-R 陆地移动网络、FAS 固定网络、移动终端和固定终端,如图 3-19 所示。

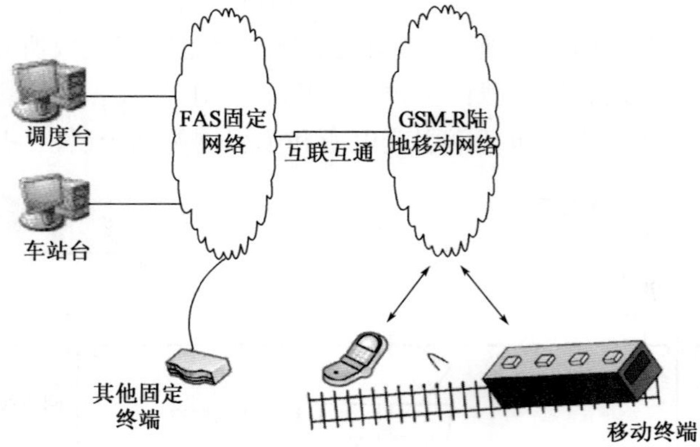

图 3-19　GSM-R 组成示意图

3.4　城市轨道交通系统

3.4.1　城市轨道交通系统组成

城市轨道交通系统是指城市中所使用的车辆在固定导轨上运行,且主要用于城市客运的交通系统,目前我国的城市轨道交通一般包括地铁和轻轨。城市轨道交通系统主要由线路、车站、车辆、供电系统、通信系统等设施组成。

城市轨道交通线路由区间结构、车站和轨道等组成,均采用双线,列车在区间实行追踪运行,并在每一个车站停车供乘客乘降,且一般不设置车站配线;车站是城市轨道交通的重要组成部分、客流的集散场所,具有供旅客乘降、换乘的功能,某些车站还必须提供折返、停车检修、临时待避功能；车辆是城市轨道交通系统中最重要的设备，也是技术含量较高的机电设备，应满足容量大、安全、快速、舒适、美观和节能的要求；供电系统在整个城市轨道交通系统工程中为其他系统提供供电服务；通信系统是指挥列车运行、组织运输生产及进行公务联络的重要手段，包括光纤数字传输系统、电话交换系统、闭路电视监控系统、无线通信系统及车站广播系统等部分。

3.4.2 城市轨道交通运输能力

城市轨道交通运输能力为某条线路上某一方向 1h 内所能输送的总旅客数，是通过能力和输送能力的总称。通过能力反映的是线路所能开行的列车数，它是输送能力的基础；输送能力是运输能力的最终体现，它反映了在开行列车数一定的前提下，线路所能运送的乘客人数。在通过能力一定的条件下，线路的输送能力主要取决于列车编组数和车辆定员数。

(1)线路通过能力

城市轨道交通线路是采用双线，列车在区间实行追踪运行，并在每一个车站停车供乘客乘降。为了降低车站的造价，城市轨道交通线路一般不设置车站配线，列车是在车站正线上办理客运作业。根据行车及客运作业和车站线路设备的各种特点，列车停站时间成为影响线路通过能力的主要因素。因此，在计算固定设备的通过能力时，应把区间和车站看成一个整体综合分析，计算线路的通过能力。

线路的通过能力的一般计算公式为：

$$n_{线路} = \frac{3\,600}{h} \tag{3-14}$$

式中：$n_{线路}$——单位时间内线路所能通过的最大列车数(列)；

h——追踪列车间隔时间(s)，即从后续列车头部到前行列车头部所需要的时间。

(2)列车折返能力

列车折返能力是指城市轨道交通在单位时间内(通常是高峰小时)所能够折返的最大列车数。列车折返能力的一般计算公式为：

$$n_{折返} = \frac{3\,600}{h_{发}} \tag{3-15}$$

式中：$n_{折返}$——单位时间内线路所能通过的最大列车数(列)；

$h_{发}$——追踪列车间隔时间(s)，即从后续列车头部到前行列车头部所需要的时间。

(3)输送能力

城市轨道交通系统输送能力是指在一定的车辆类型、信号设备、固定设备和行车组织方法的条件下，按照现有活动设备和乘务人员的数量，城市轨道交通系统在单位时间内(通常为高峰小时、一昼夜或一年)所能运送的乘客人数。

$$p = n_{最终} m p_{车} \tag{3-16}$$

式中：p——单位时间内单向最大输送能力(人)；

$n_{最终}$——单位时间内城市轨道交通最终能够通过的最大列车数(列)，$n_{最终} = \min(n_{线路}, n_{折返})$；

m——列车编组辆数(辆)；

$p_{车}$——车辆定员数(人)。

3.4.3 城市轨道交通线路

1)城市轨道交通线路分类

线路是城市轨道交通列车运行的基础,是城市轨道交通工程的重要组成部分之一。考虑到乘客出行方便、土地充分利用、节约建设费用等因素,地铁线路的走向一般选择易于施工和客流相对比较集中的区域。轨道交通线路按其在运营中的地位和作用,可分为正线、辅助线和车场线。

(1)正线

正线是贯穿所有车站和区间供车辆载客运营的线路。正线行车速度高、密度大,要保证行车安全和乘坐舒适,线路要求的标准较高。

城市轨道交通正线一般为地下隧道、高架和有护栏的地面专用道的独立运行的线路,一般按双线设计,采用右侧行车制;大多数线路为全封闭;与其他交通线路相交处,一般采用立体交叉;在特殊条件下(如运营初期),两条线路或交通方式的运量均较小时,经过计算,在通过能力满足要求的情况下也可考虑采用平面交叉。

(2)辅助线

辅助线是为了保证正线运营,合理调度列车,为空载列车提供折返、停放、检查、转线及出入段作业而配置的线路。辅助线速度要求低,最高运行速度限制在35km/h以内,线路要求的技术标准较低。辅助线包括折返线、临时停车线、渡线、车辆段出入线、联络线等。

①折返线

城市轨道交通线路一般都比较长,全线的客流分布可能会不太均匀,这时可组织区段运营。区段运营是指列车根据运行交路的要求,在端点站与中间车站或中间站与中间站之间进行列车折返。因此,在这些提供折返作业的中间站上,需要为列车设置折返线,专供到车折返掉头。

折返线形式很多,有环行折返线、尽端折返线等,折返线的形式应能满足折返能力的要求。常见形式如图3-20所示。

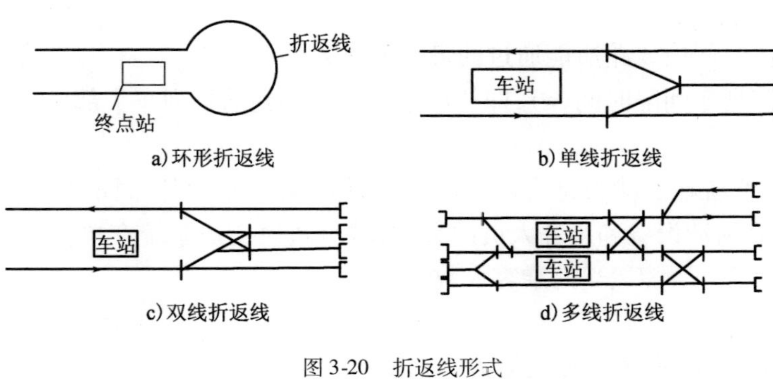

图3-20 折返线形式

②临时停车线及渡线

城市轨道交通线路由于运输量大,列车运行间隔一般较密。在运营过程中,在线运营列车可能会发生故障,为不影响后续列车运行,设计上应能使故障列车及时退出运营正线。一般来说,在轨道交通线路沿线每隔3~5个车站的站端应加设渡线或车辆停放线。渡线的作用是使离开车辆段的故障列车能及时调头返回车辆段,停车线的作用则是临时停放事故列车。用道岔将上行线、下行线及折返线连接起来的线路又分为单渡线和交叉渡线,如图 3-21 和图 3-22 所示。渡线单独设置时,用来临时折返列车,增加运营列车调度的灵活性;在与其他辅助线合用时,可完成并增强其他辅助线功能。

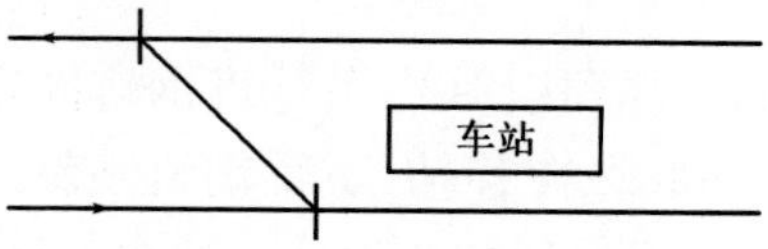

图 3-21　站后单渡线

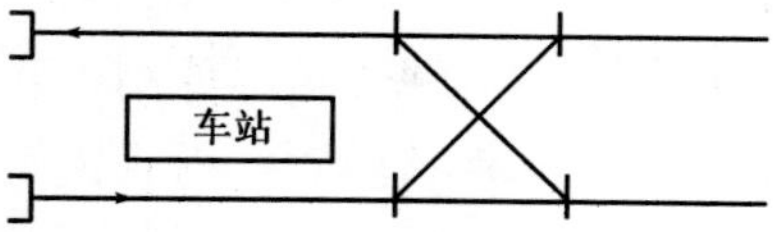

图 3-22　站前交叉渡线

③车辆段出入线

为保证运行列车的停放和检修,在轨道交通沿线适当的位置应设置车辆段,车辆段与正线连接的线路为车辆段出入线,是车辆段与正线之间的联络通道。出入线可以设计为双线或单线,与城市道路或其他方式的交叉处可采用平面交叉或立体交叉,具体方案要根据远期线路通过能力来确定。图 3-23 为车辆段出入线的 3 种典型形式。

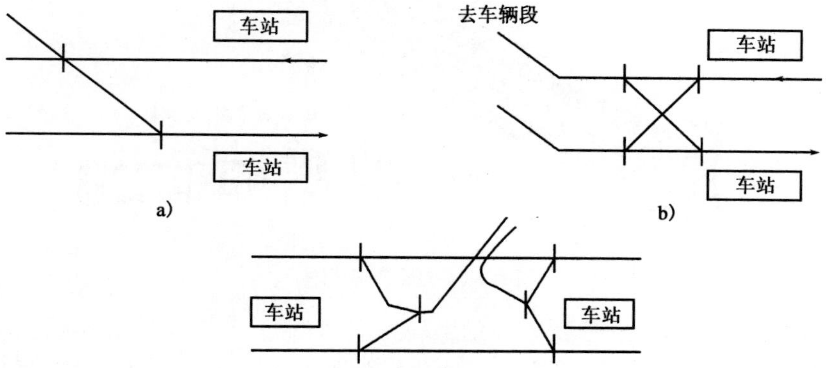

图 3-23　车辆段出入线

④联络线

联络线是为沟通两条单独运营线路而设置的连接线,为两线车辆过线服务。联络线的位置应在路网规划中确定,先期修建的线路应根据规划要求为后建线路预留联络线的设置条件。

(3)车场线

车场线是车辆检修作业用的线路,由于行车速度较低,线路技术标准只要满足场区作业要求即可。

2)轨道

轨道是城市轨道交通系统的重要组成部分,一般由钢轨、扣件、轨枕、道床、道岔及附属设施等组成。轨道给行驶的车辆提供了承载功能和导向功能。

(1)钢轨

钢轨是轨道的主要部件,直接承受轨道交通列车荷载,并传递到扣件、轨枕、道床和结构底板(路基或桥梁),依靠钢轨的头部内侧和列车轮缘的相互作用引导列车前进。其断面形状主要为工字形,由轨头、轨腰、轨底三部分组成,如图 3-24 所示。

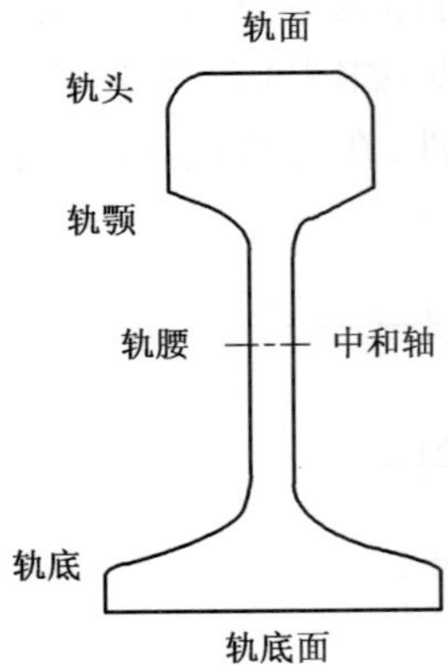

图 3-24　钢轨断面

(2)轨枕

轨枕是轨道的基础部件,其功能是支撑钢轨,保持轨距和方向,并将钢轨对它的各向压力传递到道床上。使用扣件把轨枕和钢轨连在一起形成"轨道框架",可增加轨道结构的横向刚度。

(3)连接零件

连接零件用于联结钢轨与轨枕,其作用是将钢轨固定在轨枕上,保持轨距并阻止钢轨的横向和纵向移动,防止钢轨倾斜,并能提供适当的弹性,将钢轨承受的力传递给轨枕或道床承轨台。连接零件必须具有足够的强度、耐久性和良好的弹性,能有效保持钢轨与轨枕的可靠联结;结构力求简单,便于安装及拆卸;应具有良好的绝缘性能,以减少迷流。连接零件分为中间连接和接头连接两类。接头连接零件如图 3-25 所示。

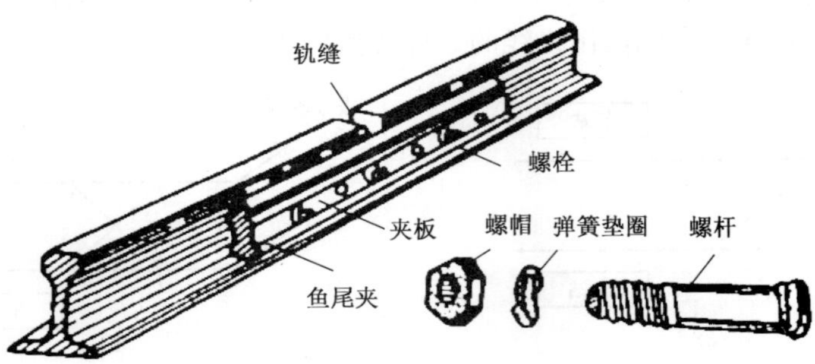

图 3-25　接头连接零件

(4)道床

道床是指路基之上、轨枕之下的部分,如图 3-26 所示。用碎石、卵石或砂等材料组成的轨道基础,用以将轨枕的荷载均匀地传布到路基上,防止轨枕的纵向和横向移动。同时,为轨道提供良好的排水、通风条件,以保持轨道干燥,使轨道具有足够的弹性。

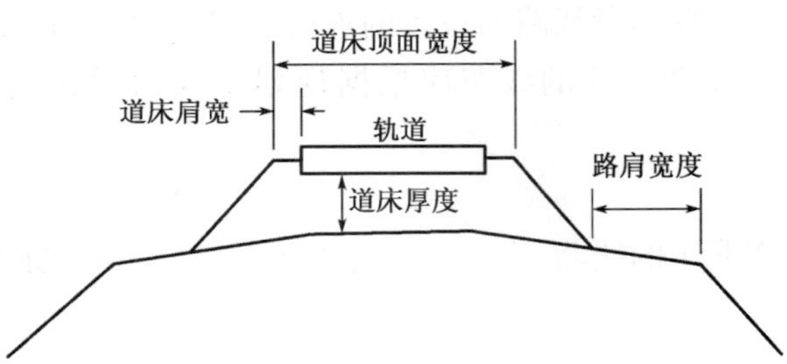

图 3-26　道床图示

3.4.4　城市轨道交通车站

城市轨道交通车站是客流的集散场所,它必须具有乘降、换乘及候车的功能,某些车站还必须提供折返、停车检修、临时待避等功能。因此,车站的功能是要能安全、迅速、方便地组织乘客进出,能全面、可靠、机动地满足运营需求。

1)车站分类

(1)根据车站相对于地面道路的位置关系,可将车站分为地面站、高架站及地下站。

(2)根据其运营性质不同,可分为中间站、换乘站、折返站、联运站以及终点站。

①中间站(即一般站):仅供乘客上、下车,功能单一,线路中数量最多的车站。

②换乘站:位于两条及两条以上线路交叉点上的车站。除具备中间站的功能,还可以从一条线上的车站通过换乘设施转换到另一条线路上的车站。

③折返站:设在两种不同行车密度交界处的车站,设有折返线和设备,兼有中间站的功能。

④联运站:设有两种不同性质的列车线路进行联运及客流换乘,具有中间站及换乘站的双重功能。

⑤终点站:设在线路两端的车站,可供列车折返或临时停留检修。

(3)按车站站台形式可以将车站分为岛式车站、侧式车站及岛、侧混合式车站。

①岛式车站。站台位于上、下行行车线路之间,上下行乘客共用一个站台,是一种常用的车站形式,如图3-27a)所示。

②侧式车站。站台位于上、下行行车线路的两侧,如图3-27b)所示。

③岛、侧混合式车站。将岛式站台及侧式站台同设在一个车站内,如图3-27c)所示。

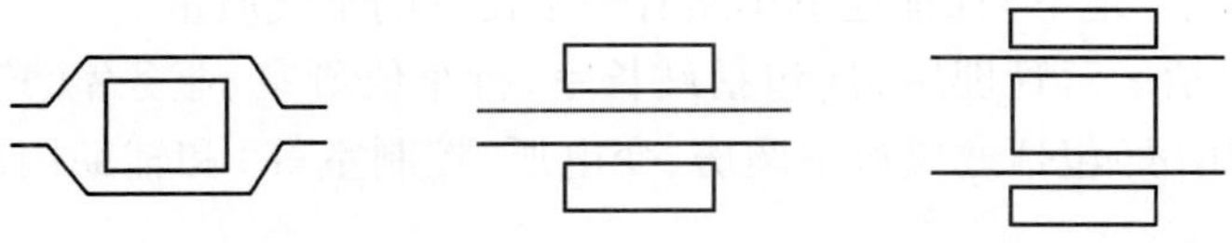

图3-27 车站站台3种形式

岛式站台与侧式站台的比较见表3-7。

岛式站台、侧式站台比较表 表3-7

站台形式	岛式站台	侧式站台
优点	站台面积得到充分利用,利用效率高;乘客换乘方便;管理集中;车站结构紧凑,设备使用效率高	双向乘客上下车对流干扰大;车站两端线路可能产生"喇叭口",运行状态差;扩建延长站台长度困难;造价高
缺点	上下行客流可避免相互干扰;正线和站线间不设"喇叭口";易改建;造价低	站台利用率低;乘客换乘不方便,需经过连接通道才能折返;管理分散
适用范围	常用于流量较大的车站	多用于两个方向客流量较均匀或客流量不大的车站

2)车站组成

城市轨道交通系统的车站一般由4部分组成:①车站大厅及广场;②售票大厅,为乘客出售列车客票;③站台,直接供乘客乘降车使用;④旅客不经常到达的地方,如车站办公室、仓库、维修设施及铁路股道等。

从建筑空间位置角度讲,车站一般包括车站主体、出入口及通道、通风道及风亭(地下)和其他附属建筑物组成。图3-28为一般车站设施组成示意图。

(1)车站主体是列车的停车点,它不仅要供乘客上、下车、集散、候车,还要办理运营业务和设置运营设备。车站主体根据功能可分为两大部分:车站用房和乘客使用空间。

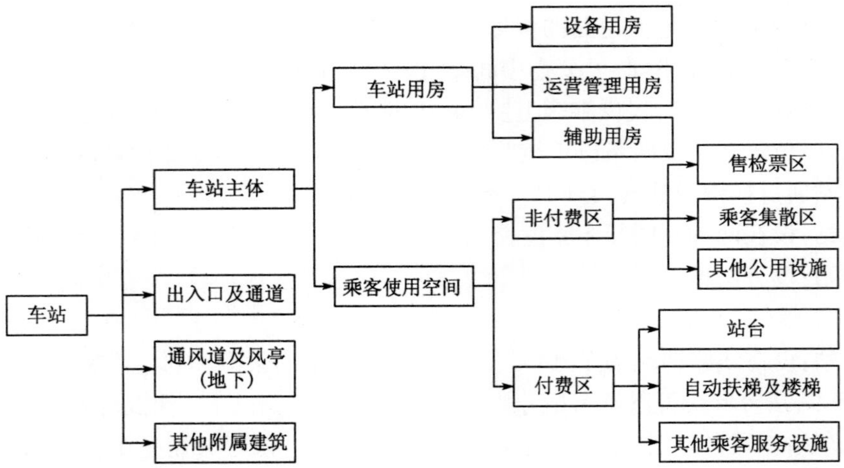

图 3-28 一般车站设施组成示意图

(2)出入口及通道是乘客进出入站厅的通道。

(3)通风道及风亭(地下)保证地下车站有一个良好的空气质量。

(4)车站用房包括运营管理用房(包括站长室、行车值班室、业务室、广播室、会议室和公安保卫室等)、设备用房(包括通风与空调房、变电所、控制室等)和辅助用房(包括卫生间、茶水间等)。

3.4.5 城市轨道交通车辆

城市轨道交通车辆是城市轨道交通系统中最重要的设备,也是技术含量较高的机电设备。城市轨道交通车辆除满足运输容量大、安全快速、舒适美观和节能等基本要求外,还应满足其他多方面的性能要求,如需配备较大驱动功率和效率较高的制动系统,车辆的设计应遵循轻量化原则等。

1)车辆的分类

(1)按车辆牵引动力配置分类

①动车(Motor):车辆自身具有动力装置,具有牵引与载客双重功能,又可分为带有受电弓的动车和不带有受电弓的动车。

②拖车(Train):车辆不装备动力装置,需动车牵引拖带,仅有载客功能,可设置驾驶室,也可带受电弓。

(2)按车辆规格分类

可分为 A、B、C 三类车型,主要技术规格如表 3-8 所示。

不同类型车辆的技术参数表　　表 3-8

项 目 名 称	A 型车	B 型车	C 型车		
	四轴车	四轴车	四轴车	六轴车	八轴车
车辆基本长度(m)	22	19	18.9	22.3	29.5
车辆基本宽度(m)	2.8	2.8	2.8/2.6		

续上表

项目名称		A型车	B型车	C型车		
		四轴车	四轴车	四轴车	六轴车	八轴车
车高(m)	受流器车(m)(加空调/无空调)	3.8/3.6	3.8/3.6	3.7/3.25		
	受电弓车(m)落弓高度	3.8	3.8	3.7		
	受电弓工作高度(m)	3.9～5.6				
车内净高(m)		2.1～2.15				
地板面高(m)		1.1		0.95		
车辆定距(m)		15.7	12.6	11	7.2	
固定轴距(m)		2.2～2.5	2.1～2.2	1.8～1.9		
车轮直径(mm)		840		760		
车门数(每侧)(个)		5	4	4	4	5
车门宽度(m)		≥1.3				
车门高度(m)		≥1.8				
定员人数	单驾驶室车	295	230	200	40	315
	无驾驶室车	310	245	210	50	325
车辆轴重(t)		≤16	≤14	≤11		
站立人员标准	定员(人/m^2)	6				
	超员(人/m^2)	9				
最高运行速度(km/h)		≥80		≥70		
启动平均加速度(m/s^2)		≥0.9		≥0.85		
常用制动减速度(m/s^2)		1.0		1.1		
紧急制动减速度(m/s^2)		1.2		1.3		
噪声[dB(A)]	驾驶室内	≤80		≤70		
	客室内	≤83		≤75		
	车外	80～85(站台)		≤82		

注:车辆详细技术条件,可参照《地铁车辆通用技术条件》(GB/T 7928—2003)和《轻轨交通车辆通用技术条件》(CJ/T 5021—1995)。C型车未包括低地板车。

2)车辆基本构成

城市轨道交通车辆一般由以下7个部分组成:

①车体。车体既是容纳乘客和司机的地方,又是安装与连接其他设备的基础。车体一般分为底架、端墙、侧墙和车顶等部分。

②转向架。转向架设置于车体与轨道之间,是车辆的走行部分,可分为动力转向架和非动力转向架。

③牵引缓冲连接装置。车辆的连接是通过车钩实现的,车钩后部一般需要装设缓冲装置,以缓和列车冲动和撞击。

④制动系统。制动系统的主要作用是保证运行中的列车按需要减速或在规定的距离内停车,包括制动控制系统和制动执行系统两部分。

⑤受流装置。受流装置的作用是从接触导线(接触网)或导电轨(第三轨)将电流引入

动车，通常称受流器。受流装置按其受流方式可分为 5 种形式：①杆形受流器；②弓形受流器；③侧面受流器；④轨道式受流器；⑤受电弓受流器。城市轨道交通常用的是轨道式受流器和受电弓受流器。

⑥车辆内部设备。车辆内部设备包括服务于乘客的固定附属装置（座椅、扶手、照明、空调、通风、取暖等）和服务于车辆运行的设备装置（蓄电池、继电器箱、主控制器箱、电动空压机单元、牵引箱、电阻箱及各类电器开关等）。

⑦车辆电气系统。车辆电气系统是指车辆上的各种电气设备及其控制电路，包括主电路、控制与信息监控电路、辅助电路、门控电路。

3.4.6 城市轨道交通供电系统及其他设备系统

除线路、车辆、枢纽场站设施外，城市轨道交通设施设备还包括供电系统、通信系统、信号系统、环控系统、防灾系统、售检票系统等。下面主要介绍供电系统、通信系统、信号系统和环控系统。

（1）供电系统

在整个城市轨道交通系统中，供电系统主要为其他系统提供供电服务，高度安全、可靠和经济合理的电力供给是城市轨道交通正常运营的重要保障和前提。

城市轨道交通的供电系统可以分成外部电源、主变电所、中压供电网络、牵引供电系统、动力照明供电系统、电力监控与数字采集系统（SCADA）等 6 个子系统。其中，牵引供电系统可分为牵引变电所和牵引网系统；动力照明供电系统可分为降压变电所和动力照明低压配电系统。

①主变电所。主变电所是为轨道交通建设的专用变电所，仅在集中式供电方式设置，专为轨道交通牵引供电系统和动力照明配电系统供电。主变电所一般沿轨道线路靠近车站的位置建设。

②中压供电网络。中压供电网络纵向把主变电所和牵引变电所、降压变电所连接起来；横向把全线的各个牵引变电所、降压变电所连接起来，一般采用环网供电方式。

③牵引供电系统。牵引供电系统专为轨道交通车辆供电，包括牵引变电所和沿线敷设的牵引网。牵引网由馈电线、接触网、轨道回路及回流线组成。

④动力照明供配电系统。专为轨道车辆以外的动力照明负荷供电，由降压变电所和动力照明低压配电系统组成。

⑤电力监控与数字采集系统。电力监控与数字采集系统（SCADA）的作用是实现控制中心对供电系统的主变电所、牵引变电所、降压变电所的供电设备的运行状态进行监视、控制及数据采集。它由 3 部分组成，即设在控制中心的主机、设在各变电所的远程控制终端以及连接终端与中心的通信网络。

（2）通信系统

轨道交通的通信系统是指挥列车运行、组织运输生产及进行公务联络的重要手段，轨道交通的特点是客流密集、运输繁忙，为了保证行车安全和实现快速、高效、准时、优质的服务，必须设置完善可靠的内部专用通信系统。

轨道交通的通信系统由光纤数字传输系统、电话交换系统、闭路电视监控系统、无线通信系统及车站广播系统等组成。具体来说,它们共同为轨道交通系统的列车运行调度指挥、无线通信、公务通信、旅客信息广播、系统运行状况监视等提供通信途径。

(3)信号系统

城市轨道交通的信号系统是保证列车运行安全和提高通过能力的重要设施。

列车自动控制系统(ATC)是城市轨道交通信号系统的最重要组成部分,它可实现行车指挥和列车运行自动化,能最大限度保证行车安全,提高运输效率,减轻运营人员的劳动强度,提高城市轨道交通的通行能力。其系统构成如图3-29所示。

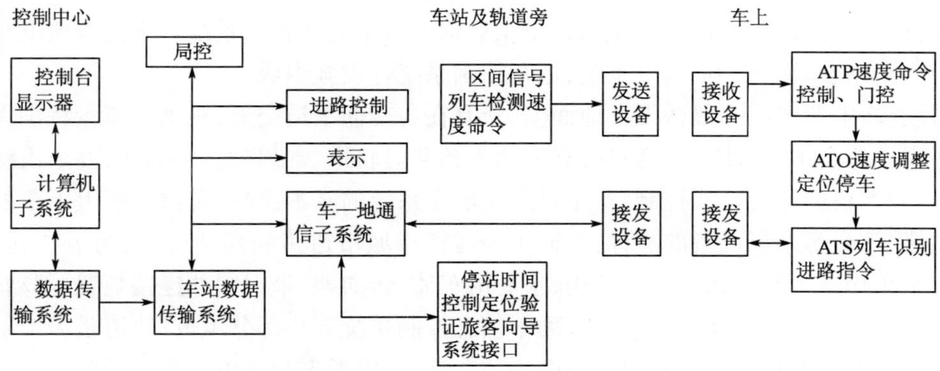

图3-29　ATC系统构成

ATC系统由列车自动监控系统(Automatic Train Supervision, ATS)、列车自动防护系统(Automatic Train Protection, ATP)、列车自动运行系统(Automatic Train Operation, ATO)和计算机连锁系统(Computer Interlocking, CI)构成,各子系统既相互独立又相互联系,完整的ATC系统能确保列车安全、快速、短间隔地有序运行。

列车自动监控系统(ATS)是实现对列车运行的监督,辅助行车调度人员对全线列车运行进行管理,它可以显示全线列车运行状态,监督和记录运行图的执行情况,为行车调度人员的调度指挥和运行调整提供依据;列车自动防护系统(ATP)主要用于对列车驾驶进行防护,对与安全有关的设备或系统实行监控,实现列车间隔保护、超速防护等功能;列车自动运行系统(ATO)是列车运行自动化系统中的高层次环节,主要用于实现"地对车控制",即用地面信息实现对列车驱动、制动的控制。ATO系统在ATP和ATS系统基础上工作,接受来自ATP的速度命令和ATS系统的列车运行等级信息,对提高列车运行效率、完成运行自动调整、实现列车经济运行等具有重要作用。

(4)环控系统

城市轨道交通的地下车站和地下区间隧道除出入口等极少部分与外界相连外,基本上与外界隔绝,只有使用人工气候环境才能满足乘客的需求。

通风、空调的作用是采用人工的方法,创造和满足一定要求的空气环境。它包括空气的温度、湿度、空气流动速度和空气质量。当列车阻塞在区间隧道时,能维持车厢内乘客短时间能够接受的环境条件;当发生火灾事故时,能提供有效的排烟手段,给乘客和消防人员输送足够的新鲜空气,并形成一定的风流,引导乘客迅速撤离现场。

3.5 现代有轨电车系统

3.5.1 系统组成与运输能力

(1)现代有轨电车系统组成

现代有轨电车为采用低地板模块化的轨道车辆,通过轨道承重和导向,线路主要敷设在地面,依靠驾驶员瞭望行驶,按公交化模式组织运营的城市公共客运系统。现代有轨电车系统主要由线路、车站、车辆、轨道、供电系统、运营控制系统等设施组成。

现代有轨电车线路一般敷设在地面上,只有在与交通干道交叉,机动车流量特别大的情况下,才考虑立体交叉,因此要注意对线路内的服务和对轨道、常规公交的衔接,要求沿线具备稳定的规划和严格的开发模式控制;车站是有轨电车系统的基本设施,是供乘客上下车的营业场所,是站线、站台等站场设备的总称;车辆主要运行于城市道路和高架桥上,为了顺利、快速通过曲线,采用小半径装置和铰接式结构,主要由车体、转向架、牵引缓冲连接装置、制动装置、受流装置、车辆内部设备、车辆电气系统、列车信息控制系统等八部分组成;轨道是城市景观的组成部分,因此轨道形式的选择除应考虑必要功能外,还应考虑与城市景观相结合。

供电系统担负着为电动列车和各种运营设备提供电能的重要任务,同时还为车站、区间、车辆段、控制中心等其他建筑物提供所需要的动力照明用电;运营控制系统是连接其他系统的桥梁,其根本任务是使其他组成部分有机结合一起,共同控制列车安全、正常、高效运行,也就是在保证列车高效率运行的前提下,实现对列车的安全防护及控制。

(2)现代有轨电车的运输能力

现代有轨电车的运输能力体现了该交通方式运输旅客的系统容量,它对应于线路高峰小时断面的最大客流量,系统单方向最大运输能力计算如下式:

$$C = PL \tag{3-17}$$

式中:C——系统单方向最大运输能力(人次/h);

P——列车载客量(人次);

L——线路的列车通过能力(对/h)或单方向列车通过能力(辆/h)。

现代有轨电车通过能力是指在一定的车辆类型、信号设备和行车组织方法的条件下,轨道区段内各项固定设备在单位时间内(通常为一昼夜)所能通过的最大列车数。固定设备包括区间、车站、车辆段设备及轨道供电设备。按照轨道区段各项固定设备计算的通过能力又称为区间通过能力、车站通过能力等,其中的最小值即为轨道区段的最终通过能力。列车通过能力的单位为对/h,通常为最小发车间隔的倒数。

3.5.2 现代有轨电车线路

现代有轨电车是与城市空间结构密切相关,功能具有相对明确性、环境具有相对整体性的城市生活性公共场所,其更加注重对线路内的服务和与常规公交的衔接,要求沿线具备稳定的规划和严格的开发模式控制,并满足有轨电车线路的工程可行性。

1)线路布置

现代有轨电车车道布置方式可分为路中式、双向同侧式(路侧式)和主路路侧式。布设方式直接影响有轨电车的运营速度,不同的布置方式适用于不同的情况,具体设计时要根据实际情况灵活选用。

(1)路中式

路中式指有轨电车车道设置于道路中央,如图3-30所示,该方式适用范围广,尤其适用于快速路,不仅可以利用现有道路的中央绿化带布设车道,还可以对电车车道两侧的绿化带进行适当加宽,以实现有轨电车和机动车的有效隔离以及临时设站的功能,对道路的改造影响较小。

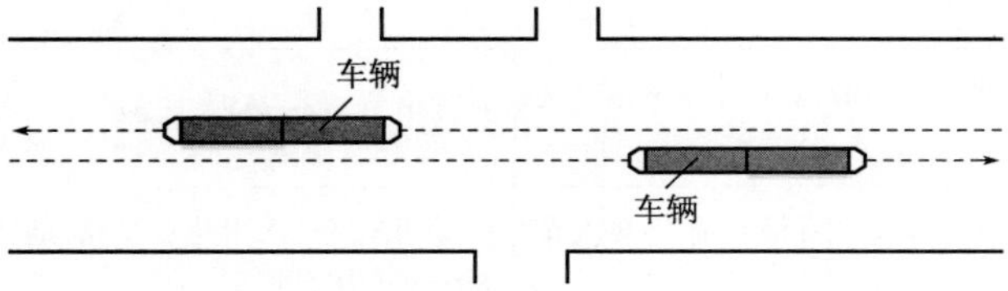

图3-30 路中式

(2)双向同侧式

双向同侧式指上下行的现代有轨电车置于道路同一侧,又称"路侧式",适用于沿线道路是单行道或道路一侧是空地或山丘等情况,如图3-31所示。需特别注意的是:当单侧车道布设于单行线上时,要将与机动车单行方向一致的有轨电车线路靠近机动车道布置,以避免机动车与有轨电车对向行驶的冲突。

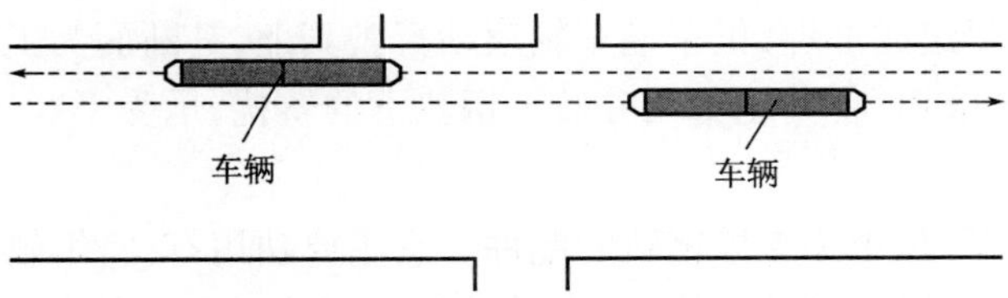

图3-31 双向同侧式

(3)主路路侧式

主路路侧式指有轨电车车道设置于道路主路最外侧的两条车道上。这种布设方式适用于城市快速路三块板形式。在隔离带较宽的条件下,可以考虑将电车车道置于主路外侧,如图3-32所示。

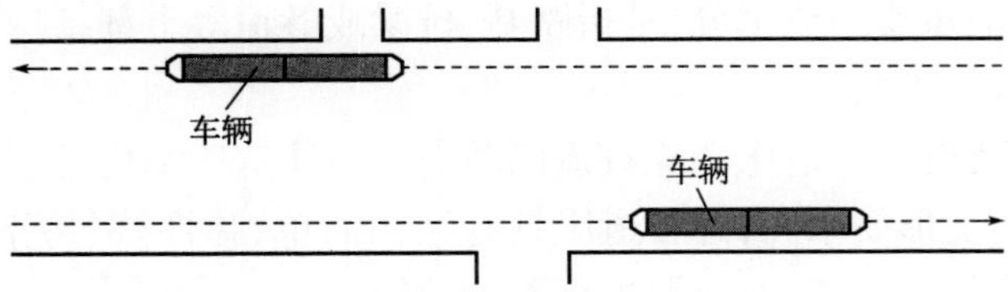

图3-32 主路路侧式

2)路权选择

现代有轨电车线路的路权分为专用路权(A型路权、独立路权)、隔离路权(B型路权、半独立路权）及共用路权（C 型路权、混行路权）三种形式。

①专用路权（A 型路权、独立路权）：不与任何其他地面交通方式或行人共享交叉口；

②隔离路权（B 型路权、半独立路权）：线路以实体隔离方式（路缘石、栅栏、高低差）与其他交通方式隔离，在交叉口处与其他交通方式混行；

③共用路权（C 型路权、混行路权）：与行人及地面交通方式混行。

三种路权的使用范围如表 3-9 所示。

有轨电车路权的适用范围　　表 3-9

路权分类	应用条件	适用范围
专用路权	与道路立体交叉；不应与其他交通方式、线路并行	仅在特殊情况下的特殊路段使用
隔离路权	路段较为严格的隔离措施；道路交叉信号优先措施	适用于大多数城市干路
共用路权	其他交通方式流量较小；沿线有公共汽车运营	适用于城市次干路及支路；适用于商业步行街、休闲区以及公交专用车道

3）轨道

有轨电车轨道是城市景观的组成部分，因此轨道形式的选择除应考虑必要功能外，还应考虑与城市景观相结合，并有足够强度以承载列车行驶。轨道作为一个整体结构敷设在路基之上，直接承受车辆及其荷载的巨大压力，对车辆运行起着导向作用，一般由钢轨、轨枕、扣件、道床、路基以及其他附属设备构成。

（1）钢轨

钢轨是轨道的主要组成部件，供车辆车轮滚动行驶其上，其断面为工字形。其主要的功能有：承受车轮重压以及磨损，将车轮重压分散至钢轨下的轨枕，承受不断反复的重压。

（2）轨枕

轨枕垫于钢轨之下，是用来支撑钢轨的配件。它主要功用有：将钢轨所传下的载重平均分布于道砟上；维持钢轨的线性以及两轨之间的轨距；确保轨道具有均匀的弹力，作用如同建筑物的梁结构。

（3）扣件

扣件是连接钢轨和轨枕的中间连接零件，除可以抵抗车轮垂直滚压以及侧向的推力外，也可防止钢轨纵向爬行。

（4）道床

道床是轨道结构的重要组成部分，是指路基、桥梁或隧道等下部结构之上，钢轨、轨枕之下的碎石、卵石层或者混凝土层。

目前道床形式主要有整体道床和碎石道床两类。整体道床结构稳定、外观整洁，养护维修量小，但对下部基础的变形要求高；碎石道床具有结构简单、弹性好、易于铺设、方便更换等特点，但轨道几何形位不易保证，需要定期进行养护维修。

（5）路基

路基是承受轨道和列车荷载的重要构筑物，应具有足够的强度、稳定性和耐久性，以保证列车的运营安全。有轨电车的无砟轨道路基通常由路基面、基床、路基排水设施组成。

3.5.3 现代有轨电车车站

车站是有轨电车系统的基本设施，是供乘客上下车的营业场所，是站线、站台等站场设备的总称。车站只有通过吸引和疏散客流才能完成运送乘客的任务。车站的位置、布置形式及其规模对有轨电车的运营效益具有决定性的作用。

车站布设形式有沿道路横向布设和沿道路纵向布设两种。

(1)沿道路横向布设形式

有轨电车车站沿道路横向布设可分为岛式车站和侧式车站。岛式车站站台位于上、下行行车线路之间，车站对向行驶共享站台，如图3-33和图3-34所示；侧式站台位于上、下行行车线路两侧，列车对向行驶独立停靠，分为对位侧式站台和错位侧式站台，如图3-35和图3-36所示。机非车道间、路侧(两侧)布设的有轨电车线路可采用侧式车站，而道路中央、路侧(单侧)布设的有轨电车线路，既可以采用侧式车站，也可以采用岛式车站。

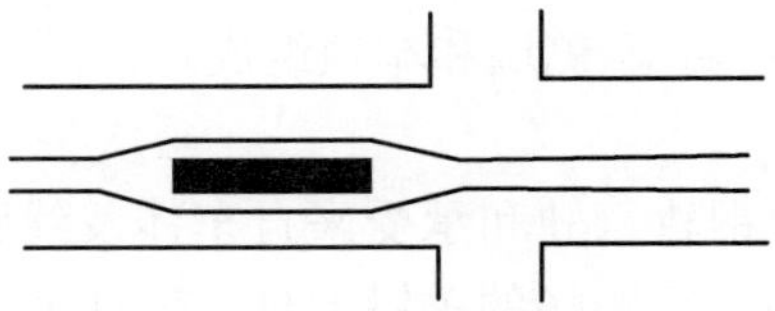

图3-33 岛式站台车站弯曲布置形式

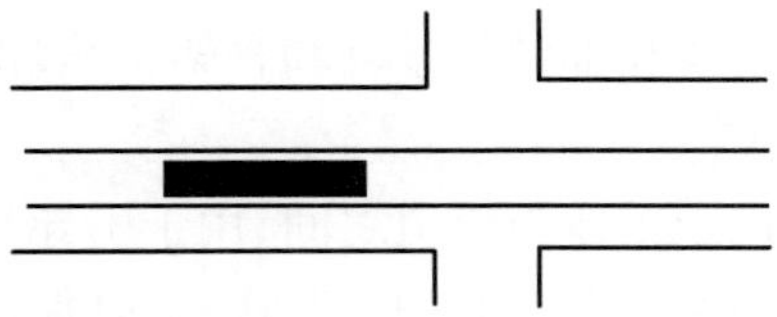

图3-34 岛式站台车站直线布置形式

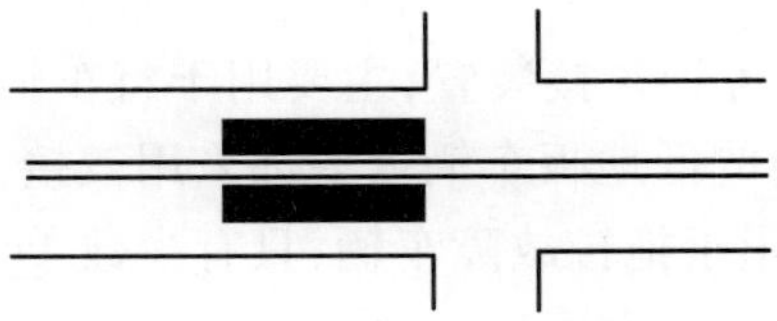

图3-35 对位侧式站台车站布置形式

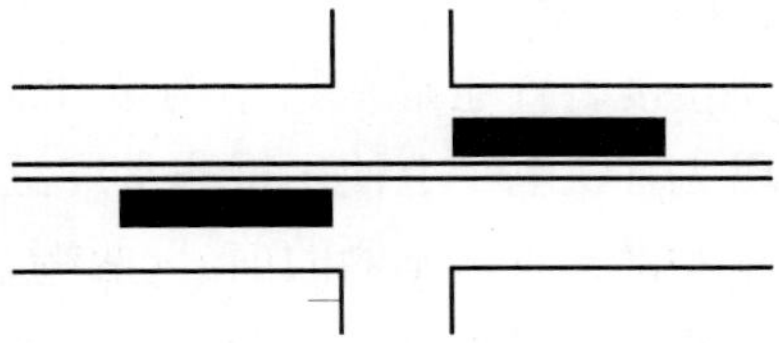

图3-36 错位侧式站台车站布置形式

(2)沿道路纵向布设形式

有轨电车车站沿道路纵向布设可分为路中式车站和路端式车站。

路中式车站占用的道路资源较多，对机动车辆的影响较大，且乘客到达车站需要设置过街设施以及城市道路交叉口间距较短，所以应用较少，一般应用于以下情况：

①有轨电车专用路，线路两侧即为人行道，车站位于人行道之上；

②较大的客流集散点，有设站的必要性，而恰好该路段长度很长，车站范围内没有交叉口。

现代有轨电车线路中的路端式车站有着广泛的应用，它位于交叉口处。与路中式车站相比，由于交叉口处的道路一般都有增加进口道、交叉口加宽等既有措施，因而路端式车站无需拓宽交叉口即可满足车站的道路用地，同时乘客利用交叉口行人过街设施即可到达、离开车站。

3.5.4 现代有轨电车车辆

现代有轨电车更加注重车辆造型和外观设计以及车内设施布局和装饰，应体现“以人为本”的理念，以“安全、舒适、方便、和谐、服务”为原则。其主要运行于城市道路和高架桥上，为了顺利、快速通过曲线,采用小半径装置和铰接式结构。

现代有轨电车和其他城轨车辆一样,均是由车体、转向架、牵引缓冲连接装置、制动装置、受流装置、车辆内部设备、车辆电气系统、列车信息网络控制系统等八部分组成。其具体外观如图 3-37 所示。

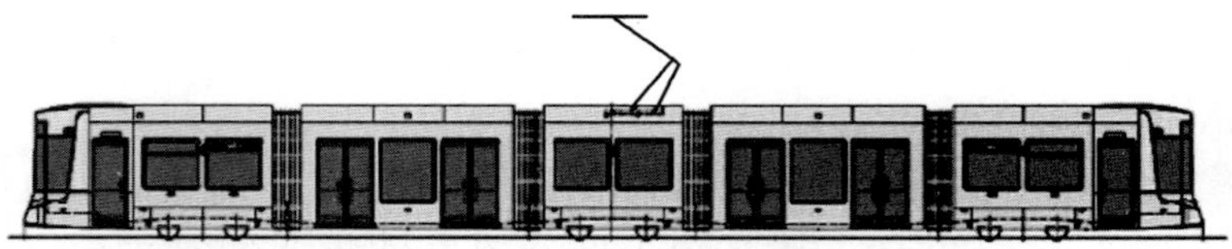

图 3-37　现代有轨电车的外观组成

(1)车体

车体分为有司机室车体和无司机室车体两种。它既是容纳乘客和司机的地方,又是安装和连接其他设备和部件的基础和骨架,一般由底架、端墙、侧墙和车顶组成。

(2)转向架

转向架位于车体与轨道之间,用于引导车辆沿钢轨行驶和承受来自车体及线路的各种荷载并缓和车辆和线路之间的相互作用,是保证车辆运行顺畅的关键部件。转向架可分为动力转向架和非动力转向架。

(3)牵引缓冲连接装置

牵引缓冲连接装置通常是指车钩缓冲装置和各种铰接装置,主要用于将车辆编组成列。铰接装置在现代有轨电车上使用得非常广泛,当前的低地板车辆大多都采用铰接方式连接编组。车钩缓冲装置安装于车辆的前、后两端,主要用于拖拉故障车辆,只有少数单体车辆仍然通过车钩装置进行编组运行。

(4)制动装置

制动装置是保证现代有轨电车准确停车及安全运行必不可少的装置,主要由机械部分、空气管路部分和电气控制部分组成。

(5)受流装置

受流装置也称受流器,指从接触导线(接触网)或导电轨(第三轨)将电流引入有轨电车的装置。受流装置按其受流方式可分为杆形受流器、弓形受流器、侧面受流器、轨道式受流器、受电弓受流器。现代有轨电车最常用的为轨道式受流器和受电弓受流器。

(6)车辆内部设备

车辆内部设备包括服务于乘客的车体内的固定附属装置(车灯、广播设备、通风设备、取暖设备、空调设备、座椅和拉手等)和服务于车辆运行的辅助设备(蓄电池箱、继电器箱、主控制箱、风缸、各种电器开关和接触器箱等)。

(7)车辆电气系统

车辆电气系统按照功能和作用可分为主电路系统、辅助电路系统和电子控制电路系统三部分。主电路系统由牵引电机及与其相关的电气设备和连接导线组成;辅助电路系统是为保证车辆正常运行而必须设置的辅助用电系统;电子控制电路系统分为有接点的直流电路和无接点的电子电路。

(8)列车信息网络控制系统

列车信息网络控制系统主要由列车信息中央装置、列车信息终端装置、列车信息显示器以及车内各种设备的监控、诊断和显示装置等组成。

3.5.5 现代有轨电车供电及其他设备系统

除线路、车辆、枢纽场站设施外,现代有轨电车设施设备还包括供电系统、运营控制系统、售检票系统等。下面主要介绍供电系统和运营控制系统。

1)供电系统

作为现代有轨电车系统的重要组成部分,由各种重要机电设备组成的现代有轨电车供电系统是现代有轨电车运营的动力源泉,担负着为电动列车和各种运营设备提供电能的重要任务。该系统除了为有轨电车提供动力外,还为车站、区间、车辆段、控制中心等其他建筑物提供所需要的动力照明用电。

现代有轨电车供电系统是一个由众多机电设备组成的复杂子系统,可按不同供电服务功能将系统进一步划分为外部电源、主变电所、中压网络、牵引供电系统、动力照明供电系统、杂散电流腐蚀防护系统和电力监控系统。

现代有轨电车的外部电源是为现代有轨电车系统的主变电所或电源开闭所供电的外部城市电网电源;主变电所的功能是接受城市电网高压电源,经降压后为牵引变电所、降压变电所提供中压电源;中压网络的功能是通过中压电缆、纵向把上级主变电所和下级牵引变电所、降压变电所连接起来,横向把全线的各个牵引变电所、降压变电所连接起来;牵引供电系统的功能是将交流中压电压经降压、整流后变成直流 1500V 或直流 750V 电压,为电动列车提供动力;动力照明供电系统的功能是将交流中压电压降为交流 380/220V 电压,为运营需要的各种机电设备提供低压电源;杂散电流腐蚀防护系统的功能是减少因直流牵引供电引起的杂散电流并防止其对外扩散,尽量避免杂散电流对现代有轨电车系统本身及其附近结构钢筋、金属管线的电腐蚀,并对杂散电流及其腐蚀防护情况进行监测;电力监控系统的功能是实时对现代有轨电车系统各变电所、接触网设备进行远程数据采集和监控。

2)运营控制系统

现代有轨电车的运营控制系统是连接其他系统的桥梁,其根本任务是使其他组成部分有机地结合一起,共同控制列车安全、正常、高效的运行,也就是在保证列车高效率运行的前提下,实现对列车的安全防护及控制。运营控制系统可分为正线道岔控制子系统、平交路口信号控制子系统、运营调度管理子系统、车辆段联锁子系统和通信子系统等 5 部分。

(1)正线道岔控制子系统

有别于地铁、轻轨等传统城市轨道交通,现代有轨电车的列车防护范围仅限于道岔区段,对于其他无道岔的线路、车站等一般不设置运行控制设备,由驾驶员目视行车,通过控制电车间距保证行车安全。为便于车辆专线运行、提高运行效率、减轻驾驶员劳动强度,在现代有轨电车正线道岔区段应设置正线道岔控制子系统。

(2)平交路口信号控制子系统

平交路口信号控制子系统主要用于有轨电车与横向公交系统运行车辆空间通行优先权控制。现代有轨电车在公交路口处按公交系统路口信号灯显示行车,系统控制模式通常有绝对优先控制、相对优先控制等模式。

(3)运营调度管理子系统

现代有轨电车调度系统设备按地域可划分为控制中心设备、车站及轨旁设备、车载设备及车辆段设备。现代有轨电车控制中心通过正线道岔控制系统、车载定位跟踪系统、车载智能终端以及无线设备,实现有轨电车运营调度管理。主要作用是实现调度营运计划及配车计划管理。

(4)车辆段联锁子系统

车辆段联锁子系统能对车辆段内的调车作业进行集中控制,实现车辆段内进路上的岔道、信号机和轨道区段的联锁功能,保证车辆段内调车作业及车辆段出入段作业的安全。

(5)通信子系统

现代有轨电车通信子系统应满足数据传输、运营调度指挥、视频监控、乘客信息服务、车辆段广播、时间统一等功能。

3.6 其他轨道交通系统

3.6.1 单轨交通

(1)概述

单轨交通又称为独轨交通(Monorail Transit),是指车辆在一根轨道上运行的一种轨道交通系统。按车辆跨坐于其上或悬挂于其下行驶分为跨座式单轨(Straddle Monorail)和悬挂式单轨(Suspended Monorail)两种类型。如图3-38和图3-39所示,跨座式单轨交通是指车辆骑行于轨道梁的上方,车辆除底部的行走轮外,在车体的两侧下垂部分尚有水平安装的导向轮和稳定轮,夹行于轨道梁的两侧,保证车辆沿轨道安全平稳地行驶。悬挂式单轨交通指车辆悬挂于轨道梁下方行驶,轨道梁为下部开口的箱形钢梁,车辆走形轮与导向轮均置于箱形梁内,沿梁内设置的轨道行驶。

图3-38 重庆的跨座式单轨

图3-39 日本神奈川的悬挂式单轨

(2)单轨交通的特点

①占用空间小。单轨铁路多数以高架兴建,一般利用城市道路中央隔离带设置结构墩柱,柱径一般在1.0~1.5m,适于建筑物密度大的狭窄街区。不单是所占的地面面积小,垂直空间

亦较小。单轨铁路所需的宽度主要由车辆的宽度决定，与轨距无关，跨座式单轨约为5m，悬挂式单轨约为7m，而地铁和轻轨则分别为8.5～9.0m及8.0～8.5m。

②行驶速度快，运量较大。单轨交通是立体型交通，不会受到其他交通工具及行人的干扰，因此可以快速行驶，最高速度可达到80km/h，平均运达速度一般在30～40km/h。国外单轨列车一般由4～6辆组成，列车运输能力0.5万～2万人次/h；重庆市单轨列车在高峰时段的运输能力在3万人次/h左右。

③乘坐舒适，对沿线居民的生活干扰小。单轨使用橡胶轮胎在混凝土或者在钢轨上行走，使得列车运行平稳，噪声污染小。再加上空调等现代化设备的装设，乘客乘坐环境舒适，视野开阔，眺望条件好，在城市运行可兼有游览观光的作用。同时列车起到遮挡阳光、电磁波、夜间头灯强光、噪声等作用，减小了对沿线居民生活的干扰。

④爬坡能力强，拐弯半径小，适合复杂地形。单轨使用橡胶轮胎，具有较强的爬坡能力和在小半径曲线上行驶的能力。因此，单独轨道交通在大坡道和小半径曲线的区段能发挥它的优势，可以适应复杂地形的要求，适宜在狭窄街道的上空穿行。

当然，单轨交通的不足之处主要是跨座式单轨的道岔结构复杂，限制了列车的最短运行间隔；走行轮胎和轨道梁之间的摩擦系数较大，因而能源消耗较大，胶轮寿命短；事故救援困难；有粉尘污染等。

(3)单轨交通的适用性

①在大城市，承担城市快速轨道交通加密、补充的功能

对于人口众多、客流规模庞大的特大城市、大城市，快速轨道交通系统是该类城市中心区的交通主骨干；单轨交通由于造价相对较低且拥有中等运量的特点，可以承担中心城区轨道交通线网加密和补充的功能，以实现与快速轨道交通之间的良好衔接，提高中心城的公共交通整体服务水平。

②在城市外围，承担城市快速轨道交通的延伸功能

对于特大城市、大城市的外围区域；对于快速轨道交通系统的外围延伸线路，由于沿线人口岗位比较分散，客流规模不大，从客流适应性和经济合理性等方面考虑，可选择单轨交通作为轨道交通的接驳线，保证客流需求和服务水平的同时，节约工程投资和运营成本，提高网络整体效益。

③在城市新区或中小城市，承担区域内部公交主骨干功能

在我国大部分城市新区，由于开发强度和人口密集度尚未达到一定水平，考虑投资与运营效率，在城市新区修建单轨交通，并使之达到一定的网络规模，发挥其在城市新区内部公共交通骨干作用，既可以解决地区内部的交通出行问题，也可以与市郊轨道接驳，沟通城市中心市区，能够有效缓解城市开发需求与供给之间的矛盾，体现交通引导开发的功能。

对不具备城市快速轨道交通建设的中小城市，单轨交通可作为第一层次的骨干公交方式，分布在城市主要客流走廊上，与对外交通枢纽形成综合换乘体系，与常规公交共同组成一体化公共交通系统。

④在有特殊要求的区域，承担旅游交通的功能

在景观要求高或有特殊要求的地区，如旅游景点、影视基地等，作为特色交通方式，承担景点之间及其与外围主要的客流集散点之间的交通联系。

⑤特殊地区城市,承担客运通道的功能

老城区街道比较狭窄,可占用路面空间少,如果客流达不到建设地铁的标准,可选择占用空间小、对沿线居民的生活干扰小、中运量的单轨交通;对一些地势起伏较大、道路狭窄的城市,由于受何流、山脉、沟渠等地形影响,用地比较困难,此时可选用单轨交通,可以充分发挥给系统爬坡能力较强、能通过较小半径的曲线、线路容易规划等方面的优势。

3.6.2 磁悬浮交通

(1)概述

磁悬浮交通是一种依靠电磁吸力或电动斥力将列车悬浮于轨面上,实现列车与地面轨道间的无机械接触,再利用直线电机驱动列车运行的新型轨道交通方式。

磁悬浮列车利用电磁铁产生的地磁力浮起列车以及地磁力推动列车前进的现代交通工具。电磁铁在通电时产生电磁性,当两块电磁铁的磁性相同时,它们之间产生斥力;当磁性相异时,则产生吸力。这种电磁力就是磁悬浮列车得以浮起的原动力。由于它运行时悬浮于轨道之上,因此,轮轨之间没有摩擦,这就能突破轮轨黏着极限速度的限制,有望创造出地面交通的最高速度。

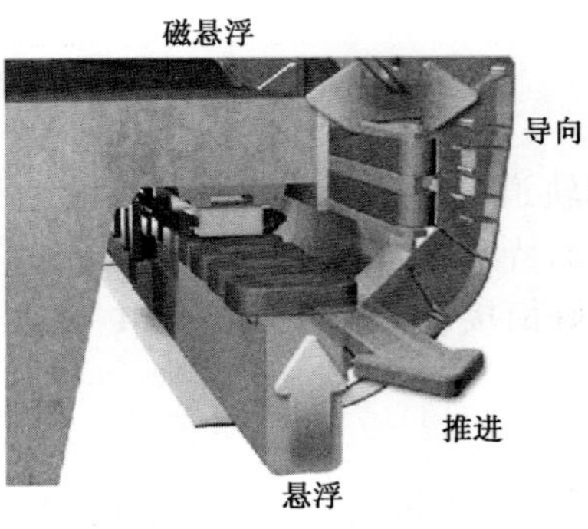

图 3-40　磁悬浮列车工作原理

磁悬浮列车主要由悬浮系统、推进系统和导向系统三部分组成。尽管可以使用与电磁力无关的推进系统,但在目前的绝大部分设计中,这三部分的功能均用电磁力来完成,如图 3-40 所示。

(2)磁悬浮交通的特点

磁悬浮交通的特点包括:

①速度快,占地少,使用电能,对环境友好。

②由于列车悬浮在轨道上,所以对轨道冲击小、振动小、噪声低。

③列车爬坡能力强。

④安全性高。

⑤造价高。上海浦东线总投资 100 亿元;日本东京—大阪超导磁悬浮线每千米造价预计约合人民币 1 亿元,东部丘陵线每千米造价约合人民币 9.5 亿元。

(3)磁悬浮交通的适用性

高速磁悬浮交通系统的送达速度可达 300 ~450km/h,可在中长距离实现 3h 舒适旅行,与高速轮轨和民用航空互为补充、合理分工,能在中长距离大城市之间实现快速联系,可开行高密度、大编组点对点直达列车,能实现磁浮城际线、高速公路、铁路等对枢纽范围内的中小城市辐射、聚疏旅客。在城市群内部,适合作为城市群内主要节点城市之间的通勤交通,以城市群内特大城市为核心,集聚和辐射周边中小城市,形成 0.5 ~1h 的商务、通勤、旅游为主目标的旅行圈,也可在枢纽—车站、车站—车站开行高密度、中小编组点对点列车。

对中低速磁悬浮交通而言,其速度与城市轨道交通相当,但在噪声、振动等方面几乎不增加环境负担;在城市内部,中等运量的通道上可替代地铁,也可作为中心城与卫星城之间的主要交通方式。

3.6.3 新形式轨道交通系统特点

单轨交通和磁悬浮交通作为中运量的交通形式可对轨道交通进行补充,它们爬坡能力强、转弯半径小的特点,在地形复杂、老城区、可占用面积小的地区具有独特的优势。单轨交通是车辆与特制轨道梁组合成一体运行的轨道系统,占地面积小、空间体积小,采用橡胶轮胎使其运行平稳、噪声少,但胶轮易老化;磁悬浮交通利用电导磁力悬浮技术使列车悬浮运行,能耗低,可实现全自动和无人驾驶,但造价较高。跨座式单轨和中低速磁悬浮系统主要技术参数如表3-10所示。

跨座式单轨与中低速磁悬浮系统主要技术参数比较表 表3-10

参数	跨座式单轨	中低速磁悬浮
车辆编组(辆)	4~8	4~6
形态、形式	高架为主	高架为主
线路最小平面半径(m)	50	70
线路最大坡度(%)	6	7
运能等级	中运量	中运量
噪声[dB(A)]	72	70

【复习思考题】

1. 轨道交通的主要形式有哪几种?比较各轨道交通的特点。
2. 简述轨道交通系统的组成及作用。
3. 阐述铁路枢纽布置的原则。
4. 简述高速铁路的定义及其优越性。
5. 在高速条件下,旅客对乘坐舒适型更为敏感,讨论从哪几方面可以提高高速铁路线路的平顺性?
6. 简述高速铁路与城市轨道交通运输能力计算方法。
7. 城市轨道交通车站按站台形式可分为哪几类?简述各类型的优缺点及适用范围。
8. 简述城市轨道交通车辆的基本构成。
9. 分析现代有轨电车车站布置形式及适用范围。
10. 简述现代有轨电车供电系统各子系统是如何向电动列车和运营设备提供电能的。
11. 简述单轨交通和磁悬浮交通的特点与适用性。

第 4 章 水路运输系统

4.1 水路运输系统概述

4.1.1 水路运输系统构成

水路运输系统由港口、航道、船舶基础设施及管理控制系统组成。

为实现所承载的各项功能,港口必须拥有足够的水域、陆域和码头等设施。港口工程即新建、改建或扩建港口建筑物和设施的工程活动的总称,包括规划、勘测、设计、施工、检测、监理、科研、管理和维护。

航道是港口的重要组成部分。除了港口组成中作为港内外水上通道的航道,一般意义的航道是指以组织水路运输为目的,在江河湖海及港湾水库中可供规定尺寸的船舶航行的水域。沿海航道开发和内河航道整治各有其独特的工程特点。通常将沿海航道开发纳入海港总体布置或河口海岸动力学的研究范围;内河航道整治则相对于港口工程独立存在,是航道工程的主要研究内容。

船舶是水路运输的工具,是港口的主要服务对象之一,是水路运输的重要设施。

水运管理控制系统能够保障船舶在水域内的航行安全,提高航道的使用效率和船舶的航行效率,是水路运输系统高效运行的重要保障。

4.1.2 水路运输分类

水路运输可按如下方法进行分类。

(1)按照航行区域分类

水路运输分为远洋运输、沿海运输、内河运输。远洋运输通常是指除沿海运输以外所有的海上运输。沿海运输是指利用船舶在沿海区域各地之间的运输。内河运输是指利用船舶、排筏和其他浮运工具,在江、河、湖泊、水库及人工水道从事的运输。

(2)按运输对象分类

水路运输分为旅客运输和货物运输。旅客运输包括单一客运(包括旅游)和客货兼运。货物运输包括散货运输、杂货运输和集装箱运输。散货运输指无包装的大宗货物,如石油、煤矿、矿砂等的运输;杂货运输指批量小、件数多或较零星的货物运输;集装箱运输是现在国际货物往来的主要运输方式。

(3)按贸易种类分类

水路运输分为外贸运输和内贸运输。外贸运输指同其他国家和地区之间的贸易运输;内贸运输指国家内部各地区之间的贸易运输。

(4)按船舶运营组织形式分类

水路运输分为定期船运输、不定期船运输和专用船运输。定期船运输是选配适合相应营运条件的船舶,在规定航线上,定期停靠若干固定港口的运输;不定期船运输指船舶的运行按照运输任务或者按租船合同组织运输;专用船运输指企业自置或租赁船舶从事本企业自有物资的运输。

4.1.3 港口概述

1)港口的分类

港口是指位于江、河、湖、海或水库等地,具有一定的设备和条件,供船舶安全进出和停泊,以进行客货运输和其他相关业务的区域。

港口因其服务对象和地理位置的不同,可以分成多种类型。

(1)按用途分类

①商港:主要为旅客和内、外贸易货物流通服务的港口,可分为一般商港和专业商港。一般商港是用于旅客运输和专业转运各种货物的港口,专业商港是指专门进行某一种货物的装卸或以此种货物为主的港口。

②渔港:专为渔业生产服务的港口。渔船在这里停靠,并卸下捕获物冷藏加工,同时进行淡水、冰块、燃料及其他物资的补给。

③工业港:固定为某一大工业企业服务的港口,它专门负责该企业原料、产品及所需物资的装卸转运工作。

④军港:专供军用的港口。

⑤避风港:供大风情况下船舶临时避风的港口。

(2)按地理位置分类

①海港:位于沿海、近海和海岛的港口。

②河口港：位于江、河入海段，受潮汐影响的港口。一般有大城市作依托，水陆交通便利，内河水道往往深入内地广阔的经济腹地，承担大量的货流量。

③河港：位于江、河沿岸的港口。

④湖港与水库港：位于湖泊和水库库区的港口。

2）港口的组成

港口主要设施包括港口水域设施、码头及港口陆域设施。

（1）港口水域是指航道、锚地、港池、泊位等与船舶进出、停靠及作业相关的一定范围的水上区域。主要设施包括进出港航道、锚地、船舶回旋水域、码头前水域（港池）、防波堤、护岸以及港口导航设施等。

（2）码头是指供船舶停靠、装卸货物或上下旅客的水工建筑物、设施和停泊水域，由一个或者多个泊位组成。码头前沿线通常即为港口的生产线，也是港口水域和陆域的交接线。主要设施包括码头岸线、主体结构物、系靠设施（系船、防冲、安全等设施）、码头前沿装卸作业设备等。

（3）港口陆域是指港口装卸作业区、堆场、港区道路等提供与港口功能相关服务的、与码头前沿相连的一定范围的陆上区域。主要设施包括堆场和仓库及其集疏运通道（铁路、道路）、客运站，以及给排水、供电、通信和辅助生产设施等。

图 4-1 为某海港港口总平面布置示意图。

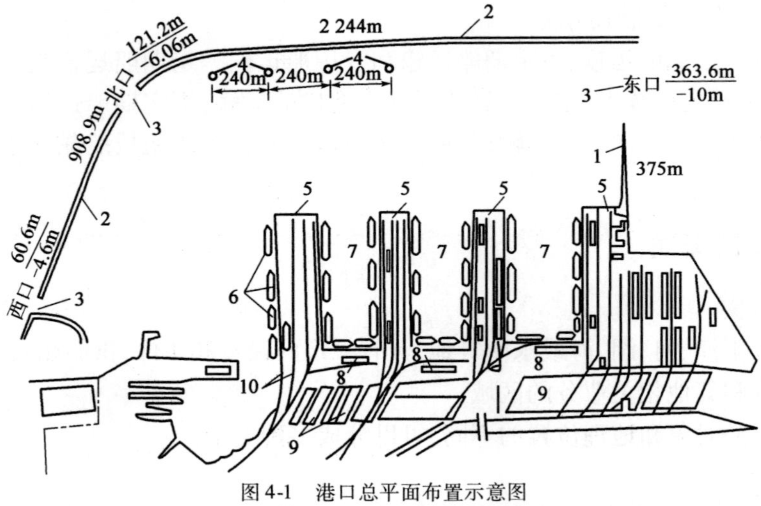

图 4-1　港口总平面布置示意图

1-防波堤（突堤）；2-防波堤（导堤）；3-口门；4-浮筒；5-码头；6-泊位；7-港池；8-一线库场；9-二线库场；10-铁路装卸线

3）港口规模的特征指标

表征港口规模的特征指标主要有港口吞吐量、港口通过能力和码头泊位数，它们决定了港口的生产能力。

①港口吞吐量即一年间经水运输出、输入港区并经过装卸作业的货物总量。港口吞吐量是衡量港口规模的最重要的指标，吞吐量越大，港口规模越大。

②港口通过能力是指港口所有泊位通过能力与过驳能力之和。港口通过能力是在外部环境条件为一定时，港口各项生产要素和经营管理条件综合作用的结果。

③码头泊位数是指港口可同时停靠码头进行装卸作业的船舶数量，是反映港口规模的重要指标之一，主要取决于港口吞吐量和单个泊位通过能力。泊位的通过能力是指一个泊位在一定时间内能够装卸船舶所载货物的额定数量。

4.1.4 航道分类和分级

航道是指沿海、江河、湖泊、水库、渠道和运河内可供船舶、排筏在不同水位期通航的水域。

1)航道的分类

航道可以按照多种方法分类。按照形成的因素划分:天然航道、人工航道、渠化航道;按照通航时间长短划分:常年通航航道、季节通航航道;按照限制条件划分:单行航道、双行航道、限制性航道;按照通航船舶的类型划分:内河船航道、海轮进江航道;按照管理属性划分:国家航道、地方航道、专用航道;按照航道所处的区域划分:内河航道、沿海航道。

(1)沿海航道

沿海航道是指位于海岸线附近、具有一定边界、可供海船航行的航道。沿海航道属于自然水道,其通过能力几乎不受限制,每一海区的地理、水文情况都反映在该区的海图上。随着船舶吨位的增加,一些海峡或狭窄水道会对通航船舶产生一些限制条件。

(2)内河航道

内河航道是指河流、湖泊、水库内的航道,以及运河和通航渠道的总称。内河航道大部分是利用天然水道加上引航的航标设施构成。内河航道与海上航道相比,其通行条件有很大差别,反映在通航水深、通航时间(部分内河航道不能夜行)和通航方式(如单向过船)等。大多数内河自然水道还需考虑航运、发电、灌溉、防洪和渔业的综合利用与开发。

2)航道的分级

内河航道应按可通航内河船舶的吨级划分为7级,具体见表4-1。

内河航道等级划分 表4-1

航道等级	I	II	III	IV	V	VI	VII
船舶吨级(t)	3 000	2 000	1 000	500	300	100	50

注:引自《内河通航标准》(GB 50139—2014)。

沿海航道按通航船舶的吨级划分为12个等级,各等级沿海航道适应通航的船舶吨位见表4-2。

沿海航道等级划分 表4-2

航道等级		通航船舶吨位范围 DWT(t)
等级	通航船舶吨级(t)	
Ⅰ	300 000	≥275 001
Ⅱ	250 000	225 001 ~ 275 000
Ⅲ	200 000	175 001 ~ 225 000
Ⅳ	150 000	125 001 ~ 175 000
Ⅴ	100 000	85 001 ~ 125 000
Ⅵ	70 000	65 001 ~ 85 000
Ⅶ	50 000	45 001 ~ 65 000
Ⅷ	30 000	12 501 ~ 45 000
Ⅸ	10 000	7 501 ~ 12 500
Ⅹ	5 000	4 501 ~ 7 500
Ⅺ	3 000	1 501 ~ 4 500
Ⅻ	1 000	≤1 500

注:引自《广东省沿海航道通航标准》(DB44/T 1355—2014)。

4.1.5 船舶尺度

船舶是能航行或停泊于水域内,用以执行作战、运输、作业等任务的载运工具,是各类船、舰、舢板、筏及水上作业平台等的统称。

1)船舶主尺度

船舶主尺度是表示船体外形大小的主要尺度如图4-2所示。船舶主尺度是计算船舶各种性能参数、衡量船舶大小、核收各种费用以及检查船舶能否通过船闸、运河等限制航道及停靠泊位的依据。根据用途,船舶主尺度分为船型尺度和实际尺度。

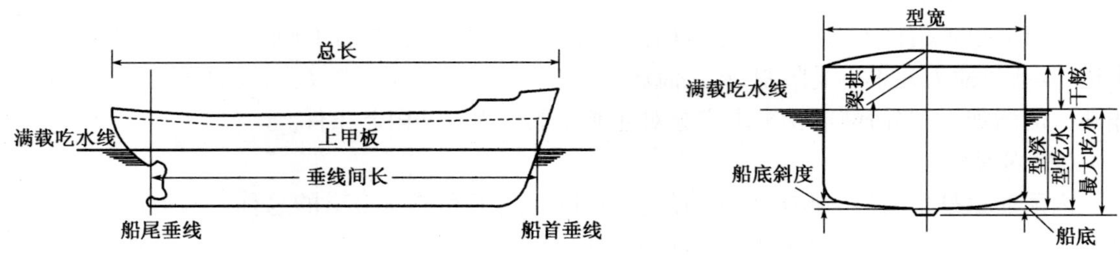

图4-2 船舶基本尺度

(1)船型尺度

船型尺度,一般均从船壳板内侧的表面丈量,它主要用于船舶性能的计算和研究。

①垂线间长:通过船宽中央沿船长方向的纵向垂直剖面称为纵中剖面。在纵中剖面内,从满载吃水线与首柱交点作垂线称为船首垂线,舵柱后缘称船尾垂线,该两垂线间的水平距离称为垂线间长。

②型宽:在中横剖面内的船体最宽处,是两侧舷板的最大水平距离。

③型深:在中横剖面上,自上甲板边板的内表面至龙骨(即船中底纵梁)上表面的垂直距离。

④型吃水:在中横剖面上,自龙骨上表面量至满载吃水线的垂直距离。

⑤干舷:在中横剖面上,自满载吃水线量至上甲板边板内表面的垂直距离。

(2)实际尺度

实际尺度,又称结构尺度,一般是从船体外缘丈量,主要用于船舶建造和运行,是港口、航道和船闸的设计依据。

①总长:船舶包括两端上层建筑物在内的船体型表面最前端与最后端之间的水平距离。

②全宽:船舷两侧突出部分,包括护舷材在内的最大水平距离。

③满载吃水:在中横剖面上,满载吃水线与中龙骨底面的垂直距离。

2)设计船型尺度

设计船型是指设计时所采用的某种尺度和吨位的船型,用于确定航道、码头或港池的尺度。按其确定的尺度能够保证所有使用该航道、码头或港池的船舶在给定的条件下都能安全操作,包括总长、型宽、型深和满载吃水。杂货船设计船型尺度如表4-3所示,其他种类的船舶设计船型尺度参见相应规范。

杂货船设计船型尺度 表4-3

船舶吨级 DWT(t)	设计船型尺度(m)			
	总长 L	型宽 B	型深 H	满载吃水 T
1 000(1 000 ~ 1 500)	85	12.3	7.0	4.3
2 000(1 501 ~ 2 500)	86	13.5	7.0	4.9
3 000(2 501 ~ 4 500)	108	16.0	7.8	5.9
5 000(4 501 ~ 7 500)	124	18.4	10.3	7.4
10 000(7 501 ~ 11 500)	146	22.0	13.1	8.7
15 000(11 501 ~ 16 500)	157	13.3	13.6	9.6
20 000(16 501 ~ 22 000)	166	25.2	14.1	10.1
30 000(22 001 ~ 35 000)	192	27.6	15.5	11.0
40 000(35 001 ~ 55 000)	200	32.2	19.0	12.3

注:DWT 系指船舶载重量(t)。

4.2 港口设施

4.2.1 港口水域设施

(1)进港航道

进港航道是由海上航线或内河主航道通向港内水域的连接航道。为保证安全通航,进港航道必须有足够的水深与宽度,不能弯曲度过大。为了避免搁浅而造成船舶、生命财产损失与环境污染,船舶在航行时必须在龙骨基线以下保持足够的富余水深。

港区进港航道与主航道连接段的布置应该符合下列规定:

①进港航道与主航道连接处应考虑通视条件,满足船舶安全操纵的要求。

②连接段形式与尺度应根据设计船型、通航密度、水流和泥沙条件等因素确定。

③多个分叉支航道与主航道连接时,交叉点的布置不宜过于集中。

(2)锚地

锚地是专供船舶或船队在水上停泊、避风、应急、联检、编解队、水上过驳以及进行各种作业的水域。锚地要求有足够的水深,使抛锚船舶即使由于较大风浪引起升沉与摇摆时仍有足够的富余水深。

锚地位置应选择在靠近港口、天然水深适宜、海底平坦、锚抓力好、水域开阔、风、浪和水流较小处,便于船舶进出航道。有条件时,锚地宜选在航道进港方向的右侧,远离礁石、浅滩以及具有良好定位条件的水域,并应符合下列规定:

①有足够的水域供船舶抛锚和起锚操作,不得妨碍其他船舶航行;

②锚地内水流流向宜相对稳定且无回流现象;

③锚地应优先选择泥质底质的水域,也可选择砂泥质底质的水域,应避免在硬黏土、硬砂土、多礁石和抛石地区设置锚地。

锚地与航道距离较近时,其间连接水域可作为船舶进出锚地通道(图4-3),连接水域与航

道夹角 α 宜取 45°以下。锚地与航道距离较远时,宜布置锚地进出通道。船舶停泊所需的水域面积,同要求停泊的船舶的最大数量、船舶的尺寸、系泊的方式、船舶的操作要求、锚地的地形条件等因素有关。

(3)回旋水域

回旋水域是指为船舶靠离码头、进出港口时转头或改换航向而设的水域。其水域可以同航行水域共用并有相同的水深,所需的面积随当地的风、浪、水流等条件和港作拖轮的配备情况而异(图 4-4)。对于无掩护的开敞水域或缺乏港作拖轮的港口,回旋水域的直径约为 2.5 倍船长;有掩护的水域,港作拖轮条件较好时,其直径约为 2 倍船长;允许借码头转头的水域,直径约为 1.5 倍船长。

(4)港池

港池是指码头前供船舶停泊和进行装卸作业,保证满载船舶安全停泊的水域,也称码头前沿水域。港池设计既要保证船舶能安全停靠,又要方便货物装卸。港池的布置形式与码头岸线的布置形式相同,可采用三种方案(图 4-5):顺岸式、突堤式和挖入式。

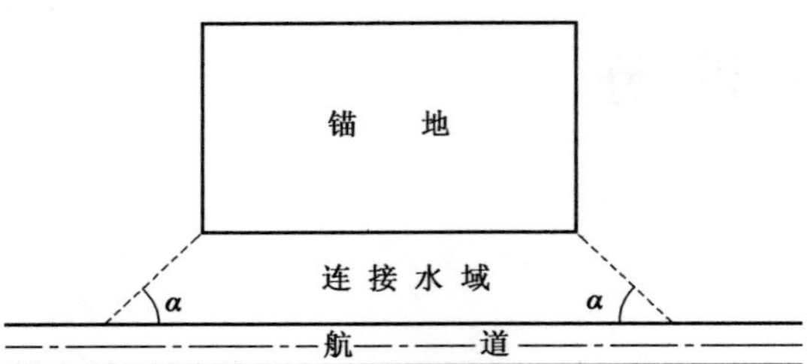

图 4-3 锚地与航道的连接水域

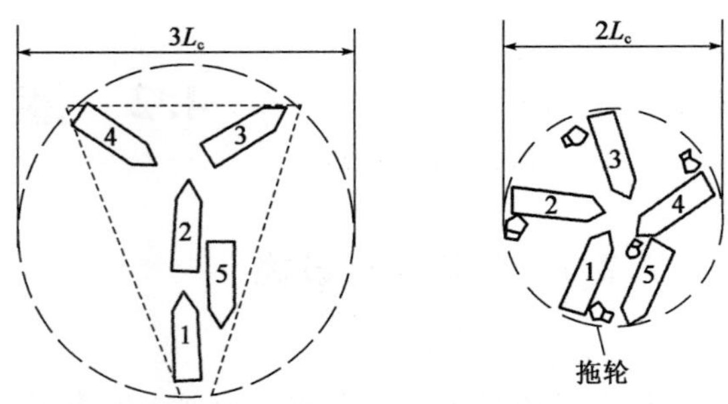

图 4-4 回旋池船舶掉头所需水域面积示意图

L_c-船长

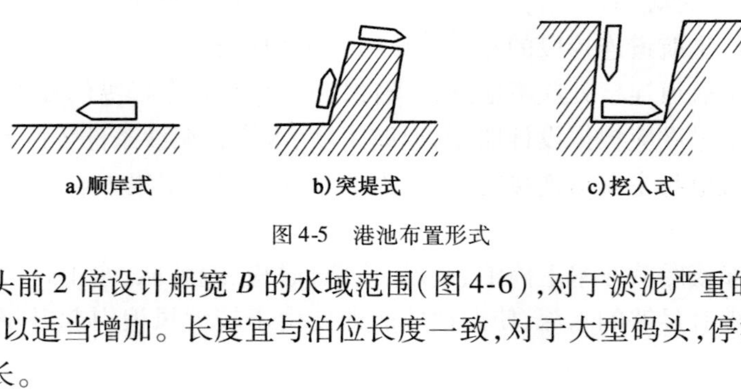

图 4-5 港池布置形式

港池宜取码头前 2 倍设计船宽 B 的水域范围(图 4-6),对于淤泥严重的港口,根据维护挖泥的需要,宽度可以适当增加。长度宜与泊位长度一致,对于大型码头,停泊水域长度不宜小于 1.2 倍设计船长。

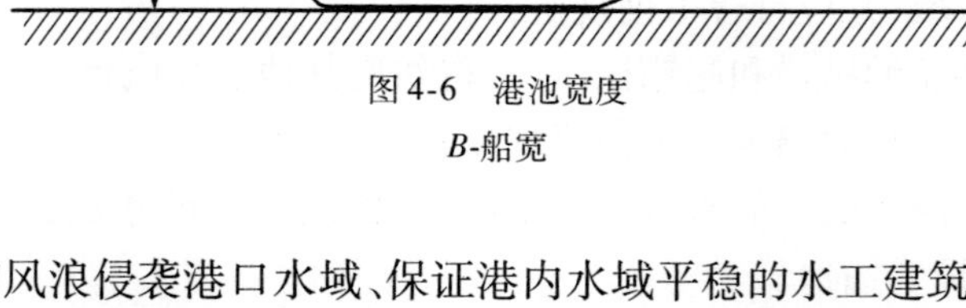

图 4-6 港池宽度

B-船宽

(5)防波堤

防波堤是指防御风浪侵袭港口水域、保证港内水域平稳的水工建筑物。

防波堤按其布置的平面位置,可分为突堤和岛堤两种。突堤一端(堤根)同岸相连接,另一端(堤头)伸向海中,组成港的口门。由于突堤的一端同岸相连,可在堤上铺设地面运输线路,连接岸上库场,有时将突堤内侧的部分长度兼作码头用;岛堤则两端均不同岸连接,位于离岸一定距离处,有两个堤头而无堤根。

防波堤按其结构特点可分为三种形式:斜坡式、直立式和混合式(图4-7)。

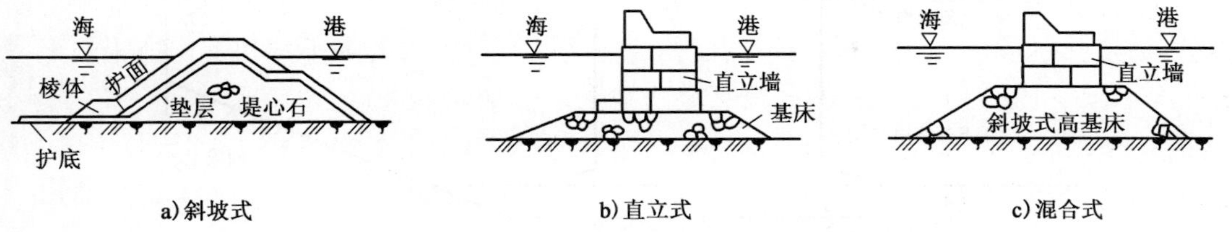

图4-7 防波堤类型

防波堤轴线的线形,宜采用直线、向海方向的平顺凸曲线或折线。防波堤的轴线位置,宜选在地质条件好、水深较浅的地方,有条件时可利用礁石、浅滩及岛屿。防波堤所包围的水域,应有足够的面积和深度,以便船舶在港内航行、掉头、停泊以及布置码头岸线。防波堤和口门的布置应使港内有足够的水域、良好的掩护条件、适应远期船型发展、减少泥沙淤积及有利于减轻冰凌的影响,并应减少防波堤的长度。

港内水域设施的布置图如图4-8所示。

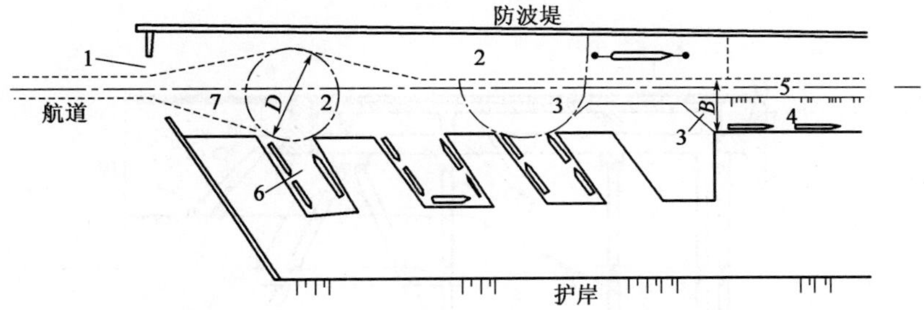

图4-8 港口水域设施布置图

1-口门;2-回旋水域;3-连接水域;4-泊位前停泊水域;5-顺岸码头前船舶操作水域;6-港池;7-制动水域

4.2.2 码头建筑物

(1)码头的结构和分类

码头(图4-9)通常由主体结构和附属设施两部分组成:主体结构上部有胸墙、梁、靠船构件等,下部有墙身、基础或板桩、桩基等;附属设施包括船舶系靠、装卸作业、人员上下和安全保护等设施。

按掩护条件,码头可分为有掩护码头与无掩护码头。

①有掩护码头:建在有掩护的港口水域内。

②无掩护码头:又称开敞式码头,位于开敞海域,无天然地形或人工建筑物掩护,外海波浪可直接作用在码头结构上。

按断面形状,码头可以分为直立式码头、斜坡式码头、半斜坡式码头和半直立式码头,如图4-10所示。

按结构形式,码头可分为重力式码头、高桩码头(图4-11)、板桩码头和其他形式等。

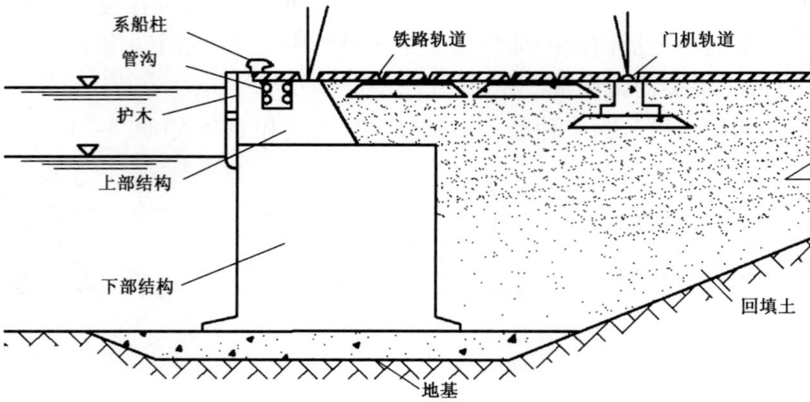

图 4-9　码头的结构形式

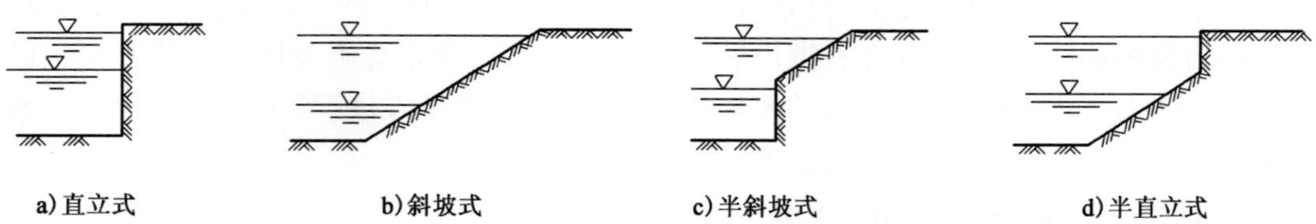

图 4-10　码头断面形式

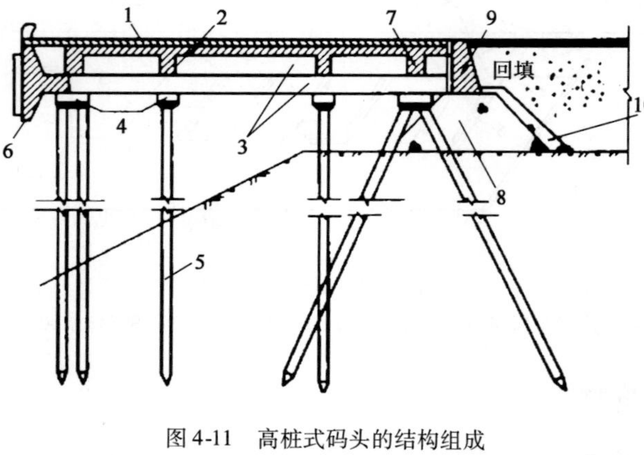

图 4-11　高桩式码头的结构组成

1-面板;2-纵梁;3-横梁;4-桩帽;5-桩;6-靠船构件;7-轨道梁;8-抛石棱体;9-挡土墙;10-倒滤层

①重力式码头是指以结构本身和填料的重力保持稳定的码头,由混凝土、钢筋混凝土或浆砌石修筑。其重量大,地基的承载能力要求较高,一般适用于岩基或砂、卵石、砾石、硬黏土等较好的地基,是海港、河口港和河港中广泛采用的一种结构形式。它的主要优点是:坚固耐久,可承受较大的地面荷载,对装卸工艺变化的适应性强。按墙身结构的特点,重力式码头主要分为:块体、沉箱、大直径圆筒、扶壁结构等形式。

②高桩码头是由桩基及上部结构组成的码头,广泛适用于沿海、河口和河流下游的软土地基。高桩码头的主要优点是:结构自重轻,预制安装程度高,对波浪反射作用小,易于靠泊,泊稳条件好,且对原有自然条件的影响及破坏较小。其主要缺点是:结构构件对装卸工艺变化和地面超载的适应性差,耐久性较差,构件易损坏,且维修困难,使用寿命较短,施工需要台班费

较高的打桩设备。

③板桩码头是由板桩前墙、导梁、上部结构和锚碇结构等组成的码头，是仅次于重力式码头及高桩码头而广泛应用的码头结构形式。板桩码头的优点是：结构简单，主要构件都可以预制或采用工厂定型产品，施工方便、速度快，材料用量少，对复杂地基的适应性强。它的缺点是：板桩墙为薄壁结构，抗弯能力小，不适于在无掩护的海港中应用，耐久性不如重力式结构（但优于高桩结构），钢板桩及拉杆易锈蚀。

（2）码头规模的确定

码头规模主要由泊位停船吨级和泊位数量两个指标体现。停船吨级主要取决于货种、航线运距和吞吐量，运距越长、船舶吨位越大，码头规模也就越大。泊位数量越多，码头规模越大。

泊位数量的确定方法主要有以下几种：

①根据原有港口统计资料，对一些货种，按每泊位或每延米码头岸线的通过能力，估算所需的泊位数。

②根据装卸工艺，选用适当的系数、指标，按《海港总平面设计规范》（JTJ 211—1999）规定的方法，计算泊位数。

③根据船舶到达规律、泊位服务状况等经验资料，运用排队论方法，计算最优泊位数。

通常单个泊位年通过能力可以按照表4-4估算。

各货种泊位通过能力　　表4-4

泊位种类	停船吨级（万t）	流向	通过能力（万t）	备注
多用途	0.5	装卸	20～30	以件杂货为主，当集装箱超过1万TEU时，可提高20%～30%
		装卸	30～40	以散杂货为主
	1.3	装卸	40～50	以件杂货为主，当集装箱超过1万TEU时，可提高10%～20%
		装卸	50～60	以散杂货为主
集装箱	2	装卸	25～35	
	5	装卸	60～70	
	7～10	装卸	70～80	
成品油	0.3	装卸	50～70	
	3	装卸	400～500	
	6～8	装卸	600～700	
原油	5	装卸	500～600	
	25～28	装卸	1 700～2 000	
矿石	15～18	卸	1 200～1 300	2台卸船机2×2 500t/h
散粮	3	卸	150～200	采用大船是为降低单吨运输成本
		装	300～350	
	8～12	卸	500～700	
煤	5	卸	300～400	门座抓斗起重机3～4台
		装	800～1 000	装船机6 000t/h，串联翻车机

4.2.3 港口陆域设施

港口陆域是自码头岸线边缘至后方交通线之间的范围,承担货物装卸、储存和集疏运的任务。它可分为码头前沿作业地带、仓库和堆场、集疏运设施、辅助生产作业设施、客运站等。图4-12 为港口陆域布置示意图。

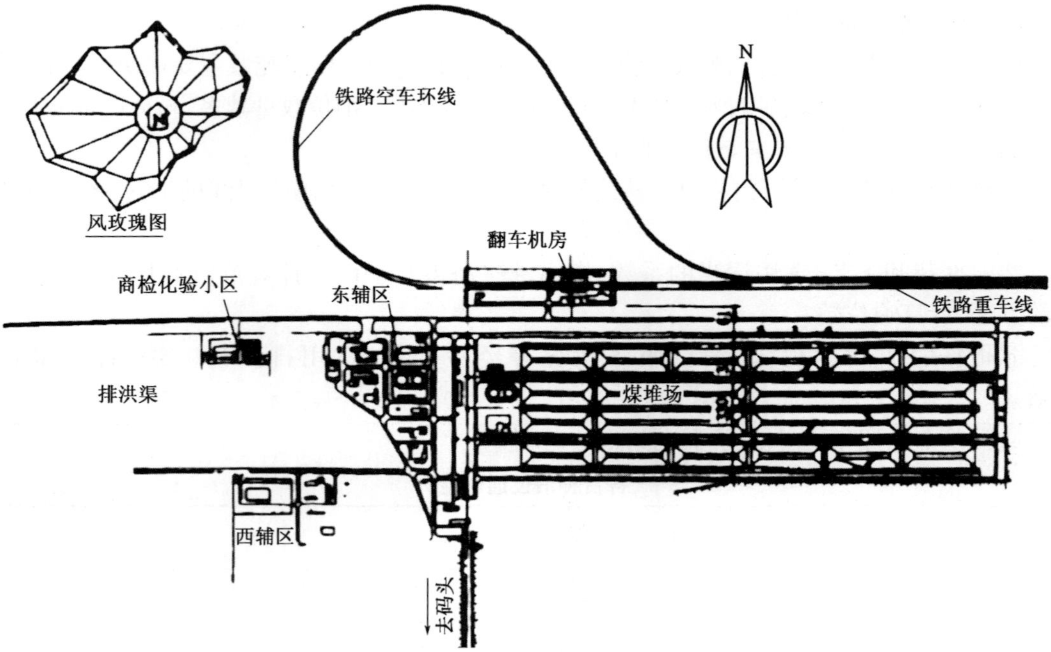

图 4-12 港口陆域布置示意图

1)码头前沿作业地带

码头前沿作业地带是指从码头前沿线至一线仓库或堆场之间主要供装卸船作业的场地。地带内根据货物种类的不同要求,布置各种类型的装卸机械,并安排一定面积的待运货物临时堆场和前沿运输通道,以完成船舶的货物装卸操作。合理布置作业地带,安排足够的地带宽度,有助于加快货物的装卸,缩短船舶的停靠时间。

货物类型不同,所采用的装卸工艺存在着差异,水路运输的货物,可分为普通件杂货、集装箱货物、干散货和液体货等。一般可将港口分为普通件杂货区、集装箱区、散货区、液货区或者能同时装卸集装箱和普通件杂货的多用途码头。

普通件杂货是指成件运输和保管的货物。这类货物的直立式码头前沿装卸作业,通常采用门座起重机(图 4-13)。作业地带的宽度约需 45 ~ 50m,采用小型流动起重机械时,码头前沿作业地带的宽度一般为 20 ~ 25m。而在斜坡式码头上采用缆车系统时,前沿作业地带的宽度一般为 10 ~ 20m。

集装箱运输是采用集装箱将品种繁杂、单元小的件杂货装成规格化的箱件。集装箱采用20ft(1ft = 0.304 8m)箱为国际标准箱(缩写为 TEU),其主要参数列于表 4-5。这种方式可以提高装卸效率,加快车船周转,减少货物缺损,从而大大降低运输和装卸成本。集装箱船的码头前沿装卸作业地带的宽度一般为 40 ~ 50m。

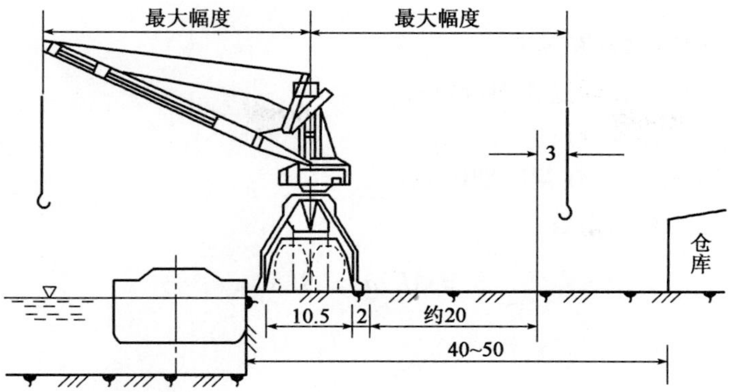

图 4-13　由门座起重机装卸的普通件杂货码头(尺寸单位:m)

标准船用集装箱参数　　表 4-5

类型	额定重量(kN)	外部尺寸(mm)			内部尺寸(mm)		
		长	宽	高	长	宽	高
20ft	200	2 435	2 435	6 055	2 300	2 195	5 869
40ft	300	2 435	2 435	12 110	2 300	2 195	11 937

干散货是指散堆的、不能以件计数的粉末状、粒状或块状货物,包括散装谷物、煤炭、矿石、矿建材料等。液体货包括石油、石油产品、液化气等。散货通常是大宗的,其装卸工艺和设备随货物类型而异,往往为之设立专用码头,安置专用装卸设备。

2)仓库和堆场

(1)仓库

按仓库所在位置分为前方仓库和后方仓库。前方仓库位于码头的前沿地带,用于临时存储准备装船与从船上卸下的货物;后方仓库用于较长期存储货物,位于离码头较远处。

通常,一个万吨级泊位的库场面积不宜小于 10 000m^2,中级泊位的库场面积不宜小于 5 000m^2。库场的长度,比泊位长度要短些,以便在相邻库场间留出运输通道。

(2)堆场

堆场分成三个区域:码头前沿区、前方堆场和后方堆场。前沿区一般情况下仅作为流动起重运输机械、门机和火车的通道和货物的堆载场地。前方堆场,对于有门机的码头,按门机吊臂可伸到的范围确定宽度,一般为 18 ~ 23m。后方堆场指上述区域以外的堆场。

(3)库场通过能力

港口库场通过能力是指仓库或堆场在一定时间内能够通过的货物最大数量。在新建、扩建泊位的同时,必须新建、扩建仓库和堆场,使港口库场通过能力与泊位通过能力保持协调一致。

按泊位通过能力确定库场通过能力是一种基本的方法,它适用于各种不同货类的专业化泊位和通用泊位。库场通过能力按公式(4-1)和式(4-2)确定:

$$P_{库} \geq P_{泊}K_{\lambda} \text{ 或 } P_{库} = P_{泊} - P_{直} \tag{4-1}$$

$$P_{库} = EK_{E}\, n_{库} \tag{4-2}$$

式中：$P_{库}$——库场通过能力(t)；

$K_{入}$——货物入库系数($K_{入} \leqslant 1$)；

$P_{直}$——泊位直接换装通过能力(t)；

E——库场一次容量(t)；

$n_{库}$——库场周转次数(在营运期内)；

K_E——库场容量利用系数；

$$E = AK_A a = BLK_A a$$

$$n_{库} = \frac{T_{营}}{t_{存}} \tag{4-3}$$

式中：K_A——库场面积利用率，即库场总面积中减去通道、垛间距、固定设备占用、装卸月台、办公室等不能堆存货物的面积后可以用来堆存货物的面积占总面积的比重；

A——库场面积(m^2)；

a——单位面积使用定额(t/m^2)；

B——仓库或堆场的宽度(m)；

L——仓库或堆场的长度(m)；

$T_{营}$——库场的营运期(d)；

$t_{存}$——货物平均堆存期(d)。

3)集疏运设施

港口货物的集疏运设施，主要是指港口铁路和港口道路。

(1)港口铁路

港口铁路由港外线和港内线组成。港外线包括专用线和港湾站，港内线包括车场、联络线、装卸线等(图 4-14)。完整的港口铁路应包括港口车站、分区车场、码头和库场的装卸线，以及连接各部分的港口铁路区间正线、联络线和连接线等。港口车站负责港口列车到发、交接、编解集结；分区车场负责管辖范围内码头、库场的车组到发、编组及取送；港口铁路区间正线用于连接铁路网接轨站与港口车站；装卸线承担货物的装卸作业；联络线连接分区车场与港口车站；连接线连接分车场与装卸线。

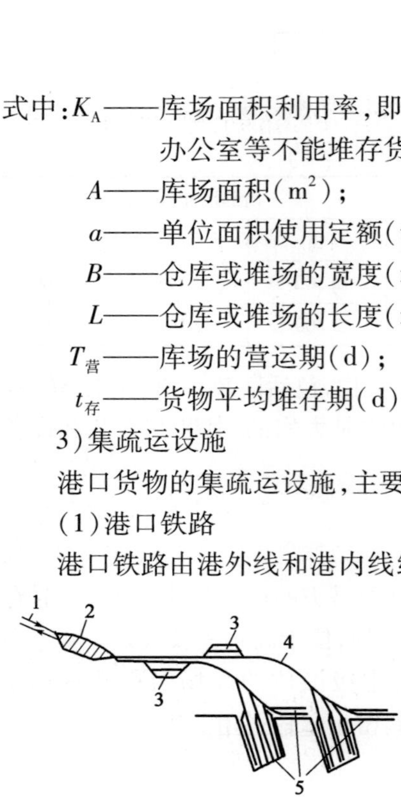

图 4-14　港口铁路的组成

1-港口专用线；2-港湾站；3-港区车站；4-联络线；5-码头装卸线

(2)港口道路

港口道路可分为港内道路与港外道路。港内道路要通行载货汽车与流动机械，对道路的轮压、车宽、纵坡与转弯半径等方面都有特殊要求。港内道路行车速度较低，一般为 15km/h 左右。港外道路是港区与城市道路与公路连接的通道。通行一般的运输车辆，其功能及技术条件与普通道路相同。

4.2.4　港口的吞吐量及通过能力

1)港口吞吐量的计算方法

港口吞吐量是反映港口生产经营活动成果的重要数量指标，反映在一定的技术装备和劳动组织条件下，一定时间内港口为船舶装卸货物的数量，以吨数来表示。

港口吞吐量一般按照如下方法计算：

①由水路运进港口卸下的货物，计算一次进港吞吐量；自本港装船运出港口的货物，计算一次出港吞吐量。

②由水路运进港口，经装卸又从水路运出港口的转口货物，分别按进港和出港各计算一次吞吐量。

③货物吞吐量必须以该船在本港装卸的货物全部装卸完毕，并且办理交接手续后一次进行计算。

④牲畜、家禽等无法取得实际重量的货物重量按系数进行换算。

2）港口通过能力的分类

港口通过能力分为理论通过能力、营运通过能力和后备通过能力。

（1）理论通过能力

理论通过能力是港口最大的通过能力，是指港口在一定时期（通常是一年）内，在港口设施和劳动力一定时，在一定的组织管理条件下，最大限度地利用港口各生产要素所能装卸的一定结构的货物的自然吨数。

（2）营运通过能力

港口营运通过能力是港口的实际通过能力，是指港口在一定时期（通常是一年）内，在港口设施和劳动力一定时，在一定的组织管理条件下，港口各生产要素在得到合理利用时所能装卸的一定结构的货物吨数。它是港口编制年度生产计划和短期作业计划的基础，与理论通过能力的区别在于生产要素的利用程度不同。

（3）后备通过能力

后备通过能力是指应付运输工具或货物密集到港时的那部分生产能力，在非高峰时则以闲置状态存在。

3）港口通过能力主要影响因素

港口通过能力的主要影响因素包括如下5个。

（1）货类结构

在港口生产要素为一定的前提下，不同时期货类结构的变化引起通过能力的变化。货类对通过能力的影响主要表现在货物种类、批量、单件重量、运输形式（如散装和包装等）以及货物在流向和时间上的分布特征等。

（2）港口设施和设备

港口设施和设备的数量和规模、性能和技术状态是影响港口通过能力的主要因素。进港航道的水深、宽度、曲率半径及其可利用的潮位将限制进港船舶的最大尺度和来港船舶的艘数；锚地的规模、水深、掩护程度及其距港池或装卸泊位的距离决定着港口水上过驳能力、船舶让挡时间以及内河港口对船队的编解能力。泊位的数量、结构、水深及其装备情况，包括岸壁机械的数量、技术性能和技术状态都决定着泊位的通过能力；仓库和堆场的面积及其布置，仓库的结构特征，进出库场的方便程度和库场使用的机械不仅决定库场的能力，而且还决定装卸效率，它们是影响港口通过能力的主要因素；其他辅助设施和设备，如供电能力、港内运输能力、装卸机械的维修能力、港内导航等都会影响主要设施和设备能力的充分发挥。

(3)港口的总体布置

港口的总体布置对通过能力的影响主要表现在码头的布置,码头前沿、堆场和仓库的相对位置,水域、陆域面积是否满足需要,港内外交通的方便程度。有无中转的港区,船舶之间的换装是否方便等也会影响通过能力。

(4)装卸工人和机械驾驶员的技术水平、数量和积极性的发挥程度

这些都可以通过设备在时间上的利用程度以及装卸效率的高低体现出来。装卸工人与驾驶员的劳动组织形式,如轮班制度及工组的组成等对港口通过能力也有影响。

(5)港口的自然条件

如风、雨、雪、气温、水深,都会对港口通过能力产生影响。如有些货种雨天不能装卸;遇有大雾,船舶不能进港使港口无法作业等。

此外,港口的经营管理水平以及港口系统和外部环境之间的协调发展程度等,对港口通过能力也有重大的影响。

4.3 航道设施

航道设施主要包括通航建筑物、助航设施、航道整治建筑物和其他设施。

4.3.1 通航建筑物

为帮助船舶(队)克服航道上下游集中水位落差,顺利通过河道上的闸、坝,必须修建通航建筑物。通航建筑物以内河航道上常见,海上应用较少,主要有船闸和升船机两类。

1)船闸

(1)船闸的组成

船闸是用水力直接提升船舶过坝,以克服航道上的集中水位差而设置的一种通航建筑物。主要由闸首、闸室、输水系统、引航道、口门区、连接段、锚泊地等组成。

(2)船闸工作原理

船闸的工作原理如图4-15所示。假定船舶(队)从下游驶向上游,闸室内水位与下游水位齐平,下闸门开启,上闸门及上游输水阀门关闭。首先将船舶(队)从下游引航道内驶向闸室,关闭下闸门及下游输水阀门,然后打开上游输水阀门给闸室灌水,等闸室内水位与下游水位齐平后,打开上闸门,船舶(队)驶出闸室,从而进入上游引航道。从上游驶向下游,其过闸程序与此相反。

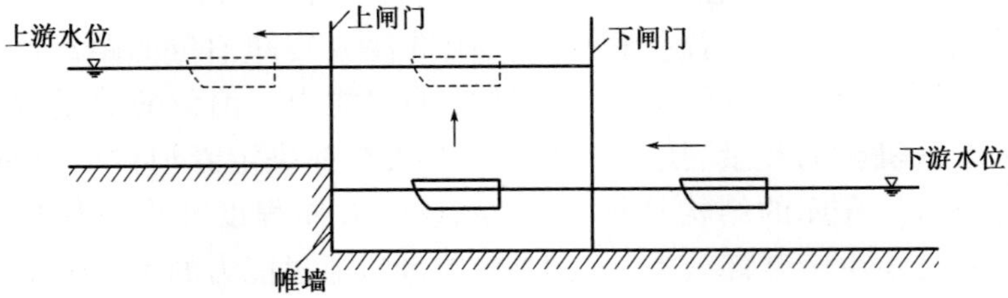

图4-15　船闸工作原理

(3)船闸的分类

①按船闸的级数分类

a. 单级船闸

在同一座枢纽的顺水流方向上只设一级闸室的船闸称为单级船闸。这种形式船闸的过闸时间短、船舶(队)周转快、通过能力较大、建筑物及设备集中、管理方便。当水头不超过30m时,宜采用这种形式。

b. 多级船闸

在同一座枢纽的顺水流方向上,连续或分开设置的两级或两级以上闸室的船闸称为多级船闸。当水头较高时,若仍采用单级船闸,不仅过闸用水量大,灌、泄水时进入闸室或引航道的水流流速较高,对船舶(队)停泊及输水系统的工作条件不利,而且还将使闸室及闸门的结构复杂化。为此,可沿船闸轴线将水头分为若干级,建造多级船闸。我国三峡水利枢纽工程,上下游总水头高达113m,采用的是五级船闸(图4-16)。

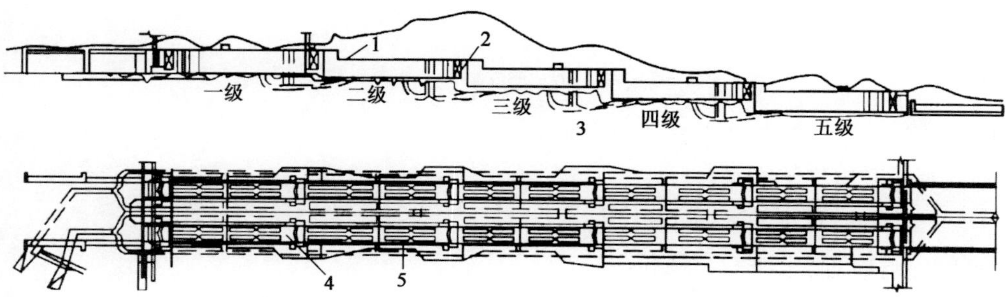

图4-16 三峡水利枢纽工程双线五级船闸布置图

1-闸墙顶;2-闸门;3-帷墙;4-闸首;5-闸室

②按船闸的线数分类

a. 单线船闸

在一个枢纽内只有一条通航线路的船闸称为单线船闸,实际工程中大多采用这种形式。

b. 多线船闸

在一个枢纽内建有两条或两条以上通航线路的船闸称为多线船闸。船闸的线数取决于货运量和船闸的通过能力,当货运量较大而单线船闸的通过能力无法满足要求,或不允许因船闸检修而停航时,需要修建多线船闸。我国三峡和葛洲坝水利枢纽工程分别采用的是双线和三线船闸。三峡水利枢纽工程是双线五级船闸,年单向通过能力为5 000万t,一次通过时间约为2h40min。

③按闸室的形式分类

a. 广室船闸

闸室的宽度大于闸首进口的宽度的船闸。一般船闸的平面形状均为正方形,闸首口门的宽度与闸室宽度相等。适用于小河及支流以上的小型船闸中,以通行小型船舶为主。

b. 井式船闸

在下闸门上部建有胸墙与闸门共同挡水的船闸(图4-17)。对于水头较大的单级船闸,为了减少下游闸门的高度,常采用井式船闸。胸墙的底缘高程应满足最大船舶进出船闸时的净空要求,而下闸门此时多采用平面提升式闸门,其高度应小于胸墙的高度。

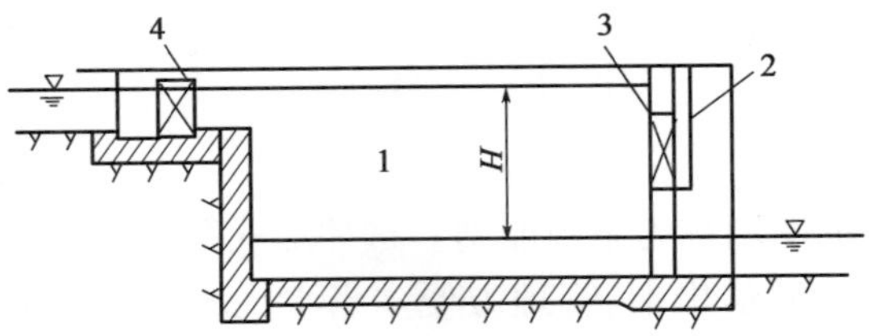

图 4-17 井式船闸纵剖面示意图
1-闸室;2-胸墙;3-平面闸门;4-人字门

c. 省水船闸

省水船闸指的是闸外侧建有蓄水池,可储存船闸泄放的部分水体作补充下一闸次灌水之用的船闸。

④船闸的通过能力

a. 船闸通过能力计算方法

船闸的通过能力是指单位时间内船闸能通过的货物总吨数(过货能力)或船舶总数(过船能力),是船闸的一项重要经济技术指标。一般情况下,船闸通过能力应计算设计年内近期、中期、远期通过客(货)运量能力和船舶总吨位能力,并以年单向通过能力表示。过闸船舶包括客船货物、工程船、服务船等,而货船中又有满载、非满载和空载的区别,因此过船能力相同的船闸,通过的货量并不能完全相同。考虑到货流受季节及运输组织、气候的影响,船闸的通过能力 P 用式(4-4)或式(4-5)计算:

(a)单向年过闸船舶总载重吨位:

$$P_1 = \frac{nNG}{2} \tag{4-4}$$

式中:P_1——单向年过闸船舶总载重吨位(t);

n——日平均过闸次数;

N——船闸年通航天数(d);

G——一次过闸平均载重吨位(t)。

(b)单向年过闸客货运量:

$$P_2 = \frac{\alpha NG(n - n_0)}{2\beta} \tag{4-5}$$

式中:P_2——单向年过闸客、货运量(t);

n_0——日非运客、货船过闸次数;

α——船舶装载系数;

β——运量不均衡系数。

要提高船闸的通过能力,必须力求减少货物不均衡系数和增大船舶载重利用系数,每次过闸都应尽量利用闸室的有效面积,做到满室过闸,同时应发挥船闸设备的潜在能力,尽量延长船闸作业时间和缩短每次过闸时间。

b. 影响船闸通过能力的因素

(a)船闸的技术水平

船闸的技术水平影响因素:船闸设计总水头和船闸级数;船闸线数和布置,船闸输水系统和灌泄水时间;闸门形式;启闭设备的先进性、可靠性及启闭时间;闸室有效尺度;引航道尺度和布置条件等。

(b)外部条件

过闸船型船队的类型和组成;各类船舶的尺度、载重量和技术条件;过闸货物的品种、批量、流向及不均匀性;上下游航道尺度、滩险情况、水流条件、跨河建筑物净空、两岸堤防情况;上下游港口的能力及对到闸船舶均衡性的影响。

(c)船闸管理水平

管理人员的技术水平、熟练程度、工作效率、通信联络、控制系统的灵敏性、事故处理及检修能力和技术水平等。

2)升船机

(1)升船机的组成

升船机是利用机械力将船舶提升过坝的通航建筑物,由以下几个主要部分组成:

①承船厢。用于装载船舶,其上、下游端部均设有厢门。

②支承结构或斜坡道。前者用于垂直升船机的支撑并起导向作用,后者是用于斜面升船机的运行轨道。

③闸首。用于衔接承船厢与上、下游引航道,闸首内设有工作闸门和拉紧(将承船厢与闸首锁紧)、密封等装置。

④机械传动机构。用于驱动承船厢升降和启闭承船厢的厢门。

⑤事故装置。当发生事故时,用于制动并固定承船厢。

⑥电气控制系统。用于操纵升船机的运行。

(2)工作原理

船舶通过升船机的程序与其通过船闸的程序基本相同(图4-18)。当船舶驶向上游时,先将承船厢停靠在厢内水位与下游水位齐平的位置上,操纵承船厢与闸首间的拉紧、密封装置和冲灌缝隙水,开启下闸首的工作闸门及承船厢下游端的厢门,船舶驶入承船厢。然后将下闸首的工作闸门和承船厢下游端的厢门关闭,泄去缝隙水,松开拉紧和密封装置,将承船厢提升至厢内水位与上游水位齐平的位置,待完成承船厢与上闸首之间的拉紧、密封和充灌缝隙水等操作后,开启上闸首的工作闸门和承船厢上游端的厢门,船舶即可驶入上游。船舶自上游驶向下游,按上述程序反向进行。

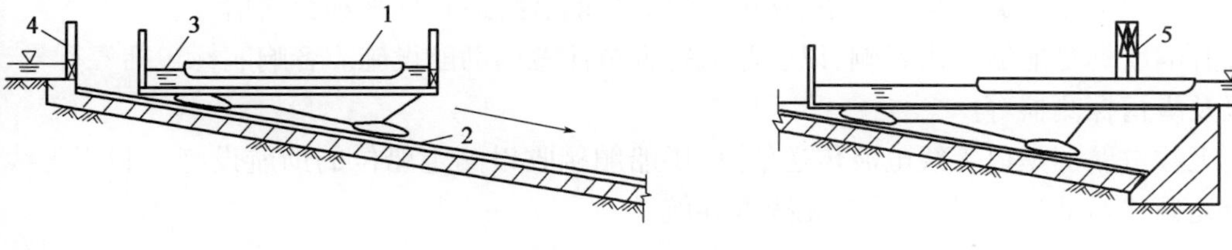

图4-18 斜面升船机示意图

1-船舶;2-轨道;3-承船厢;4-上闸首;5-下闸首

4.3.2 助航设施

1)助航设施的功能

助航设施即航标,是为帮助船舶安全、经济和便利航行而设置的视觉、音响和无线电的助航设施。为了保证进出口船舶的航行安全,每个港口、航线附近的海岸均有各种助航设施。航标具有以下的主要功能:

①定位:为航行船舶提供定位信息;

②警告:提供碍航物及其他航行警告信息;

③交通指示:根据交通规则指示航行方向;

④指示特殊区域:如锚地、测量作业区、禁区等。

永久性航标的位置、特征、灯质(灯火的颜色、高度、射程、闪频等)、信号等已载入各国出版的航标和海图。

2)航标分类

(1)按照设置地点,航标可分为海区航标与内河航标。

①海区航标是指在海上的某些岛屿、沿岸及港内重要地点所设的航标。海区航标建立在沿海和河口地段,引导船舶沿海航行及进出港口。它分为固定航标和水上浮动航标两种。固定航标设在岛屿、礁石、海岸,包括灯塔、灯桩、立标;水上浮动航标是浮在水面上,用锚或沉锤、链牢固地系留在预定海床上的标志,水上浮动航标包括灯船与浮标。

②内河航标是设在江、河、湖泊、水库航道上的助航标志,用以标示内河航道的方向、界限与碍航物,为船舶航行指示安全航道。

内河航标按功能分航行标志、信号标志和专用标志三类。

a. 航行标志。它是用于标示航道方向、界限、礁石或其他碍航物所在地及通航桥孔等,使船舶按照航行标志所标示出来的航道安全航行,它包括过河标、沿岸标、导标、过渡导标、首尾导标、侧面标、左右通航标、示位标、泛滥标、桥涵标 10 种标志。

b. 信号标志。它是为航行船舶提示有关航道信息的标志,有水深信号标、通行信号标、鸣笛标、界限标、电缆标、横流浮标、风讯信号标 7 种。

c. 专用标志。它是用于标示与船舶航行有关的某一特定水域或建筑物特征的助航标志,设置在内河的专用标志有管线标和专用标两种。

内河航标的其他详细规定参见原中华人民共和国交通部颁布的《内河助航标志》(GB 5863—1993)。

(2)航标按工作原理分类,有视觉航标、音响航标和无线电航标三类。

①视觉航标是以形状、颜色和灯光为特征,供船舶驾驶人员直观识别的固定式或浮动式的助航标志。视觉航标通常包括灯塔、立标、导标、灯船、浮标、日标牌和交通信号。

②音响航标是能够发出音响,以引起航行人员注意的助航设施。音响航标包括气雾号、电雾号以及雾情探测器等。

③无线电航标是以无线电波传送信息,供船舶接收以测定船位的助航设施。利用无线电技术对运载体运动进行引导,称为无线电导航。

4.3.3 航道整治建筑物

为改善航行条件、提高尺度,所采取的炸礁、疏浚和构筑整治建筑物等工程措施称之为航道整治。航道整治建筑物是指用于整治航道的起束水、导流、导沙、固滩和护岸等作用的建筑物。

(1)航道整治建筑物的分类

航道整治建筑物大多修建在河底或与岸坡相接的坡面上,具有水工建筑物受力复杂,施工影响因素多,工程量大的特点。航道整治建筑物种类繁多,形式多样,其结构和建筑材料均有不同,总体上可分为重型和轻型两大类别的航道整治建筑物。

重型整治建筑物主要由土、石料、混凝土、钢板桩、土工织物等构筑。重型整治建筑物用得较多的是抛石结构整治建筑物。抛石结构整治建筑物靠自重稳定,适应性强,具有施工简单、维修方便、容易就地取材的特点,是当前国内外普遍采用的一种形式。

轻型整治建筑物是采用竹、木、梢料、橡胶等材料构成的整治建筑物。轻型整治建筑物结构简单,施工期短,工程费用小;但强度小,使用期限不长。轻型整治建筑物使用较少,用它作为沉排护底居多。在沙质易冲的河床上筑坝,常需要沉排护底,常见的沉排包括柴排、化纤织物软体排、沙袋排等。

常用的航道整治建筑物有丁坝、锁坝、顺坝、潜坝、洲头分流坝、洲尾导流坝、护岸、格坝、底墙、转流建筑物等。图4-19为航道整治建筑物布置示意图。

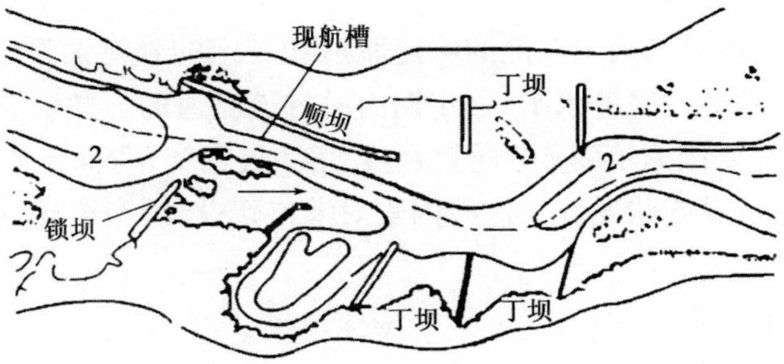

图4-19 航道整治建筑物布置示意图

(2)航道整治建筑物的设计原则

航道整治应根据水资源综合利用的原则和河床演变规律,进行全河段总体规划,局部滩险整治应服从全局。

①航道整治建筑物应根据航道整治工程设计中的平面布置、整治水位、材料状况、水流、风浪和河床地质等自然条件及其他技术要求,进行结构设计。

②航道整治建筑物应经济实用,宜就地取材、便于施工和维修,建筑物的外观宜与当地环境相协调。

③受力复杂、河床松软或工程量大的航道整治建筑物,应进行稳定计算和地基沉降计算。

4.3.4 航道其他设施

为了综合利用水资源,航道中通常需要建造其他的水工建筑物。包括挡水建筑物和泄水建筑物、水电站、坝岸连接建筑物、过木建筑物、过鱼建筑物、取水建筑物等。各建筑物的形式,应根据各建筑物的使用要求和所在河段的地形、地质、水文及泥沙等自然条件和施工条件综合考虑确定。

(1)挡水建筑物和泄水建筑物

挡水建筑物的作用是拦截江河,抬高上游水位。泄水建筑物的作用就在于把超过水库调蓄能力的洪水泄放到下游,限制库水位不超过规定的高程,以确保大坝及其他挡水建筑物的安全。主要包括重力坝、拱坝、土石坝和水闸。

(2)水电站

水电站是利用水能资源发电的场所,是水利、机械、电力的综合体。其中为了实现水力发电,用来控制水流的建筑物称为水电站建筑物。

(3)坝岸连接建筑物

挡水、泄水建筑物、通航建筑物、水电站等与河岸或堤坝连接时,需设置岸墙和翼墙(有时还有防渗墙)等专门的连接建筑物。

(4)过木建筑物

在有运送木材任务的河道上为解决木材过坝问题，需要在枢纽中修建过木建筑物。常用的过木建筑物有筏道、漂木道和过木机。

(5)过鱼建筑物

国内外的过鱼建筑物主要有：鱼道、鱼闸、机械升鱼机等。

4.3.5 航道的通过能力

航道的通过能力是指对于确定港区的给定航道和一定的到港船型组合，在港口正常生产作业状态下，基于一定的港口服务水平，一年期内通过该航道的船舶数量(艘)或船舶载货吨。影响航道航行条件的主要因素有：航道通航尺度(深度、宽度、弯曲半径)、水流速度、气象条件、河床边界条件和航道设施状况等。这些因素对港口建设、船型选择及运输组织往往具有决定性影响。

1)航行条件的影响因素

(1)航道深度

航道深度是指全航线中所具有的最小通航保证深度，取决于航道上关键性的区段和浅滩上的水深。航道深度增加，可以通过航行吃水深、载重量大的船舶，但增加航道深度，整治和维护的费用增高。设计通航水深可按公式(4-6)和式(4-7)计算：

$$D_0 = T + Z_0 + Z_1 + Z_2 + Z_3 \tag{4-6}$$

$$D = D_0 + Z_4 \tag{4-7}$$

式中：D_0——航道通航水深(m)；

T——设计船型满载吃水(m)；对杂货船可根据实际情况，考虑实载率对设计船型吃水的影响；

Z_0——船舶航行时船体下沉量(m)；

Z_1——航行时龙骨下最小富裕深度(m)；

Z_2——波浪富余深度(m)；

Z_3——船舶装载纵倾富余深度(m)，杂货船可不计，油船和散货船取0.15m；

D——航道设计水深(m)，即疏浚底面对于设计通航水位的水深；

Z_4——备淤深度(m)，应根据两次挖泥间隔期的淤积量计算确定，对于不淤港口，可不计备淤深度；有淤积的港口，备淤深度不宜小于0.4m。

具体设计参数参见《海港总体设计规范》(JTJ 211—1999)。

(2)航道通航宽度

航道通航宽度由航迹带宽度、船舶间富余宽度和船舶与航道底边间的富余宽度组成。单线和双线航道通航宽度分别按式(4-8)和式(4-9)计算。航道较长、自然条件较复杂或船舶定位较困难时，可适当加宽；自然条件和通航条件较有利时，经论证可适当缩窄。

单线航道

$$W = A + 2c \tag{4-8}$$

双线航道

$$W = 2A + b + 2c \tag{4-9}$$

$$A = n(L\sin\gamma + B) \tag{4-10}$$

式中：W——航道通航宽度(m)；

A——航迹带宽度(m)；

c——船舶与航道底边间的富余宽度(m)；

b——船舶间富余宽度(m)，取设计船宽 B，当船舶交会密度较大时，船舶间富余宽度可适当增加；

n——船舶漂移倍数；

L——设计船长(m)；

γ——风、流压偏角(°)；

B——设计船宽(m)。

典型的单向航道宽度约为5倍船宽，双向航道宽度约为8倍船宽。总富余宽度一般采用同时交错的船队和船舶宽度总和的1.5~2.5倍，式中各具体参数取值参见《海港总体设计规范》。

航道的设计基本尺度如图4-20所示。

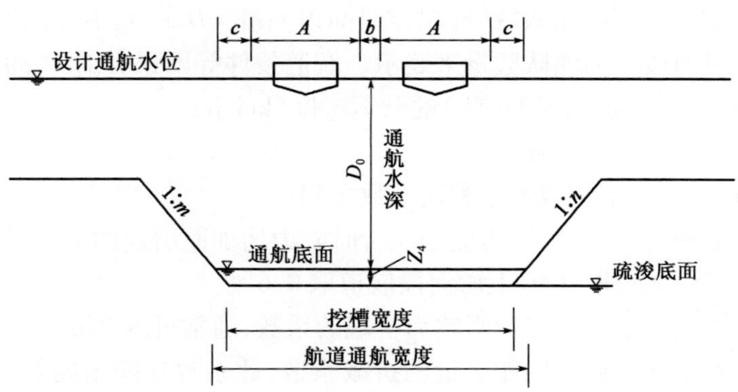

图4-20 航道设计基本尺度

A-航迹带宽度；b-船舶间错船富余间距；c-船舶与航道侧壁间富余间距 D_0-通航水深(m)；Z_4-备淤富余深度；m、n-疏浚边坡比

(3)航道转弯半径

航道转弯半径是指航道中心线上的最小曲率半径。一般航道转弯半径不得小于最大航行船舶长度的4~5倍，若河流转弯半径过小，将造成航行困难，应加以整治。若受自然条件限制，航道转弯半径最低不得小于船舶长度的3倍。

(4)航道许可流速

航道许可流速是指航线上的最大流速。船舶航行时，顺水行驶和逆水行驶的航线往往不同，顺水在流速大的主流行驶，逆水则尽量避开流速大的水区而在缓流区内行驶。船舶航行速度与流速的关系如下：

顺水行驶时：

$$航速 = 船舶静水速度 + 流速$$

逆水行驶时：

$$航速 = 船舶静水速度 - 流速$$

航道上的流速不宜过大，比较经济的船舶静水速度，一般在9~13km/h，即2.5~3.5m/s

之间。

(5)水上外廓

水上外廓是保证船舶水面以上部分通过所需要的高度和宽度。水上外廓的尺度按航道等级来确定,通常一、二、三、四级航道上的桥梁等建筑物的净空高度,取20年一遇的洪水期最高水位来确定;五、六级航道则取10年一遇的洪水期最高水位来确定。

2)航道通过能力的计算方法

国内外常用的内河航道通过能力的计算方法是西德公式、苏南运河公式、长江公式等。航道通过能力公式都是在一定程度上借鉴了西德公式,再根据我国内河航道的当地航道环境,进行一系列修正系数调整,使得航道通过能力的计算公式更为科学合理。

(1)西德公式

$$W_W = PMNta_1a_2a_3a_4a_5a_6 \tag{4-11}$$

式中:W_W——航道通过能力(10^4t)。

P——标准船舶(队)的载质量(t)。

M——通过航道截面的船队数(在单位时间内);$M = D_0V$,其中,D_0为运输密度,通常用每公里河段上的船队数量来表示。航道条件等因素会对D_0的取值有影响,一般取$D_0 = 2$。V表示船舶(队)的营运速度(km/h)。

t——船舶全年航行小时数(h)。

N——航道船舶上、下行载重量利用系数之和;

a_1——当船舶密度增大时,因为船舶航行时阻力增加而引起的货运量折减系数,通常中下游河段航道取0.9,上游河段航道取0.6。

a_2——运量因到发港不均匀的影响而折减的系数,通常可取0.6。

a_3——因吃水变化引起的船舶运量的折减系数,此系数反映出船舶枯水期吃水小的影响,通常可取0.6。

a_4——航速损失系数(多发生在船舶交会时),通常可取0.8。

a_5——船队总载重量因船舶非标准船影响的系数。

a_6——通航船舶非载重船舶系数。

(2)苏南运河公式

苏南运河公式是在西德公式的基础上改进了折减系数,加入了由于船舶流密度增大对航道通过能力的影响,具体公式如下:

$$W = W'\beta Vt\alpha_1\alpha_2\alpha_3\alpha_4\alpha_5\alpha_6 \tag{4-12}$$

$$W_C = CW \tag{4-13}$$

$$W_C' = C'W \tag{4-14}$$

$$\sum W = W_C + W'_C \tag{4-15}$$

式中:W'——船队平均载重量(t);

W——航道单向通过能力(t);

C、C'——主、次货物流向的实载率(%);

$\sum W$——航道总通过能力(10^4t);

W_C、W'_C——航道单向主、次货物流向通过能力(t);

β——水运密度,船舶数/km;

t——全年航行小时(h)；

V——船队平均营运航速(km/h)；

α_1——船舶密度增大时，货运量折减系数(航行阻力增加)；

α_2——船舶减载(因航道水深不足)引起的损失系数；

α_3——到发港不均匀影响船舶运量折减系数；

α_4——非货船影响系数；

α_5——船舶交会时引起的损失系数；

α_6——非标准船型影响船队总吨位系数。

3)航道通过能力分析

影响航道通过能力的因素很多，主要包括航道的等级和标准、通航船舶的规模和尺度、全年可通航天数、载重吨位和货运量等。航道通过能力是以上各种因素在一定时空条件下的综合反映。根据其考虑主要影响因素的不同，主要分为理论通过能力、可能通过能力和实际通过能力三种类型。

(1)理论通过能力

航道理论通过能力是按最大设计船型、船舶满载，以连续、不间断的理想船舶流条件下计算的单位时间内通过某航道的船舶艘数或载重吨位。其计算假定：

①在通航期内的水文、气象条件稳定，通航尺度达到或者超过等级标准，能保持船舶畅通。

②货物来源充分，保证上下水船舶满载。

③港口具有较强的集疏运能力，并能及时发船，船舶到达均衡。

④通航建筑物工作始终正常。

⑤其有足够的港口泊位、锚地。

⑥运行的船舶、船队完全符合航道等级标准，技术状态好，保持一定间距、正常转速运行中互无干扰等。

在理想条件下所得的最大航道通过量，即为理论通过能力，其计算见式(4-16)：

$$W_c = 24n \times 1000VTSQ_c/(m+1)L_c \tag{4-16}$$

式中：W_c——航道年上、下行理论通过能力(t)；

Q_c——船舶的额定载质量(t)；

L_c——船舶长度(m)；

m——船舶之间纵向安全间距系数，上水 $m=1$，下水 $m=2\sim5$，视流速大小而定；

n——航道每天工作系数，$n=t/24$，t 为日通航小时；

V——船舶额定航速(km/h)；

T——年通航天数(d)；

S——同时处于某一航道断面的船舶数(艘)。

(2)可能通过能力

可能通过能力是在实际环境或预计的航道、交通条件和良好的气候条件下，在单位时间内通过某一航道或某一航道断面的最大船舶数。航道可能通过能力是针对理论通过能力中假定的各种因素，在考虑了自然条件的变化影响及船舶运输过程中的不均衡性后，计算的航道通过能力。其计算见式(4-17)：

$$W_M = k_1k_2k_3k_4k_5k_6W_c \tag{4-17}$$

式中：W_M——航道实际通过能力(t)；

W_c——航道理论通过能力(t)；

k_1——通航期保证率修正系数；

k_2——船舶流模式修正系数；

k_3——船舶航行速度修正系数；

k_4——运行船舶及船队的构成不规则修正系数；

k_5——非货运船影响修正系数；

k_6——大型船舶修正系数。

可能通过能力与理论通过能力的根本不同在于考虑了如航道宽度、货流均衡度、运行船舶、航道设施等修正后的实际通过能力。

(3)实际通过能力

实际通过能力是指通过某一区段航道中的实际货运船舶数量或载重量，是结合船舶调度部门以及航道管理部门的资料进行加工整理而得出的。

综上所述，航道理论通过能力比可能通过能力大，可能通过能力比实际通过能力大，原则上应该着重对可能通过能力进行研究，也就是对影响通过能力的各项因素进行调查和分析。

4.4 船　　舶

4.4.1 船舶结构

船舶被强力甲板划分成船舶主体和上层建筑两部分，船舶首部两侧设有锚、锚链、锚链筒和锚链舱等。

(1)船舶主体。船舶主体是船体的主要部分，通常是指强力甲板(主甲板)以下的船体。船体内部空间，沿船深方向由甲板来划分，沿船长及船宽方向则分别由横舱及纵舱壁来划分，由此形成船舶的各个舱室。

(2)上层建筑。在主甲板以上的各种围蔽建筑，统称为上层建筑。两侧延伸至船的两舷或至舷边的距离小于4%船宽的，称为船楼。位于船艏、船舯、船艉的船楼，分别称为船楼、桥楼和艉楼，船楼以外的上层建筑，称为甲板室。

为满足船舶安全营运和船员、乘客生活需要，船上设有导航系统、供电系统、供水系统、通风系统、冷暖系统、舱底水排泄系统、灭火系统和救生装置等。

集装箱船舶结构如图4-21所示。

4.4.2 船舶性能

(1)船舶的航行性能

船舶为了完成运输生产任务，经常在风浪、急流、险滩等航行条件极为复杂的情况下工作，因此要求船舶必须具有良好的抗风浪能力及有效控制船舶的航行性能。其航行性能主要包括：

①浮性：船舶在各种装载情况下，保持一定浮态，漂浮于水面一定位置的性能；

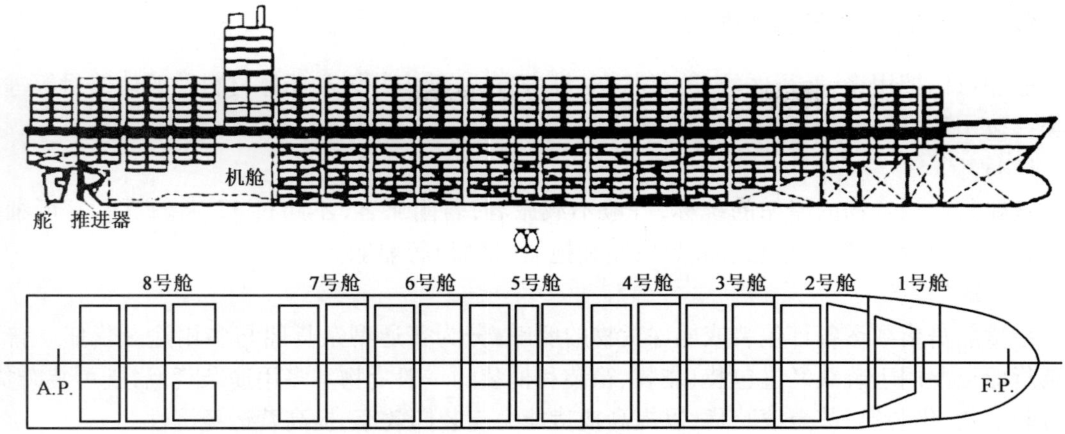

图 4-21 集装箱船舶结构

②稳性:船舶受外力作用离开原来平衡位置而发生倾斜,当外力消除后,仍能回到原平衡位置的能力;

③抗沉性:船舶在一舱或数舱破损浸水后仍能漂浮于水面,并保持一定浮态和稳性的能力;

④快速性:船舶的快速性,就是指对一定排水量的船舶,主机以较小的功率消耗而得到较高航速的性能;

⑤适航性:船舶在多变的海况中的运动性能;

⑥操纵性:船舶操纵性,是指船舶在航行时能按照驾驶员意图保持或改变航速和航向的性能(其中,船舶保持其航速航向不变的能力,称为航向稳定性;船舶能够按照驾驶员意图改变其航速航向的能力,称为回转性或回转灵敏性)。

(2)船舶的重量性能

船舶的重量性能包括船舶的排水量和载重量,计量单位以"t"表示。

①排水量。它是指无航速的船舶在静水中处于自由漂浮状态时,船体所排开相同体积的水的重量,即船舶在该吃水下的总重量。排水量又可根据不同装载状态分为空载排水量和满载排水量。

②载重量。它是指船舶所允许装载的重量。载重量有总载重量和净载重量之分。总载重量(简称 DWT)是指船舶所能装载的最大限度重量,船舶净载重量等于船舶总载重量减去燃料、淡水、粮食和供应品、船用备品、船员和行李以及船舶常数后的重量。

(3)船舶的容积性能

船舶容积性能包括货舱容积和船舶登记吨位。货舱容积是指船舶货舱实际能够容纳货物的空间,货舱容积的计量单位以立方米或立方英尺来表示。

船舶登记吨位是指按吨位丈量规范所核定的吨位,计量单位是以立方米或立方英尺折算的"登记吨"表示。船舶登记吨位分为总吨位和净吨位两种。总吨位 GT,主要用于:表示船舶大小,国家统计船舶数量的单位,计算造船、买卖船舶和租船费用,计算海损事故赔偿的基准以及计算净吨位的依据等。净吨位 NT,主要用作计算船舶向港口交纳各种费用和税收(如停泊费、引航费、拖带费及海关税等)的依据。

4.4.3 船舶的种类和特点

船舶可以按用途、航行区域、航行状态、推进方式、动力装置和船体材料及船体数目等进行分类。按用途可以分为货船、客船和客货船三类。

1)货船

货船是运输货物的船舶的统称,一般不载旅客,若附旅客,不超过 12 人。货船又可细分为:杂货船、散货船、集装箱船、油船、驳船和拖船(推船)等船舶。

(1)杂货船

杂货船是指载运各种包装或成件货物的船舶,分为普通型杂货船与多用途杂货船。普通型杂货船主要用于装载经过包装、袋装、箱装和桶装的一般货物。多用途杂货船,既可装杂货,又可装散货、集装箱,甚至滚装货,以提高揽货能力与装卸效率,提高营运经济性。

(2)散货船

散货船是专门运输谷物、矿砂、煤炭及散装水泥等大宗散装货物的船舶。散货船运货量大,运价低,单层甲板,尾机型,船体肥胖,航速较低(一般 11 ~ 18n mile/h,其中 1n mile/h = 1.852km/h),船上一般不设装卸货设备,散货船载重吨位为 3 万 t 左右。

(3)集装箱船

集装箱船是载运集装箱的专用船舶。集装箱船又分为全集装箱船和半集装箱船两种。全集装箱船是将全部货舱及上甲板都用于装载集装箱,半集装箱船是只有部分舱室用于装载集装箱,其余货舱则用来装运件杂货。

集装箱船的特点是船型方形系数小,航速高(一般 20 ~ 37n mile/h),舱口尺寸大,约占船宽的 70% ~80%,便于装卸。机舱及上层建筑位于船尾,以便有更多的甲板和货舱面积用于堆放集装箱,主甲板之下的船舱可堆码 3 ~ 9 层集装箱,而主甲板之上则可堆码 2 ~ 4 层集装箱。通常船上无装卸设备,由码头装卸,以提高装卸效率。舷边双层壳舱可分上下两层,供压载用。由于甲板上装集装箱,船舶重心高,受风面积大,常需压载,以确保足够稳性。

(4)油船

油船一般只设一层甲板,油船没有大货舱口,只有油气膨胀舱口,并设有水密舱口盖。石油通过油泵和输油管进行装卸,因此油船上不设吊货杆等装卸设备。油船载重吨位是各类船舶中最大的,一般在 20 万 ~ 30 万 t,最大的油轮可达 70 万 t,装原油的载重吨位一般比装成品油的大。沿海油轮航速一般为 12 ~ 15n mile/h,远洋油轮一般为 15 ~ 17n mile/h。

(5)驳船

驳船是指自身没有动力推进装置,靠机动船(拖船或推船)带动的单甲板船。驳船可以单只或编列长队有拖船拖带或由推船顶推航行。驳船没有锚、舵等设备,也不设装卸机械和上层建筑。主要用于沿海、内河或港内驳运货物,往往用于转驳那些因吃水大不便进港靠泊的大型船舶的货物,或组成驳船队运输货物。驳船且具有结构简单,造价低廉,管理维护费用低,可航行于浅狭水道,编组灵活等特点。驳船载重量可从数百吨到 6 万 t 不等。

(6)拖船、推船

拖船和推船是专门用于拖拽或顶推其他船舶、驳船队、木排或浮动建筑物的机动船。它本身不载旅客和货物,是一种多用途的工作船,被称为水上的“火车头”。

2）客船及客货船

客船是指专门用于载运旅客及其行李和邮件的运输船舶；客货船是指以载运旅客为主，兼运一定数量货物的运输船舶。

为保证旅行安全和满足旅客在旅途中文化生活的需要，客船必须具有良好的航行性能，以及为旅客提供舒适的居住和生活条件。客船均设置了一定数量、若干等级的旅客住舱，并配有足够数量的盥洗室和浴室，设置公共娱乐、休息、就餐等厅室。客船的长度比一般同吨位货船长，上层建筑庞大，甲板层数较多，一般约有 8 ~ 9 层，最多可达十几层。住舱内备有良好的照明、空气调节等设备。为保证旅客安全，客船具有良好的稳性、抗沉性，且船体结构必须设置双层底，同时还应设有足够数量的消防、通信、救生等设备；为满足旅客舒适性要求，客船具备较好的耐波性，其在减摇、避震、隔声等方面的设计标准较高；另外，为旅行需要，客船一般有较高的航速和较大的功率储备。

客船按航行区域可分为海洋客船和内河客船。客船按照功能服务可分为旅游船、汽车客船和小型高速客船等。

（1）海洋客船

海洋客船主要包括远洋客船、近海客船与沿海客船等形式。远洋客船的吨位一般在 2 ~ 3 万 t（重量吨），最大的可达 7 万总吨，航速较高，约 29n mile/h 左右，最高可达 36n mile/h；近海、沿海客船的吨位在 1 万 t 左右，航速为 18 ~ 20n mile/h。

（2）内河客船

内河客船指航行在江河湖泊上的客船，其载客量小、速度较低，设备也比海洋客船简单。

（3）旅游船

旅游船供旅游者旅游、游览之用，其船型与海洋客船相似，但吨位较小。船上设备齐全，能为游客提供疗养、娱乐、休闲等综合服务。

（4）汽车客船

汽车客船是除载客外，还能同时载运一定数量旅客的自备汽车的客船。这种客船在船舯或船艉设置跳板，以供旅客自备的小型汽车驶进船上的车库。

（5）小型高速客船

小型高速客船主要有水翼船和气垫船，多用于沿海及内河的短途航行。

水翼船是指船体下装有水翼、航行时靠水翼产生的升力支持船体全部或部分升离水面而高速行驶的船舶。

气垫船是利用高压空气在船底与水面间形成气垫，使船体部分或全部垫升而实现高速航行的船舶。气垫船的航速一般在 60 ~ 100 n mile/h，最大可达 130 n mile/h，客位一般 100 ~ 200 个。

4.4.4 船舶交通流

船舶对港口系统提出能力需求。为了满足这些需求而配置相应的能力，这就构成了运输需求与港口能力的一对基本矛盾。

港口不仅应满足正常状态下对能力的需求，更应该满足不平衡状态下对能力的需求。船舶到港时间间隔分布是随机的，船舶在泊位上作业占用泊位的模式也是随机的，可以用离散型分布函数来近似描述，如图 4-22 所示。

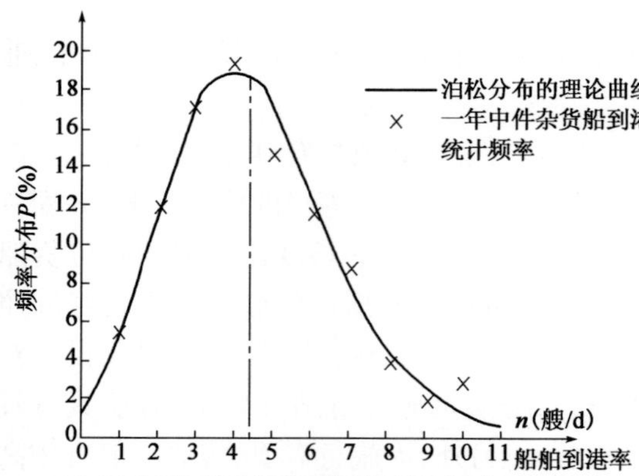

7	20	44	63	72	54	42	32	14	7	10	1	Σ=366

图 4-22　船舶到达概率分布

（1）船舶到港时间分布。多种原因导致船舶（包括班轮）无法按规定时间准时到港。首先，由于风、浪、流的影响，船舶的航速产生 2 节左右（1 节为 1.852km/h）的变化是完全可能的，这种变化会使 15～20 节航速、航期为 5 天左右的船舶，到港时间与既定时刻表相差 12～16h；其次，船舶到离港还会受到气候恶劣、库场货物不足、装卸速度缓慢以及调度上的种种因素影响。因此，船舶不能准时到港是一种正常现象。统计所有到港船舶提前或延迟到港的现象，发现它与典型的随机分布模式相近，用得比较多的是泊松分布：

$$P_n = \frac{(\lambda t)^n}{n!}e^{-\lambda t} \tag{4-18}$$

式中：P_n——t 时段内到达 n 艘船的概率；

λ——t 时段内平均到船率，即单位时间（通常取 1 天）内平均到船数（艘/日）。

t 取一天，式（4-18）可写成依赖于一个常数 λ 的（概率）分布函数：

$$P_n = \frac{\lambda^n}{n!}e^{-\lambda} \tag{4-19}$$

在一年内到港 n 艘船的理论频率 F_n：

$$F_n = 365P_n \tag{4-20}$$

（2）船舶占用泊位时间分布。船舶占用泊位时间通常指从靠泊到离泊的总时间。这个时间的长短会因气象条件、装卸货物量多少、装卸效率波动、货物存储及集疏运变化、船舶装载情况等因素的影响而具有随机性，它大体上符合负指数分布或爱尔兰分布。

当装卸一艘船占用泊位为 t 天的概率 $f(t)$ 符合负指数分布时：

$$f(t) = \mu e^{-\mu t} \tag{4-21}$$

符合爱尔兰分布时：

$$f_K(t) = \frac{K\mu(K\mu t)^{K-1}}{(K-1)!}e^{K\mu t} \tag{4-22}$$

式中：μ——平均装船效率，即单位时间（通常取 1d）装卸的船数（艘/d）。$1/\mu$ 就是平均装卸每艘船的时间。除了反映装卸效率水平外，由于它包含了非生产性靠泊时间，也是营运管理综合水平的反映。

K——爱尔兰分布函数的阶。

爱尔兰分布函数常用 E_K 表示。当 $K=1$ 时，式（4-22）即为负指数分布函数；$K=2$ 称为二阶爱尔兰分布函数：

$$E_2 = 4\mu^2 te^{-2\mu t} \tag{4-23}$$

将平均到船率 λ 和平均装卸船率 μ 与吞吐量和泊位的装卸效率联系起来，运用上述模型，可预测未来港口生产的特征值。

4.5 水运交通管理与控制设施

为保障船舶在水域内的航行安全,特别在水域有限或拥挤的情况下,如出入港口或在江河上航行时,提高航道的使用效率和船舶的航行效率,必须对水上交通实施管理与控制。在水路管理控制过程中,要综合考虑水路运输的各个环节与其他运输方式的协调配合,体现出水路运输对国民经济发展的重要作用。

4.5.1 船舶运行组织

船舶的运行组织,是指航运企业根据已揽取到或即将揽取到的运输对象和航运企业控制的运力情况,综合考虑船舶生产过程中各个环节及与其他运输方式的协调配合,对船舶生产活动所作出的全面计划与安排。基本要求是强调运输的经济性、及时性、协调性和安全性。

船舶的运行组织主要包括:规划航线系统,为航线选配适当的船舶或船队,协调各环节的工作,确定推(拖)船与驳船工作配合方式,以及制定船舶运行时刻表。

船舶运输组织是以实现运输对象的流向、流量、时间、质量要求为目的,以船舶运行环境为客观约束条件。船舶运行的主要环境参数包括:

(1)船线总距离和港口间各区段的距离(单位:海上运输用海里,内河运输采用千米);

(2)各港平均装卸定额,反映航线上各港口的平均装卸效率和组织管理水平;

(3)航线沿途水文气象条件及适航性,如风浪参数、海况、航道尺度等。

这些环境参数对船舶运行组织有着直接的影响,做船舶运行计划前应充分分析研究,在船舶运行中也要密切关注其变化,适时做出必要的调整。

4.5.2 航次形式及航线形式

(1)航次

航次是指船舶从事货物或旅客运输的一个完整运输生产过程(即一个生产周期)。根据船舶运输生产组织的特征,航次可分为简单航次和复杂航次。复杂航次是指船舶在多个港口间完成的航次,即船舶不仅运输从始发港到终点港的货物(旅客),还在中途一个或几个港口装、卸部分货物(或上、下旅客)或加、减驳船。往返航次是指船舶在两个或两个以上港口间从事客、货运输,船舶到达终点港卸完货或下完客以后又重返回始发港的航次。

航次时间是由航行时间、停泊时间以及其他时间组成。航次时间内要完成基本作业和辅助作业两类作业。装卸货物、上下旅客、船舶航行属于基本作业;装卸货准备、办理船货进出港手续和燃物料、淡水供应等属于辅助作业。分析航次中各项作业的协调性、经济性和安全性,合理安排各个环节是提高运输效率,保证水路运输质量的关键。

(2)航次形式

航次形式是指船舶的运行没有固定的出发港和终点港,船舶仅为完成某一项运输任务,按照航次计划运行的船舶运行组织形式。采用航次形式时,船舶完成一个航次后,便可用于它到达的任一港口,开始另一个航次。航次形式中船舶的使用性质、所运输的货种、数量、发送港和发送期限及船舶的运行方向等,主要取决于货主的具体运输申请书。航次形式的缺点是常常会造成船舶空驶,使船舶使用效率降低。加强货源组织工作,加强领导监督,对充分利用航次航行船舶尤为重要。

(3)航线形式

所谓航线形式是指在固定的港口之间,为完成一定的运输任务,选配适合具体条件的一定数量的船舶,并按一定的工艺过程组织船舶生产活动的船舶运行组织形式。航线形式成为一种独立的组织形式,是由航次形式在具有稳定的运输需要的航区形成和发展起来的。

航线形式的主要优点是:

①货物(旅客)能够定期送达,有利于吸收和组织货源;

②有利于各生产环节协调配合并有节奏的工作,保持正常、稳定的生产秩序,有利于缩短船舶泊港时间,提高运输效率;

③为组成几种运输方式协调工作的联合运输创造了条件;

④有利于加强人员熟悉航行条件,有助于安全航行,缩短航行时间;

⑤有利于对船舶的调度领导和管理;

⑥有利于船员安排生活。

4.5.3 船舶进出港口管理

(1)船舶签证管理

船舶签证是指海事管理机构根据船舶或者经营人的申请,经依法审查,对符合船舶签证条件的船舶,准予其航行的行政许可行为。

(2)国际航行船舶进出口岸检查

负责船舶进出口岸实施检查的机关(以下简称检查机关),包括港务监督机构、海关、边防检查机关、国境卫生检疫机关、动植物检疫机关。凡进出口岸(指国家批准可以进出国际航行船舶的港口)的外国籍船舶和航行国际航线的本国籍船舶(即国际航行船舶)及其所载船员、旅客、货物和其他物品,除非另有规定,均应由检查机关依法实施检查。检查机关通常不登船检查,港务监督机构负责召集有关口岸检查的联席会议。

4.5.4 船舶交通管理系统

船舶交通管理系统(也称船舶交通服务系统,Vessel Traffic Service,VTS)是集导航技术、通信技术、计算机网络技术、信息处理技术和航海技术为一体的交通管理系统,可大幅度提高海事系统内信息交流和共享的程度,增强水路交通的管制能力。

(1)VTS 功能与组成

VTS 的功能包括搜集数据、数据评估、信息服务、助航服务、交通组织服务与支持联合行动。VTS 由 VTS 机构、使用 VTS 的船舶与通信三部分组成,VTS 功能如图 4-23 所示。

(2)VTS 工作原理

VTS 的信息主要来自各种传感器,一般包括雷达、CCTV、AIS、VHF、气象仪、ECDIS 等。通过信息采集及处理,VTS 在其覆盖的水域中主要得到两方面数据:一方面是航路的气象、水文数据及助航标志的工作情况;另一方面是航路的交通形势。搜集到数据以后,再用适当的方式显示这些数据,并进行数据评估,即根据国际上及当地的船舶交通规则以及有关的决策准则,对交通形势现状与发展趋势进行分析。

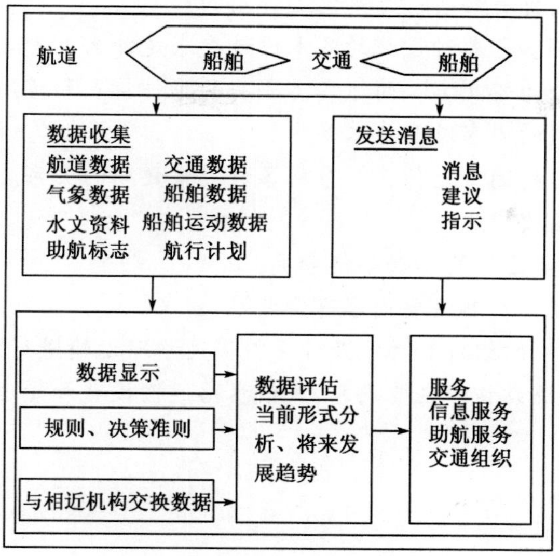

图 4-23 VTS 功能框图

VTS 通过发布消息的方式提供服务，发布的消息分三类：

①信息。在固定时刻，或在 VTS 中心认为必要的时刻，或应船舶要求而播发的。它包括有关船舶动态、能见度与它船意图；航行通告、助航设施状况、气象与水文资料；各航行区域的交通状况、各种碍航船舶与障碍物警告，并提供可选择的航线。

②建议。是 VTS 通过咨询服务发出的消息，它包括以专门方式影响交通或个别船舶行为的意图。

③指示。是为交通控制目的而以命令方式发布的消息，它包含了控制交通或个别船舶行为的意图。

(3) VTS 对船舶的服务和监督

根据国际海事组织规定，凡使用 VTS 的船舶应符合《国际海上人命安全公约》要求，到达实施 VTS 港口之前应注意到以下几点：

①仔细阅读 VTS 主管机关印发的出版物，了解当地水上交通规则及其他有关规定；

②保证船舶助航与通信设备处于正常工作状态；

③注意按照规定收听 VTS 中心发布的有关消息；

④按照 VTS 主管机关的规定，正确、及时地向 VTS 中心报告有关信息；

⑤一般不改变船舶与 VTS 中心双方同意的航行计划；

⑥迅速、准确向 VTS 中心报告意外情况；

⑦当到达或离开 VTS 区域时向 VTS 中心进行到达与最终报告。

【复习思考题】

1. 水路运输系统由哪些部分构成？各部分的基本组成是什么？

2. 表征港口规模的指标有哪些？是如何起作用的？

3. 港口水域设施有哪些？各种设施的基本设计要求是什么？

4. 按结构形式码头分为哪几类？简述各类码头的工作特点和适用范围。

5. 简述航道基本设施的内容及其基本功能。

6. 影响航道通过能力的因素是什么？分析各种因素之间的关系。

7. 简述船舶性能的主要内容。

8. 按照用途划分，水路运输的船舶如何分类？

9. 什么是船舶运行组织？其主要内容有哪些？

10. 船舶交通管理系统的组成和功能是什么？简述水路运输进行控制和管理的原理。

11. 结合水路运输系统设施的主要内容，浅谈水路运输设施和管理控制系统之间的关系。

第 5 章 航空运输系统

5.1 航空运输概述

航空运输是一个复杂的系统,它使用飞行器作为载运工具实现人和物在不同地点和时间之间的便捷位移,并伴随有信息和资金的流动。它与陆路运输和水路运输既相互竞争又相辅相成,共同组成国家综合运输系统。航空运输主要可分为军用航空运输和民用航空运输,民用航空运输是国家和地区交通运输系统的有机组成部分,在国际和国内长距离客货运中起着非常重要的作用。本章将重点介绍民用航空运输系统与设施。

5.1.1 航空运输的特点

航空运输作为五大运输方式中的一种,具有其自身的特点。航空运输的优点有以下五个方面。

(1)安全

运输方式的安全性是旅客最为关注的。对民航客机适航性严格的要求,以及各种航空设施水平的提高,同时,对事故应急措施的日臻完善,航空的安全性已今非昔比。当前人们对飞行过程中的意外袭击的防范意识大大增强,并采取了一系列预防和紧急应对措施,如为客机加固驾驶舱门,为飞行员配备武器,以及为航班配置航空警察,这些意识和措施也极大提高航空运输的实际安全性。

(2)运输速度快

运输速度快是航空运输的最大特点和优势。现代化的喷气式客机,平均巡航速度为900km/h,比动车快3~4倍,比普通火车、汽车快7~10倍,比轮船快20~30倍。运输距离越长,航空运输所能够节省的时间越多,快速运输的特点也越显著,尤其对于时效性很强的货物,航空运输的地位几乎无可替代。

(3)舒适

在万米高空飞行的客机不受低空气流的影响,能保证其航行平稳舒适。民航的舒适性,也刺激了其他运输方式向"具有空姐的服务水准"的高质量服务水平发展。

(4)机动性好

与公路运输、铁路运输分别受到道路条件和固定路线等多方面的限制相比,航空运输受航线条件的限制程度相对较小。它可以将地面上任意距离的两个地方连接起来,也可以定期或不定期飞行,还可以选择特定的飞行高度和航线,具有很好的机动性。

(5)基础设施建设简单

航空运输仅需要建设只是建设机场以及其周边设施,投资相对较少而收效快;而修建公路和铁路,则需要进行复杂的设计选线和较长的建设周期,占地面积也相对较大。

同时,航空运输也有着其自身的不足之处,具体可概括为以下两个方面:

(1)受气象条件的影响大

航空运输的安全性和准点性均受气象条件影响,大多数空难都是由于气象因素造成的。因此,为了确保飞机的着陆和起飞的安全,每个机场都有自己的最低气象标准,通常用云高和能见度来衡量。同时为了防止受到侧向风对起降的影响,每种飞机都有自己的最大侧风限制。由于气象条件的不可控性,航空运输的准点性也常常受到影响。

(2)运输能力小

飞机机舱容积和载重量有限,限制了其运载大宗货物的能力。航空运输成本也较高,所以,航空运输比较适合800km以上的长途客运,以及时间性强的鲜活易腐和价值高的货物中短途运输。

5.1.2 航空运输系统的组成

航空运输系统包括机场、航线、飞机和空中交通管理四个有机组成部分。以空中交通管理为纽带,相互联系,分工协作,共同完成航空运输的各项活动。

①机场是航空运输体系中运输网络(航线)的交汇点,是旅客和货物由地面转向空中和由空中转向地面的接口。现代机场不仅要求能保证飞机的安全、准时、平稳地起飞和降落,保证旅客和货物的及时、方便、舒适地上下飞机,还要提供便利的地面交通换乘服务。

②航线是由空管部门设定的飞机从一个机场飞抵另一个机场的空中通道。航线作为航空运输的线路,是严格划分的。

③飞机是航空运输的主要载运工具。飞机是航空器的一种,按国际民航组织的定义,航空器是指可以从空气的反作用(但不包括从空气对地球表面的反作用)中取得的支撑力的机器。对于航空运输来说,飞机是最重要的载运工具。

④空中交通管理的任务是有效地维护和促进空中交通安全、维护空中交通秩序、保障空中

交通畅通。从本质上讲,空中交通管理就是为实现以上要求而设置的各种助航设备和空中交通管制机构及规则。空中交通管理的内容包括空中交通管制、空中流量管理和空域管理。

机场、航线和飞机在空中交通管理系统的协调控制和管理下分工协作,即构成了一个基本的航空运输系统。

5.2 机　　场

5.2.1 机场的基本概念及构成

1)机场的基本概念

国际民航组织将机场定义为:供航空器起飞、降落和地面活动而划定的一块地域或水域,包括域内的各种建筑物和设备装置,主要由飞行区、旅客航站区、货运区、机务维修设施、供油设施、空中交通管制设施、安全保卫设施、救援和消防设施、行政办公区、生活区、后勤保障设施、地面交通设施及机场空域等组成。

机场的主要功能有:

①保证飞机安全、及时起飞和降落。

②安排旅客和货物准时、舒适地上下飞机。

③提供方便、快捷的地面交通换乘服务。

机场的基本服务包括以下三方面:

①基本的营运服务和设施(Essential Operational Services and Facilities)。保障飞机和机场用户的安全,包括空中交通管制、飞机进近和着陆、气象服务、通信、安保、消防和急救(包括搜寻和救援)、跑道和房屋的维护。

②处理交通流量的服务(Traffic-handling Services)。与飞机相关的活动,如清洁、动力的提供、装卸和卸载的行李/货物,这些活动有时候也称作地面作业。这些活动直接影响交通流量有关。

③商业活动(Commercial Activities)。通常包括经营商店、饭店、酒吧、便利店、报摊、停车场、电影院、超市、会议中心和宾馆等,还包括候机楼和机场的土地。

2)机场等级

(1)飞行区等级

不同等级的飞机对机场跑道的性能及相应的设施的要求不同,机场飞行区等级即按此标准进行分类。

国际民用航空组织(International Civil Aviation Organization,ICAO)规定,飞行区等级代码(Aerodrome Reference Code)(表5-1)由第一要素代码(即根据飞机基准飞行场地长度而确定的代码,等级指标为Ⅰ)和第二要素代字(即根据飞机翼展和主起落架外轮间距而确定的代字,等级指标为Ⅱ)组成的基准代号划分。

基准代号的意图是提供一个简单的方法,将有关机场特性的许多规范相互联系起来,为打算在该机场上运行的飞机提供技术参考。也可根据机场所需使用的起降机型的种类,来确定跑道长度和所需道面强度。

飞行区等级代码　　表 5-1

指　标　I		指　标　Ⅱ		
数码	基准场地长度(m)	代字	翼展(m)	主起落架外轮外侧边间距(m)
1	<800	A	<15	<4.5
2	800 ~ 1 200	B	15 ~ 24	4.5 ~ 6
3	1 200 ~ 1 800	C	24 ~ 36	6 ~ 9
4	≥1 800	E	36 ~ 52	9 ~ 14
		E	52 ~ 65	9 ~ 14
		F	65 ~ 80	14 ~ 16

表 5-1 中的代字表示飞机基准飞行场地长度。它是指某种型号的飞机以最大批准起飞质量,在海平面、标准大气条件(15℃,1 个大气压)、无风、无坡度情况下起飞所需的最小飞行场地长度。飞行场地长度也表示在飞机中止起飞时所要求的跑道长度,因此也称为平衡跑道长度。飞行场地长度是对飞机的要求来说的,与机场跑道的实际距离没有直接关系。表中的代字应选择翼展和主起落架外轮外侧边间距两者中要求较高者。与飞行区等级代码匹配的飞机类型如表 5-2 所示。

与飞行区等级代码匹配的飞机类型　　表 5-2

飞行区等级代码	飞 机 类 型	飞行区等级代码	飞 机 类 型
Code 4F	A380	Code 4D	B767,A300,A310,MDH
Code 4E	B747,B777,A330,A340	Code 4C	A320,B737,B727

(2)跑道导航设施等级

跑道导航设施等级按配置的导航设施能提供飞机以何种进近程序飞行来划分,可分为非仪表跑道和仪表跑道两种。

①非仪表跑道。供飞机用目视进近程序飞行的跑道,代字为 V。

②仪表跑道。供飞机用仪表进近程序飞行的跑道,可分为以下几类:

a. 非精密进近跑道。装备相应的目视助航设备和非目视助航设备的仪表跑道,能足以对直接进近提供方向性引导,代字为 NP。

b. Ⅰ类精密进近跑道。装备仪表着陆系统和(或)微波着陆系统以及目视助航设备,能供飞机在决断高度低至 60m 和跑道视程低至 800m 时着陆的仪表跑道,代字为 CATⅠ。

c. Ⅱ类精密进近跑道。装备仪表着陆系统和(或)微波着陆系统以及目视助航设备,能供飞机在决断高度低至 30m 和跑道视程低至 400m 时着陆的仪表跑道,代字为 CATⅡ。

d. Ⅲ类精密进近跑道。装备仪表着陆系统和(或)微波着陆系统的仪表跑道,可引导飞机直至跑道,并沿道面着陆及滑跑。根据对目视助航设备的需要程度又可分为三类,分别以 CATⅢA、CATⅢB 和 CATⅢC 为代字。

ⅢA 类(CATⅢA)运行:精密进近和着陆最低标准的决断高度低于 30m,或无决断高度:跑道视程不小于 200m。

ⅢB 类(CATⅢB)运行:精密进近和着陆最低标准的决断高度低于 15m,或无决断高度;跑道视程小于 200m 但不小于 50m。

ⅢC 类(CATⅢC)运行:精密进近和着陆最低标准无决断高度和无跑道视程的限制。

(3)航站业务量规模等级

机场等级也可按照航站的年旅客吞吐量或货物(及邮件)运输吞吐量来划分(表5-3)。业务量的大小与航站规模及其设施有关,也反映了机场繁忙程度及经济效益。若年旅客吞吐量与年货邮吞吐量不属于同一等级时,可按较高者定级。

航站业务量规模分级标准 表5-3

航站业务量规模等级	年旅客吞吐量(万人)	年货邮吞吐量(kt)
小型	<10	<2
中小型	10~50	2~12.5
中型	50~300	12.5~100
大型	300~1 000	100~500
特大型	≥1 000	≥500

(4)民航运输机场规划等级

以上三种划分等级的标准从不同的侧面反映了机场的状态:能接收机型的大小、保证飞行安全和航班正常率的导航设施的完善程度、客货运量的大小。民航运输机场划分等级的方案即在上述三个标准的基础上综合评价后提出的。当三项等级不属于同一级别时,可根据机场的发展和当前的具体情况,确定机场规划等级(表5-4)。

民航运输机场规划等级 表5-4

机场规划等级	飞行区等级	跑道导航设施等级	航站业务量规模等级
四级	3B、2C及以下	V,NP	小型
三级	3C,3D	NP,CAT Ⅰ	中小型
二级	4C	CAT Ⅰ	中型
一级	4D,4E	CAT Ⅰ,CAT Ⅱ	大型
特级	4E及以上	CAT Ⅱ及以上	特大型

(5)机场的救援和消防等级

救援和消防勤务主要是保障机场运营安全。为了保障救援和消防,机场必须有足够的手段和物质保障。其中包括必要的器材(如灭火剂)、设备、车辆和设施(如应急通道)等。这些物质保障的配备是以该机场使用的飞机外形尺寸(飞机机身全长和最大机身宽度)为依据,由此划分机场的救援和消防等级可分为1~10级。机场使用的飞机外形尺寸越大,级别数越大。

3)机场系统的构成

机场系统的组成可简单划分为供飞机活动的空侧部分及供旅客和货物转入或转出空侧的陆侧部分,如图5-1所示。空侧部分包括供飞机起飞和降落的航站区空域及供飞机在地面上运行的飞行区两部分。陆侧部分包括供旅客和货物办理手续和上下飞机的航站楼,各种附属设施及出入机场的地面交通系统设施三部分。

机场系统也可以分为空域和地域两部分。空域即为航站区空域,供进出机场的飞机起飞和降落,而地域由飞行区、航站区和进出机场的地面交通系统三部分组成。

飞行区为飞行活动的区域,主要包括跑道、滑行道和停机坪。

航站区为飞行区同出入机场的地面交通的交接部,它由以下三个主要部分组成:

①地面交通出入航站楼的交界面:包括公共交通的站台、停车场、供车辆和行人流通的道

路等设施。

②航站楼：用于办理旅客和行李从地面出入交接面之间的各项事务。

③飞机交接面：航站楼与停放飞机的联结部分，供旅客和行李上下飞机。

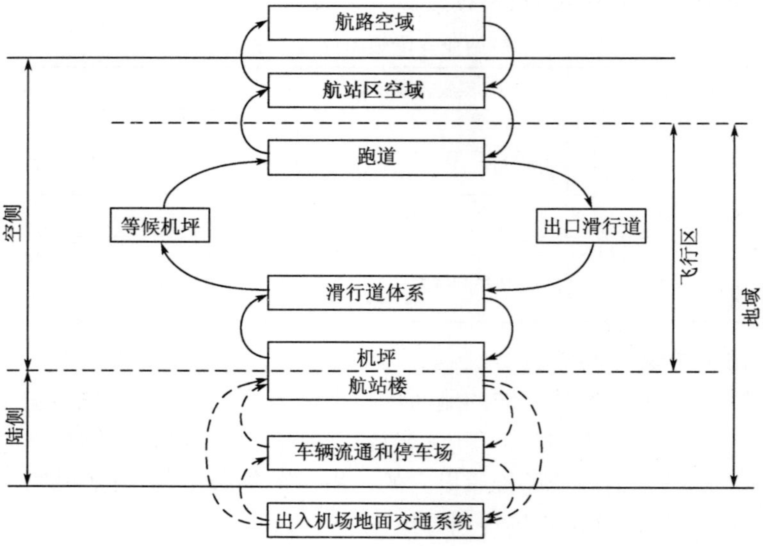

图 5-1　机场系统的构成

5.2.2　机场净空区

飞机在机场起飞和降落必须沿着规定的起落航线进行。机场能否安全有效地运行，与场址内外的地形和人工构筑物密切相关。因此，必须对机场附近沿起降航线一定范围内的空域（即在跑道两端和两侧上空为飞机起飞爬升、降落下滑和目视盘旋需要所规定的空域）提出要求，保证在飞机的起飞和降落的低高度飞行时不能有地面的障碍物来妨碍导航和飞行，这个区域称为机场净空区或进近区，它是机场的重要组成部分。机场净空区的地面和空域要按照一定标准来控制，机场净空条件的好坏，直接关系旅客生命财产的安全。

机场条件的破坏通常是由超高障碍物引起的，空中漂浮物或烟雾、粉尘也会造成破坏。为此，必须规定一些假想的平面或斜面作为净空障碍物限制面（即净空面，如图 5-2 所示），用以限制机场周围地形及人工构筑物的高度。机场净空区的地面区域称为基本区面，在跑道周围 60m 的地面上空由障碍物限制面构成，障碍物限制面有以下 4 种：

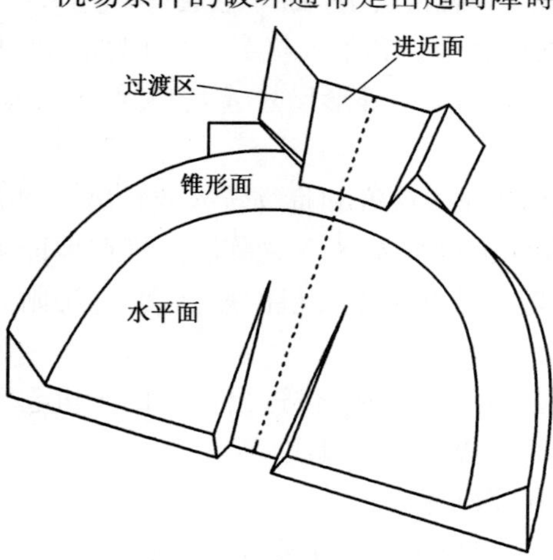

图 5-2　净空障碍物限制面

①水平面：是在机场标高 45m 以上的一个平面空域。

②进近面：由跑道端基本面沿跑道延长线向外向上延长的平面。

③锥形面：在水平面边缘按 1∶20 斜度向上延伸的平面。

④过渡面:在基本面和进近面外侧以 1∶7 的斜度向上向外延伸。

由这些平面构成的空间,是飞机起降时使用的空间,由空港当局负责控制管理,保证地面的建筑(楼房、天线等)不能伸入这个区域。凡超过假想面之上的部分应除去或移走,以便达到净空标准。空中的其他飞行物(飞鸟、风筝等)也不得侵入此区域,妨碍飞机的正常运行。

导航设施等级不同的跑道对净空面的要求不同。为扩建保持最大的主动权,目前所有净空面都按机场规划设计而设置。

航空无线电导航是以各种地面和机载无线电导航设备向飞机提供准确可靠的方向、距离及位置信息的。而来自非航空导航业务的各类无线电设备、高压输电线、电气化铁路、工业、科学及医疗设备等引起的有源干扰,及导航台周围地形地物的反射或再辐射可能会对导航信息造成不良影响。因此,对机场周围的一定范围内,还必须提出电磁环境的净空要求。

5.2.3 飞行区设施

1)跑道

跑道是机场工程的主体。机场的构形主要取决于跑道的数量、方位以及跑道与航站区的相对位置。跑道是供飞机起降的一块长方形区域。它提供飞机起飞、降落、滑跑以及起飞滑跑前(和降落滑跑后)运转的场地。因此,跑道必须有足够的长度、宽度、强度、粗糙度、平整度以及规定的坡度。跑道数量取决于航空运输量的大小;跑道的方位则主要与当地风向有关。

(1)跑道的基本参数

①方位

跑道方位即跑道走向。飞机最好是逆风起降,过大的侧风将妨碍飞机起降。因此,跑道的方位应尽量与当地常年主导风向一致。跑道方位还受到周围地形、机场发展规划、可用面积大小以及相邻机场状况的影响。跑道方位以跑道磁方向角度表示,由北顺时针转动为正。

跑道方位识别号码按照跑道中心线的磁方向以 10°为单位,四舍五入后用两位数表示并将数字置于跑道相反的一端,作为飞行人员和调度人员确定起降方向的标记。如天津滨海国际机场的跑道磁方向角为 160° ~ 340°,则南端识别号码为 34,北端识别号码为 16。又如磁方向为 267°的跑道,其跑道方位识别代码为 27,而这条跑道的另一端的磁方向是 87°,跑道方位识别代码为 09,二者的磁方向相差 180°,而跑道方位识别代码相差 18。如果机场有两条跑道则用左(L)和右(R)表示。如北京首都国际机场的两条平行跑道,东跑道北端识别标志为18L,南端为 36R;而西跑道北端识别标志为 18R,南端为 36L。有三条跑道时,中间跑道编号加上字母 C,即 L、C、R,有四条跑道,则为 L、R、L、R,有五条跑道,则为 L、C、R、L、R 或者 L、R、L、C、R,有六条跑道,则为 L、C、R、L、C、R,依此类推。当有四条或更多平行跑道时,一组相邻跑道的识别号码可用上述方法取得,另外一组相邻跑道的识别号码则以一对最接近的数字表示。如四条跑道的磁方向均为 93° ~ 273°,其中一组跑道识别标志号码为 09 ~ 27,另一组则为10 ~ 28。

②数量

跑道数量主要取决于航空运输量。运输不繁忙,且常年风向相对集中的机场,只需单条跑道即可;运输非常繁忙的机场,则需要两条或多条跑道。其基本构形可以是平行、交叉或开口 V 形等,非平行跑道可以避开过大的侧风。平行跑道的间距、交叉跑道交叉点的位置对跑道容量(单位时间内可能容纳的最大飞机运行次数)是有影响的。

③跑道的长度

跑道长度是机场的关键参数,是机场规模的重要标志,它直接与飞机起降安全有关。设计跑道长度主要依据预计使用该机场飞机的起降特性(特别是要求跑道最长的机型的构形和性能特点)。此外,跑道长度还与下列因素有关:飞机起降质量与速度,即飞机起飞(或降落)质量越大,离地速度(或接地速度)越大,滑跑距离就越长;跑道条件,如表面状况、湿度和纵向坡度等;机场所在环境,如机场的高程和地形;气象条件,特别是地面风力、风向和气温等。当海拔高度高、空气稀薄、地面温度高时,发动机的功率就会下降,因而都需要加长跑道。拉萨贡嘎机场的跑道为4 000m,是我国对外开放的机场中最长的跑道。

④跑道的宽度

飞机在跑道上滑跑、起飞、降落不可能总是沿着中心线,可能会有偏离,有时还要掉头。因此,跑道应有足够的宽度,但也不宜过宽,以免浪费土地。跑道的宽度取决于飞机的翼展和主起落架的轮距,一般不超过60m。

⑤跑道的坡度

跑道是没有纵向坡度的,这主要是为了保证飞机起飞、降落和滑跑的安全。应尽量避免沿跑道的纵向坡度(简称纵坡)及坡度的变化。当无法避免时,其最大值应尽量减小,且变坡间距离不应小于要求的值。在有些情况下,可以有3°以下的坡度,在使用有坡度的跑道时,要考虑对飞机性能的影响。

跑道横向应有坡度,且尽量采用双面坡,以便加速道面的排水。当采用双面坡时,中心线两侧的坡度应对称。整条跑道上的横坡应基本一致。横坡坡度不小于0.01,但也不能大于0.015(基准代字为C、D)或0.02(基准代字为A、B),以利于飞机滑跑安全。

⑥道面

通常跑道道面是指结构道面,可分为水泥混凝土、沥青混凝土、碎石、草皮和土质等若干种。

跑道道面分为刚性道面和非刚性道面。刚性道面由混凝土筑成,能把飞机的荷载承担在较大的面积上,承载能力强,在一般中型以上的空港都使用刚性道面。国内几乎所有民用机场跑道均属此类。非刚性道面有草坪、碎石、沥青等各类道面,这类道面只能抗压不能抗弯,因而承载能力小,只能用于中小型飞机起降的机场。同时,水泥混凝土道面和沥青混凝土道面为高级道面。跑道道面要求有一定的摩擦力。为此,在混凝土道面一定距离要开出5cm左右的槽,并定期(6~8年)打磨,以保持飞机在跑道积水时不会打滑。当然,有一种方法,就是在刚性道面上加盖高性能多孔摩擦系数高的沥青,这样,既可减少飞机在落地时的震动,又能保证有一定的摩擦力。

⑦强度

对于起飞质量超过5 700kg的飞机,为了准确表示飞机轮胎对地面压强和跑道强度之间的关系,国际民用航空组织规定使用飞机等级序号(Aircraft Classification Number,ACN)和道面等级序号(Pavement Classification Number,PCN)方法来决定该型飞机是否可以在指定的跑道上起降。

PCN数是由道面的性质,道面基础的承载强度经技术评估而得出的,每条跑道都有一个PCN值。

ACN 数则是结合飞机的实际质量、起落架轮胎的内压力、轮胎与地面接触的面积以及主起落架机轮间距等参数，由飞机制造厂计算得出的。ACN 数和飞机的总重只有间接的关系，如 B747 飞机由于主起落架有 16 个机轮承重，它的 ACN 数为 55，B707 的 ACN 数为 49，而它的总重只有 B747 的 2/5，两者 ACN 却相差不大。

使用这个方法计算时，当 ACN 值小于 PCN 值，这类型的飞机可以无限制地使用这条跑道。在一些特殊情况下，ACN 值可以在大于 PCN 值 5% ~10% 时使用这一跑道，但这会导致跑道使用寿命的缩短。

(2)跑道附属区域

跑道附属区域构成如图 5-3 所示。

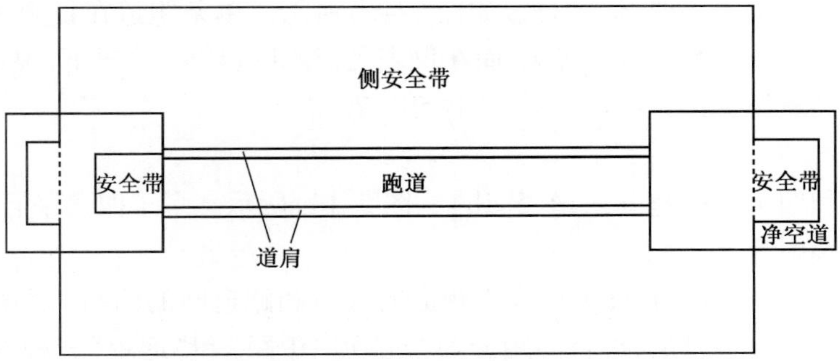

图 5-3 跑道附属区域

①跑道道肩

跑道道肩是在跑道纵向侧边和相接的土地之间有一段隔离的地段，这样可以在飞机因侧风偏离跑道中心线时，不致引起损害。此外大型飞机很多采用翼吊布局的发动机，外侧的发动机在飞机运动时有可能伸出跑道，这时发动机的喷气会吹起地面的泥土或砂石，使发动机受损，有了道肩会减少这类事故。有的机场在道肩之外还要放置水泥制的防灼块，防止发动机的喷气流冲击土壤。

跑道道肩一般每侧宽度为 1.5m，道肩的路面要有足够强度，以备在出现事故时，使飞机不致遭受结构性损坏。

②跑道安全带

跑道安全带的作用是在跑道的四周划出一定的区域来保障飞机在意外情况下冲出跑道时的安全，分为侧安全带和道端安全带。

侧安全地带：是由跑道中心线向外延伸一定距离的区域，对于大型机场这个距离应不小于 150m，在这个区域内要求地面平坦，不允许有任何障碍物。在紧急情况下，可允许起落架无法放下的飞机在此地带实施硬着陆。

道端安全地带：是由跑道端至少向外延伸 60m 的区域，建立道端安全地带的目的是为了降低由于起飞和降落时冲出跑道的概率。

在道端安全地带中有的跑道还有安全停止道，简称安全道。安全道的宽度不小于跑道，一般和跑道等宽，它由跑道端延伸，它的长度视机场的需要而定，它的强度要足以支持飞机中止起飞时的质量。

③净空道

净空道是指跑道端之外的地面和向上延伸的空域。它的宽度为 150m，在跑道中心延长线两侧对称为分布，在这个区域内除了有跑道灯之外不能有任何障碍物，但对地面没有要求。可以是地面，也可以是水面。净空道的作用在于飞机可在其上空进行一部分起始爬升，并达到安全高度（10.7m）。

（3）跑道的布置形式

跑道的布置形式取决于跑道的数量和方位。跑道的数量主要取决于航空交通量的大小。跑道的方位主要取决于风向、场地及周围环境条件。在航空交通量小、常年风向相对集中时，只需单条跑道；在航空交通量大时，则须设置两条或多条跑道。跑道的布置形式由单条跑道、平行跑道、交叉跑道和开口 V 形跑道等组成。

①单条跑道

单条跑道是最简单的一种布置形式，如图 5-4a）所示。单条跑道在目视飞行规则（VFR）情况下每小时的容量约为 50 ~ 100 架次；而在仪表飞行规则（IFR）情况下，根据不同的飞机组合情况和具备的助航设备，其容量减至每小时 50 ~ 70 架次。

②平行跑道

通常为两条和四条平行跑道，如图 5-4b）~ 图 5-4d）所示。多于四条平行跑道时，会使空中交通管制变得很困难。

平行跑道的容量，在很大程度上取决于跑道的数目和跑道间的间距。平行跑道之间的间距差别可以很大。为便于讨论，可将间距分为“近距”“中距”和“远距”三种。“近距”平行跑道之间的间距为 213.4 ~ 761.7m，在 IFR 情况下，一条跑道上的运行同在另一条跑道上的运行是相互制约的，每小时容量为 50 ~ 60 架次；“中距”平行跑道之间的间距为 762 ~ 1 310.3m，在 IFR 情况下，一条跑道上的着陆同另一条跑道上的起飞无关，容量为每小时 60 ~ 70 架次；“远距”平行跑道之间的间距为 1310.3m 以上，在 IFR 情况下，两条跑道能独立地进行着陆和起飞，容量为 100 ~ 125 架次。在 VFR 情况下，“近距”“中距”和“远距”平行跑道的每小时容量为 100 ~ 200 架次，间距对容量无影响，容量取决于飞机组合情况。

③交叉跑道

两条或更多的方向不同的相互交叉的跑道，称作交叉跑道，如图 5-4e）、图 5-4f）、图 5-4g）所示。当机场所在地区相对强烈的风向在一个以上时，如果只有一条跑道，就会造成过大的侧风，因此就要求有方向不同的交叉跑道。在风力强烈时，一对交叉跑道中，只能使用其中一条跑道，这就使飞行区的容量显著减少。如果风力相对较弱，两条跑道则可同时使用。交叉跑道的容量，在很大程度上取决于交叉点的位置（例如是在中间还是接近端部）和跑道的使用方式（例如是起飞还是着陆）。交叉点离跑道的起飞端和着陆入口越远，容量就越低[图 5-4g）]；交叉点接近于起飞端和着陆入口，容量就最大[图 5-4e）]，此时，交叉跑道的每小时容量为60 ~ 70 架次（IFR）或 70 ~ 175 架次（VFR）。由于交叉跑道的相互干扰大，容量偏低，所以应尽量避免采用。

④开口 V 形跑道

两条跑道散开而不交叉时，称为开口 V 形跑道，如图 5-4h）、图 5-4i）所示。与交叉跑道一样，当某个方向的风力强烈时，只能使用一条跑道；当风力微弱时，两条跑道可以同时使用。

跑道的容量与飞机起飞和着陆的方向有关。当起飞和着陆从 V 形顶端向外散开时，如图 5-4h）所示，其容量最大。此时，开口 V 形跑道的每小时容量为 50 ~ 80 架次（IFR）或 60 ~ 185 架次（VFR）。

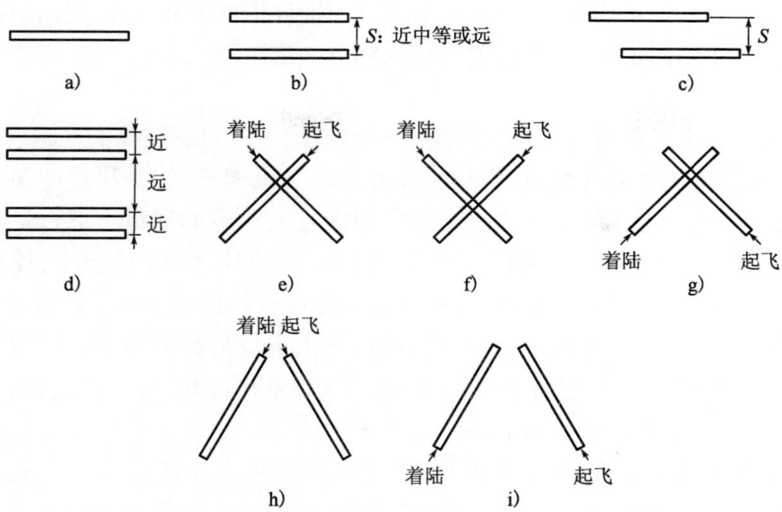

图 5-4 跑道的布置形式

从跑道的容量和空中交通管制的难易情况来看，单向跑道是最可取的。因为，在其他条件相同时，单向跑道的容量比别的跑道要大。对空中交通管制来说，引导飞机在单方向运行不像多方向运行那样复杂。随着对常年风风向的准确掌握和飞机侧风降落的能力的加强，新的大型多跑道空港都采用平行跑道布局。就交叉跑道与开口 V 形跑道两种形式比较，后者更为可取。

(4)跑道的道面标志

跑道的类别不同，它的道面标志也不同，目视跑道有下列基本标志：①中心线；②跑道号；③等待位置标志。非精密进近跑道要加上跑道端标志和定距离标志；对于精密进近跑道，还要增加着陆区标志和跑道边线标志。各类跑道的标志如图 5-5 所示。

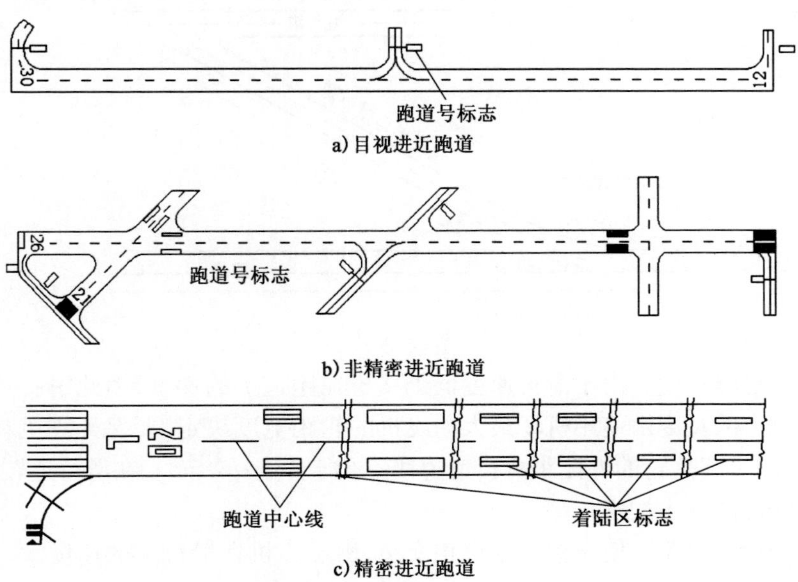

图 5-5 各种跑道标志

跑道端标志表示跑道可用部分的开始,通常是由铺设道面的起点作为跑道端,但在有安全道或起降不能全部使用跑道时,跑道端就会移入跑道一定距离。

2)滑行道

滑行道是机场内供飞机滑行的规定通道。滑行道的主要功能是提供从跑道到候机楼区的通道,使已着陆的飞机迅速离开跑道,不与起飞滑跑的飞机相干扰,并尽量避免延误随即到来的飞机着陆。此外,滑行道还提供了飞机由候机楼区进入跑道的通道。滑行道可将性质不同的各功能分区(飞行区、候机楼区、飞机停放区、维修区及供应区)连接起来,使机场最大限度地发挥其容量潜力并提高运行效率。滑行道应以实际可行的最短距离连接各功能分区。

滑行道系统主要包括:主滑行道、进出滑行道、飞机机位滑行通道、机坪滑行道、辅助滑行道、滑行道道肩及滑行带。滑行道系统可以根据实际需要和可能,分阶段建设,逐步完善。避免一次建设费用过高,而利用率又过低。

主滑行道又称干线滑行道,是飞机往返于跑道与机坪的主要通道,通常与跑道平行。

进出(进口或出口)滑行道又称联络滑行道(俗称联络道),是沿跑道的若干处设计的滑行道,旨在使着陆飞机尽快脱离跑道,如图5-6所示。出口滑行道大多与跑道正交,快速出口滑行道与跑道的夹角介于25°~45°之间,最好取30°。飞机可以较高速度由快速出口滑行道离开跑道,不必减到最低速度。出口滑行道距跑道入口的距离取决于飞机进入跑道入口时的速度(进场速度)、接地速度、脱离跑道时的速度、减速度以及出口滑行道数量、跑道与机坪的相对位置。出口滑行道数量应考虑高峰时运行飞机的类型及每类飞机的数量。一般在跑道两端各设置一个进口滑行道。对于交通繁忙的机场,为防止前面飞机不能进入跑道而妨碍后面飞机的进入,则通过设置等待坪、双滑行道(或绕行滑行道)及双进口滑行道等方式解决,为确定起飞顺序提供了更大灵活性,也提高了机场的容量和效率。滑行道和跑道端处的等待坪用标志线在地面上标出。这个区域是为了飞机在进入跑道前等待许可指令。等待坪与跑道端线保持一定的距离,以防止等待飞机的任何部分进入跑道,成为运行的障碍物或产生无线电干扰。

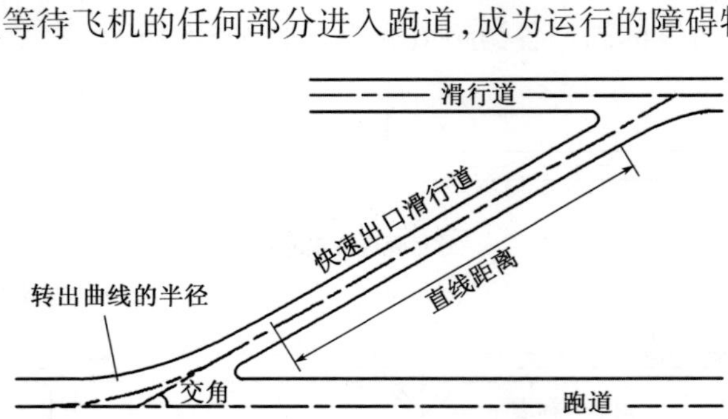

图5-6 联络滑行道

滑行道应有足够宽度。由于滑行速度低于飞机在跑道上的速度,因此滑行道宽度比跑道宽度要小。滑行道的宽度由使用机场最大的飞机的轮距宽度决定,要保证飞机在滑行道中心线上滑行时,它的主起落轮的外侧距滑行道边线不少于1.5~4.5m。在滑行道转弯处,它的宽度要根据飞机的性能适当加宽。

滑行道的设计应避免同使用中的跑道相交叉,由于飞机在滑行道的速度大大小于其在跑道上的速度,其控制纵坡、竖曲线和视距的标准不如跑道严格。国际民航组织对起降区视距的要求也有规定,跑道字码为C、D和E时,从滑行道3m高处应能通视300m内的滑行道表面。

对 A、B 两类跑道,标准略低。为保证机场运转安全,交通通道间及其与邻近障碍物间必须有足够的间距,国际民航组织对滑行道与跑道之间、两条平行滑行道之间和一条滑行道与固定障碍物之间的最小净距都有规定。例如,对 VFR 运行,国际民航组织建议对数码 3 和数码 4 的机场的平行跑道的最小间距采用 210m,数码 2 机场采用 150m,数码 1 机场采用 120m。

一般情况下,滑行道所受荷载比跑道更重。滑行道比跑道窄,机轮几乎沿不变的轨迹滑行。在滑行道上滑行时,飞机速度很低,机翼几乎不产生升力,特别是在起飞时,飞机以全重作用在滑行道上。同时在滑行道上飞机运行密度通常要高于跑道。因此,飞机的总重量和低速滑行时的压强就会比跑道所承受的略高。所以滑行道道面强度要和配套使用的跑道两端的强度相等或更高。

飞机机位滑行通道和机坪滑行道均为机坪上的滑行道。辅助滑行道供飞机通向维修坪或隔离坪等所用。

为了保证飞机的滑行安全,通常在滑行道两侧对称设置道肩,而且还要向两侧延伸一定的距离,延伸部分连同滑行道(机位滑行道除外)统称为滑行带。

3)停机坪

停机坪也叫机坪,机坪是飞机停放和旅客登机的地方。停机坪的面积要足够大,以保证进行上述活动的车辆和人员的行动,机坪上用漆标出运行线,使飞机按照一定线路进出滑行道。

机坪又分为停放机坪和登机机坪。飞机在登机机坪进行装卸货物、加油;在停放机坪过夜、维修和长时间停放。

5.2.4 航站楼设施

航站楼(主要指旅客航站楼,即候机楼)是航站区的主体建筑物。航站楼的设计,不仅要考虑其功能,还要考虑其环境、艺术氛围及民族(或地方)风格等。航站楼一侧连着机坪,另一侧又与地面交通系统相联系。旅客、行李及货邮在航站楼内办理各种手续,并进行必要的检查以实现运输方式的转换。旅客航站楼的基本功能是安排好旅客和行李的流程,为其改变运输方式提供各种设施和服务,使航空运输安全有序。旅客航站楼的基本设施应包括:①车道边;②公共大厅;③安全检查设施;④政府联检机构;⑤候机室大厅;⑥行李处理设施(行李分检系统和行李提取系统);⑦机械化代步设施(人行步道、自动扶梯等);⑧登机桥;⑨旅客信息服务设施等。大型机场的旅客航站楼还设有特许商业经营和服务设施。因此,航站楼不仅是民航的营运中心,而且还是商业中心。旅客航站楼内还设有机场和航空公司的办公机构和特许经营部门。

5.2.5 机场地面交通系统

大中型运输机的巡航速度一般都在 900km/h 左右,因此,国内航线的乘机时间都在 1 ~ 3h 之内。但是机场不可能建在离市区很近的地方,旅客从出发地到机场和从机场到目的地的地面交通时间往往会超过乘机时间。这样,航空运输的快速优点便会因出入机场的地面交通的阻滞而部分抵消。为此,机场要充分考虑到出入机场的地面交通。由于出入机场的人中,还有除了旅客之外的工作人员、访客、接送者等,因此,也要充分考虑到他们的需求。

出入机场地面交通运输方式主要有:小汽车、出租车、包租公共汽车、公共汽车、机场班车、火车、城市捷运公交系统、机场专用捷运系统和专用高速公路、直升机等。目前世界上大多数枢纽型机场都建成较为完整的地面综合交通运输体系。

5.3 航　　线

5.3.1 航线和航路的基本概念

航线是指飞机飞行的路线航线确定了飞机飞行的具体方向、起讫和经停地点。

空中航路是指根据地面导航设施建立的供飞机作航线飞行之用的具有一定宽度的空域。该空域以连接各导航设施的直线为中心线,规定有上限和下限的高度和宽度。

航路和航线最简单的区别就在于,航路是有宽度的空域,而航线简单说就是空中的一条线。这里我们所说的航线设施一般指航路设施。

民航航路由民航主管当局批准建立的一条由导航系统划定的空域构成的空中通道,在这个通路上空中交通管理机构要提供必要的空中交通管制和航行情报服务。

航路的宽度决定于飞机能保持按指定航迹飞行的准确度、飞机飞越导航设施的准确度、飞机在不同高度和速度飞行的转弯半径,并需增加必要的缓冲区。因此空中航路的宽度不是固定不变的。按《国际民用航空公约》规定,当两个全向信标台之间的航段距离在 50n mile (92.6km)以内时,航路的基本宽度为航路中心线两侧各 4n mile(7.4km);如果距离在 50n mile 以上时,根据导航设施提供飞机航迹引导的准确度进行计算,可以扩大航路宽度。

对在空中航路内飞行的飞机必须实施空中交通管制。为便于驾驶员和空中交通管制部门工作,空中航路具有明确的名称代号。国际民航组织规定航路的基本代号由一个拉丁字母和 1 ~999 的数字组成。A、B、G、R 用于表示国际民航组织划分的地区航路网的航路,H、J、V、W 为不属于地区航路网的航路。对于规定高度范围的航路或供特定的飞机飞行的航路,则在基本代号之前增加一个拉丁字母,如用 K 表示直升机使用的低空航路,U 表示高空航路,S 表示超音速飞机用于加速、减速和超音速飞行的航路。

航路的设施包括航管雷达、航路甚高频和航路全向信标等。

5.3.2 航行管制雷达

航行管制雷达,是利用电磁波探测目标的电子设备。发射电磁波对目标进行照射并接收其回波,由此获得目标至电磁波发射点的距离、距离变化率(径向速度)、方位、高度等信息。飞机场的航行管制雷达以及气象雷达等均已生产和应用。

目前常用的飞行管制雷达有:

(1)航路监视雷达。为中远程雷达,对飞行高度 10 000m 的飞机的探测距离达 350km 左右,担负对长途航路上的航空器实施航路管制。其发射功率和天线口径大,通常工作在 1 300MHz附近频段上,如美国的 ARSR-3 雷达。

(2)机场监视雷达。又称终端区雷达,为近程雷达,探测距离在 100km 左右,担负对进出机场的航空器实施进场管制的任务。

航管雷达的特点是:

①能连续掌握从低空到高空的目标,天线多采用余割平方或超余割平方垂直波束设计。

②能长时间连续开机工作,可靠性高。发射和接收设备多采用双通道分集技术。

③识别真伪目标的能力强,抗地、海面杂波和分辨气象杂波的性能较好。雷达信息实时传递到飞行管制中心,经计算机处理后,在综合动态显示器上显示。

常见的航管雷达有:

(1)精密进场雷达。用以帮助飞机在机场能见度不良的情况下正确着陆。能显示飞机下降航迹,以提示飞行人员改正,如美国的 AN/FPN-62 雷达。

(2)机场场面监视雷达。用以监视机场的跑道、滑行道和停机坪,防止飞机在地面和低空发生碰撞,如英国的 ASMI-18X 雷达。

随着飞行管制工作方式由人工向自动化方向发展,将进一步提高飞行管制雷达的可靠性,提高操作自动化程度,逐步做到无人值守或遥控管理。同时,还将增大目标容量和信息处理速度,增强目标识别能力,以满足对大批量航空器进行管制的要求。

5.3.3 航路甚高频(VHF)

甚高频通信系统(VHF COMM)是移动无线电通信中的一个重要系统,用于民用航空及海事近距离通信。

其通信方式以话音、图像、数据为媒体,通过光或电信号将信息传输到另一方。

甚高频通信系统是目前民航飞机主要的通信工具,在飞机起飞、降落时或通过控制空域时,机组人员和地面管制人员主要利用无线电波进行双向语音通信。每一名驾驶员通过其中任一系统选择一个工作频率后,即可进行发射和接收。

甚高频通信系统由收发机、控制盒和天线三部分组成。收发机用频率合成器提供稳定的基准频率,信号调制到载波后,通过天线发射出去。接收机从天线上收到信号后,经过放大、检波、静噪处理变成音频信号,输入驾驶员的耳机。天线一般都安装在机腹和机背上。

目前,民航地空通信的保障能力得到显著提高,甚高频地空通信已成为主要地空通信手段。在机场终端管制范围内,甚高频通信可提供塔台、进近、航站自动情报服务、航务管理等通信服务。在航路对空通信方面,随着在全国大中型机场及主要航路(航线)上的甚高频共用系统和航路甚高频遥控台的不断建设,实现了中国东部地区 6 000m 以上空域和其他地区沿国际航路 6 000m以上空域甚高频通信覆盖,在一些繁忙航路上达到了 3 000m 以上的甚高频通信覆盖。

5.3.4 航路全向信标(VOR)

航路全向信标是一种用于航空的无线电导航系统。其工作频段为 108.00 ~ 117.95MHz 的甚高频段。

VOR 是以地面设施上放射出 30Hz 回转的心型图形后,搭载受讯机会输出 30Hz 的讯号。另外,地面设施也会发送出不含方位数据,由基准 30Hz 讯号变调而成的无向性讯号。两个 30Hz 之间的相位差就成为地面上的磁方位。使用 VHF 的 VOR 虽然容易因为地面发送设施附近的地形影响而产生误差,但是由于不受空间波的妨碍而没有传送特性的变动。

地面设施的基地误差是 VOR 的缺点。在地面发送讯号站半径 500 米以内没有树木,没有大型反射建筑物的平滑地面,通常是设置 VOR 基地的地点,由于预定场所通常不得已会选在非良好条件的地方,此时可以设置多普勒 VOR(D-VOR)。

VOR 是利用广开口面天线使误差减小,在其半径 6.7 米的圆周上等间隔地设置 50 基 Alford环形天线,然后在一圆中心设置传统型 VOR(Conventional VOR)的天线。中心天线乃无指向性的放射、以30Hz进行振幅调变后所得的连续波,此讯号是方位的基本讯号,至于圆周上配列的Alford环形天线,则由中心所放射的讯号周波数,顺次传送9 960Hz高连续波过去。

VOR系统于1949年被国际民航组织批准为国际标准的无线电导航设备,是目前广泛使用的陆基近程测角系统之一。VOR台的发射机有两种形式,即普通VOR(CVOR)和多普勒VOR(DVOR)。机载VOR接收机对两种VOR台都是兼容的。中国民航安装的VOR地面信标台多以D-VOR为主。

机载VOR接收机接受VOR地面台发射的基准相位信号和可变相位型号。并通过比较两种信号的相位差,得出飞机相对地面VOR台的径向方位即飞机磁方位QDR,通过指示器指示出方位信息。供飞行员确定飞机的位置并引导飞机航行。

VOR系统主要具有以下3种功能:

①利用两个VOR台或利用一个VOR台和一个DME台组合确定飞机位置;

②利用航路上的VOR台引导飞机沿航线飞行;

③终端引导飞机进场和非紧密近进。

根据不同用途,可将VOR台分为两类:

①A类,用于航路导航,频率112.00~118.00MHz,频道间隔0.05MHz,共计120个频道,发射功率200W,作用距离200n mile。

②B类,用于终端引导飞机进场近进,频率范围108.00~112.00MHz,频道间隔0.05MHz,且十分位为偶数,共计40个频道,发射功率50W,作用距离25n mile。

在航图上,一般需要公布VOR台的使用频率、识别码、莫尔斯电码和地理坐标,在我国VOR台的识别码为三个英文字母。

5.4 飞　　机

5.4.1 飞机的基本概念

飞机指具有机翼,一具或多具发动机的靠自身动力驱动前进,能在太空或者大气中飞行,自身的密度大于空气的航空器。

飞机可根据组成部件的外形、数目和相对位置进行分类:

按机翼的数目,分为单翼机、双翼机和多翼机等;

按机翼相对于机身的位置,可分为下单翼、中单翼和上单翼飞机等;

按机翼平面形状,分为平直翼飞机、后掠翼飞机、前掠翼飞机和三角翼飞机等;

按用途,可分为军用机、民用客机、民用货机等;

按推进装置的类型,可分为螺旋桨飞机和喷气式飞机等;

按发动机的类型,可分为活塞式飞机、涡轮螺旋桨式飞机和喷气式飞机等。

5.4.2 飞机的基本构成

飞机基本部分可以分为机身、机翼、尾翼、起落架、动力装置和电子仪表系统等,通常把机身、机翼、尾翼、起落架这几个构成飞机外部形状的部分和称为机体。它们的尺寸大小及位置变化影响着飞机的使用性能及运行效率。

(1)机身

机身是飞机的主要部分,机身呈现长筒形状,把机翼、尾翼和起落架连在一起,它的前头部分即机头,装置驾驶舱用来控制整个飞机,中部是客舱和货运舱(用来装载货物、燃油及各种必需的设备)。机身后部与尾翼相连。

机翼用来产生支持飞机重量的升力,使飞机能在空中飞行。尾翼用来操纵飞机俯仰或偏转,并保证飞机能平稳地飞行。机身用来装载人员、物资和各种设备。起落架用于起飞、着陆滑跑和滑行,停放时支撑飞机。动力装置用来产生推力或者拉力,使飞机前进。

机身设计时要考虑三方面的因素:一是要载人载物,二是起到连接飞机其他部位的作用,三是在空气中受到的阻力必须尽量小。从空气动力学的角度出发,要同时满足这些条件,机身的形状必须是长筒形,为了减少阻力,机身前端要缩小,呈流线形;为了防止在起飞抬头时机尾擦地,机尾就要向上翘起并且缩小。典型的机身都是一个中间粗两头小的长筒。

飞机的机身还按规定喷涂国籍登记标志。根据《国际民用航空公约》的规定,从事国际航行的每一航空器都应载有国籍标志和登记标志。中国民用航空器的国籍标志为“B”,登记标志为阿拉伯数字、罗马体大写字母或二者的组合。国籍标志和登记标志之间有一个短横线“-”。中国大陆地区航空器国籍和登记标志格式为B-××××(编号为四位数字);香港、澳门地区为B-×××(编号为三位字母);台湾地区为B-×××××(编号为五位数字)。

(2)机翼

机翼是飞机的重要部分,机翼一般分为左右两个翼面,机翼除了提供升力外,还作为油箱和起落架的安放位置,机翼的翼尖两点之间的距离称为翼展,机翼的剖面称为翼型,翼型要符合飞机飞行速度范围并产生足够升力。机翼内部的空间除了安装机翼表面各种附加翼面的操纵装置外,主要部分是用来存储燃油的油箱,机翼上的燃油载量大约占全机燃油的1/4;机翼的主要功能是产生升力,以支持飞机在空中飞行,同时也起到一定的稳定和操纵作用。在机翼上一般安装有副翼、襟翼和扰流板。操纵副翼可使飞机滚转,收放襟翼可使机翼面积改变。机翼上还可安装发动机、起落架和油箱等。不同用途的飞机其机翼形状、大小也各不相同。机翼还用来安放起落架舱。

(3)尾翼

飞机尾翼包括水平尾翼和垂直尾翼。水平尾翼由固定的水平安定面和可动的升降舵组成,有的高速飞机将水平安定面和升降舵合为一体成为全动平尾。垂直尾翼包括固定的垂直安定面和可动的方向舵。尾翼的作用是操纵飞机俯仰和水平方向偏转,保证飞机能平稳飞行,所以尾翼是飞机必不可少的部分。

(4)起落架

起落架是航空器下部用于起飞降落或地面(或水面)滑行时支撑航空器并用于地面(或水面)移动的附件装置。起落架是唯一一种支撑整架飞机的部件,因此它是飞机不可或缺的一部分。

(5)动力装置

飞机的动力装置是飞机的重要组成部分,包括航空发动机、螺旋桨、动力辅助装置,其中最主要的是航空发动机,它构造复杂,自成体系,相对独立。

航空发动机由发动机及其启动、操纵系统,固定装置,燃油系统,滑油系统等组成。

(6)电子仪表系统

飞机的电子仪表系统是飞机感知和处理外部情况并控制飞机飞行状态的核心,相当于人的大脑及精神系统,对保障飞机安全、改善飞行性能起着至关重要的作用。飞机可依靠电子设备和地面导航系统的帮助,在远距离的航线上,能自动辨别航向,适应各种各样的气象条件,并且能在能见度很低的(50～100m)情况下着陆,能选择最佳航线、最佳飞行状态,使飞机性能有很大程度的提高,并且能够给乘客提供机上视听娱乐和电话服务。

飞机的电子仪表系统可分为四部分:通信系统、导航系统、飞机控制仪表系统和飞机电子综合仪表系统。

5.5 空中交通管理设施

5.5.1 空中交通管理概述

空中交通管理是为了有效地维护和促进空中交通安全,维护空中交通秩序,保障空中交通畅通,内容主要包括空域管理、空中交通流量管理、空中交通服务等。

1)空中交通服务

空中交通服务(Air Traffic Service,ATS)是空中交通管理的主要部分,主要内容包括空中交通管制服务(ATC)、飞行情报服务(FIS)和告警服务(AL)。

(1)空中交通管制服务

空中交通管制服务(Air Traffic Control,ATC)是指对飞行中的航空器提供交通管制服务,并实施有效的监督和管理。空中交通管制服务是空中交通管理的核心内容,其任务是防止航空器与航空器相撞及在机动区内航空器与障碍物相撞,维护和加快空中交通的有序流动。

空中交通管制服务按照管制单位分为机场管制服务、进近管制服务和区域管制服务。按照管制手段分为程序管制和雷达管制。程序管制是依照空中交通管制规则、机场和航路的有关规定,依靠通信手段进行管制的方法。要求机长报告飞行的位置和状态,管制员依据飞行时间和机长的报告,通过精确的计算,掌握飞机的位置和航迹。程序管制的主要职责是为飞机配备安全间隔。雷达管制是依照空中交通管制规则,依靠雷达监视的手段进行管制的方法。它对飞行中的飞机进行雷达跟踪监视,随时掌握飞机的航迹位置和有关飞行数据,并主动引导飞机运行。

(2)飞行情报服务

飞行情报服务(Flight Information Service,FIS)是指提供规定区域内航行安全、正常和效率所必需的航行资料和数据的服务。其任务是向飞行中的航空器提供有助于安全和有效地实施飞行的建议和情报。

(3)告警服务

告警服务(Alerting Service,AL)是指向有关组织发出需要搜寻援救航空器和协助该组织而提供的服务。其任务是向有关组织发出需要搜寻援救航空器的通知,并根据需要协助该组织进行搜寻援救的服务。告警服务是为接受空中交通管制服务的航空器,以及在可能范围内,为一切其他航空器自动提供,也为已知或确信收到非法干扰的航空器提供的服务。总之,告警服务的作用就是使一切有关的援救和应急机构,做好提供帮助的准备。

2)空域管理

空域管理(Air Space Management,ASM)是指为维护国家安全,兼顾民用、军用航空的需要和公众利益,统一规划,合理、充分、有效地利用空域的管理工作。主要内容包括空域划分与空域规划。空域划分即飞行高度层规定和各种空中交通服务区域的划分。空域规划是指对某一给定空域,通过对未来空中交通流量需求的预测,根据空中交通流的流向、大小与分布,对其按高度方向和区域范围进行设计和规划,并加以实施和修正的过程。空域管理的任务是依据既定空域结构条件,实现对空域的充分利用,尽可能满足空域用户使用空域的需求。

3)空中交通流量管理

空中交通流量管理(Air Traffic Flow Management,ATFM)是指在空中交通流量接近或达到空中交通管制可用能力时,预先或适时采取适当措施,保证空中交通最佳流入或者通过相应区域,尽可能提高机场、空域可用容量的利用率。其中,空中交通流量管理分为先期流量管理(或战略流量管理)、飞行前流量管理(或战术流量管理)和实时流量管理(或动态流量管理)。

5.5.2 空中交通管理系统设施

空中交通服务固定设施包括通信设施、导航设施、监视设施、气象设施、航行情报设施等。管制员使用的设施、设备应当按规定经民航局批准。

1)通信设施

(1)地空通信设施

空中交通管制使用的地空通信设施,应当是独立的无线电台并配备自动记录设施。

①区域管制室使用的地空通信设施

区域管制室使用的地空通信设施应当能与在该管制区内飞行的并有相应装备的航空器进行直接、迅速、不间断和清晰的双向通信。

②进近管制室使用的地空通信设施

进近管制室使用的地空通信设施应当是专用频道,并能与在其管制区内飞行并有相应装备的航空器进行直接、迅速、不间断和清晰的双向通信。如果进近管制服务的职能由区域管制室或塔台管制室兼任,也可以在兼任的管制室使用的通信频道上进行直接、迅速、不间断和清楚的双向通信。

③塔台管制室使用的地空通信设施

塔台管制室使用的地空通信设施,应当能使塔台管制室与在本机场管制范围内飞行的并有相应装备的航空器进行直接、迅速、不间断和清晰的双向通信。

为了管制机场机动区内车辆的运行,防止车辆与航空器相撞,应当根据需要设置单独的地面移动无线电话通信频道,建立塔台管制室与车辆之间的双向通信。

(2)航空固定通信设施

空中管制单位应当配备航空固定通信设施,包括报文通信和直通电话,用以交换和传递飞行计划和飞行动态,移交和协调空中交通管制。管制单位使用的报文通信设施应当满足交换和传递飞行计划和飞行动态的需要。

①固定报文通信设施

区域管制室、进近管制室、塔台管制室以及机场空中交通服务报告室应当配备航空固定报文通信设施与空中交通管制单位进行通信联络。

②直通电话通信设施

区域管制室、进近管制室、塔台管制室、机场空中交通服务报告室应当配备直通电话等通信设施与单位进行通信联络;总调度室与管理局调度室之间应当配备直通电话通信设施进行通信联络。

③航空固定通信设施的功能

空中交通管制单位之间的航空固定通信设施,应当具有下列功能:

a.直通电话,用于雷达管制移交目的的,应当能够立即建立通信,用于其他通信的,应当在15s之内建立;

b.报文通信、报文传输时间不得超过5min。

空中交通管制单位使用的直通电话通信设施,应当有自动记录功能,自动记录应当保存30d。如果自动记录与飞行事故和飞行事故征候有关,应当按照要求长期保存,直至明确已不再需要保留时为止。

直通电话通信应当制定通信程序,并按照通信内容的轻重缓急程度建立通信秩序。必要时可以中断一些通话,以保证航空器遇到紧急情况时,空中交通管制单位能够立即与有关单位建立联系。

截至2017年,我国已经在所有民航机场建设了VHF地空通信系统。14个大中型机场实现VHF通信系统多通道和标准化;基本实现了东部地区和新疆维吾尔自治区主要国际航线6 600m以上高空航路VHF通信覆盖以及部分飞行繁忙机场VHF通信的双重覆盖。建成了以中国民航总局空管局为网管和数据处理中心,以北京、广州、上海、成都、西安、沈阳为数据通信分节点,基本覆盖国际航路、国内干线航路的105座远端地面站(RGS)的VHF地空数据通信网络。建成了民航专用C波段平面卫星通信网,开通了400多条数据话音通信线路。建成了民航专用分组数据网,并在部分地区增加了帧中继交换机和接入设备,将网络干线和部分电路改造成帧中继交换电路,速率提高到64~128kb/s,基本实现了民航平面通信的电报自动化。总局至各管理局的转报速率已达9 600b/s,管理局至各省(市、区)局,大航站转报速率也已达300~2 400kb/s,端口速率已基本能够满足目前平面电报传输需求。在业务繁忙机场建成800Mb/s集群通信系统19套,保证了场内移动通信的有序和可靠。

2)导航设施

机场和航路应当根据空中交通管制和航空器运行的需要配备目视和非目视导航设施。

目视导航设施包括进近灯光系统、目视进近坡度指示系统、跑道灯光系统、滑行道灯光系统、机场灯标等。

非目视导航设施分为机场和航路非目视导航设施。机场非目视导航设施包括:精密进近仪表着陆系统(ILS)、非精密进近仪表着陆系统(NDB)、指点标等;航路非目视导航设施包括:全向信标台/测距仪(VOR/DME)、长波导航台(NDB)等。

对于机场和航路上的目视和非目视导航设施的资料和运行的不正常情况,有关保障部门应当及时通知有关空中交通管制单位。

机场和航路上的目视和非目视导航设施和监视设施,应当按照空中交通管制单位的通知准时开放。如果设施中断运行,有关单位应当立即报告空中交通管制单位。

在全国大多数机场建设仪表着陆系统(ILS),其中北京等29个重点机场配备了双向仪表着陆系统，北京首都国际机场东跑道36R单向仪表着陆系统已经按Ⅱ类运行标准正式使用。仪表着陆系统的使用，大大增强了机场运行的安全保障能力，提高了机场使用效率和航班正常率。导航能力的不断加强，提高了航路导航的精度。

3）监视设施

空中交通管制单位通常应当配备相应的空管监视设备，以便监视和引导航空器在责任区内安全正常飞行。监视设施的要求如下：

①完整、有效和可靠。

②应当提供与安全有关的告警与警告显示。

③能够实现与相邻的空中交通服务单位的信息联网共享。

④空管监视设施数据应当配备自动记录系统，供调查飞行事故和飞行事故征候、搜寻援救以及空中交通管制和监视系统运行的评价与训练时使用。移动通信、固定通信和监视设施的自动记录系统应当处于统一的时钟控制之下，并能够同步播放。

⑤空管监视数据记录应当至少保存30d。如该记录与飞行事故或飞行事故征候有关，应当按照调查单位的要求长期保存，直至不需要为止。

目前雷达系统分布主要在哈尔滨—沈阳—北京—西安—成都—昆明一线以东飞行繁忙地区，该地区现行主要航路6 600m以上基本实现雷达覆盖，北京、上海、广州、郑州、长沙等重要机场终端均实现了雷达多重覆盖。北京等24个系统具备了多雷达处理功能，其中北京、广州、珠海、浦东、杭州、南昌、上海7个机场管制中心采用自动化飞行计划处理系统；北京、上海和广州还分别配备了24席位以上的话音处理系统；此外，在北京、上海、广州等重要机场均已完成多项雷达的信息引接工作，扩大了监视范围，提高了雷达信息共享利用率。上海浦东机场引进、构成了全国第一套场面监视雷达，为飞行繁忙机场实施场面监视提供了可靠手段。

4）气象设施

（1）气象设施的要求

民用航空气象（气象监视）台、站向空中交通管制单位提供服务的气象设施应具备如下功能：

①提供其需要的最新的机场和航路天气预报与天气实况，以便履行空中交通管制的职能；

②提供的气象资料的格式，应当使空中交通管制人员易于理解，提供的次数应当满足空中交通管制需要；

③民用航空气象（气象监视）台、站，应当设置在空中交通管制单位附近，便于气象台、站人员和空中交通管制单位人员共同商讨气象情报服务；

④机场和航路上有危害航空器运行的天气现象时，民航气象（气象监视）台、站应当及时提供给空中交通管制单位，并详细注明天气现象的地点、范围、移动方向和速度；

⑤向空中交通管制单位提供的高空和中低空气象资料用数字形式并供空中交通管制计算机使用的，空中交通管制单位和民航气象（气象监视）台、站应当对内容、格式和传输方式进行协商，统一安排。

（2）气象资料

民航气象（气象监视）台、站应当向飞行情报中心和区域管制室提供其所辖责任区内机场和航路的下列气象资料：

①重要气象情报；

②特殊空中气象报告；

③现行天气报告；

④天气预报(包括订正预报)；

⑤按空中交通管制单位指定的间隔时间提供指定地点的现行气压数据，以便拨正高度表。

民航气象(气象监视)台、站应当向进近管制室和塔台管制室提供其所辖责任区内机场和空域内的下列气象资料：

①现行天气报告；

②天气预报(包括订正预报)；

③特殊天气报告；

④按空中交通管制单位指定的间隔时间提供指定的机场和地点的现行气压数据，以便拨正高度表；

⑤如使用多个风力计，应当明确注明，以便识别每个风力计所监测的跑道和跑道地段。

进近管制室和塔台管制室应当配备地面风指示器，指示的风力数据应当与民航气象(气象监视)台、站的地面风指示器来自同一观测点和同一风力计。

使用仪器测算跑道视程的机场，其进近管制室和塔台管制室应当配备指示器，以供读出现行跑道视程数据，对起飞和着陆以及进近的航空器提供服务。配备的指示器所指示的数据应当与气象台、站的指示器指示的数据来自同一观测点和同一视程测计设备。

特殊天气报告、订正的天气预报以及天气变坏或预期将要变坏的天气报告，民航气象(气象监视)台、站应当及时主动提供给空中交通管制单位，不得等到下一次例行报告时间提供，以免失去时效，危及飞行安全。

截至2017年，我国在大部分机场实现了常规观测的自动化和卫星云图接收处理系统的布局，在1/3以上的机场安装了天气雷达，在中国民用航空局航空气象中心和191个机场建立了气象数据库系统和气象资料卫星广播接收系统，构成了以中国民用航空局北京气象中心为枢纽的气象信息广域网，并在部分机场完成了世界区域预报系统和气象信息综合服务系统的建设。

【复习思考题】

1. 航空运输的优点和缺点有哪些？
2. 简述航空运输系统的组成。
3. 简述机场的功能及主要组成部分。
4. 出入机场地面交通运输方式有哪些？
5. 航线和航路的主要区别是什么？
6. VOR 系统的主要功能有哪些？
7. 飞机的基本构成是什么？
8. 空中交通流量管理的内容包括哪些？
9. 论述空中交通管理导航设施组成及其作用。

第 6 章 管道运输系统

6.1 管道运输概述

6.1.1 管道运输的分类

管道运输是使用管道输送流体货物的一种运输方式,所输送的货物主要是油品(原油和成品油)、天然气(包括油田伴生气)、煤浆以及其他矿浆。管道运输随石油开发而兴起,并随着石油、天然气等流体燃料需求的增长而发展。

运输管道常按所输送的物品不同分为:原油管道、成品油管道、输气管道和固体料浆运输管道(前两类常统称为油品管道或输油管道)。

1)输油管道

输油管道分为原油管道和成品油管道两类。

(1)原油管道

原油一般具有密度大、黏稠和易于凝固等特性。用管道输送时,要针对所输原油的物理性质,采用不同的输送工艺。原油运输是自油田将原油输给炼油厂,或转运原油的港口或铁路车站,或两者兼而有之。其运输特点是:输量大、运距长、收油点和交油点少,故特别适宜用管道输送。世界上的原油约有 85% 以上用管道输送。

(2)成品油管道

成品油管道输送汽油、煤油、柴油、航空煤油和燃料油,以及从油气中分离出来的液化石油气等成品油(油品)。每种成品油在商业上有多种牌号,成品油的管道输送常采用在同一条管道中按一定顺序输送多种油品的工艺,这种工艺能保证油晶的质量和准确地分批运到交油点。成品油管道的任务是将炼油厂生产的大宗成品油输送到各大城镇附近的成品油库,然后用油罐汽车转运给城镇的加油站或用户。有的燃料油则直接用管道输送给大型电厂,或用铁路油槽车外运。成品油管道运输的特点是批量多、交油点多。因此,管道的起点段管径大,输油量大;经多处交油分输以后,输油量减少,管径亦随之变小,从而形成成品油管道多级变径的特点。

2)输气管道

输气管道是输送天然气和油田伴生气的管道,包括集气管道、输气干线和供配气管道。就长距离运输而言,输气管道是指高压、大口径的输气干线。这种输气管道约占全世界管道总长的1/2。

3)固体料浆管道

固体料浆管道是20世纪50年代中期发展起来的,到70年代初已建成能输送大量煤炭料浆的管道。其输送方法是将固体粉碎,掺水制成浆液,再用泵按液体管道输送工艺进行输送。

6.1.2 管道运输的特点

管道作为一种运输手段而得到较快的发展,成为交通运输系统中的一个重要组成部分,是因为它具有独特的优点:一是,管道能够进行不间断的输送,运输连续性强,运输量大,不产生空驶。如管径529mm的管道,年输送能力1 000万t;管径630mm的管道,年输送能力1 500万t;管径720mm的管道,年输送能力2 000万t;比一条单线铁路的运输能力还大。而用车、船运送油品,一般回程放空不能利用,浪费运力。二是,管道可以实现密封输送,消除途中装卸、倒装和转运作业,把输送物资从产地直接送到消费地,因此,可使油类在运送途中的损耗,减少到最低限度。三是,管道是埋在地下的,占用土地少,输送石油及其制品安全可靠。同时管道运输适应性强,基本不受自然条件的限制,如不受气候影响,可全天全年运行;可穿越高山峡谷,河流沼泽,几乎不受地形影响。四是,管道基建投资少,燃料消耗少,经营管理简便,劳动生产率高,运输成本低,从而大大节省运输费用,运输效益大。五是,在同一条管道中可以输送多种油品,比较易于实现运输自动化管理,占用劳动力少。

管道运输作为一种专用运输方式,货种单一,且管道运输弹性小,起运量与最高运输量间的幅度小,因此油田开发初期,难以采用管道输送,往往还要以铁路、公路或水运作为过渡。另外,如管道某处出现故障或事故,会影响全管路输油工作。

目前,管道不仅被用作石油及其制品的运输工具,并已开始用于矿石、煤炭、硫黄、化工产品、建材、粮食谷物等物资的运输。在交通运输系统中,管道运输是干线运输的特殊组成部分。

6.2 长距离输油管道

6.2.1 长距离输油方式

管道输送原油及其制品的方式一般有三种,即常温输送、加热输送、易燃原油的不加热输送。

(1)常温输送。输送轻质油或低凝点原油的管道不需加热,油品经一定距离后,管内油温等于管线埋深处的地温,这种管道称为常温输油管,它无须考虑管内油流与周围介质的热交换。原油或成品在大气温度下输送,多用于单一的成品油,如汽油、柴油、煤油或低黏度原油的输送。在输送过程中只有压能的消耗。设备、工艺简单,各站只要加压即可。

(2)加热输送。主要用于一些凝固点高、黏度大、含蜡高的原油。当油品黏度极高或其凝固点远高于管路周围环境温度时,每公里管道的压降将高达几个甚至几十个大气压,这种情况下,加热输送是最有效的办法。这种油的输送要测定黏度与温度的关系。在输送过程中,既要解决压能平衡,还要解决热能平衡,因而要设置泵站与加热站,组成热泵站。油输送管道不仅要考虑因摩擦阻力带来的损失,还要考虑散热损失,输送工艺更为复杂

(3)易燃原油的不加热输送。又有以下几种方式:①热处理输送,把油先加热到一定温度,按要求的冷却速度冷却,改变蜡的结晶,从而改变与降低凝固点。②乳化输送,即在被输送油中加一些表面活性剂的水溶液,在一定温度条件下,搅拌后形成一种水包油型乳状液,从而降低油的凝固点。这种输送方式要保证输送过程中的稳定性和输送到目的地后脱乳易、成本低。③水悬浮输送,利用水凝固点较高的特点,使油颗粒状混合输送,液体中含油量占60%,这种输送方式要解决水源、脱水和水处理问题。④内螺旋管输送,水、油混合输送,因离心力作用使水近壁,而油在中心进行输送。⑤轻油稀释输送,用稀油与重黏度的油混合输送。

6.2.2 长距离输油管道构成

长距离输油管道由输油管线和输油站两部分构成。

(1)输油站(加压泵站)

输油站是管道运输的重要组成设备和环节,在管道运输过程中,通过输油站对被输送物资进行加压,克服运行过程中的摩擦阻力,使原油或其制品能通过管道由始发地运到目的地。输油站按其所在位置可以分为:首输油站,多靠近矿场或工厂,收集沿输油管输送的原油及其制品,进行石油产品的接站、分类、计量和向下一站输油。要配有较多油罐和油泵。如果是热油输送还要配有加热设备。中间输油站,担负把前一站输来的油,转往下站的任务。如果是热油输送,则通过中间输油站加热,使油温大于环境温度,带有加热功能的叫热泵站。终点基地,接收、计量、储藏由输油管输来的油,并分配到各消费单位,或转交至其他运输工具。需要有大量油罐和输转设备。

输油站设有一系列复杂的构筑物,主要设备有:

①泵房。它的作用在于形成一定的压力,以便克服管道输送时所产生的阻力,把石油输往下一站。应根据压力大小,在每一定间隔距离的线路上设置一个泵站。

②油池。在矿场、炼油厂和各个输油站设有收油和发油的专用油池。利用管道从发油企业收油,或从油池往外发油。

③阀房。其中设有闸阀,用以控制输油过程。

此外,还有与输油过程不直接发生联系的辅助设施,如变电所、冷却设备、锅炉房、机修车间、水塔、净化设备以及阴极防护设施,各站还设有清管装置。

(2)输油管线

输油管线按其作用可分为三种:

①内部输油管式辅助输油管。是指炼油厂、石油基地中的各种线路系统,用于输送加工原

油和灌注油罐车、内河及港内驳船、远洋油轮及油桶。

②局部性输油管。是指把石油从矿场输往石油基地与大型输油管首站的短距矿场管路。

③大型输油管或干线输油管。这种输油管自成系统，形成独立的企业单位。其线路可长达数百公里至数千公里。除必要的检修工作外，能全年不断地输送石油。

输油管线包括以下几部分设备：

①钢管。一般用焊接方式连接的无缝钢管，每根长12.5m。建设时首先是散管，然后进行焊接，焊接成2km左右长的无缝钢管，进行分段试压、缠上防腐层（沥青、玻璃皮等），再将管条连接起来，进行整体试压（试压压力为工作压力的1.2倍），然后下沟，最后进行埋管。

②穿（跨）越工程。

③截断阀。在各站，穿（跨）越工程两端及管道沿线每隔一定距离都要设截断阀。

④通信系统。用来指挥生产。

⑤简易公路，便于检修等工作。

(3)管道与泵站的联系

管道与泵站的联系，根据其联系方式的不同，可划分为以下3种方式：

①通过式联系。即管线与泵站大泵全部串联。

②旁通油罐式。即每一泵站接入一个油罐。

上述两种方式都要在中间站安设一个油罐，它们的差异仅是油罐安放的位置不同，各个泵站各自成为一个独立水力系统，罐为缓冲装置。

③密闭式联系。中间泵站不设油罐，仅设有事故处理罐，平常处于封闭状态。全线形成一个统一的水力系统，各部分的参数变化都将影响整体。因此，这种联系方式其可靠性要求高，通信、自动化水平要求高。

6.3 长距离输气管道

长距离输气管道通常连接产量巨大的天然气田或人工燃气与用气地区的输气管道，其干管及支管的末端连接城镇或大型工业企业，作为该供气区的气源点。输气管道系统主要由矿场集气管网、干线输气管道网、城市配气管网以及与此相关的站、场等的设备组成。矿场输气管道输送未经处理的原料气；输送距离短、管径小、压力变化大。干线输气管道把经脱硫净化处理的天然气送到城市；输送距离长，管径大（400mm以上），压力高（4.0MPa以上），为天然气远距离输送的主要工具。城市输气管道为天然气的分配管网，它遍布整个城市和近郊，一般总是呈环形布置，且按压力严格区分。这些设备从气田的井口装置开始，经矿场集气、净化及干线输送，再经配气管网送到用户，形成一个统一、密闭的输气系统。

6.3.1 长距离输气管道特点

长距离输气管道（长输管道）与压缩机站组成一个复杂的动力系统，由于其输送的气量大，常采用大口径、高压力的输送系统。其主要特点为：

①长输管道是天然气长距离连续运输系统，不需要常规的运输工具和设备，也不需要大量的建筑和占用大量的土地，可用自身运输的物质消耗克服其摩擦阻力就能迅速将天然气运到

目的地,是最有效、最大规模的运输系统。

②长输管道属于一个庞大而复杂系统的中间环节,必须协调好上下游间的关系,这使其设计及操作管理更为复杂。

③长输管道输送量庞大,涉及国计民生及千家万户,必须充分保证能安全、连续、可靠地供气。

④由于采气生产的均衡性和用户用气的波动性,要求管道有一定的储气能力,以适应用气量的变化。

⑤长输管道投产初期可充分利用地层压力进行输送,根据气田压力的变化逐步建增压站,可节约投资和经营费用。

⑥长输管道要求有与之配套的附属设施,尤其是通信和自动控制系统。

⑦现代管道运输在国民经济中的地位日趋重要,利用冶金、机械制造、自动控制和施工安装等综合技术来提高运输效率,已成为管输工艺研究的核心。

6.3.2 长距离输气管道构成

长距离输气管道由矿场集气设备、输气站、干线输气管道、城市配气管网四部分构成。

(1)矿场集气设备

集气过程指从井口开始,经分离、计量、调压、净化和集中等一系列过程,到向干线输送为止。集气设备包括井场、集气管网、集气站、天然气处理厂、外输总站等。一般气田的集气有单井集气和多井集气两种流程。单井集气方式下的每一口井场除采气树外,还有一套独立完整的节流(加热)、调压、分离、计量等工艺设施和仪表设备。多井集气方式下,主要靠集气站对气体进行节流、调压、分离、计量和预处理等工作,井场只有采气树;气体经初步减压后送到集气站,每一个集气站可汇集不超过 10 口井的气体。集气站将气体通过集气管网集中于总站,外输至净化厂或干线。多井集气处理的气体质量好,劳动生产率高,易于实现管理自动化,多用于气田大规模开发阶段。单井集气与多井集气都可采用树枝形或环形集气管网。环形管网可靠性好,但投资较大。由于气井井口压力较高,集气管道工作压力一般可达 110MPa 以上。

(2)输气站

输气站又称压气站。核心设备是压气机和压气机车间。任务是对气体进行调压、计量、净化、加压和冷却,使气体按要求沿着管道向前流动。由于长距离输气需要不断供给压力能,故沿途每隔一定距离(一般为 110 ~ 150km)设置一座中间压气站(或称压缩机站),首站也是第一个压气站,当地层压力大至可将气体送到第二站时,首站也可不设压气机车间。第二站开始称为压气站,最后一站即干线网的终点,即城市配气站。压气站也可按作用分为压气站、调压计量站、储气库三类。调压计量站多设在输气管道的分输处或末站,其作用是调节气体压力、测量气体流量,为城市配气系统分配气量并分输到储气库;储气库则设于管道沿线或终点,用于解决管道均衡输气和气体消费的昼夜及季节不均衡问题。

压缩机(或称压气机)是提高气体压力以输送气体的机器。它可分容积型和速度型两大类。前者通过压缩体积、增大密度来提高气体压力;后者则通过提高气体速度并使其从很高的速度降低,使动能转化为压力能。输气管线上的压缩机主要是容积型的活塞式往复压缩机和速度型的离心式旋转压缩机。

①往复式压缩机的优点是排出气体的压力稳定,调节性能好,效率高,对压缩机制造材料

要求不高，但结构复杂，易损件多，运转中振动、噪声较大，多适用于升压要求高、输气量低的线路；

②离心式压缩机的优点是结构紧凑，排气均匀、连续，可直接串联运行，振动与易损件小，机内无须润滑油，不污染输送气体，转速高，节能，维修工作量小，但对流量小、压力要求高的输送要求难以满足，效率较低。

在管径和流量不断增长的今天，离心式压缩机发展很快，在输气干线上占据了绝对优势。活塞式压缩机中，活塞在汽缸中做往复运动对气体加压。离心式压缩机中，气体从轴向进入高速旋转的叶轮并被离心力甩出进入扩压器。叶轮中速度高、动能大的气体进入断面渐大的扩压器后速度降低，部分动能转变为压力能。接着气体通过弯道和回流器被第二级吸入，进一步提高压力。依次逐级压缩，直至获得所需压力。每级叶轮中，排气压力与进气压力之比称为叶轮的压力比。干线输气管上一个站的压缩比一般在1.2～1.5。必要时可采用多台压缩机串联使用。

压气站站址应选择在地面平坦、有缓坡可排水、土壤承载能力不低于0.12MPa、地下水位低、土壤干燥的地方。

(3)干线输气管道

干线是指从矿场附近的输气首站开始到终点配气站为止。

由于输气管道输送的介质是可压缩的，其输量与流速、压力有关。压气站与管路是一个统一的动力系统。压气机的出站压力就是该站所属管路的起点压力，终点压力为下一个压气站的进站压力。一般地，输气管线可以有一个或多个压气站。

当只有一个压气站时，系统工作点可由压气站及全线管路的工作特性来确定。不过，系统工作点并非是一成不变的，而是随压气站与管路工作特性、输气管线工作条件(如地温)变化而变化的。输气管与压缩机的选用要考虑使系统工作点在压缩机的高效区内，且工作点压力不超过管道工作的最大压力。

当全线有多个压气站时，在确定工作点之前应确定压气站数和站间距离。在生产中，由于各压气站需要消耗一定数量的天然气(动力与生活用气)，输气干线从起点到终点的压力逐渐下降。若沿线有分气或进气，则各压气站的流量也可能不同。全线所需要的压气站数和站间距应根据实际情况通过水力计算确定。压气站数可根据管线起终点最大供气量、压气站最大出站压力、全线管长、末段管线长度、压气机性能、输送介质等因素来初步确定，再根据地形、地质、水、电、交通等条件最终确定。一般地，压气站数与站址确定后，压缩机与管路工作点即可确定。工作点的流量应大于或等于输气管的任务输量，否则应调整布站。

一般来说，在各种影响因素中，管径 D 对流量 Q 影响最大，其他因素不变时，Q 与 D 的2.53次方成正比；管径增大1倍，流量可增加4.776倍；其他参数不变时，要增加同样多的流量，则管长要缩短为原来管长的1/31，或平均温度下降到原来温度的1/31。故加大管径是提高输气量的最有效途径之一。影响输气量的另一重要因素是压力，高压输气比低压输气有利，即在相同的压差下，同时提高起点和终点压力能提高输气量，提高起点压力或降低终点压力也能提高输气量；但前者效果更好。此外，温度的提高也有利于提高输气量。

总的来说，高压、大管径是长距离输气管道发展的方向。

(4)城市配气管网

城市配气指从配气站(即干线终点)开始，通过各级配气管网和气体调压所按用户要求直接向用户供气的过程。配气站是干线的终点,也是城市配气的起点与枢纽。气体在配气站内经分离、调压、计量和添味后输入城市配气管网。城市配气管网形式可分树枝形和环形两类,按压力则可分高压、次高压、中压和低压四级。由于不同级别的管网上管道等设施的强度不同,上一级压力的管网必须调压后才能输向下一级管网。城市一般均设有储气库,可调节输气与供气间的不平衡。例如,当输气量大于城市供气量时,储气库储存气体,否则输出气体。

6.4 固体料浆的管道运输

用管道输送各种固体物质的基本措施是将待输送固体物质破碎为粉粒状,再与适量的液体配置成可泵送的浆液,通过长输管道输送这些浆液到目的地后,再将固体与液体分离送给用户。目前固体料浆管道主要用于输送煤、铁矿石、磷矿石、铜矿石、铝矾土和石灰石等矿物,配制浆液主要用水,少数采用燃料油或甲醇等液体。固体料浆管道的基本组成部分与输气、输油管道大致相同,但还有一些制浆、脱水干燥设备。以煤浆管道为例,整个系统包括煤水供应系统、制浆厂、干线管道、中间加压泵站、终点脱水与干燥装置。

固体料浆管道由浆液制备系统、输送管道、中间泵站、后处理系统四部分构成。

1)浆液制备系统

以煤为例,煤浆制备过程包括洗煤、选煤、破碎、场内运输、浆化、储存等环节。为清除煤中所含硫及其他矿物杂质,一般采用淘选、浮选法对煤进行精选,也可采用化学法或细菌生物法。

从煤堆场用皮带输送机将煤输送至储仓后,经振动筛粗选后进入球磨机进行初步破碎,再经第二级振动筛筛分后进入第二级棒磨机掺水细磨,所得粗浆液进入储浆槽,由提升泵送至安全筛筛分,最后进入稠浆储罐。在进行管道输送前,为保证颗粒级配和浓度符合质量要求,可用试验环管进行检验。不合格者可返回油罐重新处理。

煤浆管道首站一般与制浆厂合在一起,首站的增压泵从外输罐中抽出浆液,经加压后送入干线。

2)输送管道

在管道中流动浆液是固液二相的混合物,其流态多变,必须在一定的流速下浆液才能稳定流动。流量降低、流速减缓的情况下,会出现多种不均质流态,甚至产生固体沉积现象。为了保持浆液稳定流动,须确定合理的输送工艺,如筛选均质固体、确定合理破碎筛分、确定颗粒级配、配制适合浓度的浆液;还要根据年输送量选择适宜的管径、确定临界流速等。此外,在确定固体粒径和级配时,要考虑便于固液分离。因此,确定输送工艺是十分复杂的技术问题。

在固体管道中浆液的浓度受固体的重度、粒径等的限制。煤浆管道的浆液质量浓度在50%左右,而铁矿浆液的质量浓度为66%左右。管道输送工艺中应注意的问题有:

(1)浆液管道的流态

在相同的流速下,由于粒径级配不同,可形成三种基本流态:均质流态,在管道断面上颗粒均匀悬浮,各点的固体浓度相同;半均质流态,细颗粒均匀分布在管道全断面上部,但大颗粒则在下部运动,因此下部浓度大,上部浓度小,但不出现固体颗粒沉淀;非均质流态,全断面上浓度分布很不均匀，出现固体颗粒沉淀，并在管道底部出现沉淀层。严格地讲，纯均质的浆液流是不存在的，同一种浆液当流速变化时，可以在均质流与半均质流或半均质流与非均质流之间转化。出现沉淀时的流速称为浆液的临界流速，这一流速也是非均质流与半均质流的分界点。固体管道应在临界流速以上输送浆液。

(2)固体料粒径的选择

固体管道营运是否经济，与颗粒粒径的选择有密切关系。制浆和脱水费用主要由设备投资和运行费用这两项组成，而这两项费用都与颗粒粒径有关。粒径越小，需要破碎的设备就多，耗用动力大；脱水也难，脱水的设备多，时间长，能耗也多。粒径与输送费用的关系更为复杂。粒径越大，浆液流态不稳定，临界流速大，耗能也大；粒径小，流态稳定，临界流速低，但也有一定的限度。如粒径小于某一数值，则会使浆液的黏度增加，能耗上升，脱水更加困难，输送费用反而增加。粒径的选择又与固体的重度有关。根据黑梅萨煤浆管道的经验，煤浆管道中的全部颗粒粒径要小于1.19mm，其中20%的粒径要小于0.044mm。当粒径小于0.044mm的占14%时，停输时会造成管道堵塞；后改为16%的粒径通过0.044mm筛孔，仍有堵塞，但较易启动；最后改为19%的粒径小于0.044mm，再启动就比较容易。对不同的管道，上述条件还会改变。

(3)管道坡度

管道坡度是造成管道堵塞的因素之一，因此管道坡度应有严格限制。固体料浆管道常用间歇输送来调节输送量，停输后固体颗粒会沉淀。如果管道坡度大于沉淀物的自然安息角，沉淀物将向下滑动堆积，形成堵塞。如果堵塞的长度较短，可在启动压力下恢复流动。如果坡度大的管段过长，而堆积长度过长，将会给再启动带来困难。煤浆管道的敷设坡度一般不大于16°。

3)中间泵站

中间泵站的任务是为煤浆补充压力能。停运时则提供清水冲洗管道。输送煤浆的泵也可分容积式与离心式两种，其特性差异与输油泵大致相同。泵的选用要结合管径、壁厚、输量、泵站数等因素综合考虑。为了减少浆液对活塞泵缸体、活塞杆、密封圈的磨蚀，国外研制了一种油隔离泵，可避免浆液进入活塞缸内，活塞只对隔离油加压并通过它将压力传给浆液。

4)后处理系统

煤浆的后处理系统包括脱水、储存等部分。管道输送煤浆可脱水储存，也可直接储存。脱水的关键是控制煤表面的水含量，一般应保证在7%～11%。影响脱水的因素主要有浆液温度与细颗粒含量。浆液先进入受浆罐或储存池，然后再用泵输送到振动筛中区分为粗、细浆液。粗浆液进入离心脱水机，脱水后的煤粒可直接输送给用户，排出的废液输入浓缩池与细粒浆液一起，经浓缩后再经压滤机压滤脱水，最后输送给用户。

由于管道中流动的浆液是固液两相的混合物，其输送过程中除了要保证稳定流动外，还要考虑其沉淀的可能，尤其是在流速降低情况下。不同流速、不同固体粒径及浓度条件下，浆液管道中可能出现均质流、非均质流、半均质流三种流态。非均质流浓度分布不均，可能会出现沉淀，其摩擦阻力大，输送费用高。

从整个系统来看，要保证系统的经济性需要考虑并确定合理的颗粒大小及浆液浓度。细颗粒含量多时虽然可以降低管输费用，但制浆、脱水费用将会增加。

6.5 城镇燃气管道

6.5.1 城镇燃气管网分类

城镇燃气管道可按用途、敷设方式、燃气设计压力、管网形状、管网压力级制等加以分类。

(1)按用途分类

①分配管道。是指在供气地区将燃气分配给工业企业用户、商业用户和居民用户的管道,包括街区和庭院的燃气分配管道。

②用户引入管。是指将燃气从分配管道引到用户室内引入口处总阀门前的管道。

③室内燃气管道。是指通过用户管道引入口的总阀门将燃气引向室内,并分配到每个燃气用具的管道。

(2)按敷设方式分类

①埋地管道。城市中燃气管道一般采用埋地敷设,当燃气管段需要穿越铁路、公路时,有时需加设套管或管沟,因此有直接埋设及间接埋设两种。

②架空管道。工厂厂区内或管道跨越障碍物以及建筑物内的燃气管道时,常采用架空敷设。

(3)按燃气设计压力分类

燃气管道与其他管道相比,有特别严格的要求,因为管道漏气可能导致火灾、爆炸、中毒等事故。燃气管道中的压力越高,管道接头脱开、管道本身出现裂缝的可能性就越大。管道内燃气压力不同时,对管材、安装质量、检验标准及运行管理等要求也不相同。

我国城镇燃气管道按燃气设计压力 P(MPa)分为七级,如表 6-1 所示。

城镇燃气设计压力(表压)分级 表 6-1

名称		压力
高压燃气管道	A	$2.5 < P \leq 4.0$
	B	$1.6 < P \leq 2.5$
次高压燃气管道	A	$0.8 < P \leq 1.6$
	B	$0.4 < P \leq 0.8$
中压燃气管道	A	$0.2 < P \leq 0.4$
	B	$0.01 \leq P \leq 0.20$
低压燃气管道		$P < 0.01$

燃气输配系统各种压力级制的燃气管道之间应通过调压装置相连。当有可能超过最大允许工作压力时,应设置防止管道超压的安全保护设备。

(4)按管网形状分类

①环状管网:管段连成封闭的环状,输送至任一管段的燃气可以由一条或多条管道供气。环状管网是城镇输配管网的基本形式,在同一环中,输气压力处于同一级制。

②枝状管网:以干管为主管,分配管呈树枝状由主管引出。在城镇燃气管网中一般不单独

使用。

③环枝状管网:环状与枝状混合使用的一种管网形式。

(5)按管网压力级制分类

城镇燃气管网系统根据所采用的管网压力级制不同可分为:

①单级系统:仅有低压或中压一种压力级别的管网输配系统。

②二级管网系统:由具有两种压力等级的管网系统组成。

③三级管网系统:由低压、中压和次高压三种压力级别组成的管网系统。

④多级管网系统:由低压、中压、次高压和高压多种压力级别组成的管网系统。

6.5.2 城镇燃气管网系统选择

1)城镇燃气管网采用不同压力级制的原因

城镇燃气管网不仅应保证不间断地、可靠地给用户供气,保证系统运行管理安全,维修简便,而且应考虑在检修或发生故障时,关断某些部分管段而不致影响其他系统的工作。因此,在城镇燃气管网系统中,需要选择不同压力级制,具体原因如下。

(1)经济性

大部分燃气由较高压力的管道输送,管道的管径可以选得小一些,管道单位长度的压力损失可以选得大一些,以节省管材。如由城市的某一地区输送大量燃气到另一地区,则应采用较高的压力比较经济合理。有时对城市里的大型工业企业用户,可敷设压力较高的专用输气管线。当然管网内燃气的压力增高后,输送燃气所消耗的能量也随之增加。

(2)用户需求

居民用户和小型公共建筑用户需要低压燃气,而大多数工业企业则需要中压或次高压、甚至高压燃气。

(3)消防要求

在城市末改建的老区,建筑物比较密集,街道和人行道都比较狭窄,不宜敷设高压或中压A管道。此外,由于人口密度较大,从安全运行和方便管理的观点看,也不宜敷设高压或中压A管道,而只能敷设中压B管道和低压管道。同时大城市的燃气输配系统的建造、扩建和改建过程要经过许多年,所以在城市的老区原先设计的燃气管道的压力,大都比近期建造的管道的压力低。

2)燃气管网系统的选择

城镇燃气输配系统压力级制的选择,应根据燃气供应来源、用户的用气量及其分布、地形地貌、管材设备供应条件、施工和运行等因素,经过多方案比较,择优选取技术经济合理、安全可靠的方案。

无论是旧有的城市还是新建的城市,在选择燃气管网系统时,主要应考虑的因素有:

①气源情况。燃气的种类和性质、供气量和供气压力;燃气的净化程度和含混量;气源的发展或更换气源的规划情况。

②城市规模、远景规划情况、街区和道路的现状和规划以及用户的分布情况。

③原有的城市燃气供应设施情况。

④不同类型用户对燃气压力的要求。

⑤用气的工业企业的数量和特点。

⑥储气设备的类型。

⑦城市地理地形条件、城市地下管线和地下建筑物、构筑物的现状和改建、扩建规划。

设计城市燃气管网系统时，应全面综合考虑上述诸因素，进行技术经济比较，选用技术可行、工作可靠、经济合理的最佳方案。

3）城镇燃气管网系统的分类

(1）单级管网系统

只有一个压力级制，即仅用一级压力的管网输送、分配和供应燃气的系统。过去多指低压单级系统。优点是供应系统简单，维护管理方便；不需要压送设备，输配费用小。缺点是由于供气压力低，致使管道直径较大，一次投资费用较高；用户压力波动大。因此适用于用气量较小，供气范围为 2 ~ 3km 的城镇和地区。当供应范围较大时，必须采用大口径的管网，这就使输送单位体积燃气的投资和金属耗量急剧增加，是不经济的。

(2）中—低压两级制管网系统

低压气源厂和储气罐供应的燃气经压缩机加至中压，由中压管网输气，再通过区域调压器调至低压，由低压管道供给燃气用户。在系统中设置储配站以调节小时用气不均匀性。

中—低两级制管网系统的特点是：因输气压力高于低压供气，输气能力较大，可用较小的管径输送较多数量的燃气，以减小管网的投资费用。只要合理设置中—低压调压器，就能维持比较稳定的供气压力。输配管网系统有中压和低压两种压力级别，而且设有压缩机和调压器，因此维护管理复杂，运行费用较高。由于压缩机运转需要动力，一旦储配站停电或其他事故，将会影响正常供气。因此，中压供气及二级制管网系统适用于供应区域较大、供气量也较大、采用低压供气方式不经济的中型城镇。

①中压 B—低压二级管网系统

中压 B—低压二级管网系统的气源是人工燃气，用低压储气罐储气。从气源厂生产的低压燃气，经加压后送入中压管网，再经区域调压站调压后送入低压管网。设置在供气区的低压储气罐低压时由中压管网供气，高峰时，储气罐内的燃气输送给中压（经加压）或低压管网，如图 6-1 所示。

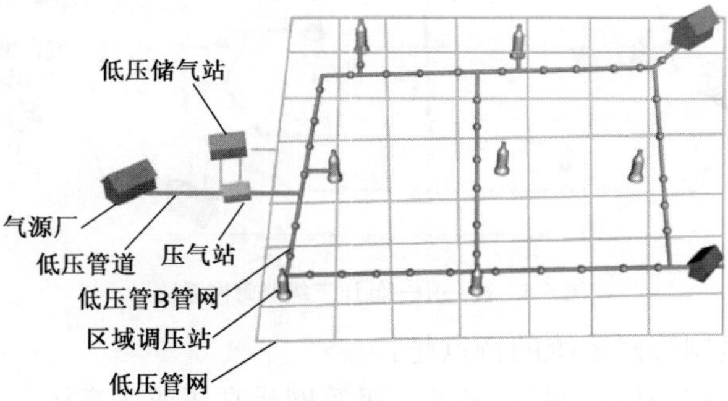

图 6-1　中压 B—低压二级管网系统

该系统特点是供气范围比单级系统大，采用低压配气，庭院管道在低压下运行比较安全，但投资要比中压单级系统大。一般适用于人口密集、街道狭窄的老城区。

②中压 A—低压两级管网系统

中压 A—低压两级管网系统的气源为天然气，用长距离输气管道末端储气。天然气由长距离输气管道经燃气分配站送入该市，中压 A 管道连成环网，通过区域调压站向低压管网供气，通过专用调压站向工业企业供气。中压 A—低压两级管网系统根据地形条件可分成几个互不连通的区域管网，如图 6-2 所示。

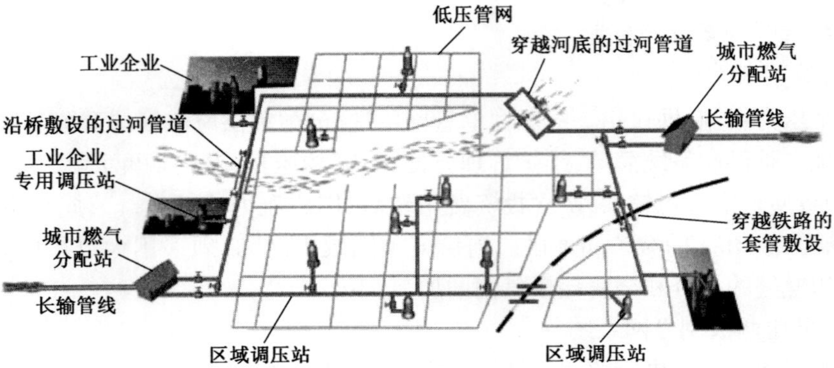

图 6-2　中压 A—低压两级管网系统

该系统特点是输气干管直径较小，比中压 B—低压二级管网系统节约投资。对于街道宽阔、建筑物密度较小的大中城市均可采用。

(3)高—中—低三级制管网系统

高(次高)压燃气从气源厂或城镇的天然气门站输出，由高压管网输气，经区域高—中压调压器调至中压，输入中压管网，再经区域中—低调压器调成低压，由低压管网供应燃气用户，如图 6-3 所示。

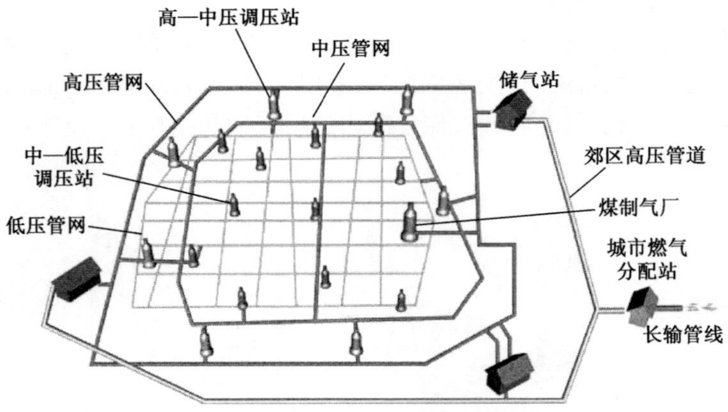

图 6-3　高—中—低压三级制管网系统

高—中—低压三级制管网系统的特点是：

①三级系统通常含有中低压两级，另外一级管网是高压或次高压。

②高(次高)压管道的输送能力较中压管道更大，所用管径更小，如果有高压气源，管网系统的投资和运行费用均较经济。

③因采用管道储气或高压储气罐，可保证在短期停电等事故时供应燃气。

④因三级制管网系统配置了多级管道和调压器，增加了系统运行维护的难度。如无高压气源，还需设置高压压缩机，压缩费用高。

因此,高—中—低压三级制管网系统适用于供应范围大,供气量也大,并需要较远距离输送燃气的场合,可节约管网系统的建设费用,用于天然气或高压制气等高压气源则更为经济。

从长距离输气管道来的天然气先进入门站经调压、计量后进入城镇次高压管网,然后经次高—中压调压站后,进入中压管网,最后经中低压调压站调压后送入低压管网。该系统通常只有在大城市,并要求供气有充分保证时才考虑选用。

(4)多级管网系统

气源是天然气时,城市的供气系统可采用地下储气库、高压储气罐站以及长输管线储气。这种管网系统一般用在居民人口众多的特大型城市,如北京、上海。

如图6-4所示的城市管网系统的压力主要为四级,即低压(图中低压管网和给低压管网供气的区域调压站未画出)、中压B、中压A和高压B。各级管网分别组成环状。

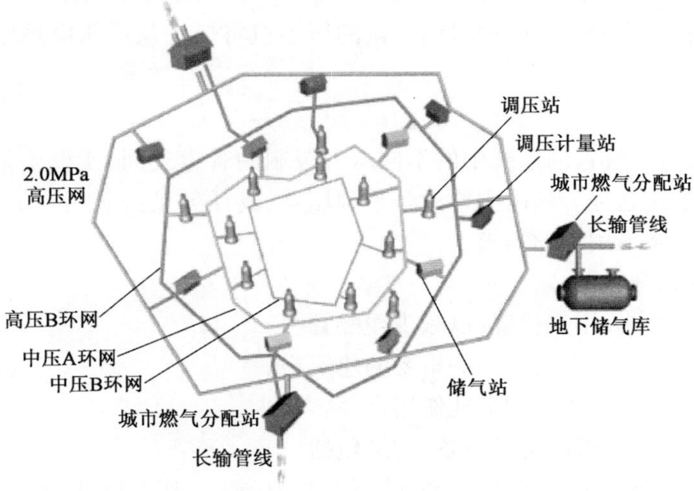

图6-4 多级管网系统

天然气由较高压力等级的管网经过调压站降压后进入较低压等级的管网。工业企业用户和大型公共建筑用户与中压B或中压A管网相连,居民用户和小型公共建筑用户则与低压管网相连。因为气源来自多个方向,主要管道均连成环网,从运行管理来看,该系统既安全又灵活。平衡用户用气量的不均匀性,可以由缓冲用户、地下储气库、高压储气罐以及长距离输气管道储气协调解决。

对于新建城市天然气输配系统,多采用高—中压两级系统及中压单级输配管网。前者适用于较大城市,其中高压管道可兼作储气装置,而具有输气、储气双重功能。后者适用于中小城市。此两系统中的中压管道供气至小区调压装置(箱)或楼栋调压箱,天然气实现由中压至低压的调压后进入低压庭院管和室内管。各小区或楼栋设调压柜或设楼栋调压箱。也可中压管道直接进入用户调压器调压,用户燃具前的压力更为稳定。

6.5.3 城镇燃气门站、储配站和调压站

城镇燃气门站、储配站和调压站是城镇燃气输配系统中的重要组成部分。城镇燃气门站一般具有接受气源来气并进行净化、加臭、储存、控制供气压力、气量分配、计量和气质检测等功能。当接收长输管线来气并控制供气压力、计量,向城镇、居民点和工业区供应燃气时,称之

为门站。当具有储存燃气功能并控制供气压力时,称之为储配站。两者在设计上有许多相似之处。调压站则具有控制燃气压力的功能,一般城镇燃气输配系统中不同压力级制的管网需通过调压站连接。

(1)门站和储配站

城镇燃气门站是长距离输气干线或支线的终点站,城市、工业区管网的气源站。门站规模依据区域天然气规划确定。

储配站是城市燃气输配系统中储存和分配燃气的设施。其主要任务是根据燃气调度中心的指令,使燃气输配管网达到所需压力和保持供气与需气之间的平衡。

按储存燃气形态分类,气态储存是我国目前广泛用于调节用气不均匀性的储气方式,其分低压储存和高压储存两种。当城镇采用低压气源,而且供气规模又不是特别大时,燃气供应系统通常采用低压储气与其相适应,需建设低压储配站。低压储配站的作用:在用气低峰时将多余的燃气储存起来,在高峰用气时通过储配站的压缩机将燃气从低压储罐中抽出送到中压管网中,保证正常供气。

(2)调压站

调压站设于城市配气管网系统中的不同压力级制的管道之间,或设于某些专门的用户之间,有地上式和地下式之分。站内主要设备是调压器,其任务是按照用户的需求,对管网中的天然气进行调压,以满足用户的需求。

调压站的选址原则如下:

①负荷比较集中或大用户位置,以减少输配管网。

②避开繁华地段,远离火灾及一些重要的建筑物。

③个数、布置要考虑调压室的最佳作用半径。

调压站是燃气输送管道的关键设备,功能包括:

①按运行要求和设计规定将输配管网的压力调配到下一级管网或用户所需的压力。

②当系统的负荷发生变化时,将调节后的压力保持稳定在运行或设计要求的范围之内。

③控制燃气的流量。

根据压力等级、调压精度、附属配置等不同功能,调压站可分为楼栋调压箱、区域调压箱、高压调压站、城市门站、超高压调压站等。

6.6 输油输气管道的布局

由于管道是一种专用的运输方式,目前主要用于输送石油和天然气,它在交通运输系统中占有一定的地位。根据管道的特点及其在运输系统中的地位,对于管道布局,除应遵循交通运输布局的一般原则外,还应作以下具体考虑:

①管道的发展和布局,要适应石油、石油化工工业、天然气生产的发展和布局、炼油厂布局、换装港站布局以及石油消费地区分布,做到管道的铺设及其能力规模与输送物资要求相协调。

②要根据石油的基本流向图,遵守合理运输的原则,根据原油长途运输、炼油厂分散布局、产品就近供应的原则安排管道运输的布局,促使管道线网的合理化。

③要处理好管道与铁路、水路、公路的关系，各种运输方式进行合理分工，协调发展，在管道运输经济合理的范围内发挥其优势。

④管道设备能力和技术标准的选定，要通过可行性研究和技术经济比较，提高管道运输的经济效益。

管道的布局由石油、石油制品、天然气的起运地和到达地所决定。大多数大型管道是把石油、石油制品、天然气送到全国各地去的运输干线。因此它的建设应首先确定开采和炼油地区现有石油、石油产品、天然气的资源，计算从矿场到炼油厂及各消费地的近期和远期货流量。其次管线的建设必须与其他运输方式通过投资费用、运营费用、金属消耗等进行技术经济比较后确定。最后，管径大小，取决于输油任务，既考虑近期任务，又考虑远期任务，从而确定在远期是保持原有管道增加第二管道，还是废弃旧管道，改用大管道。

输气管道在生产过程中常需要进行扩建或改造，目的在于提高输气能力并降低能耗。当输气管最高工作压力达到管路强度所允许的最大值时，可采用铺设副管、倍增压气站两种方法来提高输气能力。前者需要扩建原有压气站、增加并联机组；后者是通过在站间增建新的压气站、减少站间管路长度，从而提高输气管通过能力。当其他条件不变，将站间距缩小到原来的1/2，可使输气能力增加到1.414倍。实际中采用何种方法，取决于新增输气量的大小。一般地，一定直径的输气管道有其合理的输量范围，超过该范围时，铺设两条管道比一条管道更经济。

【复习思考题】

1. 运输管道按所输送的物品不同可分为哪几类？
2. 简述管道运输的优缺点。
3. 长距离输油方式有哪些？
4. 分别阐述长距离输油管道和输气管道设备的构成。
5. 简述干线输气量的影响因素。
6. 固体料浆管道运输适宜的运输货物有哪些？
7. 简述固体料浆管道运输设备的构成。
8. 分析城镇选择燃气管网系统考虑的因素。
9. 简述城镇燃气门站、储配站和调压站的功能。
10. 分析输油输气管道布局需要考虑的因素。
11. 试分析管道运输未来主要的发展方向。

第7章

区域交通运输规划

7.1 概　　述

7.1.1 区域交通运输规划类别划分

区域交通运输规划是指适应政治、经济、社会、军事及环境的发展和变化的需要，进行综合交通运输网与运输枢纽的布局，包括交通与经济、社会发展的协调、建设时序的协调、技术装备水平与运输设施空间分布上的协调等。区域交通运输规划一般分为区域综合运输规划和区域交通运输专项规划两类。

区域综合运输规划是指在规划期限、目标确定的基础上，分析和预测区域运输的需求，合理分配运力和运量，结合国土规划、经济结构调整、资金来源以及枢纽地区城市的发展等，制订区域综合运输网与枢纽的发展规划。因此，综合交通运输规划是运输系统协调发展的指导文件，也是制定经济社会发展规划的基础。

区域交通运输专项规划是依据区域综合运输规划，按基本运输方式在运载工具、线路设备、运营方式、技术经济特征及适用范围不同而开展的。按运输方式，区域交通运输专项规划主要包括公路运输规划、铁路运输规划、水路运输规划、航空运输规划等。也可以按规划范围不同分为国家级、省域或者市域运输专项规划，也可根据实际工作需要开展公路网规划、港口规划、航道规划、枢纽总体布局规划等。

7.1.2 区域综合运输规划的内容及要求

区域综合运输规划的任务是结合规划区域的自然、经济、社会条件，以现有经济基础和历史发展特点，确定交通运输的需求量，拟定交通运输发展的合理规模和交通运输发展方向。即确定综合运输枢纽的规模与场站，通过对通道和枢纽布局的整体规划，确定和优化各个层面上通道和枢纽的布局结构，达到整个综合交通运输网络的结构优化。

区域综合交通运输总体规划主要包括综合交通运输网络规划、综合交通运输通道规划、综合交通运输枢纽规划等三方面内容。表7-1为区域综合运输规划的要点。

区域交通综合交通运输规划的要点　　表7-1

规划主体	规划要点
综合交通运输网络规划	根据运输网络的构成及特性，综合区域社会经济发展、环境、资源等影响因素，提出运输网络布局规划
综合交通运输通道规划	分析具有密集交通流的两地的客货需求特点，对两地之间的交通运输线路进行合理配置
综合交通运输枢纽规划	通过节点重要度分析，确定枢纽规模，结合枢纽的特性，规划枢纽场站布局和交通枢纽的部署

7.1.3 区域交通运输专项规划内容及要求

区域交通运输专项规划包括公路运输规划、铁路运输规划、水路运输规划、航空运输规划等。它侧重于各子系统本身的发展目标、需求分析、布局规模、布局方案、近期建设计划、运营管理、效益评价等。表7-2为区域交通运输专项规划的要点。

区域交通运输专项规划要点　　表7-2

规划主体	规划要点
公路运输规划	制定公路网规模、布局、等级结构配置，公路运输枢纽布局和公路运输组织等
铁路运输规划	确定铁路网规模、结构，铁路枢纽布局、铁路运输线路的组织规划等
水路运输规划	合理布局航道网，确定港口选址及规模、运输设施、水运交通结构等
航空运输规划	确定机场选址、布局、设施规模，结合航空运输系统特点，合理规划航线、机队规模等

7.2 区域综合运输规划

7.2.1 区域综合运输网络规划

区域综合交通运输网络规划是在考虑特定区域社会经济发展需求、环境、资源等因素的基础上，提出综合交通运输网络布局的规划方案，并对各方案进行比选，确定规划方案，对规划方案进行综合评价，制定分期实施的项目建设序列，提出规划实施的保障措施和建议。

1)规划目标与原则

区域综合交通运输网络规划的目标是在充分考虑国土利用规划、社会经济、交通运输需求、环境资源的外部要求基础上，通过对综合交通运输网络的节点、线路、通道和网络整体的设计与布局等，实现各个交通运输子网络系统之间的协调合作，优势互补，以达到交通运输效率最大化，促进其与社会经济以及环境系统的协调与可持续发展。

区域综合运输网络规划应遵循以下原则：

①适应区域发展战略和规划，统筹考虑经济布局、人口和资源分布、国土开发、对外开放、国防建设等对交通运输的要求，并适度超前。

②根据客货流的流量和流向，同时考虑与区域对外的经济联系和过境交通的需求规划交通网，充分体现各种运输方式的技术经济特征和比较优势，合理配置、集约利用运输线路资源，衔接优化各种运输设施空间布局，使各种运输方式之间及与城市交通系统相协调。

③交通网络的线路走向和技术标准、枢纽港站的选址受到各地区地形、地质、气候、水文等的影响，因此，交通网络布局要充分考虑区域的自然地理条件和资源特点，因地制宜地发展各种交通运输方式。

④体现以人为本，强化枢纽衔接和一体化运输设施配置，做到点（站、港、枢纽）、线（线路、航线）、面（交通网）的协调，形成综合运输能力，促进现代综合交通体系的建立，满足便捷、通畅、高效和安全的运输服务需求。

⑤注重节约和集约利用土地，节能减排，整合既有资源，保护生态环境，加强交通安全，构筑资源节约型、环境友好型、土地利用高效率、适应能源结构的综合交通运输网络。

2）规划流程

综合交通运输网络规划除了要结合区域社会经济发展规划及国土利用总体规划之外，还要在规划过程中吸纳综合交通运输通道、枢纽布局的研究成果，与之有机结合，区域综合交通运输网络规划流程如下：

①结合区域国土利用总体规划、区域社会经济发展规划，确定区域综合交通运输网络规划的目标，制定规划总体方案、工作流程、实施计划。

②综合交通调查，主要包括交通设施、运输组织、运输运营和服务情况，区域自然、人文、经济、社会等资源分析，既有交通系统存在问题的剖析及成因分析，现状交通运输模型的参数标定。

③结合交通运输发展与社会经济发展相关性分析，预测区域社会经济发展，研判交通运输发展趋势，综合运用四阶段分析模型（交通发生吸引、交通方式划分、交通分布、运输网络配流）进行运输需求预测。

④结合通道布局规划与枢纽布局规划成果形成的综合交通运输网络主骨架，利用方式选择分析确定网络内部各方式设施规模与形态，拟定综合交通运输网络布局规划方案，并对布局规划方案进行优化比选。

⑤从社会、经济、环境等方面对规划方案进行综合评价。

⑥给出规划网络分期实施方案，并对近期建设项目进行排序。

3）主要规划内容

（1）综合交通调查分析

交通调查是整个规划研究必不可少的基础工作，大量可靠的数据资料是保证规划具有科学性的基本条件。区域交通网络规划所需收集一般包括区域社会经济发展现状、区域内综合运输状况及区域运输网状况。具体如下：

①进行区域社会经济发展现状调查,目的在于预测未来社会经济发展的水平,预测社会经济对交通运输的需求。主要调查项目包括区域的自然资源、旅游资源、矿产资源、人文资源等;有关政治、经济、文化政策等;各节点人口、工农业产值、物资产量等。

②区域内运输状况的调查目的在于确定区域内交通特性。主要调查项目包括客货运量及周转量的历年统计资料,港口吞吐量,各路段(河段)路口实测交通量(货流量)观测资料,运量OD及各节点货运转运状况调查等。

③区域交通网络的调查,其目的在于掌握网络及相关设施的基本情况和运营的状况。其调查项目有交通网络的布局、线路等级等。

(2)交通需求分析

运输网络在一个区域社会经济发展中有着广泛的政治、经济、国防和社会多方面的作用。但它的基本功能最终体现在其所承担的运输量上,运输量是网络规划的最重要的量化依据。以区域中各城市为节点单位,运用数理统计的方法,以单一出行、小区出行等作为统计单元,基于一定时空范围内系统平衡的考虑,从出行生成、出行分布、方式划分和交通分配等各环节对规划年的交通需求状态进行分析。

网络运输量的预测一般可分为四阶段:运输量产生的预测,即各节点运输总量的预测;运输量分布的预测,即区域综合运量OD矩阵的预测;运输量分组的预测,即将未来综合运量OD矩阵分解为分方式运量OD矩阵;运输量分配的预测,即将各种运输方式运量OD矩阵在各方式交通网络上进行配流。

①出行生成

出行生成预测是需求分析预测中的第一阶段,目标是求得各个对象地区的交通需求总量,即交通生成量,进而在总量的约束下,求出各交通小区的发生与吸引交通量。出行的发生、吸引与土地利用性质和设施规模有着密切关系。交通生成总量预测方法主要有原单位法、增长率法、交叉分类法和回归分析法。回归分析法认为各城市的出行生成量由各城市中各类用地的经济发展程度、用地开发强度、区位等因素决定。发生与吸引交通量预测与交通生成总量预测方法相同,分为原单位法、增长率法、交叉函数法和函数法。

②出行分布

出行生成预测中获取各地区间的出行产生量和吸引量后,出行分布环节主要预测未来规划年各地区之间出行的交换量。目前最为常用的方法主要有增长系数法和重力模型法两种。

增长系数法的使用较为简单,在给定现状分布量的基础上,假定未来分布量与现状分布量具有相同的分布形式,通过计算增长系数来预测未来分布量。通过分析现状交通小区间交通量与小区本身的属性、小区间阻抗等变量间的统计关系,运用统计回归得到的模型预测规划年的出行分布情况。

重力模型法分析路网的变化和土地利用对出行产生的影响,考虑两个交通小区的吸引强度和它们之间的阻力,认为两个交通校区的出行吸引与两个交通小区的出行发生量与吸引量成正比,而与交通小区之间的交通阻抗成反比。

③方式划分

交通方式划分就是出行时选择交通工具的比例,以交通调查数据为基础,研究交通方式选择行为,建立模型从预测基础设施或交通服务水平等条件变化时交通方式间交通需求的变化。交通方式预测方法主要包括转移曲线法、重力模型法、回归模型法、概率模型法等集计模型法。

转移曲线法按照出行者的经济条件、出行目的与两种方式所需行程时间比值、费用比值等影响因素进行方式划分，在我国交通方式众多、影响因素复杂的情况下传统的转移曲线法、概率模型法难以适用。因此在出行划分中通常采用定性与定量分析相结合的方法。考虑城市发展现状及出行结构，定性分析城市未来布局规模、变化趋势，交通系统建设发展趋势，估计规划年各城市交通结构可能的比值；根据交通调查资料，考虑各交通方式特点及出行选择行为心理等因素，对现状分担率进行修正。

④交通分配

交通分配包括车流和客流分配两种类型，对应的各种分配方法均是基于 OD 点对间的路径阻抗。该路径阻抗通常和出行分布中确定的交通阻抗不一致，同时这一阻抗值还将影响出行方式的选择，因此在交通分配环节结束后，应考虑四个阶段之间的相互影响，进行反复迭代运算。

(3)规划方案制定

规划方案的设计是以区域交通规划的目标为导向，以网络配流结果为基础，以网络评价为原则，以优化方法为手段来实现。

所作出的不同设计应考虑两个方面：①提高目前现有路网上某些路段的技术手段；②在现有路网上增添新的路线。其目的主要是提高线路的通过能力。改善交通网络的交通条件，在多数情况下是考虑路网中每条路段提高等级的可行性，只有在少数条件下（如新开发区域）才考虑增加新的线路。方案设计中可选择的策略很多，不可能考虑所有的选择组合，故必须从中作出明智的选择。为此需要引入专门系统、掌握有效的技术手段。

同时，应注意到方案设计的产生不仅包含路网物理性能改善，还包含路网使用效率提高（如维修、养护规划）和一些财政上的手段（如运输价格和税收政策）。

网络布局规划：

区域综合运输网络规划的主要环节是运输网络的布局规划。区域综合交通运输网络宏观布局研究是以运输通道和枢纽的布局为研究出发点，着重考虑影响运输通道和枢纽的总体布局和关键问题的解决，重要内容分为三部分：运输通道的外部形态、内部线路总体走向、衔接系统布局。

①布局目标

交通运输网络布局规划的过程中着重要解决的是连通性、畅通性、可靠性的问题及交通网络服务空间联系需求，还要考虑可达性的问题。连通性指区域中数量众多的节点之间如何连线、采用何种方式连接，主要取决于社会与经济对运输需求的影响和交通运输方式的技术经济特性之间的耦合关系；畅通性指满足生产生活对交通运输的需求，与交通的流量和流向相适应，并保证一定的服务水平，主要取决于线路的通行能力、节点或枢纽的处理能力、节点与线路的能力匹配、交通流特征及行为、路径的选择行为、运输组织和网络结构等；可达性指网络中任意两节点之间相互联系的难易程度，通常以时间或距离的长短作为度量，主要取决于节点之间经过多条线路、中间节点到达目的节点，这一过程受到各路段的权值，如长度、经历时间、通行费用等的影响。

②布局方法

综合交通网络布局规划采用分层次分方式的方法进行。在确定控制节点及枢纽的基础上，考虑区域对内对外经济发展和交通需要以及过境交通，进行交通网络布局。在进行网络布局的过程中，随着交通运输网络的不断改变，网络拓扑结构发生变化，线路数增多、等级提高、路径可选择性增加、可通达性提高、服务水平提高等都可能诱增新的需求。同时，对于交通方式的选择也将发生变化，导致节点间交通分担率的改变，产生需求转移。综合交通网络的规划布局需要反馈这些需求变化，应是一个不断反馈需求变化、不断完善网络布局的过程，对客货运输量、方式和路径选择、分担比率以及交通量分布需要重新进行调整分配，但对于运输总量应有控制。

③布局模型

交通网络的布局涉及多方面的因素和多方各层次的利益及决策，通常采用建立双层或多层规划模型的方法进行分析。

若设区域中路网节点数为 n，用 $v_1, v_2, \cdots, v_n$ 表示。网络的邻接矩阵为：

$$X = (x_{ij})_{n \times n} \tag{7-1}$$

表示 n 个节点间的相互连通情况，$x_{ij}=1$ 表示对应的两节点 i 和 j 之间有线路直接连通，否则 $x_{ij}=0$ 不直接连通。其中，$x_{ij}=x_{ji}$；当 $i=j$ 时，$x_{ij}=0$。交通网络的布局就是要找到对应的连线方式，即把 X 作为决策变量。

交通规划人员的宏观决策与客货交通运输的选择行为之间相互影响和作用，区域综合交通网络的布局优化是两者各自决策并相互影响的结果。应用双层规划模型进行描述，其模型框架可表示为：

$$\begin{cases} \min\limits_{x_k} F(X_k, T_k, PA_k) \\ s.t.\ G(X_k) \leqslant 0 \\ x_{kij} \in \{0,1\} \end{cases} \tag{7-2}$$

$$\begin{cases} \min\limits_{r_k, PA_k} f(X_k, T_k, PA_k) \\ s.t.\ g(X_k, T_k, PA_k) \leqslant 0 \end{cases} \tag{7-3}$$

式中：X_k——第 k 种交通方式网络的布局方案邻接矩阵，x_{kij}是矩阵中的元素；

T_k——第 k 种交通方式的 OD 分布矩阵；

PA_k——第 k 种交通方式的路径选择集合。

d. 布局评价

根据规划的层次和要求不同，对规划方案的技术性能评价从两个层次来分析。第一层是运输网络总体性能评价，是从区域交通网络整体出发，从区域发展远景角度来分析评价交通网的总体建设水平、交通网络布局水平、各方式间衔接水平等；第二个层次是线路节点性能的评价，分析枢纽可达性、线路服务水平等。

区域综合交通运输网络技术评价指标体系如图 7-1 所示。

方案比选评估应从技术因素的角度分析区域综合交通运输网络的结构和特征，反映网络规划布局的综合水平和布局方案的合理性。区域内外的交通联系需要多种运输方式来共同完成，区域综合交通网络规划的技术评价应反映网络自身的技术水平，以及对交通需求的适应程度。

(4)规划方案的评价

区域综合交通网络规划评价是规划过程的最后一个关键环节，包括社会、经济、环境评价。

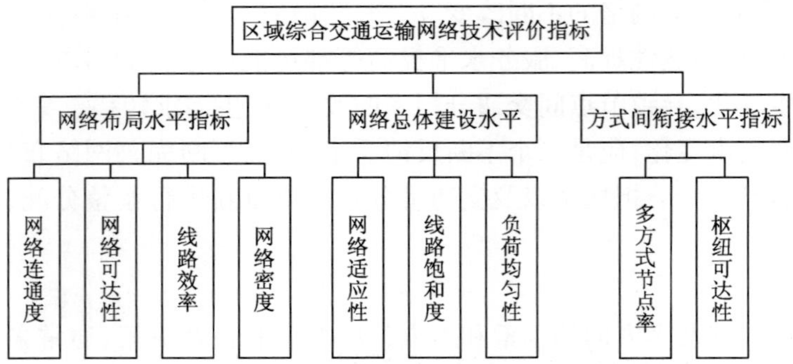

图 7-1　区域综合交通运输网络技术评价指标体系

①社会评价

社会评价主要内容包括规划区域发展水平、人口集聚及沿线城镇就业率情况等。

②环境评价

交通系统对环境的影响体现在正负两方面。负面效应包括:噪声、废弃、振动、安全、恐惧、拥挤疲劳、地区阻隔等。正面效应包括:可达性提高、促进生产、扩大市场、土地增值、改善景观等。

③经济评价

对交通运输规划方案的经济效益评价要通过两方面的核算才能完成,即成本和效益。无论是成本还是效益,都有直接和间接之分。

从成本(或投资费用)来看,直接费用包括初次投资费用,以及有关的交通设施、交通服务的运营和维修费用等;间接费用包括其他政府机构所需的经费开支(如公安机关为加强限制车速及停车规定),增加大气和噪声污染、拥挤加剧等社会费用,交通事故费用,能源、轮胎消耗费用等。

7.2.2　区域综合运输通道规划

区域综合运输通道规划是在需求预测的基础上,结合系统的外部环境,对规划期内通道的类型、规模、构成、建设时序及内部运输方式的规模等进行规划。目的是通过对运输通道的合理规划,使综合运输通道更好地服务于区域社会经济发展。

1)规划目标与原则

区域综合运输通道规划的目标是在对现状综合交通运输通道形成过程及其缺陷分析的基础之上,从建设、使用角度出发,对综合交通运输通道的发展需求和硬件条件进行分析和明确,建立与运输业发展规律相协调、与社会经济发展需求相一致的通道运输格局,包括通道内不同运输方式的线路走向、衔接方案的拟订与技术经济比较、优化工作。

交通运输通道与区域经济产业布局和区域城镇体系演化两个方面是相互作用、相互促进的。一方面,作为区域综合运输网的骨干,交通运输通道运量大而集中、运输效率高、运输成本低,有利于资源的开发和利用。交通运输通道可以引导生产力的布局,其空间布局的展开是生产力布局展开的先导,交通运输通道的沿线往往形成经济发展的"生长点"乃至国家的经济发展带;另一方面,交通运输通道是联系区域经济发展的纽带,交通运输通道两侧一般城镇布局集中,人口集中,客货密集。因此,综合交通运输通道的布局应遵循以下原则:

①服务于区域规划,加速推动区域一体化进程,为区域产业升级和转移提供有效支撑,根据区域规划发展要求,布局区域综合交通运输通道。

②服务于区域产业发展及城镇体系规划,引导产业带和城镇轴的形成和发展,促进产业升级、加速城市化进程,在空间布局上予以有效支撑。

③加强区域重点交通运输枢纽的联系,为区域经济社会发展服务。

④有效扩大综合交通运输通道服务覆盖面,形成区域综合交通骨架网络,使得区域内更多地区享有更便捷、更多样、更低成本的运输服务。

2)规划流程

交通运输通道规划方法主要以综合运输全局的视角,分析交通运输通道内城镇、产业、运输需求等特征,研究其对综合交通设施的要求。规划流程为:

①结合国土利用总体规划、社会经济发展规划、城市总体规划等,分析区域经济发展水平、产业发展特征、交通发展特征,确定区域综合交通运输通道研究的目标,制定规划总体方案、工作流程、实施计划。

②综合交通调查,分析区域交通供求特征,分析现状通道适应性,总结通道内设施现状问题。

③进行区域运输需求预测,分析区域客货流流向流量,运用区位线理论、节点重要度理论等进行通道布局规划。

④结合通道设施发展模式的选择分析,进行通道内部设施布局、方式协调等的进一步优化。

⑤从社会、经济、环境等方面对规划方案进行综合评价,并给出规划网络分期实施方案。

3)规划的主要内容

(1)综合交通调查分析

通道规划的交通调查分为社会、经济环境调查及各客、货运交通量调查等。重点应对通道沿线交通运输设施及社会经济发展的状况进行调查。通过综合交通调查,剖析既有交通系统存在问题的剖析及成因,标定运输通道模型的参数。

(2)交通需求预测

综合运输通道规划中的需求预测是对综合运输通道进行规划的基础,目的是根据对通道服务范围内的社会经济发展状况及历史数据的分析,预测未来的总需求及内部各种运输方式的运输需求,估计规划期内运输方式的分担率,从而对通道结构的优化提供参考。由于综合运输通道内部并存多种运输方式,每种方式技术经济特点不同,吸引的运输对象群体也不一样,所以必须在对运输对象属性进行细致分析的基础上,预测各种方式的分担率,以期对通道规划起到指导作用。

(3)规划方案制定

在综合交通运输通道线位、功能、衔接规划确定以后,还要根据各交通运输方式的工程要求特点,遵循各自技术规范,在符合交通运输方式线位拟选的技术条件下,确定具体线位布设方案。

①运输通道布局规划

对区域性运输通道的界定和其影响环境分析可知,布局研究区域外的人口密集区、区域过境交通联系对运输通道的形成及发展有重要的影响。交通区位布局法重视区域通道吸引范围内的经济、交通格局等条件对区域内运输通道路网布设的影响;重要度布局法在分析某地区的通道布局时,研究的是封闭系统内的交通规划,不考虑区域外经济、交通格局对区域内运输通道布设的影响。因此,可结合上述两者的优点进行通道的布局规划,即节点重要度区位线联合布局法。

运输通道备选线位的分析,是通过区位线分析法首先找出通道可能的路径走向方案。交通区位是交通现象在地理上的高发场所,主要区位线如下:

a. 运输通道基本区位线(最短路区位线):在规划区域内布局研究的运输通道的备选起讫点明确后,端点之间最便捷相连的线位为运输通道的一条或多条备选路径。

b. 运输通道城市带区位线:规划区域内存在与运输通道基本区位线相近或平行的一条或几条呈带状分布的城市群带状相连的线位。

c. 运输通道产业区位线:根据通道通过区的产业特征备选路径。

d. 运输通道地形区位线:与运输通道基本区位线相近或平行的呈带状分布的通道内平原或草原等的地域中心连线、沿河线、山脊线、山坡线等。

有了区位线重要度的概念后,就可以利用区位线重要度的计算结果,进行通道组成多条区位线相对重要度的定量比较,使得区位线上节点取舍、方案取舍具备初步合理性。可在区位线重要度比选基础上,取多条重要度相对较大的区位线作为运输通道多方式工程布线的通道,同时也可以为进一步进行运输通道资源配置提供基础,在工程方案容许的情况下,使各方式集中在重要度大的区位线上。

综合运输通道布局方案流程如图 7-2 所示。

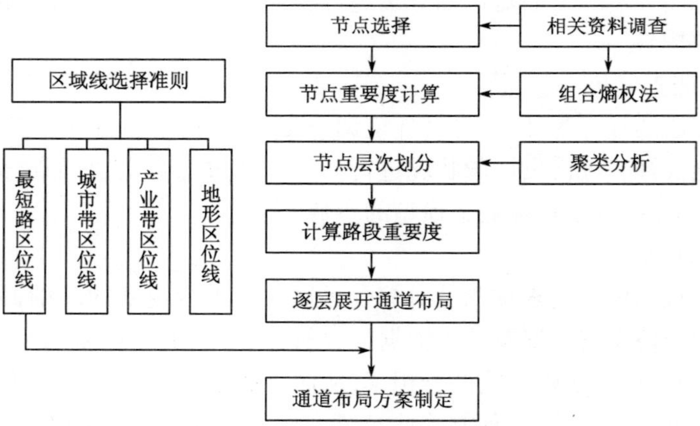

图 7-2 综合运输通道布局方案流程

②节点的选择及分析

交通运输节点是组成交通运输网络的基本元素之一,任意两个节点之间都有可能发生客、货的交流。在一个区域中,节点是形成网络结构的支撑点,确定对哪些节点进行连接是交通网络布局的首要任务。

a. 节点的选取及重要度计算

在进行节点选择时,一般应根据交通线网在区域社会经济、政治、国防中的地位、层次、作用以及发展的战略目标,结合线网的特征,选择合理范围内的主要交通集散地作为交通网布局的主要控制点。一般地,国家级网络节点,应具有中等城市以上的规模,如城市圈中的各省、自治区的省会城市和直辖市,以及距其不远的联系相对较紧密的地市级城市;省级网络节点,应具有县以上规模,重要节点为省、自治区中的大中城市和大型能源基地等;市、县级网络应具有乡以上规模,市、县域中的小城镇及大型产业基地作为交通节点。

在综合交通网规划中,为确定布局方案路线走向、线路所经过的城镇以及网络布置,通过对规划区域主要城镇在政治经济方面、在交通方面的重要度进行分析,计算各城镇节点的重要度,确定其在综合交通网中的地位和重要性,掌握和区分节点在社会经济发展水平、政治经济地位、资源情况、运输网中的功能地位和作用等方面的差异,为综合交通网的布局连线提供依据。

节点重要度计算指标体系如图 7-3 所示。

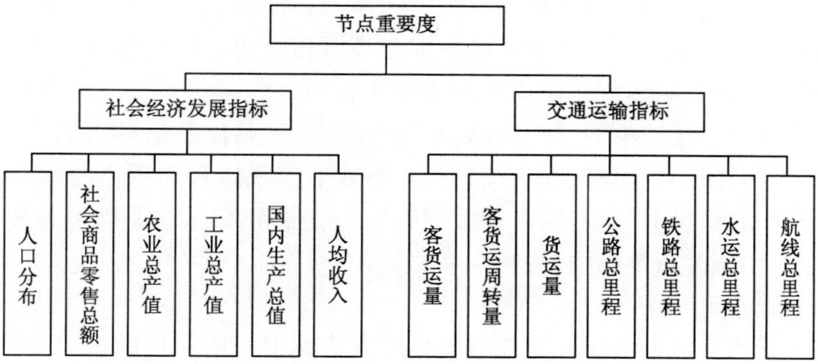

图 7-3　节点重要度计算指标体系

b. 节点聚类分析及层次划分

为进一步明确节点的功能地位及层次,采用系统聚类分析的方法,根据相应的重要度指标,确定节点划分界限,给出类型划分的重要度范围,把所有节点根据相关属性划分为所要求的类数或层次。节点层次划分依据相似性的原则将入选节点按照经济发展水平及运输需求水平划分为具有不同功能和地位的几个层次。一般情况下,可以根据需要将入选节点划分为重要节点、较重要节点和一般节点等。根据节点的经济量和交通运输量的大小,通过对节点进行系统聚类分析,将节点划分为不同的类型,从而区分确定不同层次路线走向的主要控制点,使区域综合交通网络的布局具有清晰的层次性。聚类分析常用方法有蚁群聚类分析方法。

③交通区位线重要度计算

区位线重要度分为路段重要度和通道重要度两个层次,路段是通道的某一段,通道重要度可以认为是其构成路段的重要度之和。节点间的路段重要度的计算可以采用重力模型求解,见式(7-4)。

$$P_k = \sum_{i,j \in k} P_{ij}^k \tag{7-4}$$

$$P_{ij}^k = K \frac{F_i \cdot F_j}{U_{ij}}$$

式中:P_k——第 k 条备选区位线的重要度;

P_{ij}^k——第 k 条备选区位线上节点之间的联系重要度:

F_i、F_j——节点 i、j 的重要度;

U_{ij}——节点 i,j 之间的交通阻抗,节点间的交通阻抗通常与实践、距离有关;

k——待定系数,该系数可以通过多元线性回归分析等方法得到。

(4)规划方案评价

区域综合运输通道评价包括社会、环境、经济评价。社会评价主要评价通道沿线人口集聚、城镇分布优化、教育水平提高、促进城镇就业、社会公平等方面。环境评价主要评价生态保护程度、污染物和噪声的控制等。经济评价主要评价沿线国内生产总值、人均收入、设施的投入产出比例等。

7.2.3 区域综合运输枢纽规划

区域综合运输枢纽是在某个区域内由两条或两条以上运输线路的交汇、衔接处形成的,对区域发展有重大影响的,具有运输组织管理、中转换乘和换装、装卸、仓储、信息服务及其他辅助服务功能的综合性设施。作为交通运输的生产基地和交通运输网络中客货集散、转运及过境的场所,运输枢纽是提高客货运输速度的关键环节。

合理规划区域综合运输枢纽,统筹规划枢纽的线路、场站以及信息传输等设施,是保障多种运输方式、多种运输工具运作过程连续、方便、高效地实现旅客和货物的到发、通过、换乘与换装,提高综合交通运输网络运营效率和服务质量的前提和基础,也是保证各种运输方式紧密衔接,实现优化与协调的重要举措。

1)规划目标与原则

区域综合运输枢纽规划的目标是使各种交通方式在枢纽所依托的城市有机衔接,保证最方便快捷的换乘和换装,使之符合综合交通运输系统社会效益最大化的宏观目标,并且与枢纽所在城市的城市交通系统有机结合,使城市的对内、对外交通衔接流畅,保证城市基本功能的实现。

交通运输枢纽的布局必须从这一总要求出发,满足区际运输联系的要求,同时考虑地区运输的特点,保证中转客流、货流不间断地通过,保证客、货的发送与到达及枢纽内部运输有良好的作业条件。同时,还须与城市规划、工业布局、国防要求等密切配合,并考虑旧有设备的充分利用、当地地形和工程地质等条件。因此交通运输枢纽的合理布局应遵循以下原则:

①必须从国家综合交通运输系统的形成与发展来考虑交通运输枢纽的布局。交通运输枢纽的布局应服从于综合交通网的总体规划,处理好交通运输枢纽在交通运输网中的布局。

②交通运输枢纽布局应与城市建设和工业发展密切配合。交通运输枢纽与城市相互影响,关系密切,在发展上相互促进,当达到一定规模时又会相互制约,交通运输枢纽应充分满足城市发展的运输需求。交通运输枢纽的各项设备在所在城市中均占有重要位置,是城市总体的有机组成部分。

③交通运输枢纽内部布局应服从交通网的规划,充分保证各种运输方式之间的协调。枢纽内各种设施的布局首先应在考虑与相邻枢纽合理分工的前提下进行,保证主要客流、货流在枢纽内经路顺直、便捷。

2)规划流程

综合运输枢纽布局规划的具体流程如下:

①研究经济社会及交通运输总体发展趋势,结合区域经济发展规划、城镇空间体系规划、区域综合交通运输规划确定区域综合交通运输枢纽规划的目标,制定规划总体方案、工作流程及实施计划。

②运输枢纽交通调查工作应包括现状交通运输系统调查、社会经济调查及乘客出行调查等。现状交通运输系统调查包括各运输方式的客、货运量调查及停车布局调查等；社会经济调查包括城市土地利用、产业结构布局、人口分布、就业岗位及经济发展程度调查；乘客出行调查包括乘客个人信息及车辆保有量等。结合交通调查结果，分析既有交通系统中存在的问题并剖析其成因。

③分析综合运输需求发展特征，结合交通运输与社会经济发展的相关性，运用四阶段分析模型进行需求预测。

④结合需求预测结果、城市总体规划，确定交通运输枢纽布局研究思路，界定适宜该规划的枢纽分类，并进行布局影响因素分析。运用数学物理模型与成本效益分析法、运筹学原理等方法确定交通运输枢纽布局方案，再进行多方案比选。

⑤从社会、环境、经济等方面对现有规划方案进行综合评价。

3）枢纽布局规划方案制定

运输枢纽规划的主要内容是运输枢纽布局规划。在进行全国或区域综合交通运输枢纽规划时，将综合交通运输枢纽理解为枢纽城市，在进行各种运输方式相衔接的具体的综合交通运输枢纽规划时，将综合交通运输枢纽理解为客货集散或中转的枢纽场站。综合交通运输枢纽规划应从宏观、中观和微观三个层面进行布局优化，并对三个层次的布局模型分别进行了研究。宏观层面为枢纽城市选择，主要解决确定综合交通运输网络中枢纽城市的问题；中观层面为场站布局优化，主要解决枢纽场站在城市空间上合理选址问题；微观层面为交通运输枢纽内部功能区空间布局优化，主要解决交通运输枢纽内部各交通方式在功能区空间上合理布局的问题。

（1）枢纽城市布局

综合交通运输枢纽城市是综合交通网中的重要结点，具有良好的地理、交通区位等条件，有广大的吸引和辐射范围，对区域内交通运输的衔接顺畅和高效运行具有全局性和重要影响。

根据枢纽城市的各种影响因素，将主要影响因素设置为一级指标，可以包括经济社会、交通运输发展的主要指标，另外对每一项指标进行细化，得出具体的二级指标。评价指标体系评价指标中既包括定量指标也包括定性指标，将所有指标进行标准化，全部转换成0～1之间的数值。一般通过熵值法确定指标权重，用熵值法确定权重的过程如下。

用X_{ij}表示第i个城市的第j个评价指标值，其中i表示城市，j表示某个城市对应的评价值：假设共有m个城市和n个评价指标，即m为城市的数量，n为参评指标数量；这样就得到一个$m \times n$维的评价矩阵X。P_{ij}是第j个指标下第i个城市占该指标的特征比重。计算见式(7-5)：

$$P_{ij} = \frac{x_{ij}}{\sum_{i=1}^{m} x_{ij}} \tag{7-5}$$

计算指标的熵值。对于某项指标，不同城市的指标值差距越大，则该指标在模式评价中所起的作用就越大。

（2）枢纽场站选址

综合交通运输枢纽选址方案是在综合交通运输量预测的基础上，根据规划范围内客货流量、城市总体规划及各分区的功能、城市对外通道的分布等，确定枢纽场站的空间分布、服务范围和规模,然后对所形成的方案进行优化的过程。

①综合交通运输枢纽所在区域,由于受交通发生吸引源的分布、交通运输网络特点和自然环境等因素的影响,使得在同样的地域范围和同样的交通运输网络上,布局不同的枢纽场站,会导致不同的交通运输效率和经济社会效益。

②根据对经济社会发展和交通需求的预测结果,利用交通规划和网络优化理论和方法,综合考虑交通发生吸引源的分布情况、交通运输条件及自然环境等因素,对枢纽场站的数量、地理位置、规模和与其他枢纽的相互关系进行优化和调控,实现整个综合交通运输枢纽运输效率的最大化。

(3)规划方案评价

枢纽规划方案评价包括社会、环境、经济效益评价。社会评价内容包括评价枢纽规划方案对枢纽城市空间发展及人口集聚程度、城市就业率提升、城市化水平等的影响。环境评价包括对生态环境改善、环境污染、城市噪声等的评价。经济效益评价包括对国内生产总值、城市财政收入、人均收入水平等的评价。

7.3 区域交通运输专项规划

7.3.1 公路运输规划

公路运输规划包括公路网规划、公路运输枢纽规划、公路运输通道规划等。本节重点阐述公路网规划。

公路网规划就是将区域公路网络作为一个整体,通过对区域公路网络的现状进行分析和评价,以及对未来区域社会经济发展、客货运交通需求、公路建设投资进行预测,并以此拟定合理可行的公路网规划建设方案,确定区域公路网的规模、布局、建设时序及配套政策、措施等,以指导区域公路的建设和改造的过程。

1)规划流程

公路运输规划是区域综合交通规划的一个重要组成部分,其规划程序如图 7-4 所示。

2)规划内容

(1)综合交通调查分析

①社会经济信息:主要包括国家有关政策方针信息、资源环境信息、人口、经济及土地利用信息等。

②公路交通基础设施信息:包括道路信息、道路运输站场信息和公路网结构信息等。

③综合运输信息:主要包括综合运输网络信息和综合运输交通信息。综合运输网络信息包括:铁路网、水运网各线路起讫点、主要经过点、里程、等级、通过能力、主要场站规模及适应状况;航空线起讫点、里程、机场位置、通过能力及适应状况;管道起讫点、主要经过点、里程及通过能力;邮电设施密度及适应状况;铁路、水运、航空、管道及邮电设施的发展规划。综合运输交通信息包括:五大运输方式历年完成的客货运输量及周转量;非交通部门车辆完成的历年公路客货运输量及周转量;公路的历年交通量和县、乡级公路的基年交通量;五大运输方式的基年运输 OD 表、运输成本、平均速度、实载率(使用率)以及汽车平均工作率、平均车日行程、

平均运距等运营指标、汽车保有量。

④公路 OD 信息：主要包括公路上交通流的构成、流量、流向、车辆起讫点、货物类别、车辆实载率、车型等数据。

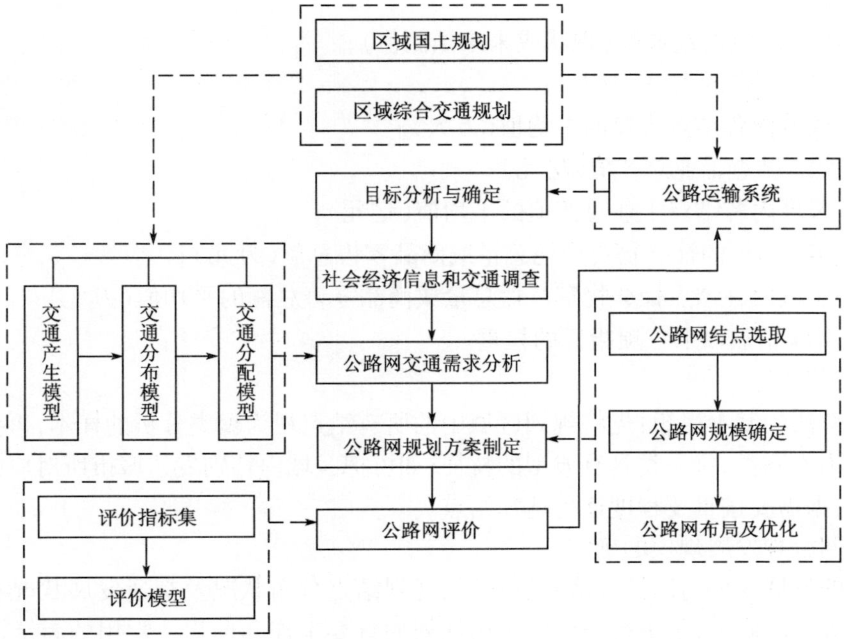

图 7-4 公路运输规划程序图

(2)需求分析

综合交通调查结果，进行公路网的远景交通量预测。需求预测方法采用四阶段需求预测模型。

(3)规划方案制定

公路网布局规划：

公路网的布局规划是指以一定的目标和条件为依据，采用适当的方法选择规划线路将选定的控制结点连接起来，形成未来公路网平面布局方案的过程。主要包括以下内容：

a. 公路网结点的选择

在进行结点选择时，一般应根据公路网的特征、地位或层次、作用以及发展的战略目标，结合区域社会经济、政治、国防等发展的需要，选择合理范围的结点作为路网布局的控制点。结点层次划分的方法主要有重要度法、动态聚类法、模糊聚类法、模拟退火聚类法等。下面介绍重要度法和动态聚类法，其他方法可参考有关文献。

(a)重要度法

将反映规划区域内各结点功能强弱的特征量或特征参数，称为结点的重要度。它是对结点社会经济活动的度量，是描述规划区域内结点在交通网络中所处地位、重要程度相对大小的一个量的指标。应用重要度法划分结点层次的过程是首先计算各结点的重要度，然后根据结点重要度排定结点的顺序，进而选择结点。为了便于理解和把握，一般分为 3 ~ 5 个层次。

可选择人口(反映区域活动机能)、工业总产值(反映区域产业机能)、社会物资产耗总量(反映社会的运输需求)或商品零售总额(反映区域的商业功能)三项指标作为选择公路网结点的定量分析标准。重要度定义见式(7-6)：

$$Z_i = \left(\alpha_1 \frac{R_i}{R_\alpha} + \alpha_2 \frac{G_i}{G_\alpha} + \alpha_3 \frac{S_i}{S_\alpha} \right) \times 100\% \tag{7-6}$$

式中：Z_i——第 i 结点的重要度（现状或未来预测值）；

R_i——第 i 结点的人口（万人）；

R_α——区域内各结点人口的平均值（万人）；

G_i——第 i 结点工业总产值（亿元）；

G_α——区域内各结点工业总产值的平均值（亿元）；

S_i——第 i 结点的社会物资产耗总量或商品零售总额（万元）；

S_α——区域内各结点社会物资产耗总量或商品零售总额的平均值（万元）；

α_1、α_2、α_3——第 i 结点以上三项指标的权重。

（b）动态聚类法

动态聚类法的基本思想：先将规划区域中的所有结点视为聚类分析的样本，再按一定的标准将样本分为不同类，每一类具有典型的特征；如可把区域内特别发达城市所对应的点分为一类等，最后根据需要按重要程度逐类选择结点。

b. 公路网合理发展规模的确定

公路网的发展规模与区域经济发展状况、规划结点分布状况及交通发展状况有关。公路网合理发展规模的确定，是进行公路网布局规划的首要工作和前提。常用的表示方法是采用公路网密度、公路网通达深度、公路网等级结构、出行距离以及出行时间等来表示。公路网合理规模的确定方法主要有：经济分析法、公路周转量分析法、时间序列趋势外推法、线性规划法。在规划实践中一般采用两种或多种方法进行计算。本文介绍应用较广泛的国土系数法和结点连通度法。

（a）国土系数法

$$L = \alpha l \sqrt{AP} \tag{7-7}$$

式中：L——公路网总里程（km）；

α——国土系数；

l——平均国民收入（万元）；

A——区域面积（km^2）；

P——人口数（万人）。

（b）结点连通度法

$$L = K_N \zeta \sqrt{NA} \tag{7-8}$$

式中：L——公路网总里程（km）；

K_N——路网连通度；

N——区域结点数；

A——区域面积（km^2）；

ζ——路网变形系数。

(4)规划方案评价

公路网规划方案评价包括技术评价、经济评价、社会、环境评价。

公路网的技术评价,是从公路网的技术性能方面,分析其内部结构和功能,目的是揭示路网的使用质量,为编制公路网规划方案、验证方案的合理性并进行方案的优化和决策提供技术方面的依据。

公路网的经济评价,是指对公路网进行经济效益分析。主要是指对经济指标方面的计算与分析,即通过比较规划方案的建设、营运费用和效益,并结合规划期的未来资金预测,对方案的经济合理性进行分析论证。

公路网的环境评价是对公路网建设和运营给环境造成的正负面影响及影响程度做出评价,用以指导公路网规划方案的决策和建设。主要指对生活环境和生态环境的评价。

公路网的社会评价,就是分析公路网系统对规划区域的社会方面的作用和影响,包括对区域政治、经济和文化等方面的影响。

公路网技术评价主要是从两个方面进行:一是网络结构性能指标,二是交通质量评价。具体技术评价指标体系见表7-3。

公路网规划方案技术评价指标体系 表7-3

分类	具体指标	
网络结构性能	道路特征	网容量、网等级、路面铺装率
	通达深度	网连通度、公路网密度、节点通达度
网络使用性能	交通特征	交通流量、平均车速、交通密度、行车时间
	服务水平	公路网饱和度、里程饱和率、事故率

7.3.2 铁路运输规划

铁路运输规划包括铁路网规划、铁路运输枢纽规划、铁路运输通道规划等。本节重点阐述铁路网规划。

铁路网规划是一个系统工程,包括社会经济、行车组织、线路、站场、工程经济等多个子系统,研究理论涉及方方面面。它以有关资料的调查及现状交通量系统分析评价为基础,以预测铁路交通OD量为依据,通过不断调整铁路网方案及预测未来交通需求在路网上的分布状况,来协调路网供给与未来交通需求之间平衡的一个复杂过程。

1)规划流程

铁路网规划研究思路及方法是:从发展综合交通运输体系观点出发,以国家及省市社会经济发展规划为指导,贯彻社会经济可持续发展为原则,充分考虑各运输方式合理布局和分工,分析现状运输流结构、特点及趋势,预测研究年度各区全社会运输需求及铁路运输流量和流向。根据运量需求提出铁路网总体规模及布局方案,制定铁路分期发展计划和实施步骤。铁路运输规划流程如图7-5所示。

2)规划内容

(1)综合交通调查分析

铁路网规划的交通调查分为社会经济、交通调查与铁路运营调查两部分。

①全国铁路资料调查。全路运量历史及现状统计资料(包括发送量、周转量、省间交流、局间交接口运量),有关线路的运输人物和设计文件,有关线路的能力和运量。

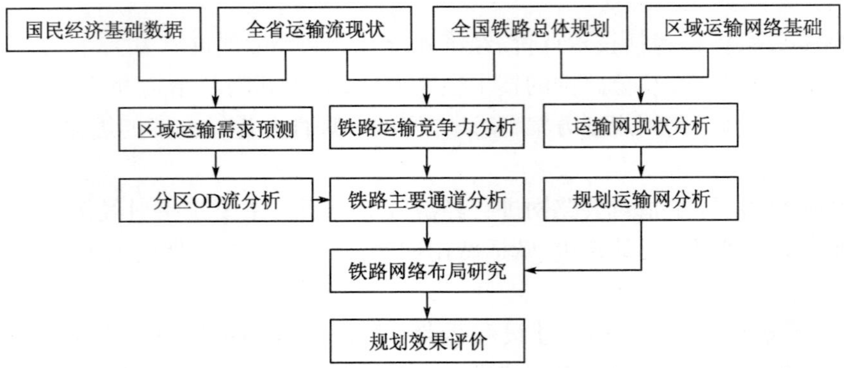

图7-5　铁路运输规划流程

②铁路局、铁路分局调查。铁路局、铁路分局统计资料汇编，主要线路技术标准，输送能力、运量与运能的矛盾，铁路主要运输统计资料，铁路计划，客货运输设备资料，铁路运行图资料，机务资料，工务资料。

③铁路站、段调查与分析。站、段调查除核实铁路局、铁路分局有关调查资料外，应详细分析调查以下资料：货场分区作业资料，主要货主货运量资料，货运资料台账，旅客发送、中转、客流不平衡程度等。

(2)交通需求分析

综合交通调查分析结果，进行铁路运输规划交通需求预测。具体步骤是：先对客、货运交通生成、运输分布、列车方式进行预测，然后将客、货运列车方式预测的结果汇总进行铁路运输分配预测。交通生成、运输分布、列车方式划分、运输分配四步骤组成交通预测程序。

在铁路网规划过程中，铁路网的配流和道路网配流方法虽然都遵照系统最优的原则，但是两者之间由于运输组织规律的不一致，配流的约束条件具有本质的差异。

铁路行车组织设计分析就是要对铁路网分配的交通量从运营角度提出有益的规划方案和扩能措施，并提出完成铁路网分配预测交通量的路网线路等级、正线数目、机车类型、牵引定数、机车交路、技术站分布原则、车流组织原则、路网上编组站布局及分工、枢纽内编组站分工、车站到发线有效长、闭塞类型等，用以优化铁路网及技术站布局。

(3)规划方案制定

①铁路网规划

铁路运输网络的形成过程是从无到有，逐步扩展，长大干线先行，分岔支线紧跟，部分支线分段接长大干线。即先构成路网骨架，然后充实、扩展，最后形成四通八达、机动的铁路运输网络。

a. 铁路线网规模与等级

铁路运输网络的规模，取决于铁路运输承担的全社会的客货运输总量以及铁路的运营效率，同时与铁路网的间距等因素有关。

b. 铁路运输网络布局

铁路运输网络的布局应着重分析宏观社会经济与铁路运输发展的关系，结合区域的地理特征和铁路运输现状，从战略角度出发，提出未来铁路网络布局规划的战略指导方针。优先考虑国家确定的铁路运输主通道和连接临近区域的重要通道，从适应和促进全区域产业经济带的建立和完善区域综合运输网的功能出发,构筑铁路运输网络布局。

②铁路枢纽布局规划

在铁路网的交汇点或终端地区,由各种铁路线路、专业车站以及其他为运输服务的有关设备组成的总体,称为铁路枢纽。铁路枢纽是连接铁路干、支线的中枢,是为城市、工业区服务以及与国民经济各部门联系的重要纽带,也是交通运输枢纽的主要组成部分。铁路枢纽布局是否合理直接影响铁路运营以及国家及区域经济的发展。

a. 铁路枢纽布局规划与路网规划的配合

路网规划应明确枢纽点的分布和车流集散规律,指出枢纽的性质、规模、范围及它们之间的大致分工。在此基础上,结合城市规划和其他运输方式的要求以及枢纽所在地的地形、地质、水文等自然条件进行枢纽布局。

b. 铁路枢纽布局规划与城市规划的配合

直接与城市生产生活有密切关系的设备(客运站、综合性货运站及货场等),应按照其性质分布在城市市区范围内,或接近城市中心,或设置在城市外围而有市内干道连接的地区;无直接关系的设备(编组站、客车整备所等),应尽可能布置在城市外围地区。

c. 铁路枢纽布局规划与自然条件的配合

铁路枢纽所在地区的地理位置和自然条件各不相同,因此铁路枢纽的总体布局规划必须从当地的地形、地质、水文等自然条件的实际情况出发,做出具体的规划方案。

(4)规划方案评价

铁路网评价应分别对铁路网及铁路枢纽进行。规划效果评价是区域铁路网规划的检验。选取合理的评价体系,对区域铁路网规划方案进行评价,再进行包括社会、环境、经济评价等内容的铁路运输规划综合评价。

7.3.3 水路运输规划

水路运输规划的任务是对现有水路资源进行调查分析,以对港口、航道以及现有水系资源整合利用为原则,分析水运系统存在的问题,分析预测规划区域未来水路运输系统的运输量,确立有效的水路运输发展运输量,解决航道、港口、船舶运行等子系统的规模、等级、实施序列等问题,为未来区域社会经济发展提供高放、合理、优质的水路运输服务。

1)规划流程

水路运输规划必须从总体设计出发,包括目标任务的确定、规划原则的确定;然后通过现状调查与分析,进行水路交通运输量发展预测,在预测基础上进行方案的规划设计、比选,最后对规划方案综合评价,制定实施方案与策略等一系列的基本流程。具体规划流程见图7-6。

2)规划的主要内容

(1)综合交通调查分析

①航道网规划调查分析

航道网规划调查主要包括社会经济和交通两个方面。首先要确定航道网规划影响范围,在确定影响范围的基础上收集影响范围内的社会经济资料,主要包括:规划对象的上位规划资料、影响范围内的社会经济现状及发展规划资料、产业布局现状及规划、影响范围内物资种类、分布、流向以及未来开发趋势等基础资料搜集。做好航道网规划还必须对影响范围的交通状况进行调查,主要包括:现有航道网络、设施和船舶状况调查;规划范围内其他运输方式地位、现状和发展规划资料收集;历年运输总量、运输周转量以及各运输方式运量承担情况调查等;必要时组织规划人员进行规划区域水运交通 O-D 分布调查。

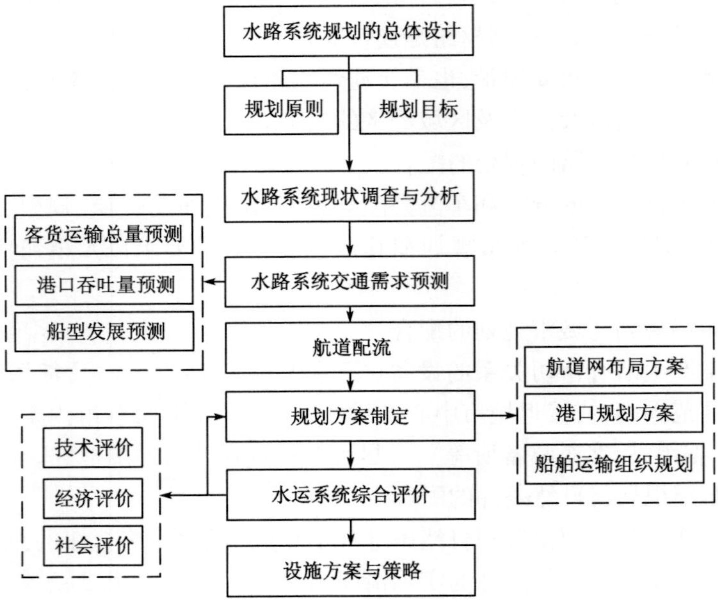

图 7-6 水路运输规划流程

②港口规划调查分析

港口现状的调查工作应包括腹地的经济、交通状况、港口的地理位置、港口的自然条件等。其经济社会条件调查项目可参考表 7-4 中所列项目。

经济社会条件调查项目　　表 7-4

分类		调查项目
港口及城市现况	客货运	公路、铁路、航空客货运量,各种运输工具运价比较
	主要企业	企业产值、原材料、成品运输量、流向,对各种运输工具依赖程度,发展规划
	港口现状	设施能力、利用现况,客货吞吐量,船舶周转量,企业财务效益
	主要问题	港址扩建可能性,与城市关系,港口能量薄弱环节,社会发展对港口的要求
相关设施	土地利用	土地利用规划,地价,城市用地布局
	主要设备	铁路线路、站场通过能力及扩大可能性,公路通过能量及发展规划,机场,仓储面积及能力,供电,供水,城市国际通信网条件
	设施规划	腹地重点建设项目布局规划,运输网规划与多式联运,港口城市规划
水面利用	水产	人工养殖设施,搬迁和赔偿,近岸渔业捕获量,小型渔港
	海滨旅游	海滨公园,浴场,生活岸线,游艇基地
	航道	海损事故,船舶航行状况,航道拓宽浚深可能性
	临海沿江工业	原材料、成品运输、业主码头
与港口发展相关的企业		远洋运输公司,地方航运公司,外贸有关部门、企业,仓储公司,集装箱公司,各种代理公司,主要货主,各部门 EDI 系统状况

除了经济社会条件调查,港口规划建设必须对建港地区的自然条件进行调查和分析,自然条件调查项目可参考表7-5中所列项目。

自然条件调查项目　　表7-5

分类		调查项目
地形	陆上地形	1:5 000 ~ 1:2 000 地形图。局部1:500地形图,海岸稳定性
	水下地形	1:5 000 ~ 1:2 000 水深图,海区海图
	河流	流量、流速、含沙量,河流变迁、沙洲及其稳定性,季节变化
地质	土壤类别	砂土类、黏土类,海相、河相沉积土
	基岩埋深	基岩标高、基岩性质
	土壤性质	贯入击数,物理力学指标
气象	风	风速风向玫瑰图,最大风速
	台风	通过频率、路径、大小,海岸设施破坏情况
	其他	气温、月最高、最低平均气温,降水量、日数,雾日及能见度,水
海象	潮汐	潮汐类型、特征潮位,河流潮区界,增减水
	海流	潮流椭圆、余流、流路
	波浪	波浪玫瑰图,特征波要素、台风期波要素
	泥沙	含沙量、粒径、泥沙运动特性、主要方向、输沙量
地震		震、烈度鉴定
环境条件		水质、绿地植被、海岸侵蚀、污染源

除表7-5中所列项目外,海岸地貌调查分析对拟建港区也是十分有益的。海岸地貌学是宏观的分析在风、浪、流等作用力的影响下,海岸带变化的一门科学,所涉及的预计未来海岸的冲淤变化对港口规划具有参考价值,在实际工作中可以增加研究海岸地貌学的人员参加新港址的海岸及河口调查分析。

(2)交通需求分析

①航道需求预测

在预测运输量时,应对区域内外社会经济发展趋势及发展水平进行科学合理的判断,建立水运发展与经济发展之间的相互关系模型,预测水运运量的发展趋势。

预测步骤:通过对研究区域内各小区历史经济数据的回归分析,采用相关模型进行预测、分析社会经济指标与水运运量之间的相关性,预测出全区域各特征年的客货运总量及分货种运量,预测各小区的边际总量,包括进入总量和出发总量,预测各小区分货种的进入量和出发量以及市内各节点的进入量与出发量的总量和分货种运量,对外市小区各节点进行总量及分货种进入量、出发量预测、O-D运量分布预测、航道配流。

②港口吞吐量预测

港口吞吐量也称为货物流量,是一年之中经由港口进行装卸的货物总量。港口吞吐量是确定港口规模的决定性指标,对于指导港口进行规划建设具有重要意义。

a. 港口吞吐量预测影响因素

港口是为腹地服务的基础设施,影响港口吞吐量的因素很多,主要包括腹地的经济发展水平、发展目标,腹地的经济结构,综合运输交通体系的状况以及周边港口间的竞争等因素。港口的吞吐量预测要立足于腹地的经济发展现状，根据地区的发展规划，合理确定港口货运量的发展趋势。

对于客运量的预测，则主要受到铁路、公路、航空等其他替代交通方式的发展情况影响。人们生活对海洋旅游等旅客运输提出了更多新的要求，应认真加以考虑。

b. 港口吞吐量预测方法

除了传统的定性和定量预测方法外，近年来随着运筹学理论在水运行业中的应用，运量预测中的不确定性也日益被人们所认识和掌握。因此，运量预测中的不确定性分析（或称概率分析或风险分析）已作为运量预测的一个重要组成部分为人们所重视，并逐步由定性描述向定量发展。运量预测中的不确定性分析已成为主要方法。

（3）规划方案制定

①航道网布局规划

a. 航道网层次划分

航道网划分为三个层次，第一个层次是干线航道网，一般由高等级航道组成，是整个航道网的主骨架；第二个层次是次干线，一般由四级和五级航道组成，次干线将主骨架航道网联络成网；第三个层次是支线，一般由六级和六级以下航道组成，支线是航道网的毛细血管，可解决航道的可达性。

b. 规模等级确定

航道的规模必须要能满足远景通过量的需求，通过计算规划航道的通过能力来检验其是否达到远景的要求。航道的通过能力是指每段航道一年可以通过的货物总吨位，上、下行总通过量，按式（7-9）计算。

$$2w_0 = 4\omega\beta vta_1a_2a_3a_4a_5a_6c \tag{7-9}$$

式中：w_0——航道单向船舶通过能力（t/a）；

ω——模拟船队载重吨位（t/a）；

β——水运密度系数（船队数/km），$1\,000/L$，

L——单元船队平均长度（m），未包含安全间隔；

v——船队平均营运速度（km/h）；

t——全年航行时间（h）；

a_1——船队密度增大时，航行阻力增加，影响航速，引起的航运量折减系数；

a_2——到发港不均衡影响船舶运量的折减系数；

a_3——因水深不足船舶折减系数；

a_4——船舶交会时引起的折减系数；

a_5——非载重船影响系数；

a_6——非标准船影响系数；

c——上下行货物流向平均实载率。

②港口布局规划

a. 港口规模等级

根据我国港口的近年实际，适当考虑远景，并参照世界港口的吞吐量状况，建议采用适当的级数与明显而有序的级差，以划分成六级为宜，即：特级港（特大港），年换算吞吐量大于

1 亿 t；一级港（巨大港），年换算吞吐量为 5000 万 ~ 1 亿 t；二级港（大港），年换算吞吐量为 1000万 ~ 5000万 t；三级港（中港），年换算吞吐量为 100 万 ~ 1000 万 t；四级港（小港），年换算吞吐量为 10 万 ~ 100 万 t；五级港（微型港），年换算吞吐量小于 10 万 t。

b. 港口选址

港口选址遵循如下主要原则：选址阶段应对拟选地区的地形、地貌、地质、气象水文、地震等自然条件和城市依托、供电、供水、通信、施工条件以及社会、人文情况等进行调查分析和必要的勘测；对拟选港址的铁路、公路、水运现状和发展规划、集疏运方式和能力以及引接条件等，应进行充分的调查分析和比较，因地制宜地选择集疏运方式，优先考虑水运及原有集疏运设施，有条件时，可采用多种集疏运方式；老港改建、扩建时，应妥善处理同一地区新港与老港之间的关系，以及综合性港区与各种专业性港区或码头之间的关系；应充分利用原有设施，并避免重复建设和互相之间的干扰；港址的天然水深应适当，不宜在地形、地质变化大和水深过深以及水文条件复杂的地段建造港工建筑物，也不宜在水深太浅而使疏浚和维护挖泥量过大的场所选址。

（4）水路运输规划方案评价

水路运输规划评价包括技术评价及经济、社会、环境评价等内容。

水路运输规划技术性能指标包括航速、载重量、载重量系数、海军系数、横摇周期等。营运指标包括：①产量指标：年客货运量、客货运周转量、平均运输距离、载重量；②生产能力指标：船舶艘数、平均使用船舶数、载货量、载重量；③船舶使用效率指标：船舶营运率、航行率、载重量利用率、平均航行速度；④船舶生产效率指标：吨天生产量、每吨船生产量；⑤船员劳动生产率。

7.3.4 航空运输规划

航空运输规划是为实现航空运输系统的目标对系统的结构、规模、作用、反应和市场等做出的计划。航空运输生产能力的安排应当与运输需求相适应，或两者应当尽可能保持平衡。

1）规划的主要内容

航空运输规划主要包括机场规划、航线规划及机队规划。

（1）机场规划

①综合交通调查

机场规划中综合交通调查内容包括现有机场的规模和使用情况、空域结构和导航设施、机场周围的环境、已有的机场地面交通系统、城市发展规则、区域经济规划等，确定适应运输要求所需要的机场设施，预测包括年旅客量、年飞机运行次数、年货运量、机队组成、出入机场交通量等。进一步确定飞机场的跑道数、跑道长度、停机坪面积、航站楼面积、出入机场地面交通的类型、机场所需的土地面积等。这一工作可作为可行性、机场选址或设计方案研究的基础。

②机场需求分析

航空业务量预测是机场规划的基础，预测方法主要有专家判断法、类比法、趋势外推法、计量经济法、市场分析法等五种。

a. 专家判断法

通过征求专家个人意见或召开专家会议做出预测。专家判断法简单易行，需要较少的人力和物力；召开专家会议可以集思广益，发挥专家们集体智慧。缺点是受专家们的业务水平、掌握资料的情况和对预测问题是否感兴趣等影响较大。专家判断法适用于用直观感觉进行预测的项目,或需要对很多相关因素的影响作出判断的项目等,对机场远期规划的各项预测宜采用此法。

b. 类比法

找出与预测机场周围环境和运输条件相似,而且有较长历史资料的机场作为类比模型,与预测机场进行全面和深入比较,然后得出预测结论。新建机场的航空业务量,可采用类比法进行预测。

c. 趋势外推法

根据过去发生的状况推测今后发生的情况,并认为影响过去发展的主要因素在今后仍然发挥主要作用,而且其本身变化不大。趋势外推法主要用于短期预测,是比较成熟的方法。用此方法预测航空业务量时,首先要收集有关历史数据,其次用图解法或回归分析法得出航空业务量随时间变化的曲线,最后根据曲线的变化趋势推测今后的航空业务量。

d. 计量经济法

在分析航空业务量与影响它的各个主要因素之间相互关系的基础上推测未来的航空业务量。例如,某机场虽然有历年客运量统计资料,足以用趋势外推法预测未来的客运量。但是,当地进行较大改革,预计经济发展较迅速,若用趋势外推法预测,得出的客运量不一定符合未来情况。经过仔细分析,该机场的客运量主要取决于当地的社会生产总值,这种根据影响机场客运量的主要经济因素进行预测的方法称为计量经济法。

e. 市场分析法

把机场影响范围内的人口按工作、职务、收入、学历、年龄等分成不同的类别,并统计出各类人数和乘飞机情况,然后根据各类人数的变化趋势及乘飞机发展情况预测未来的机场客运量。通过调查和预测,可以准确掌握哪些人乘飞机旅行,哪些人不乘飞机旅行及其原因。

③方案制定

a. 机场规模确定

机场所需的发展规模取决于以下因素:预期使用该机场的飞机性能特性和大小、预测交通量、气象条件及机场场址的高程等。

b. 机场选址

新建机场的规划应包括机场选址的内容。机场选址是从环境、地理、经济和工程观点出发,寻找一块其尺寸足够容纳各项机场设施而且位置适当的场地。选址的场地最重要的一点是对各候选机场地址(包括现有机场的扩建)进行正确评价。评价应考虑以下因素:可利用空域;在机场附近的空域内是否有障碍物,即所谓的净空要求;对周围环境和发展的影响;机场的物理特性,如地形、地基、气候等;接近航空业务需求点,例如接近城市中心等;现有出入机场的地面交通系统;土地价格。

(2)航线布局规划

首先,对客货运输的市场需求进行调查,掌握交通需求在空间上的发生量与吸收量,通过社会调查(SP 调查)分析,预测航空运输方式分担客货运量的比例。根据航空运输方式的分担运量的大小,研究航线对象城市机场的规模、跑道等级、通信导航能力、机队运输能力以及地面交通能力等因素。

其次,航线设计既要满足社会发展需要,又要充分考虑它的经济效益。对新航线的设立通常采用以下方法。

①线形规划法

线形规则法是基于运输要求来进行运输方式和航线布局的定量分析和分布优化。

②技术经济分析法

技术经济分析法是把多种可能布局方案可能产生的经济效益进行比较,分析航线布局的经济性。

航线选择是航班计划的基础。航空公司在获得航线经营许可权之后,才可能根据航线的特点,制订具体的航班计划。

航班的航线飞行主要有直达航线、间接对飞航线和环形航线。直达航线是指在始发机场和终点机场之间往返直飞,无经停点,用于运输量较大的城市之间,旅途时间短,成本低,受市场欢迎。间接对飞航线在始发机场和终点机场之间有经停点,回程按原路飞行;用于直飞没有足够的客货运量,通过提供中途机场的停靠,补充载运业务,以降低飞行成本。环形航线通常不按原路返回,其主要原因是由于单向运量不足。

(3)机队规划

机队规划任务主要有三个方面:一是从长期发展角度预测分析航空公司的机队规模;二是在机队规模确定的情况下进行飞机选型决策;三是从航班生产运作的角度进行航班机型选择。

机队规划一般划分为短期规则(1 年)、中期规划(3 ~ 5 年)和长期规划(10 ~ 15 年)。目前在世界航空界所使用的多种机队规划方法,就其本质而言大体按照以下两种思路,即宏观机队规划和微观机队规则。宏观机队规划是从机队规模预测的角度进行分析研究,主要解决长期规划问题,它是按"从上而下"(即从宏观到微观)的顺序进行分析预测。而微观机队规划是在微观航班、航线机型选择的基础上,按"从下到上"(即从局部到整体)的顺序进行分析,得出航空公司机队中短期规划结果。

①机队规模决策——宏观规划方法

主要应用载运率对指定时期的未来航空运输市场的潜在需求做出估计,当载运率达到一定水平时,就会发生客货溢出,此时航空交通需求大于航空公司的运力。载运率越高,潜在旅客需求量越大,这就意味着航空公司潜在收入的损失越多。因此,当有关指标相对偏高时,说明可供运力不能满足市场要求,此时应考虑增加运力,这是一种"指标警示"分析方法。这种方法既可以作为航空公司整体运力的需求分析,也可以用于某一航线运力需求分析。机队规模的宏观分析方法包括预测飞机需求总量、分析现有机队运力、确定新增飞机数量及调整总体运营规划等。

②航班机型调配——微观规划方法

微观机型调配是从城市相对子角度出发,对已经开航或拟开航的各航线逐条进行预测,求得各个座级飞机的需求量。汇总各航线需求量,得到公司飞行需求总量。微观分析方法主要是以航线为讨论问题的出发点,以每一条航线甚至航班机型选择为基础,其解决问题的思路与宏观分析方法形成对比。

2)规划方案评价

航空运输规划评价包括技术评价及经济、社会、环境评价等内容。技术评价指标如表 7-6 所示。

航空运输规划方案技术评价指标体系　　表 7-6

一级指标	二级指标	三级指标
技术指标	环境可持续	能源消耗
		环境污染控制
		空域资源利用效率
	经济可持续	航空客运盈利水平
		航空货运盈利水平
		民航基础设施建设的资金充裕
	社会可持续	普遍服务程度
		民航职工的工作能力
		民航企事业单位健康发展
	布局协调	地区之间的协调
		支线与干线的协调
		与其他运输方式的协调
	内部协调	国际航空运输与国内航空运输的协调
		航空旅客运输与航空货物运输的协调
		运输航空和通用航空的协调

【复习思考题】

1. 简述各类区域运输的对应关系。
2. 简述区域综合运输的规划原则、规划流程及主要规划内容。
3. 简述区域综合运输规划及专项运输规划的要点。
4. 简述区域综合运输网络规划的目标及流程。
5. 简述区域综合运输通道规划的目标及流程。
6. 简述区域综合运输枢纽规划的目标及流程。
7. 简述区域综合运输各项规划的主要内容。
8. 简述区域交通运输公路网规划的流程及主要内容。
9. 简述区域交通运输铁路网规划的流程及主要内容。
10. 简述区域水路运输和航空运输规划的流程及主要内容。

第8章

城市交通规划

8.1 概　　述

8.1.1 城市交通规划与城市规划的关系

城市规划一般分为城市总体规划和城市详细规划两个阶段。城市总体规划是指城市人民政府依据国民经济和社会发展规划以及当地的自然环境、资源条件、历史情况、现状特点,统筹兼顾、综合部署,为确定城市的规模和发展方向,实现城市的经济和社会发展目标,合理利用城市土地,协调城市空间布局等所作的一定期限内的综合部署和具体安排。城市总体规划是城市规划编制工作的第一阶段,也是城市建设和管理的依据。

城市详细规划又具体分为控制性详细规划和修建性详细规划。控制性详细规划是以城市总体规划或分区规划为依据,确定建设地区土地使用性质和使用强度的控制指标、道路和工程管线控制性位置以及空间环境的控制性规划要求。控制性详细规划的重点内容是确定建筑的高度、密度、容积率等技术数据。修建性详细规划以城市总体规划、分区规划或控制性详细规划为依据,制订用以指导各项建筑和工程设施的设计和施工的规划设计。

城市交通规划是城市规划的重要组成部分,是落实城市规划,促进城市规划实施的重要途径。城市交通规划与城市规划体系的协调性直接关系到交通规划的指导意义与可实施性。为与不同层级的城市规划体系形成紧密的协调关系，构建“两阶段三层次”城市交通规划体系。“两阶段”分别对应于城市总体规划、城市（控制性）详细规划，“三层次”分别为城市交通发展战略规划、城市综合交通体系规划和城市交通设施规划。

8.1.2 城市总体规划阶段交通规划内容及要求

城市总体规划阶段，城市交通规划主要应完成交通发展战略规划、综合交通体系规划。交通发展战略规划注重战略性和方向性，最终形成城市交通发展战略报告或上升提炼为交通白皮书；综合交通体系规划注重系统性和综合性，在交通发展战略的指导下进行，同时作为交通专项规划的上层规划，注重传承性和衔接性。表 8-1 为城市总体规划阶段交通规划要点。

城市总体规划阶段交通规划要点　　表 8-1

规划主体	规划要点
对外交通	统筹对外交通系统网络和区域交通设施布局、重大设施用地控制
轨道交通	研究远期城市轨道交通网络总体架构及建设时序
道路网络	研究中远期城市道路网络功能、结构、布局和规模
公共交通	统筹规划公共交通系统设施安排和网络布局
慢行交通	原则上明确非机动车路网、人行道、步行过街设施规划控制要求
客运枢纽	枢纽布局、用地控制和配套设施安排
停车系统	确定停车发展策略，对总规中路外公共停车场布局方案进行反馈
货运系统	确定城市货运枢纽、场站的规划布局、功能和规模
交通管理与信息系统	合理确定交通管理和交通信息化发展对策及设施规划原则

8.1.3 控制性详细规划阶段交通规划内容及要求

控制性详细规划阶段主要任务是确定城市土地使用性质和开发强度。对应于城市控制性详细规划需要完善交通设施规划，要求反映交通设施的布局要求与落实具体布局方案，实现城市土地利用与交通系统的一体化发展。

交通设施规划涉及城市道路网规划、城市轨道交通规划、城市公共交通设施规划、城市停车设施规划、慢行交通设施规划、货运系统规划、近期交通建设计划以及局部地区交通规划等。它侧重于各子系统本身的发展目标、需求分析、设施规模、布局方案、近期建设计划、运营管理、效益评价等。设施规划层面要求交通规划方案具有可实施性，表 8-2 为控制性详细规划阶段交通规划要点。

控制性详细规划阶段交通规划要点　　表 8-2

规划主体	规划要点
道路网络	研究近中期路网所要达到的功能、结构、布局与相应的建设计划
轨道交通	确定轨道交通网络模式、进行客流预测、线路规划、交通衔接、场站布局等
公共交通	在客流预测的基础上，确定公共交通方式、车辆数、线路网络、换乘枢纽和场站设施用地等，形成合理的城市公共交通结构
停车设施	提出建筑物停车配建标准，确定路外公共停车场刚性和半刚性布局方案，以及路内停车泊位的近期布设方案，对总规阶段确定的供给结构进行校核和反馈
慢行交通	明确非机动车、人行道宽度对各级道路断面的控制要求，非机动车停车设施规划，不同用地情况下步行过街设施控制要求
物流设施	构建信息平台，落实基础设施布局（包括场站和通道）以及相关政策保障

8.2 城市交通发展战略规划

城市交通发展战略是城市交通发展的纲领，侧重分析城市交通系统与社会经济发展环境相互依存关系，与土地利用的互动关系，明确城市交通政策，对交通系统规模、交通方式结构、交通服务水准、交通管理体制、交通投资与价格、交通环境等一系列重大问题进行宏观性的判断和决策。

8.2.1 城市交通战略目标与控制指标

城市交通战略目标是城市远期交通发展所达到的总体水平，一般可从促进社会公平、宜居环境、社会发展三个方面来分析。城市交通发展控制指标是对特定城市交通战略目标的深化和细化。控制指标选择应符合城市国民社会经济发展要求，并对城市性质有所响应。由于城市发展与城市交通相互关联的复杂性和多目标性，表8-3所提出的交通战略目标所对应的指标体系有一定程度的重复，具体应用时应加以优选，注意结合城市个性特征对战略目标和指标体系进行侧重点分析和考核标准定位。

交通战略目标与控制指标 表8-3

总体目标	具体战略目标	指标体系	
		服务状态	规划响应
社会公平	为不同阶层居民均提供相对舒适便捷和高效的出行服务	慢行空间独立性，公交步行到站时间，运行车速，不同等级道路行车速度，不同出行方式出行成本和时间成本，居民对交通服务满意度	慢行空间面积率，公交线网密度和站点覆盖率，公交车保有量和发车频率，道路网密度，公交信息化水平、道路交通运行信息化水平
	不过度消耗能源和环境资源	出行结构方式，平均车公里排放与能耗，节能减排车辆应用和清洁燃料使用比例，主要道路和交叉口尾气排放是否符合国家标准	公交系统构成，有无的明确车辆节能减排管理政策，有无完善的公共交通优先措施和公交运营补贴机制，公交场站用地是否充足，以及因地制宜的私家车需求管理政策体系
	继承交通历史出行格局	慢行、公交出行者对规划方案的满意度	规划对既有交通基础设施的利用程度，是否压缩了慢行空间、减少了公交路权，规划引发新交通矛盾是否给予考虑
社会发展	优化城市空间结构，满足不同片区对交通可达性要求	片区不同交通方式可达性，新区与旧城通道公交与道路服务水平	大中运量公共交通密度，是否制定差异化停车收费制度，运输系统与重要交通运输节点布局与新区开发和旧城改造是否同步
	彰显城市历史文化风貌特色，保护城市文化风貌	交通基础设施建设与城市产业发展和山水文化协调程度，交通基础设施与历史文化资源协调程度	是否针对山水特征进行道路断面设计，是否进行针对城市主要产业进行配套交通投资，是否针对历史城区进行交通发展策略和交通设施配置研究
	支撑社会经济发展	城市客流运输满足程度，主要道路平均延误，是否考虑未来客流增长趋势，对外交通基础设施和自然资源对城市分隔影响	道路网、公交线网和停车设施容量与交通需求匹配性，交通投资是否具有适度超前性，跨河流、铁路通道容量

续上表

总体目标	具体战略目标	指标体系	
		服务状态	规划响应
宜居环境	降低交通对生活环境的影响	交通流分配是否均衡,居住区道路机动车车流量和流速是否得以控制以及人车冲突是否明显	交通管制措施是否完善,居住区宁静化措施应用情况,中心商业区步行区或步行街配置,城市自行车休闲通道数量
	降低交通对城市景观的影响	交通对公共活动空间和绿地的影响程度	高架和地下交通空间的比例,核心区域大型互通立交数量,交通设施对绿地占用比例,运输系统布局与城市公共活动空间关系的合理性

8.2.2 城市远期交通需求分析

城市远期交通需求分析是为城市交通发展战略规划提供研究基础的工作,一般采用简化的四阶段交通预测分析方法,体现在交通分区、建模方法、预测详细度等方面的简化,侧重于宏观的数据分析。城市远期交通供需分析的交通分析区划分应与城市用地布局规划相衔接和协调,以城市主要功能区的分布为依据,以有利于主流向分析和走廊交通分析为原则。一般每个交通分析区面积以 $4 \sim 8\text{km}^2$,人口以 6 万 ~15 万人为宜。交通分析区的面积可以随土地利用强度或建筑面积系数等值的减少而增大,一般在城市中心区宜小些,在城市郊区或附近郊县可大些,交通分析区分界也应尽可能利用行政区划的分界线,以利于相关基础资料收集工作的开展。

8.2.3 城市交通发展战略方案设计

城市交通发展战略方案设计是检验未来城市各种土地利用规划方案下的交通发展方向以及不同交通网络布局对城市社会经济活动、土地利用开发的影响,方案设计的重点是高快速路系统和大中运量公共交通系统等运输网络形态和布局规划。

一般采用情景分析的方法对城市空间布局形态可能存在的情况进行模拟,并考虑国家宏观交通政策、城市规模、用地形态等的差异,拟定相应的交通方式发展政策(如公交优先政策、私人汽车调控政策、自行车交通政策、步行交通政策等),形成若干比选方案。

通过 SWOT 分析方法生成备选交通战略方案,交通发展优势(S)和劣势(W)主要指现阶段已经取得的一些交通建设进展和交通存在的问题,主要针对交通系统自身的条件分析,交通发展机遇(O)与挑战(T)主要指宏观社会经济环境为未来交通合理发展带来有利条件和制约因素,主要针对交通系统外部环境的分析。一般包括发展环境分析、因素影响力度分析、类型确定和发展战略确定四个环节。

8.2.4 城市交通发展战略测试

城市交通战略测试面向不同情景下的城市空间布局以及相对应的城市交通发展战略,一般利用交通战略测试模型来完成对战略方案的比选工作,为方案提供可比选的定量指标并给出差别化的数据。交通战略测试模型主要关注一些宏观测试对象,具体测试对象的选择主要依据战略目标设计要求,一般包括居民分方式出行总量、区域的可达性、关键通道服务水平,骨干道路网络的规模,以及城市交通尾气排放和能源消耗总量等。

以关键通道服务水平为例,其测试模型一般用来分析通道总供应和总需求之间的相互关系。通道总需求可用组团间客流联系强度 q_{ij} 表示,交通基础设施总供给表示通道的道路交通资源供给情况,具体可用式(8-1)计算。

$$P=\frac{\sum_{i=1}^{m}R}{c} \tag{8-1}$$

式中:P——通道总供给值(标准车道);

m——各级道路数(个);

R_i——各级通道的理论通行能力(pcu/h);

c——平均每车道理论通行能力(pcu/h)。

通道服务水平可用小汽车出行需求与道路交通资源供应情况的比值反映,这里采用 φ 来评价通道的供需情况,可用公式(8-2)计算:

$$\varphi=\frac{q_{ij}\alpha}{Pc} \tag{8-2}$$

式中:φ——通道服务水平(pcu/h);

q_{ij}——通道所承担的客流量(pcu);

α——组团间小汽车出行比例,表示通道所采用交通方式(%)。

8.2.5 城市交通发展战略优选

交通发展战略优选的过程就是对不同备选交通战略方案评估的过程,主要衡量交通战略对城市、社会、经济、交通系统等各个方面产生的影响的综合效益。交通战略评估的对象主要包括对交通发展战略实施可行性评估、效果评估、效应评估以及效率评估等四方面的评估。

交通战略评估方法主要针对效果评估和效应评估两方面。一般采用“前—后”交通战略评估法和“有—无”交通战略评估方法。“前—后”交通战略评估法,就是将交通战略在实施前可以衡量出的状态与接受交通战略作用后可以衡量出的新状态之间进行对比,从中得出交通战略效果,进而据此对交通战略的价值做出判断。图 8-1 中 A1 代表交通战略执行前的效果,A2 代表交通战略执行后的效果,A2—A1 表示交通战略实际效果。该方法的优点是操作简单,不足之处是它无法将被评估战略的“纯效果”与该项政策以外的因素所产生的效果分离出来。

“有—无”交通战略评估方法是在交通战略执行前和执行后这两个时间点上,分别就采取交通战略和不采取交通战略两种情况进行前后对比,然后再对两次对比结果进行比较,以确定被评估的交通战略的效果。图 8-2 中,A1 和 B1 分别代表现状有无交通战略两种情况,A2 和 B2 分别是未来有无交通战略的两种情况。(A2—A1)为有交通战略条件下的变化结果,(B2—B1)为无交通战略条件下的变化结果。(A2—A1)—(B2—B1)便是交通战略的实际效果。这种方法需要补充大量的现状分析数据,操作便捷性比“前—后”对比法相对较差,但能够比较有效地将被评估交通战略的“纯效果”从战略执行后产生的总效果中分离出来,降低外界因素的干扰。

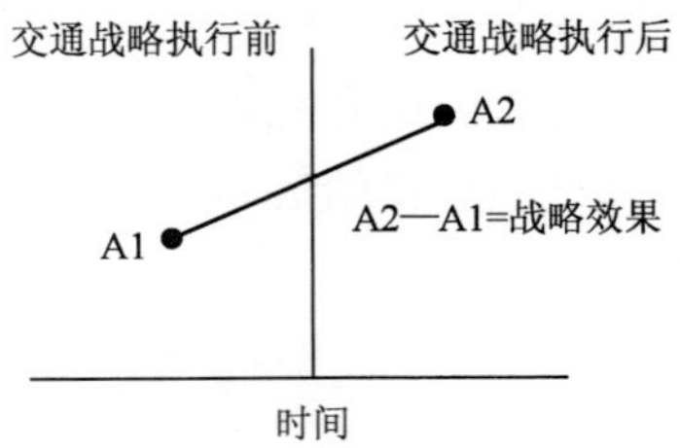

图 8-1 “前—后”交通战略评估法

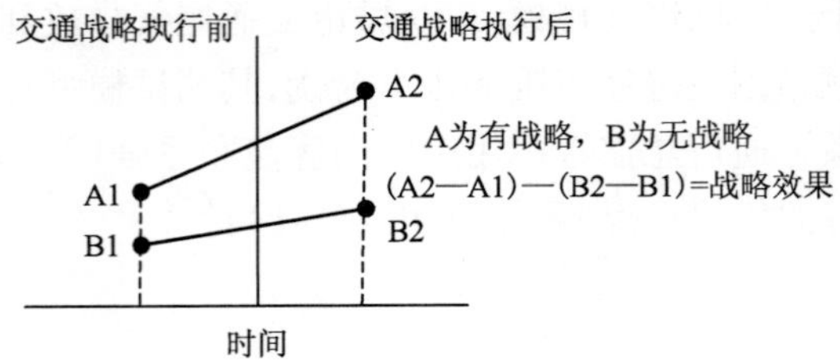

图 8-2 “有—无”交通战略评估法

8.3 城市综合交通体系规划

8.3.1 城市对外交通规划

城市对外交通与区域交通运输网和城市总体用地布局之间有着密切的关系。城市对外交通是区域运输网络上的一个结点,对外交通又是城市形成和发展的重要条件。对外交通是以城市为基点,城市与城市之间的外部区域进行人与物运送的各种交通运输系统的总称,包括铁路、水运、公路以及航空运输的线路和枢纽。

1)规划目标与原则

城市对外交通规划应遵循城市社会经济发展战略目标相一致;与城市总体规划和区域城镇体系规划相协调;与区域综合运输体系、城市交通系统相协调;环保、经济、绿色、低碳、可持续;兼顾近期与远期等原则,根据城市的经济社会发展情况,把握城市对外交通的发展趋势、预判未来对外交通可能面临的问题,明确城市对外交通的发展方向,采取有效的规划措施,落实城市总体规划的战略并引导城市发展目标的实现。具体目标包括以下四个方面:

(1)构筑各种交通方式相对完善、相互协调的城市对外综合交通体系;

(2)加强与周边重点城市快速通道的建设,支撑区域城市群一体化发展;

(3)城市客货运输的重要基础设施规划,满足城市社会经济发展的需要;

(4)规划便捷的城市对外出入口,服务城市快进快出的对外交通需求。

2)规划流程

城市对外交通规划主要依据城市具体情况,研究对外交通线路设施和运输枢纽设施的布局,处理好与相关专项规划的关系。涵盖铁路、公路、水运、航空四种运输方式,明确对外交通发展的目标、体系结构、总体布局、功能等级等。具体的对外交通规划流程如图 8-3 所示。

3)主要规划内容

(1)对外道路交通网络规划

对外道路交通网络是城市对外交通规划的主要内容,包括市域公路网规划、城市结点路网规划和城市对外出入口道路规划。

①市域公路网规划

市域公路网规划是以增强城市与区域间的交通联系,提高城市与周边城镇的统筹发展,进行市域行政区范围内的公路网规划。市域范围内的道路包含高速公路、国省干线、集散层面的县乡公路。市域公路网规划是在城市总体规划和上位公路网规划发生较大调整后进行的，规划范围主要是中心城区、县城、重点城镇结点间的等级公路。

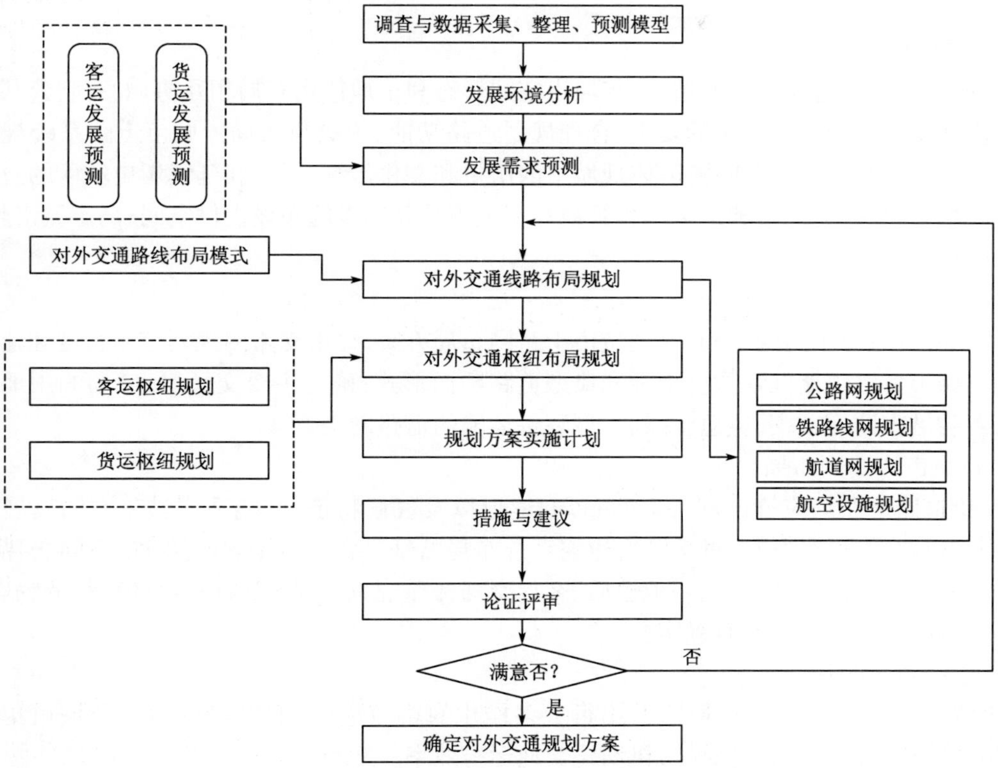

图 8-3　对外交通规划流程

规划内容包含两个层面，一是近期的改善规划，二是中长期的总体规划。近期方面，主要针对现有存在的突出问题进行诊断，提出改善的对策和措施，并给出近期建设重点项目。中长期总体规划方面，主要应研究未来公路网的总体规模和布局形态，预测远景道路交通量，提出路网远期发展目标，匡算路网总体规模。布局规划阶段分别从线路和结点两个角度考虑线路的布局方案，针对不同结点的功能、结合布局的影响因素，可采取分层布局等方法规划整个路网。规划中还应包括路网布局效果的优化和评价内容。

②城市结点路网规划

城市结点路网的规划主要包括城市结点类型、规模、形态特征的分析，不同城市结点的公路在城市中的布置和过境方式等内容。

③城市对外出入口道路规划

城市对外出入口道路规划着重研究城市内部路网与区域过境路网的相互衔接问题。在交通组织层面，应注重引导对外出入口道路的分散化、均衡化分布。在路网衔接结构层面，应注重区域路网与城市道路间衔接的合理级配问题。

(2)对外客运枢纽规划

城市对外客运枢纽涉及城市对外交通系统和城市内部交通系统，是以公路和铁路为代表的城市对外交通结点和以城市轨道、公交等城市内部交通结点之间有效衔接的场所。对外客运枢纽规划主要包含公路客运枢纽规划、铁路客运枢纽规划、机场规划等内容。

8.3.2 城市内部交通规划

1）城市道路网规划

（1）规划原则

按照与道路交通需求基本适应、与城市空间形态和土地使用布局相互协调、有利公共交通发展、内外交通系统有机衔接的要求，合理规划道路功能、等级与布局。城市道路系统规划应符合城市的空间组织和交通特征；体现城市的历史和文化传统，保护和延续历史城区的道路格局，反映城市风貌；为地上和地下工程管线和相关市政公用设施布设提供空间；满足城市救灾、避难和日照、通风的要求。

（2）规划任务

优化配置城市干路网结构，规划城市干路网布局方案，提出支路网规划控制密度和建设标准；提出城市各级道路红线宽度指标和典型道路断面形式；确定主要交叉口、广场的用地控制要求；确定城市防灾减灾、应急救援、大型装备运输的道路网络方案。

（3）城市道路网布局

城市道路网布局应符合城市空间布局、地形以及气候特征，并能适应城市空间发展的需要。城市道路网络规划应在继承既有道路系统布局特征基础上，综合考虑城市空间布局的发展与控制要求、开发密度分区、用地性质、客货交通流量流向、对外交通，结合地形、地物、河流走向和气候环境等，因地制宜确定。

①干线道路布局

干线道路系统应相互连通，方便出行者多样化的路径选择，承担45%以上的城市集中建设区机动化交通周转量，提高城市机动化交通运行效率。

规划城市人口100万人及以上规模城市外围可布局外环路，宜以快速路或高速公路为主，为城市过境交通提供绕行服务；历史城区外围、规划城市人口规模100万人及以上的城市的中心区外围可根据城市形态布局环路，分流通过性交通。环路建设标准不应低于环路内高等级道路的标准，并应与放射线道路衔接良好。

规划城市人口100万人及以上规模的城市主要对外方向应至少有2条城市干线道路衔接，其他城市主要对外方向宜有2条城市干线道路衔接；分片区、组团开发的城市，各相邻片区、组团之间宜有至少2条城市干线道路相连通。

干线道路系统的密度，规划城市人口100万人及以上规模城市可按1.2～1.7km/km^{2}确定；50万～100万人的城市可按1.1～1.6km/km^{2}确定；20万～50万人的城市可按1～1.4km/km^{2}确定；5万～20万人的城市可按0.8～1.2km/km^{2}确定。

②集散道路与地方道路密度控制要求

集散道路与地方道路布局应符合不同城市功能地区的地方性活动特征。不同城市功能地区的集散道路与地方道路密度应结合用地功能和开发强度综合确定，满足开放、便捷、各具特色的街区建设要求。表8-4规定了不同用地功能区的街区尺度推荐值以及路网密度控制要求。

（4）城市道路空间分配

①道路红线宽度取值

城市道路红线应在基本红线宽度上，综合考虑道路承担的行人、自行车、公共交通等交通功能，以及地下空间布局、防灾等要求确定。城市道路基本红线宽度取值如表 8-5 所示。

不同用地功能区的街区尺度推荐值　　表 8-4

城市功能地区		街区尺度(m)		路网密度(km/km^2)
		长	宽	
居住功能区		200～300	100～300	7～15
商业区与就业集中的中心区		100～200	100～200	10～20
工业区		200～600	150～400	4～12
物流园区	物流街区	200～600	150～400	4～12
	服务街区	200～400	100～200	7～15

城市道路基本红线宽度取值　　表 8-5

道 路 子 类	双向车道数	基本道路红线(m)	可选择的地面公交服务	行人和自行车
Ⅰ级快速路	主路 4～8	30～60	公共交通干线、普线	—
Ⅱ级快速路	主路 4～8	30～60		—
Ⅰ级主干路	6～8	40～60	公共交通干线、普线	优先
Ⅱ级主干路	4～6	40～60		优先
Ⅲ级主干路	4～6	30～50		优先
次干路	2～4	25～40		优先
公有支路	2	7～20	公共交通支线	优先
非公有支路	混合	7～20	—	优先

②道路横断面布置

道路横断面布置应符合所承载的交通特征；道路空间应集约使用，优先满足行人和自行车、公共交通路权要求；同一条道路宜采用相同的横断面布置，当道路横断面变化时，道路红线应考虑过渡段设置要求；道路空间分配应符合机动车、自行车、行人等不同运行速度的交通安全行驶的要求；设置公交停车港湾、人行立体过街设施、轨道出入口等的路段，红线应适当加宽，不宜压缩人行道和自行车道的宽度。

(5)道路交叉口用地控制

交叉口应按照相交道路交通量与构成特征，优先满足公共交通、行人和自行车的通行与安全、方便的要求，科学确定交叉口形式。没有交通需求预测的情况下，交叉口的形式可按《城市道路交叉口规划规范》(GB 50647—2011)进行选型。干线道路平面交叉口用地应在方便行人过街的基础上适度展宽；城市道路立体交叉用地宜按照枢纽立交 8 万～12 万 m^2、集散立交 6 万～8 万 m^2 控制。

2)公共交通规划

(1)规划原则

依据城市公共交通系统构成和客运系统总体布局框架，统筹规划公共交通系统设施安排和网络布局；各种方式的城市公共交通应一体化发展；修建轨道交通的城市，公共汽(电)车网络应根据轨道交通网络的建设与开通及时进行相应调整。

(2)规划任务

确定城市轨道交通网络和车辆基地的布局原则及控制要求；确定大运量快速公共汽车网

络，提出线位控制原则及控制要求，以及停车场、保养场规划布局和用地规模控制标准；确定公共汽(电)车停车场、保养场规划布局和用地控制规模标准，提出首末站规划布局原则；确定公共交通专用道设置原则和技术要求，规划公共交通专用道网络布局方案，提出港湾式公交站点的设置原则和规划建议；提出出租汽车发展策略和出租汽车驻车站规划布局原则。

(3)公共交通走廊层级划分

公共交通走廊按照高峰小时单向客流量或客流强度可分为高、大、中与普通客流量四个层级。各层级公共交通走廊客流特征应符合表8-6的规定。

各层级公共交通走廊客流特征 表8-6

层级	客流规模	宜选择的运载方式
高客流走廊	高峰小时单向客流量≥6万人次/h或客运强度≥3万人/(d·km)	大运量集约型公共交通(城市轨道交通)
大客流走廊	高峰小时单向客流量3~6万人次/h或客运强度2~3万人/(d·km)	
中客流走廊	高峰小时单向客流量1~3万人次/h或客运强度1~2万人/(d·km)	中运量集约型公共交通[城市轨道交通或公共汽(电)车交通]
普通客流走廊	高峰小时单向客流量0.3~1万人次/h	普通运量集约型公共交通[公共汽(电)车交通]

(4)城市公共汽(电)车

①线路功能层次划分

城市的公共汽(电)车线路宜分为干线、普线和支线三个层级，城市可根据公交客流特征选择线路层级构成。不同层级城市公共汽(电)车线路的功能、运送速度和客运能力宜符合表8-7的规定。城市应因地制宜地合理选择快速公共汽车系统。

不同层级城市公共汽(电)车线路功能与服务要求 表8-7

线路层级	干线	普线	支线
线路功能	连接城市各分区，沿主要客流走廊，串联主要客流集散点	城市分区内部线路	深入城市社区内部，干线或普线的补充
运送速度(km/h)	≥20	≥15	—
单向客运能力(千人/h)	5~15	2~5	1~2
高峰期发车间隔(min)	<5	<10	—

②车辆规模

城市公共汽(电)车辆的规模与发展要求，应综合考虑运载效率、乘坐舒适性和环保要求，并规划城市人口规模300万及以上的城市宜达到500乘次/标台以上，其他城市宜达到400乘次/标台以上；规划城市人口规模100万及以上的城市不应小于12标台/万人，规划城市人口规模50万至100万人的城市不应小于10标台/万人，规划城市人口规模小于50万的城市不宜小于8标台/万人，旅游城市和其他流动人口较多的城市可适当提高。

③场站规划

城市公共汽(电)车场站应根据服务需求、车种、车辆数、服务半径和用地条件在城市集中建设区内均衡布局。公共汽(电)车场站应节约用地,立体建设。可根据需求与用地条件,整合首末站与停车场,或停车场与保养场。

公共汽(电)车首末站、停车场、保养场的综合用地总面积不得小于每标台 150m²。各类型场站规划用地指标宜符合表 8-8 的规定。

各类型场站用地面积计算指标 表 8-8

<table>
<tr><th colspan="3">公共汽(电)车场站类型</th><th>用地面积(m^2/标台)</th></tr>
<tr><td colspan="3">首末站</td><td>70～100</td></tr>
<tr><td colspan="3">停车场</td><td>120～150</td></tr>
<tr><td rowspan="5">保养场</td><td rowspan="5">保养能力(标台)</td><td>50</td><td>220</td></tr>
<tr><td>100</td><td>210</td></tr>
<tr><td>200</td><td>200</td></tr>
<tr><td>300</td><td>190</td></tr>
<tr><td>400</td><td>180</td></tr>
</table>

当公交场站建有加油、加气设施时,其用地应按现行国家标准《汽车加油加气站设计与施工规范》(GB 50156)的要求另行核算面积后加入场站总用地面积中。

首末站宜设置在居住区、城市各级中心、交通枢纽等主要客流集散点附近,根据 500m 服务半径的人口或就业岗位规模确定是否应配建首末站。单个首末站的用地面积不宜低于 2 000m²。在用地紧张地区,首末站可适当简化功能、缩减面积,但不应低于 1 000m²。

3)步行与自行车交通规划

(1)规划原则

按照安全、连续、方便、舒适的原则,结合城市功能布局,合理规划步行与自行车系统。安全原则即保障独立、专用的有效通行空间,将行人、非机动车与机动车空间隔离;连续原则即保障设施网络的空间连贯性;便捷原则即保障行人和非机动车网络与城市公共服务设施、公共交通站点等吸引点紧密衔接,加强无障碍设计;舒适原则即保障步行与骑行环境品质,建设完善的地面铺装、林荫绿化、遮阳避雨、照明排水、街道家具、易于识别的标志等配套设施。

(2)规划任务

步行与自行车系统规划任务有确定步行、自行车交通系统网络布局框架及规划指标;提出行人、自行车过街设施布局基本要求;提出步行街区布局和范围;确定城市自行车停车设施规划布局原则;提出无障碍设施的规划原则和基本要求。

(3)步行网络规划

步行道按功能可分为步行廊道、步行集散道、居住步行道、商业步行道、步行巷道和步行休闲道。在进行步行网络规划时,应考虑到道路所属的政策分区和步行单元性质,依据道路自身属性以及在步行网络发挥的作用进行合理的分级分类。在步行主导发展区内,以休闲性步行交通网络为主,兼顾与步行廊道和集散道的连通性能,最大程度发挥休闲性步行交通网络的部分交通功能;步行优先发展区内,以步行廊道为框架,集散道为过渡,商业步行道为支撑;步行平衡发展区中,以居住、行政和科研用地为主,末端道路基本为居住步行道性质,由步行巷道的连通增加可达性;步行一般发展区中可对步行廊道和集散道的布设进行硬性控制,末端道路规划视具体情况而定。

(4)自行车交通网络规划

按功能、重要性及交通强度等因素,将自行车道路划分为廊道、集散道、连通道、休闲道、微循环道五个等级。自行车廊道尽量沿期望走廊和左右300m内的平行道路布设,并且尽量穿过慢行核和换乘枢纽等控制点。廊道穿过的慢行核主要包括大型居住区、学校、商业、办公、行政中心,换乘枢纽包括一级和二级换乘枢纽。可根据交通区位和出行模式确定廊道网形态,结合用地性质和截面流量确定廊道间距,考虑控制点和车流走廊确定廊道布局,在道路现状的基础上调整廊道布局,最后确定廊道工程标准。

自行车集散道和连接道结合自行车交通的重要流向,依附于自行车廊道进行衍生,平行于廊道或者联系廊道进行布设,主要控制点为慢行核及一级、二级换乘枢纽。以单个慢行区作为规划区域,沿着重要的交通流向,联系一定规模的居住地与就业、就学点,可根据慢行区的性质和廊道布局决定集散道密度。

自行车休闲道组织应结合城市绿地、水系和历史文化等资源,主要控制点为慢行核、公园、绿地、河岸等。应结合沿河绿带和水运巴士码头,由滨湖、沿江区域沿河流水系向区内带状绿地渗透,并与风景区道路和自行车租赁点相衔接,联系主要的高等院校区、生活区和公共服务区,形成连续可达、覆盖广泛、使用便捷的网络化自行车休闲交通体系。

自行车微循环道路网络沿期望走廊,填补骨干道路网络空隙,联系慢行核与一级、二级换乘枢纽。以单个慢行区作为规划区域,沿着重要的自行车流量走向,连接自行车骨干路网,分散主要流向的自行车流量,或连接慢行核与自行车骨干道路,增加自行车道路网络的可达性。

(5)自行车停车场布局规划

自行车停车场应满足自行车的各类停放需求,布局应根据自行车交通的特征,结合大型公共设施、重要交通枢纽、公共交通站点等设置,并与自行车交通网络相协调。自行车路内停车位应设置在机动车道外,可布设在人行道、路侧绿化带内。自行车停车场可与公共自行车租赁服务点结合设置。自行车停车场可与机动车停车场结合设置,但进出通道应与机动车分开设置,保障自行车进出便利、安全。

4)城市机动车停车规划

(1)规划原则

遵循城市停车设施的供给策略,综合利用城市土地资源和地下空间,确定各类机动车停车设施规划建设基本要求。

(2)规划任务

确定城市机动车停车分区和不同类别停车需求的供给目标;提出城市配建停车指标建议及管理对策;提出城市机动车公共停车场规划布局原则。

(3)停车分区

城市停车分区是对不同区域制定和实施差异化的停车设施供应策略和停车管理、经营措施,引导城市停车需求在时间和空间上均衡分布。其中,城市中长期停车专项规划中确定的停车分区通常是基于城市总体规划和综合交通规划,旨在不同分区中提出相对综合的停车发展策略,与城市区位规划、用地布局以及其他交通系统的规划相协调,其划分单元通常较大。面向近期改善的停车管理分区是针对建成区停车矛盾相对突出的区域,划分单元相对较小,各分区提及的改善措施相对具体，且以停车收费、停车场准入机制等管理措施的调整为主。

(4)配建停车指标

住宅停车位配建标准应与城市的机动车拥有发展目标相适应，并留有余地。非住宅配建停车位配建标准应与所在地区交通需求管理相适应。医院等公共建筑的配建停车指标应设置上限与下限值，行政办公、商业、商务建筑配建停车指标应设置上限值。中心区各类建筑的配建指标应低于外围区，停车矛盾较大的老旧住宅小区与周围地区，更新改造时可适当提高停车配建指标。

(5)公共停车场规划

规划城市人口规模100万及以上的城市，规划社会停车场用地面积占城市建设用地面积比例不宜超过0.8%，其他城市不宜超过0.5%；单个停车场规模不宜过大，进出交通应减少对城市交通运行的影响；可在符合社会停车场设置要求的广场、公共交通场站、道路、桥梁等的地下空间设置社会停车场；应根据城市的货车停车需求单独设置货车停车场，或在社会停车场中设置货车停车位。

8.4 城市交通专项规划

8.4.1 城市道路网规划

(1)规划目标与原则

城市道路网规划的目标是构筑功能清晰、级配合理、布局完善的城市道路网络系统，支撑城市空间结构与用地布局，引导用地开发，推动城乡统筹协调发展。应遵如下循规划原则：

①与城市布局结构相协调，引导和促进城市发展，推动城市用地结构和产业布局调整。

②充分加强道路网络的系统性，提高道路网络的交通集散能力。

③与各种交通方式相协调，考虑使用者要求，明确道路功能定位，合理分配路权。

④注意道路与环境的关系，与城市景观相协调，满足市政工程管线布设的要求，减少交通建设给自然生态环境带来的不利影响。

⑤充分考虑公交发展需求，为公交优先发展提供条件。

(2)规划内容

道路网规划主要分为以下六个方面的内容：①制定城市道路网络的发展目标、发展策略，确定近远期道路网体系结构、布局和规模；②确定城市骨架道路系统(由快速路、主干道、次干道组成)，论证并确定道路等级、建设控制标准、道路红线、对应道路断面形式及交叉口形式与控制范围；③原则确定支路的控制规模，设置标准、走向、控制要求；④主要道路横断面推荐方案；⑤确定互通立交的位置红线控制范围，提出初步规划方案，跨线桥的位置与用地控制范围；⑥确定交通设施布设的位置、标准与控制要求。

作为道路网专项规划，除了要满足主要内容研究深度的要求外，还需包括：在确定道路网络总体结构、道路网络主骨架的情况下，对不同等级的道路进行使用功能划分；对干道网中每一条道路根据其等级及使用功能进行横断面设计(板块形式、是否设置非机动车道、非机动车道的宽度、人行道的宽度、隔离物的形式与宽度);确定道路红线控制范围;提出快速路、干道之间交叉口的形式(立交还是平面相交、采用何种形式的立交)并对主要干道之间的平面交叉口进行规划设计;对支路系统提出改善方案,确定支路的使用功能、支路的红线宽度,交通管理的要求(是否设置单行道、是否为非机动车专用路、支路与主要干道交叉口的交通组织与管理)。

(3)规划流程

城市道路网络规划工作流程如图8-4所示,具体分为三个阶段:

①准备工作。开展现状调查与资料收集、现状分析与问题诊断,并解读上位规划与相关专项规划,分析城市交通发展趋势。

②方案制定。建立城市交通模型,进行交通需求分析和预测,以交通需求为参考,制定城市道路网规划方案,包括道路功能分级体系、快速路系统、骨架路网布局、支路网控制性规划以及道路设施规划等方案。

③方案优化。利用交通模型对规划方案进行测试与评价,调整优化方案,并制定路网规划的近期实施方案。

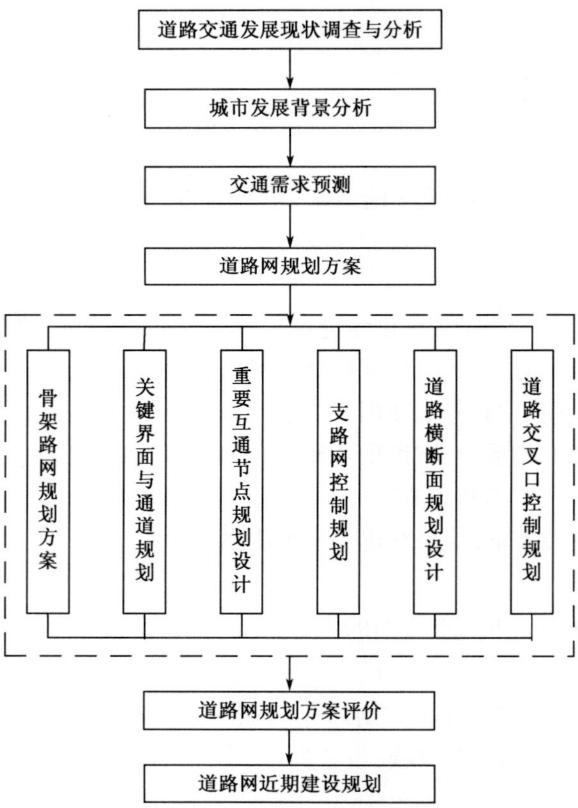

图8-4　城市道路网络规划工作流程图

8.4.2 常规公共交通规划

常规公共交通系统是指在城市道路上运行的公共汽电车组成的交通系统,不包括城市轨道交通、出租车交通等非常规公交形式。城市常规公共交通规划是城市综合交通规划的重要部分,是解决城市常规公交现状问题和指导未来发展的宏观指导文件,要动态和均衡地考虑城市发展规模、用地布局和道路网规划等各方面的因素。

1)规划任务与原则

常规公共交通规划的任务是在战略规划的框架下,就公共交通系统的现状问题和未来发展,系统地提出未来的方针政策、规划方案和建议。构建与城市发展规模相适应、与城市用地布局相协调、与其他交通方式良好衔接、安全、便捷、高效、舒适、管理有序的城市常规公共交通系统,应遵循如下原则。

(1)协调性原则

与城市总体规划和交通发展规划相协调,以长远和发展的眼光,超前做好规划,具有一定的前瞻性和延续性。

(2)系统性原则

运用系统的观点,有效地组织各地区的客运、有效地组织各种公共交通运输方式,建立完整的公交运输系统。

(3)可操作性原则

规划方案要有可操作性,公交场站设施等要从用地上得到控制,并远近结合,在长远规划的基础上,对线网、场站等发展提出近期实施计划。

2)规划内容

常规公共交通规划,应根据城市发展规模、用地布局和道路网规划,通过对现状公交的全面调查研究分析,掌握公交系统各方面既有特征,识别现状存在的问题;通过建立模型,深入分析现状需求,预测未来公交需求,把握公交发展势态;根据规划前景、发展阶段及政策环境等,分析常规公交发展目标、发展模式、策略;在客流预测的基础上,根据规划前景、发展阶段及政策环境等,研究分析公共交通车辆数、线网布局、换乘枢纽和场站设施布局等;根据模型测试评估目标评价结果,优化调整规划方案,经过政府部门、企业社会公众意见咨询,提出最终规划方案并制定实施计划。

3)规划流程

常规公共交通规划可划分为四个阶段,各个阶段的主要工作为:

第一阶段,前期准备阶段。确定研究目标、技术方法、工作内容与流程等,并征求甲方意见。

第二阶段,现状调研阶段。开展现状调查与资料收集,诊断现有问题,回顾已有相关规划及国内外发展经验。

第三阶段,发展定位与需求预测阶段。分析常规公共交通在城市交通体系中的功能定位,提出发展目标、方向及基本策略,建立交通需求预测模型,进行交通需求分析与预测。

第四阶段,规划方案制定阶段。制定常规公交线网规划方案、车辆发展规划、场站规划方案,拟定近期改善实施方案。

常规交通规划流程如图8-5所示。

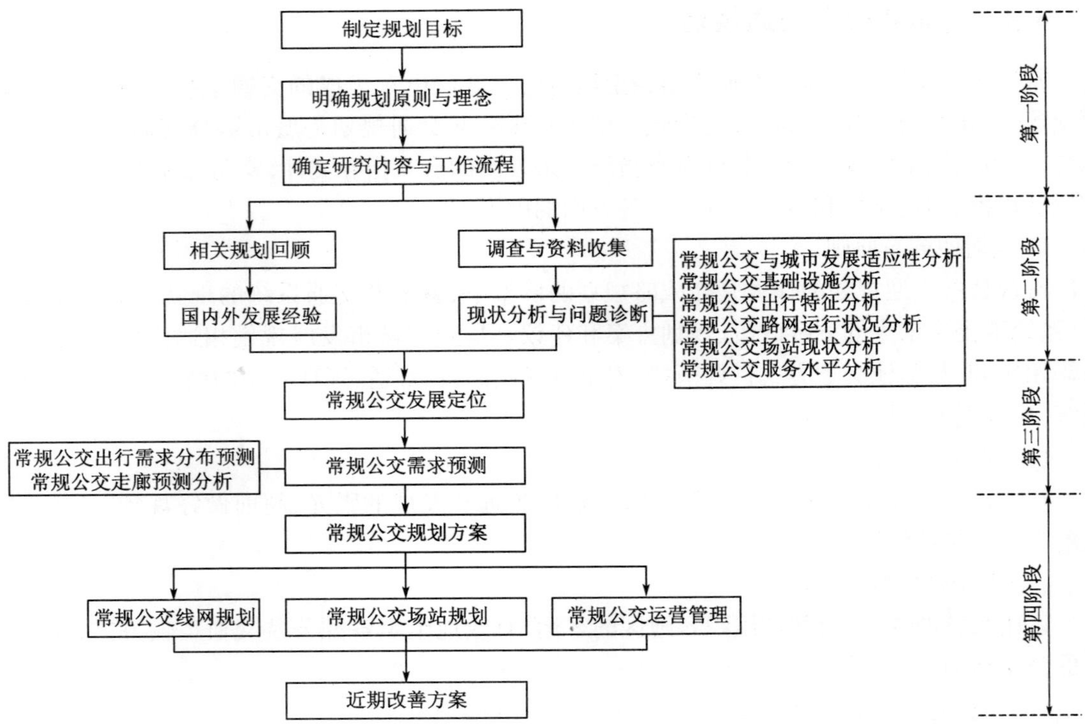

图 8-5　常规交通规划流程图

8.4.3　城市轨道交通线网规划

(1)规划任务与原则

轨道线网规划应基本做到“三个稳定、两个落实、一个明确”。“三个稳定”即线路起终点(走向)稳定、线网换乘结点稳定、交通枢纽衔接点稳定;“两个落实”即车辆基地和联络线的位置及其规划用地落实;“一个明确”即各条线路的建设顺序和分期建设规划明确。具体规划任务如下:

①根据城市总体布局结构、居民出行需求特征、客运交通需求走廊等级及走向等方面情况,明确轨道网络的线路功能层次及其布局结构;

②根据轨道交通发展目标、居民出行需求以及城市经济和财政承受能力等方面的分析,分析远景轨道网络应达到的适宜规模;

③根据城市土地利用规划、客运交通需求走廊及主要交通枢纽布局,论述网络构架要求,提出不同的网络规划方案,进行网络方案客流测试和网络方案综合评价;

④根据各方面协调及公众咨询意见,进行网络方案优化调整,形成推荐方案;

⑤进行系统选型,确定敷设方式,进行车场及联络线等相关规划。

城市轨道交通线网规划是长远的、指导性的专项宏观规划。它强调稳定性、灵活性和连续性的统一,遵循如下原则:

①稳定性原则:规划核心在空间上(城市中心区)和时间上(近期)要稳定。

②灵活性原则:规划延伸条件在空间上(城市外围区)和时间上(远期)要有灵活变化的

余地。

③连续性原则:线网规划要在城市条件不断变化的情况下,不断调整完善。

(2)规划阶段与流程

城市轨道交通线网规划研究主要分为3个阶段:前提与基础研究阶段、线网构架研究阶段和实施规划研究阶段。

(1)前提与基础研究阶段

该阶段主要对城市自然和人文背景加以研究,从中总结指导轨道交通线网规划的技术政策和规划原则。主要研究依据应是城市总体规划和综合交通规划等。具体研究内容包括城市现状与发展规划、城市交通现状与规划、城市工程地质分析、既有铁路利用分析和建设必要性论证等。

(2)线网构架研究阶段

线网构架研究是线网规划的核心部分,主要是方案构思、交通模型测试和方案评价3个工序的循环过程,其目的是推荐优化的线网方案。这部分研究主要内容包括:合理规模的研究、线网方案的构思、线网方案客流测试、线网方案的综合评价。

(3)实施规划研究阶段

实施规划是轨道交通是否具备可操作性的关键,集中体现轨道交通的专业性,主要研究内容是工程条件、建设顺序、附属设施的规划等。具体内容包括:车辆段及其基地的选址与规模研究、线路敷设方式及主要换乘节点方案研究、修建顺序规划研究、轨道交通线网的运营规划、联络线分布研究、轨道交通线网与城市的协调发展及环境要求、轨道交通和地面交通的衔接等。

城市轨道交通线网规划技术流程如图8-6所示。

8.4.4 城市公共停车规划

1)规划目标与原则

城市公共停车规划是寻求停车需求的满足与城市社会经济发展、交通、土地利用和环境保护多目标的平衡,建设规模适宜、结构合理、布局均衡并与道路设施、公交设施、配建停车设施相协调的公共停车系统,引导市民选择合理的交通出行方式,调控停车动态需求,维持城市动、静态交通的平衡。城市公共停车规划遵循如下原则。

(1)协调动静态交通

平衡城市道路网容量与城市各片区功能发挥之间的关系,停车供应的总体水平应能够促进城市社会和经济的发展,满足小汽车适度进入家庭的停车需求。

(2)供应差别化与结构合理化

建立差别化的区域停车供应及消费政策,结合公共交通发展政策,缓解城区停车压力。建立以"配建停车供应为主、路外公共停车供应为辅、路内停车为必要补充"的结构合理、布局均衡的停车系统。

(3)一体化发展

建立一体化的工作机制,体现停车规划、建设、管理三位一体的原则。逐步建立停车系统运行管理的信息化与智能化,实现停车资源的有效管理和利用;推动停车发展走社会化、产业化道路,实现城市停车与社会经济协调发展。

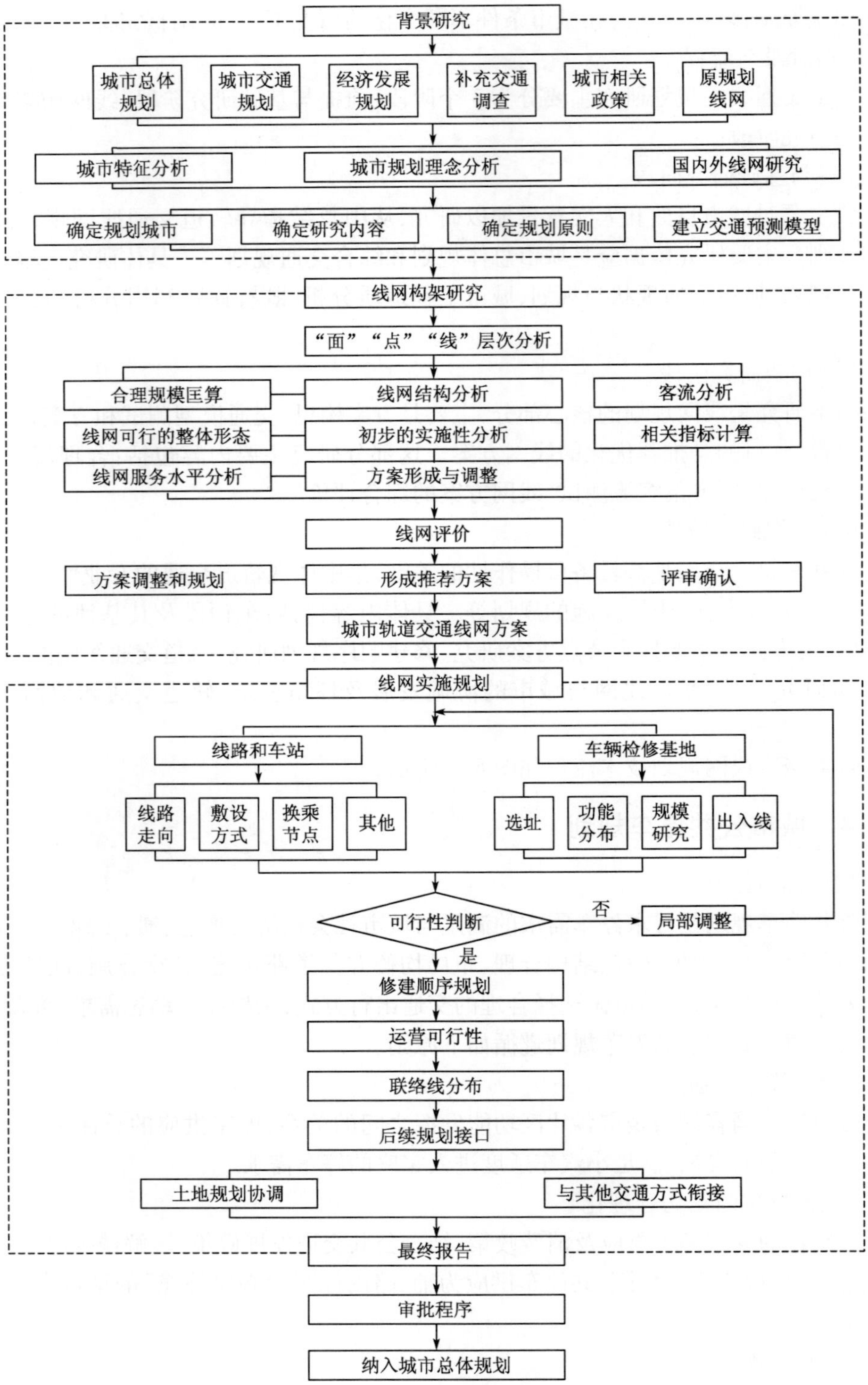

图 8-6　城市轨道交通线网规划技术流程图

2)规划内容和流程

城市公共停车规划主要包括以下内容:

①资料收集。资料收集是规划的主要工作之一。除了从相关政府部门收集社会经济发展、交通发展、停车设施资料外,还应通过各类调查,以统计各类停车设施的停车供应水平,了解停车需求特征,发现现状停车问题的症结所在。

②分区停车政策目标与发展策略。针对停车现状及未来发展趋势,回顾现有的交通政策及停车政策,根据国内外经验,提出合理的停车政策目标与发展策略。

③停车需求预测。停车需求预测根据两项数据,一是未来土地利用规划,二是在土地利用规划的基础上,从整体交通规划中得出的全天车辆出行数据。根据各类车辆出行在每天不同时段的分布,考虑停车泊位的周转率,得出不同区域高峰时间内最大停车泊位需求,并以此推算得公共停车泊位需求总量。

④公共停车场选址与布局。分析城市控制性详细规划中的片区特征及用地性质、综合交通规划中的专项规划方案,结合各区域现状停车泊位的供应情况及驾驶员调研分析的结果,依据停车需求预测,对不同区域采用刚性布局、半刚性布局和弹性布局相结合的方法,确定规划近、中远期布局方案。

⑤公共停车发展政策与措施。基于停车发展策略,研究提出解决现状停车问题及保障公共停车规划方案的建设、管理和收费等方面的停车政策、措施。

城市公共停车规划流程如图 8-7 所示。

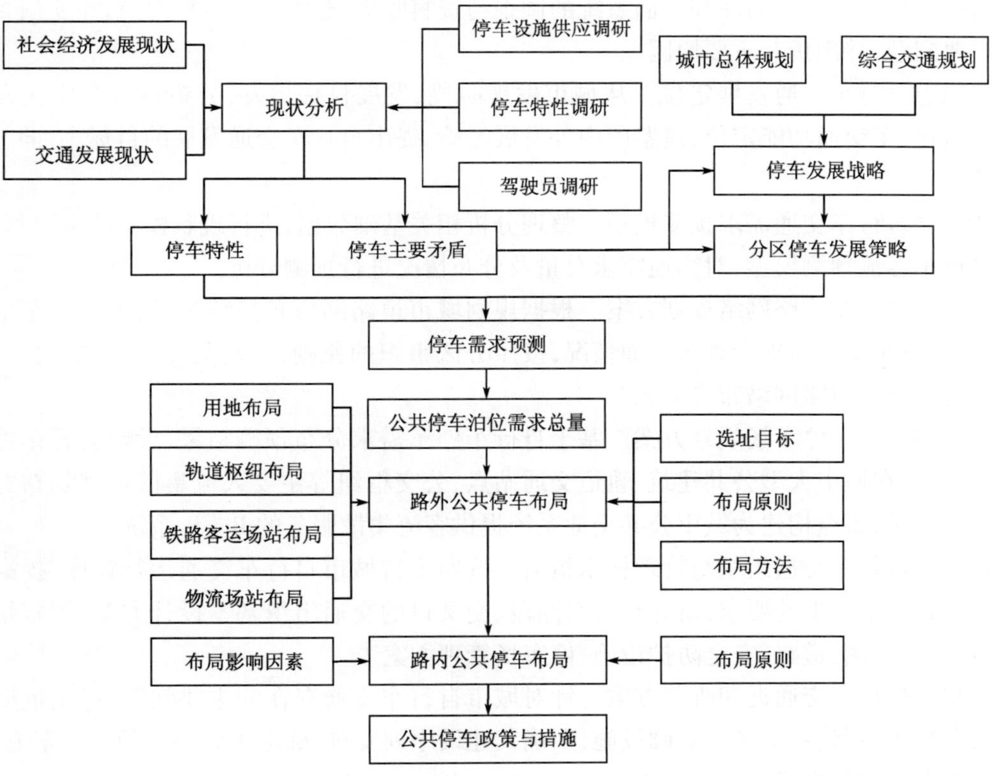

图 8-7　城市公共停车规划流程图

8.4.5 城市自行车交通规划

(1)规划目标与原则

城市自行车规划的目标是在轨道交通、公共汽车等公共交通方式,小汽车、步行等私人交通方式之外,为城市提供另一种安全、便捷、可靠、低成本的个体交通方式,合理满足居民自行车出行及运动休闲的需要。规划遵循如下原则:

①整体性原则:自行车交通规划应符合城市自行车交通系统性的要求,各部分内容良好衔接、互补共通,保证自行车使用者之间及其与城市自行车出行环境、其他交通方式使用者之间和谐愉快。

②连续性原则:保障城市自行车交通系统的连续性,使自行车交通空间合理布局、顺畅衔接。

③分区组织原则:将城市自行车交通分区进行规划,提倡自行车交通出行区间连通、区内畅达。

④美观原则:应根据功能要求和美学原理进行自行车系统的规划设计,为城市居民创造景观优美、自由舒适的自行车出行环境。

(2)规划内容与流程

城市自行车交通规划的内容主要包括:

①现状调查与问题分析识别。针对自行车交通基础设施、自行车出行特征及服务水平、自行车运行管理等各个方面展开全面系统的调查与资料收集,分析、识别城市自行车交通系统存在的主要问题,并剖析其主要原因。

②确定自行车交通发展定位。从城市发展阶段、发展目标出发,分析自行车交通发展前景,确定自行车交通功能定位,借鉴国内外发展经验,提出自行车交通发展的目标、方向与基本策略等。

③建立自行车交通需求预测模型。整理分析相关基础数据,进行现状模型的标定与校核,建立自行车客流预测模型,对交通需求总量及分布情况进行预测分析。

④制定自行车道路网络规划方案。根据规划城市道路网络布局结构、居民自行车出行需求特征、自行车交通需求走廊等方面情况,按照分区组织的原则,构建分工明确、层次清晰、机非分离的自行车道路网络布局方案。

⑤制定自行车停车场规划方案。基于自行车停车需求分布预测结果,设定自行车停车场的建设标准,在城市大型公共建筑、轨道交通站点、公交枢纽等主要人流集散点规划布置自行车公共停车场,重点构建为城市公共交通系统提供客流集散服务的 B + R 系统。

⑥制定自行车交通组织与管理技术指引。按照维持城市自行车交通运行秩序,提高道路运行效率和安全水平的要求,研究自行车路段、交叉口的交通组织基本设计方案,制定切实可行的骑车者、车辆、道路、安全防护设施、停车场管理方案。

⑦制定自行车交通近期改善方案。针对城市自行车交通存在的主要问题,提出近期需要建设的自行车道路、停车场等基础设施,明确其建设序列安排,确定矛盾突出的自行车道路、交叉口交通组织改善方案。

城市自行车交通规划可划分为四个阶段,规划流程如图 8-8 所示。

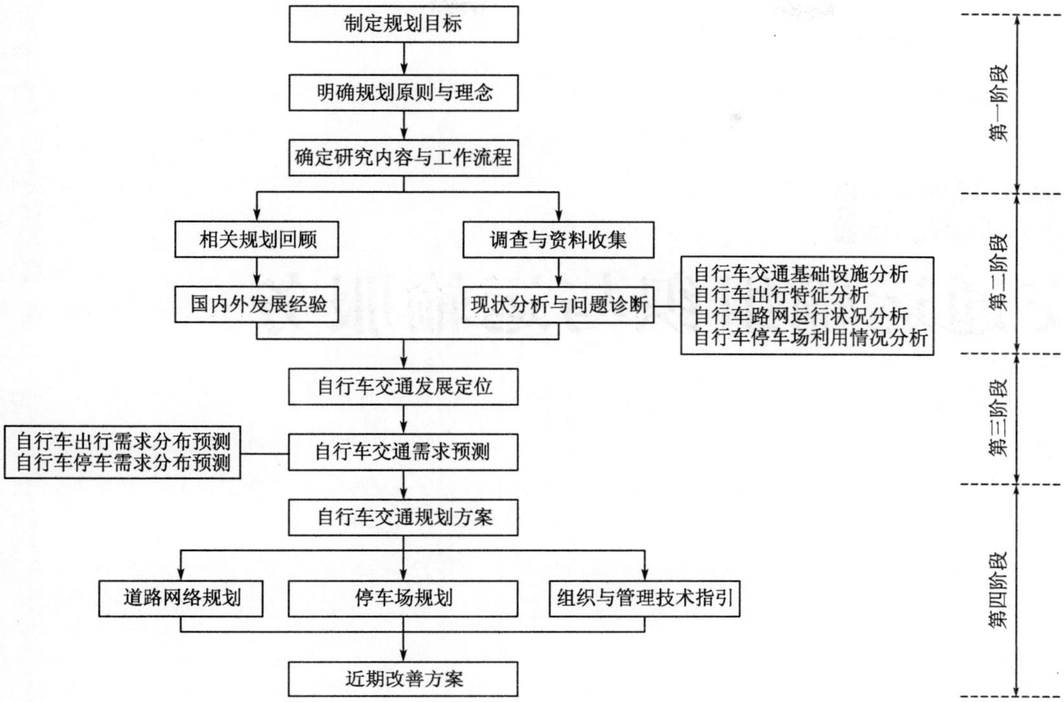

图8-8 城市自行车交通规划工作流程图

【复习思考题】

1. 城市规划与交通规划的对应关系是什么?

2. 简述城市规划各阶段交通规划的内容与要求。

3. 简述城市交通发展战略规划的主要内容。

4. 城市对外交通规划的目标和任务是什么?

5. 城市交通专项规划主要包含哪些?

6. 分别阐述城市交通各专项规划的主要内容。

7. 分析比较在城市专项规划阶段与城市综合交通体系规划阶段城市道路网规划要求的差异。

8. 请结合所在城市对其综合交通体系现状进行分析并提出发展建议。

第9章 交通运输组织与运输服务

9.1 运输组织

9.1.1 运输组织的概念

运输组织是在运输企业的生产和经营实践中发展起来的关于运输资源合理配置和利用的理论和技术,运输组织学是研究如何合理配置运输资源,实现少投入、多产出的管理技术经济学。

运输组织的研究可以从不同角度进行:从载运工具运用的角度看,有车辆和船舶的货物配载问题,有特殊货物运输条件的确定和安全运输问题;从运输港站工作的角度看,有运输动力、线路、作业站台、仓库货位和装卸机械等设备配置问题与运输技术作业流程的组织管理问题;从运输网络运用和管理的角度看,有交通流的组织调整和动态监控、确保系统安全、畅通和交通高效有序的问题;从运输企业生产和经营的角度看,有运输市场调查、客流和货流组织以及运输产品设计的问题,运输设备综合运用和运输生产过程优化组织的问题;从整个综合运输系统的角度看,有各种运输方式的布局和运输协作配合问题等。这些都是运输组织所要面临和应该研究的问题。

随着运输需求的不断发展,从运输组织的角度,即从运输资源合理配置的角度,需要对运输设备及其运输能力的加强和发展提出运营上的要求,科学合理地规划运输固定设备、活动设备和运输管理系统的布局和建设,实现运输资源的动态合理配置。这也是运输组织所要研究和解决的重要理论和技术问题。

9.1.2 运输组织的要求

运输组织属于企业生产组织管理的范畴,是从系统整体优化的目标出发,以生产过程的组织管理的最优化,实现资源投入的最小化和产品利润的最大化为运输组织的目的。

不同的运输方式都有其特定的运输线路、运输工具,并形成各自的技术运营特点、经济性能和合理的使用范围,在运输生产组织中,应充分根据运输方式企业运输服务的特点,合理配置载运工具、装卸设备以及其他辅助设施和设备等,科学组织运输作业流程。

在对运输组织进行研究时,应注重运输组织生产过程本身区别于一般企业的生产组织和管理的特点:运输产品是人和物的位移,是无形产品,其产品生产与消费同时进行,产品不能存储和调拨,运输基础设施建设的周期较长,运输设计能力的形成也需要较长的时间,运输组织与市场营销密不可分等。

这些特点对运输组织提出不同于其他生产组织的要求:首先,运输生产组织必须适应运输产品实现跨地域特点,在运输的起终点和一定的时间范围内组织运输产品的生产和消费同步进行,在复杂变动的自然、社会和运输环境条件下实现运输产品并保证产品质量,需要科学的计划、合理的组织和严密的实施。其次,运输组织若要适应运输市场多样化需求,往往受多部门、多环节和跨地域等众多条件的制约。交通流的产生、运行和结束呈现为有控的随机性,其随机性因不同运输方式的受控程度而异,并受经济生活影响而呈现地区性、季节性、工作日、假期日和一日间的波动,同一运输通道不同运输方向的交通量通常也呈现不平衡的特点,使运输组织面临对外规范服务和对内柔性生产的两难抉择。再次,运输系统由多种运输方式构成,一个完整的运输过程可能由一种运输方式完成,更可能需要多种运输方式联合完成,由多种运输方式相互协作配合完成运输过程,需要更高形式的运输组织模式,这种模式不仅要解决运输方式间旅客的换乘、货物的装卸和中转运输的技术问题,而且还要克服不同运输方式间管理体制、规章制度和信息系统的各种障碍,建立统一的技术、组织和制度的保证。

此外,在对运输组织进行研究时,还应善于应用运输经济学的原理指导和衡量运输组织的有效性和资源配置的合理性。因为运输业具有网络经济的特点,我们可以从不同角度来衡量和考察运输组织的有效性和资源配置的合理性。具体而言:①从运输网络的幅员大小,可以考察运输企业是否具有管辖路线越长或网络覆盖区域越大,单位运输成本越低的效果;②从运输线路的通过密度上看,可以考察具体运输线路上是否具有运输量越大,单位运输成本越低的效果;③从单个运输设备的载运能力(如列车牵引重量、车厢容积或载重吨位等)上看,可以考察是否载运能力越大效率越高;④从运输企业拥有载运工具数量的多少,可以考察是否车队的规模越大经济上越合理;⑤从运输距离角度考察是否单位运输成本会随着运输距离的不断延长而下降。由于客货发送量越来越大,而且存在大量同种运输方式内部或不同运输方式之间的中转、换装、联运、编解和配载等问题,交通网络内港站或枢纽与相关线路或相关运输方式的能力协调也变得越来越重要。

9.1.3 交通运输需求与供给

交通运输组织工作的重要内容之一就是掌握与运输服务相关的运输需求分析技能,包括运输需求的特征分析、运输量的调研和统计、运输需求预测等。进行运输需求分析的最终目的也是在为运输供给确定一个可发展的空间。

从某种意义上说,运输需求的数量和质量特征决定运输供给的数量、特征以及相应的运输组织方式和运输组织水平。另一方面,运输组织也是运能供给的一种调控手段,也会间接地实现对运输需求的调控。对于关系到社会经济和人民生活全局的交通网络,如铁路,当其某一局部的供给能力不足而成为运输瓶颈时,利用运输组织的方法调控过量的运输需求,如实施限制装车,综合平衡运量与运能,是与运用经济杠杆和价格机制进行需求调控并行不悖的有效手段。对于各种随机产生的城市交通出行需求,在某个时段、某些地段由于过度集中可能造成交通拥挤时,也必须运用科学的运输组织方法诱导交通流、均衡交通量。城市道路交叉口的信号系统依据不同时段交通流特性的预测所建立的信号配时方案,以及实行机动车的停车诱导,就是通过交通组织调控交通流量的例证。通过有效的交通运输组织,也能够实现对运输需求进行调控和管理的目的。

1)运输需求

运输需求是人们对于所接受运输服务的支付意愿,同时它也反映了这种意愿随运输价格或成本水平而发生的变化。运输活动的主要内容是实现人或货物的空间移动,因此只有了解了运输市场需求状况,运输企业才能进行有效的运输活动。

(1)交通运输需求概念

“需求”与“需要”是两个不同的概念。运输需求是指在一定时期内,一定的价格水平下,社会经济生活在货物和旅客空间位移方面提出的具有支付能力的需要。运输需要是货主或旅客对运输供给者提出的为实现空间位移的要求。而运输需求与需要之间的区别在于,它是指需要当中的有支付能力、可以实现的部分。因此,运输需求应具备两个条件:一是有购买运输服务的主观欲望或要求,这是必要条件;二是具有支付运输服务的客观能力,这是运输需求形成的充分条件。

(2)交通运输需求的基本特征

运输需求是一种普遍性需求,然而与其他商品需求相比,运输需求具有其特殊性。运输需求具有广泛性、多样性、派生性、空间特定性、时间特定性和部分可替代性六个主要特征,具体特征如下:

①广泛性

人类社会活动的各个方面、各个环节都离不开人和物的空间位移,这种位移的一部分由私人或生产企业自行完成,不形成运输需求,而大部分需要由公共运输完成。运输业作为一个独立的产业部门,任何社会活动都不可能脱离它而独立存在,因此与其他商品和服务的需求相比,运输需求具有广泛性。

②多样性

运输需求的多样性主要取决于运输对象的多样性要求。在货运方面,运输货物物品种类繁多,在质量、体积、形状、性质、包装上千差万别,对运输条件的要求各不相同。在客运方面,由于旅客的身份、收入、旅行目的等不同,对运输服务在速度、方向、舒适性等方面的要求也是多种多样的。因此对运输服务、运输工具及技术措施产生了多样化的需求。

③派生性

市场需求分为本源需求和派生需求。本源需求是指消费者对最终产品的需求,而派生需求则是由于对某一最终产品的需求而引起的对产生它的某一生产要素的需求。货主或旅客提出位移要求的最终目的往往不是位移本身,而是为了实现其生产、生活中的其他需要,完成空间位移只是中间的一个必不可少的环节。因此,运输是社会生产和人类生活派生出来的需求。但是,客运在生活水平比较高的国家和地区也会一定程度上转变为本源性的需求,例如人们可以乘坐各种交通工具途经不同的线路作为自己旅行目的之一。

④空间特定性

运输需求是运输消费者指定的两点之间带有方向性的位移,运输需求的这一特点,构成了运输需求的两个要素,即流向和流程。流向是指货物或旅客空间位移的地理走向;流程也称运输距离,是指货物或旅客空间位移的起点和止点之间的距离。对于货运来说,运输需求在方向上往往是不平衡的,特别是一些受区域分布影响的大宗货物如煤炭、石油、矿石等,都有明显的流动方向,这是造成货物运输量在方向上不平衡的主要原因。

⑤时间特定性

客货运输需求在发生的时间上有一定的规律性,例如,周末和重要节假日前后的客运需求明显高于其他时间,市内交通的高峰期是上下班时间;蔬菜和瓜果的收获季节也是这些货物的运输繁忙期。运输需求时间上的不平衡引起运输生产在时间上的不均衡。

时间特定性的另一层含义是对运输速度的要求。客货运输需求对运输服务的起运和到达时间有各自特定的要求。从货物运输需求看,由于商品市场千变万化,货主对起止的时间就各不相同,各种货物对运输速度的要求相差很大;对于旅客运输来说,每个人的旅行目的和对旅行时间的要求也是不同的。

运输需求的时间特定性引出运输需求的两个要素,即运输需求的流时和流速。流时是指运输需求对空间位移起止时间的要求;流速是指运输消费者对货物实现位移全过程中运输速度的要求。运输速度和运输费用是成正比的,运输服务消费者会在运输速度和运输费用之间进行权衡,以尽量小的费用和尽可能快的速度实现人与物的位移。

⑥部分可替代性

不同的运输需求之间一般是不能互相替代的,例如,人的位移显然不能代替货物的位移,由北京到哈尔滨的位移不能代替北京到上海的位移,运水泥也不能代替运水果,因为这明显是不同的运输需求。但是在另一些情况下,人们却可以对某些不同的物质位移做出替代性的安排。例如煤炭的运输可以被长距离高压输电线路替代;在工业生产方面,当原料产地和产品市场分离时,人们可以通过生产位置的确定在运送原料还是运送产品或半产品之间做出选择。运输需求的这种部分可替代性是区位理论解决选址问题和国民经济重大工程项目进行技术经济分析的基础,人员的一部分流动在某些情况下也可以被现代通信手段替代。

(3)交通运输需求的要素

交通运输需求包含以下六项要素:

①运输需求量。也称流量,通常用货运量和客运量来表示,用来说明货运需求和客运需求的数量与规模。

②流向。指货物或旅客发生空间位移时的空间走向,表明客货流的产生地和消费地。

③运输距离。也称流程,指货物或旅客所发生的空间位移的起始地至到达地之间的距离。

④运输价格。简称运价,是运输单位质量或体积的货物和运送每位旅客所需的运输

费用。

⑤运送时间和送达速度。又称流时和流速，前者是指货物或旅客发生空间位移时从起始地至到达地之间的时间；后者指货物或旅客发生空间位移时从起始地至到达地之间单位时间内位移的距离。

⑥运输需求结构。是按不同货物种类、不同旅客出行目的或不同运输距离等对运输需求的分类。如铁路运输中常把货物分为 22 个品种，旅客运输可分为公务、商务、探亲、旅游等，不同的运输方式中常按运输距离分为短途运输与长途运输，等等。

2）运输供给对运输需求的影响作用

供需是相互依赖的，运输需求先于运输供给而产生；但是运输供给并不是完全被动的，它对运输需求的形成也起到一定的积极作用，所以要确定未来运输需求的质、量等形态特征，就需要考虑道路运输供给对道路运输需求的影响。

一般而言，运输供给对运输需求的影响作用，包括运输供给对运输需求的制约作用、诱增作用，可以从以下方面考虑。

（1）交通网络

交通网络对道路运输需求的作用是显而易见的。首先，交通网络对运输需求的直接作用，交通网络是运输体系最基础的设施，健全的交通网络方便人们的出行，也增加货物的流动；交通网络的路况、运行状态与运输质量也有直接联系，路况好则车辆运行平稳，一定程度上保证安全性、及时性和舒适性。其次，交通网络对运输需求的间接作用，主要表现在交通对经济增长的贡献，交通发展促进经济发展，由此引发生产的发展、产业结构的优化、人们生活水平的提高，这些都影响交通运输需求的总量规模和结构。

（2）运输工具

运输工具的数量、结构对运输需求的形成有重要影响。首先，运输工具对运输需求有诱增作用，运输工具数量、性能的提高均会使得出行更加便捷、安全，进而诱发人们的运输需求。其次，交通运输工具结构的变化对运输需求的结构也有很大影响，比如公路运输中，大、中、小型及专用货车有各自适用领域，若其中一种达不到运输需求的要求，就会使得这部分运输需求受到一定程度的抑制。

（3）运输企业和枢纽

运输企业和枢纽是运输任务的承担者和运输的组织者，它们直接面向运输消费者，因此其管理是否完善、运输组织是否合理、运行效率的高低、服务质量和信誉的好坏、运力投放结构是否合理均会直接影响运输消费者的综合感受和评价，关系到能否有效吸引客货源。另外，客货枢纽站是否有完备的信息系统与综合服务系统、枢纽站的布局是否合理也影响运输便利性，进而与客货主的切身利益联系，一定程度影响了运输需求的规模。

（4）运输政策和行业管理

运输政策和行业管理对运输需求的影响主要体现在以下几点：

①交通网络规划和枢纽规划的制定影响着区域内运输需求的形成与分布；

②通过对运输工具总量及结构、发展速度的控制、发展方向的引导，间接影响运输需求；

③通过对运输行业的政策导向，确定一定时期内的重点与非重点，影响各运输方式在综合运输体系中的地位和综合运输体系的形成；

④通过对运输企业的管理，如对货运合同、货运项目、货物品类的监察和控制，规范市场竞

争,保障市场秩序,保证道路运输的总体服务质量,间接提高其吸引客货源的能力。

3)运输需求的度量

运输需求的大小通常用运输需求量来描述,运输需求量是指在一定条件下,运输消费者愿意购买且能够购买的数量。这里所说的是“愿意购买且能够购买”而非“已经购买”。根据研究的目的和范围不同,从时间角度,可以是一个月、一个季度、一年等的运输需求量;从空间角度,可以是一条线路、一个地区、一个国家的运输需求量;从运输方式角度,可以是各种运输方式的总需求量,也可以是某种运输方式的需求量;从运输对象角度,可以是总的货运需求或分货种的运输需求或客运需求等。其他诸如工农业生产规模和速度、资源分布及生产力布局、运输服务价格、人口等都会影响运输需求量。

运输需求与运输量同样是采用客货运和周转量来表示,但是从其内涵来说是有区别的。运输需求是由于社会经济活动(包括生产活动和消费活动)所引起的潜在的物流、客流或者交通流;而交通量则取决于运输需求与运输供给之间的均衡关系,它没有包括那些可能发生但没有实现或发生转移的潜在需求。运输需求应与不同的服务水平(通行能力、交通工具、服务质量等)相联系才是有效的,尤其是在运输供给短缺的条件下,运输需求与运输量有明显区别。

运输量预测是运输组织工作中、规划运能利用、编制日常运输计划的基本依据,也是决定运输设备新建和扩能改造的重要参考指标。因此,运输量预测的准确性以及运量发展变化趋势的正确把握,是做好运输规划工作,提高运输组织工作的预见性的重要前提。

9.2 交通运输市场与服务

9.2.1 交通运输产品的市场特征

1)交通运输产品概念

交通运输业同工农业一样从事社会生产活动,参与创造国民收入,但它不像工农业生产那样改变劳动对象的性质和形态,而只是改变运输对象(货物或旅客)在空间和时间上的存在状态,即空间位置的移动。这种空间位置的改变,也是一种物质变化的形式,通常称为“位移”或者“运输”。位移虽不创造新的有形产品,也不改变运输对象的形态,但可以增加货物的使用价值或者满足旅客的旅行需要,它既是运输生产活动产生的效用,也是运输业用以出售的产品。运输产品的整体概念分为三个层次。

①核心产品。运输产品的核心内容,就整个运输产业而言,就是要满足顾客需要的位移。安全、准确、迅速、文明地实现从出发地到目的地的位移,这是客户所需购买的实质性产品,是运输产品的实体利益。

②形式产品。运输行业通常用位移载体的外在特性(如运输工具的类型和型号,运输线路的布局和环境,运营工作组织及运输过程服务质量,航班、车次及乘坐席别等级等)加以展示,变成可以感知的形式产品。

③附件产品。这是顾客在购买位移产品时所得到的附加服务和利益,如售前服务(客票预约预售、上门办理货运业务等)、售后服务(查询、投诉、事故赔偿等)、信息服务及各种延伸服务(代办货物仓储、包装、行包接送、搬运、运输代理等)。

2)交通运输产品的特征

(1)运输生产在流通过程中进行

运输生产是物质生产过程在流通领域中的继续,物质生产必须以消费为终结,才能保证社会生产的连续、更迭和不断扩大。在生产和消费之间,一个过程的产品能够以什么样的速度作为生产资料或生活资料进入另一过程,即转化为生产消费或者个人消费,首先取决于运输业的发展。运输业在社会化大生产条件下,作为社会生产过程的一般条件而具有“先行”的特征。这种特征随着市场从区域性扩大到全国性,越来越显示出它的重要性。

(2)运输生产改变运输对象的空间位置

运输不产生有形的商品,也不增加社会产品的总量,只改变运输对象的空间和时间上的存在状态。

(3)运输产品边生产边消费

在运输生产过程中,旅客或货物与运输工具一起运行,随运输工具的场所变动而改变其所在位置。不难看出,运输工具的运行场所的变动,就是运输业的生产过程。由于运输业的生产过程和生产成果的消费过程完全融合在一起,因此既不存在任何形式的可供出售的“半成品”,也不存在任何形式的可以存储、转移、调拨的“成品”。

(4)运输生产需要一个综合运输网

从生产地到消费地的运输过程常常要由几种运输方式共同完成,而旅客的起讫点、货物的始发地和终到地遍及广泛的区域,必须有一个干支相连、相互衔接的综合运输网与之相适应。在运输布局中,使各种运输方式合理分工与协调发展,做到统一布局,在全国形成综合运输网,保证运输生产的连续性,具有重要意义。

(5)各种运输方式生产同一产品

各种运输方式虽然使用不同的技术装备,具有不同的技术经济性能,但生产的是同一的产品,即客、货的位移。

3)运输产品的实现方式

能否提供运输产品已是衡量是否是大型运输企业的重要指标之一,也是考察运输组织水平的一个途径。运输企业提供运输产品是指在一定的时间期限内,利用一种或多种载运工具,实现客户所要求的从起始地到目的地的货物位移服务。运输产品的实现方式一般有三种:

①市场方式。即若干运输企业以自愿衔接和外部合同方式组成联运等形式,合作完成货物位移的全过程。

②企业方式。即组成一体化大型运输企业内部管理的方式和能覆盖全部或大部分货物位移区域的大型服务网络,独立完成货物位移的全过程。例如,零担运输公司、快递公司等。

③联盟方式。此方式处于市场方式与企业方式之间,即通过比市场的外部合作程度更高,但不及企业内部管理程度的一体化形式完成货物位移的全过程。如国际海运业与航空运输业形成的联盟等。

这三种方式各有自己的特点,但从节约交易成本的角度看,运输企业的一体化方式节约程度最高。因此,运输业组织结构的未来发展趋势,应是在提供市场需要的运输产品的同时,尽可能地控制运输生产的全过程,只要网络特性所决定的密度经济和幅员经济支持这种一体化,就会出现运输方式内部或跨运输方式的大型运输企业。

9.2.2 交通运输市场的含义及特征

(1)运输市场的内涵

运输市场是运输生产者和运输消费者之间进行运输交易的场所和区域。

狭义的运输市场是指承运人提供载运工具和运输服务，来满足旅客或货物对运输需要的交易活动场所以及进行运输能力买卖的场所。它仅是一个地点概念，如客运站、货运站、机场、港口等。

一般意义的运输市场是指某种运输方式提供运输服务满足运输需求(客运、货运需求)的活动区域。如国际航空客运市场、国内铁路货运市场等。

广义的运输市场是指进行运输劳务交换所反映的各种经济关系和经济活动现象的总和，它体现在以下几个方面：

①运输市场是运输产品供求关系的总和。运输市场是由劳务、资金、载运工具、相关设备、技术、信息等供给和客运、货运需求共同构成的，这个意义上的市场概念强调的是买方、卖方力量的对比结合，如“买方市场”“卖方市场”就反映了这一内涵下的供求力量对比的结果。运输企业根据买卖双方在运输市场中的地位和供求态势来分析运输市场，根据市场供求规律来调节其生产和经营策略，因此，运输企业了解市场的动态是重要的日常基础工作。

②运输市场是在一定时空条件下对运输产品需求(现实需求和潜在需求)的总和。这个层面上的运输市场主要强调的是“运输需求”，当人们说“中国的运输市场很大”时，不是指运输交易场所很大，而是指“中国对运输产品”的需求很大，我们在研究运输市场问题时，更多的是指这一层面上的运输市场。

(2)运输市场的特征

运输市场同其他市场一样，是以商品交换为主要内容的经济联系形式，它是运输生产者与消费者相互连接的桥梁和纽带，是运输劳务交换关系的总和，它除具备一般商品市场的特征之外，还具有与一般市场不同的特征，即运输市场具有第三产业服务性市场的特征，主要表现在以下几个方面：

①运输市场是一种典型的劳务市场。运输企业为客、货提供没有实物形态的运输劳务，在运输生产过程中，由于使客、货实现了空间位移，而为旅客提供了服务，使货物的价值得到了提升，因此，运输不产生新产品，但产生新价值。

②运输市场具有较强的区域性和波动性。运输需求主要依赖于社会、经济、文化、科技发展水平，在不同区域，运输需求会具有较强的区域不平衡性，即使在同一条运输线路的不同方向上，运输需求也具有明显的差异。另外，无论客运还是货运需求，都具有季节性变动的规律，同时运输市场受各种因素影响，运输量在流量、流向、流时、流距等方面波动性较大。

③不同类型的运输市场，其进入难易程度和竞争激烈程度有较大的差异性。部分运输市场，如铁路、航空、国际海运等运输市场的进入有一定难度，这是由于运输企业的投资规模大，对技术要求高，一般经营者很难进入这一行业，这自然成为一道进入市场的屏障，同时也成为运输市场形成垄断的一个重要因素。

④运输市场存在较多的联合产品。随着运输需求多样化、运输技术的不断提高，货物从生产地到目的地的运输不是仅用一种运输方式来完成，而是使用两种或两种以上的载运工具，通过分段衔接的形式来完成，因此，这种运输产品属于一种联合产品。例如，联合运输、综合运

输、国际集装箱运输、快递运输、邮政运输等都属于联合运输产品。

运输市场是运输服务供求关系的总和,是运输企业生产经营活动的场所。它是沟通运输生产和消费、调节运输供求的手段,是实现企业生产目的、扩大运输生产的条件。合理利用运输市场,可以促进企业竞争,推动技术进步,改善生产经营管理,提高经济效益。

(3)运输市场的分类

为了对不同运输市场的经济特征有针对性地进行市场调查与分析研究,可以从不同角度对运输市场进行分类。

①按行业划分:铁路运输市场、水路运输市场、公路运输市场、航空运输市场、管道运输市场。这种分类可用于研究不同运输市场间的关系,如综合运输、运价体系和各种运输方式之间的竞争等。

②按运输对象划分:货运市场、客运市场、装卸搬运市场。其中,客运市场对运输的安全性、快速性、舒适性和方便性等要求较高,而货运市场则对安全质量和经济性要求较高。货运市场对国民经济形态较为敏感,而客运市场则与人民生活水平有关。

③按运输范围划分:国内运输市场(如铁路运输市场、水路运输市场、公路运输市场)、国际运输市场(如国际航空运输市场)。

④按供求关系划分:买方运输市场、卖方运输市场。

⑤按运输需求的弹性划分:富于弹性的运输市场、缺乏弹性的运输市场。在旅游等富于弹性的运输市场中,运价的变动对运输量的影响较大,运价是调整运输市场平衡的有力工具。在上班、上学等运输需求弹性较低的运输市场中,运价变动对运输量变动的影响不大。为了在时间上使运输市场供求平衡,通常会采取在时间上错开客流高峰的强制性措施,如错开上下班时间等。

9.2.3 交通运输服务的基本特征

1)运输服务的公共性

运输服务的公共性,是指运输服务在广泛的社会范围内与广大群众均有利害关系的特性。运输服务的公共性主要体现在以下两个方面。

(1)旅客运输服务需求范围

在现代社会生活中,人们不可能在同一地点得到工作、生活及教育等各方面的需要,因而产生“出行”。也就是说,人们要经常产生出门活动的需要。当“出行”距离超过一定步行的范围时,就需要乘用交通工具。

(2)货物运输服务需求范围

“物”的生产过程中所发生的原材料、半成品、成品、加工设备及辅助用品的运输,需要者(单位)非常广泛。与此同时,上述产品进入流通领域,特别是人民生活的必需品、消费品在流通过程中的运输,几乎与每个家庭甚至每个居民的生活都密切相关,可见,货物运输服务的需求者十分广泛。

2)运输产品的特殊性

①运输产品是无形产品。运输生产并没有给人或物以质和形态的变化,只是使它们在保持原样的情况下,进行空间场所的移动,使之具有移动价值。运输生产为社会提供的效用不是实物形态的产品,而是一种服务,其产品称为无形产品。

②运输产品是即时产品。它是只能在其生产与消费过程中即时存在的产品。运输产品只能在生产与消费过程中即时存在,不能脱离生产过程而独立存在。这就是运输服务的即时性。因为运输过程对运输供给者来说是生产过程,而对于运输需求者来说,则是消费过程。在运输生产过程中,运输服务本身既是被加工对象,又是消费对象,一旦被加工对象离开生产过程,运输生产即告结束,而其生产成果也被即时消费完毕。

③运输产品以复合指标为主要计算单位。运输企业的产品,是通过提供运输工具来实现人或物的移动,因而运输产品的产生,同时体现了两种数量:运输对象的数量和其被移动距离的数量。所以,一般运输产品是以两者的乘积来计量,即以复合单位"人·km"或"t·km"来表示,这也是运输产品在计价形式上的特点,不同于农业产品。

3)运输服务的准公费服务性

运输业与其他有形产品的生产一样,运输产品中也凝结着供给者的劳动价值,其产品也具有商品属性,按等价交换的原则,通过市场向用户提供有偿的运输服务。另一方面,由于运输服务又具有公共性特征,为了减轻人民的负担,运输产品的价格不能过高,特别是旅客运输。当人民所能负担的运输价格明显低于运输企业根据正常经营所确定的价格时,社会公共部门通过费用补贴方式对运输服务价格进行适当下调。

9.2.4 交通运输成本与服务定价

1)运输成本

运输成本的分析和控制是运输行业、企业管理的主要内容之一。运输成本是指在报告期内进行客货运输所支付的全部费用,包括在运输过程中直接发生的各种费用,如运输服务的港口费用以及应负担的管理机构的各种费用。在运输经济分析中一般采用机会成本的概念,而且采用经济成本而非会计成本。

(1)运输成本的特性

运输成本除了具备一般产品和服务成本的基本性质外,还具有以下特性。

①运输成本中没有组成产品实体的原材料支出

一般工业产品成本中,组成产品实体的原材料消耗占有较大比重,而运输产品是旅客或货物的位移,不具有实物形态,虽然运输生产过程中也发生材料支出,但是这部分主要用于固定运输设施、移动载运工具等的投资和修理。

②运输业的生产和销售过程合二为一,成本联系密切

一般工业企业会依据商品生产和销售的不同过程,分别计算在产品成本、产成品成本、销售成本等成本,以便考核产品生产费用和销售费用的耗费。而运输业属于连续式生产类型,从旅客购票上车至旅行结束或承运货物开始至货物交付给收货人位置这个过程既是运输产品的生产过程,又是产品的销售过程,生产和销售同时完成。运输产品无法脱离生产过程单独存在,生产和销售过程互相结合的特点决定了运输成本无法明确划分生产成本和销售成本、产成品成本和在产品成本。

(2)运输成本的分类

运输成本可以从不同角度进行分类:依据资本的构成、依据成本与运量变化的关系进行分类。

①依据资本的构成进行分类

依据资本的构成可分为固定设施成本、移动设施拥有成本和运营成本。

固定设施成本主要包含最初的建设投资、与运量关系不大的养护和维修费用。每种运输方式都有其对应的固定设施，公路运输需要公路和车站，铁路运输需要铁轨和车站，航空运输需要机场和雷达系统，水运则离不开港口和渡口。有些固定运输设施的所有者同时会提供相应的运输服务，如管道运输，但是一般情况下，运输设施的所有者和运输服务的提供者是分不开的。

移动载运工具包括铁路机车车辆、各类卡车、公共汽车、小汽车、各类客货船舶、飞机等，管道运输方式则没有相应的移动运输设备。移动设施拥有成本包含购买移动载运工具、维修保养费用。各种载运工具都有相应的使用年限，有些使用年限是固定的，每年的折旧费用可以归到固定成本中，而另外一些载运工具的使用年限与运量相关，那么这种情况下的折旧费用属于变动成本。

运营成本主要包括工作人员工资与载运工具消耗的燃料及电力费用这两大部分。工作人员包括驾驶员、乘务员、售票员以及一些辅助人员和管理人员，其中驾驶员和乘务员等一线员工的工资与运量是相关的，这部分可以归为变动成本，而辅助人员和管理人员的工资则可以视为固定成本。载运工具消耗的燃料及电力基本与运量呈线性关系，因此这部分属于变动成本。

②依据成本与运量变化的关系进行分类

依据成本与运量变化的关系可分为变动成本和固定成本。

变动成本是随客货运量的增加或减少而相应发生变化的支出，主要来自于劳动成本、燃料费用和维修保养费用等。

固定成本是指在一定时期内、一定运量范围内相对稳定的支出，它不受运量的直接影响，主要包括运输工具、通道、站点的费用。修理费用大部分也是相对固定的，这种介于变动成本和固定成本之间的支出称为半固定成本。

变动成本和固定成本的划分是相对的，其划分界定存在一个时间域或者工作量域，有些成本在较短时间内不会变化，但是如果时间长些，会随着规模等因素变化，从而转变为变动成本。因此变动成本也区分为短期变动成本和长期变动成本。

2）运输服务定价

运输服务定价是指运输企业对特定货物或旅客所提供的运输劳务的价格。形成运输价格的因素比较复杂，主要有运输成本、运输供求关系、运输市场的结构模式、各种运输方式间竞争、国家相关经济政策。运价的构成以运输价值为基础，主要有运输成本、利润、税金等要素。

（1）运输成本

正常情况下，运输企业为能补偿运输成本而不至于亏本并能扩大再生产，要求运输服务价格不低于运输成本。因此，运输成本便成为形成运输价格的重要因素和最低界限。

按照财政部颁布的《运输企业财务制度》规定，运输成本由营运成本、管理费用、财务费用三部分组成。以下以公路货运为例，简述三部分费用。

①营运成本是指与公路营运生产直接有关的各项支出，包括实际消耗的各种燃料、物料、润料、用具和索具，汽车固定资产折旧费、修理费、租赁费、保险费、货物费、代理费、驾驶员工资福利费以及事故净损失等。

②管理费用指运输企业行政管理部门为管理和组织营运生产活动的各项费用，包括公司经费、工会经费、劳动保险费、财产和土地使用税、技术转让费、技术开发费等。

③财务费用是指运输企业为筹集资金而发生的各项费用，包括企业营运期间发生的利息支出、汇兑净损失、调剂外汇手续费、金融机构手续费以及筹资发生的其他财务费用等。

（2）利润

保证一定的利润是扩大再生产的资金来源，如何确定运价中的利润，一般有成本利润率、资金利润率、综合利润率等方法。

成本利润率是按成本比例确定利润，它反映运价中利润与成本之间的关系。这种定价方法比较简单，但由于成本高的部门获得的利润多，而且各部门的成本构成不同，成本及成本项目之间难以比较。同时运输成本中没有构成产品实体的各种原材料，如果按成本利润率定价，运输部门获得的利润就较少，不利于运输业的发展。

工资利润率是按工资确定利润，它反映运价中利润与工资的关系。按这种方法定价，凡是使用劳动量多的部门获得的利润就多，反之就少。对于劳动密集型部门比较有利，而对资金有机构成高的部门则较为不利，对于现代运输业则不宜采用工资利润率来定价。

资金利润率是按资金比例确定利润，它反映运价中利润与资金之间的关系，实质是按生产价格定价，占用资金越多，技术装备程度越高，从而有利于提高劳动生产率和降低单位产品价值，有利于促进运输业的技术进步。

综合利润率是部分按工资利润率、部分按资金利润率定价，又称双渠道定价。它比较全面地反映职工和技术装备的作用，反映了各种货类的运输生产效率。但是工资和利润两者的综合比例较难确定，尤其是影响它们的因素又处于经常变化之中，随着各部门资金有机构成的提高，最终应当过渡到以资金利润率来定价比较合适，它也反映了市场经济和价值规律的客观要求。

（3）税金

税金是运价构成的一个重要因素，从理论上讲，价值构成中利润与税金的性质和来源是一致的，同属于劳动者为社会劳动所创造的价值，但各自的职能是不同的，税收很大程度上取决于国家的税收政策，所以，利润和税收是构成运价的两个不同要素。

【复习思考题】

1. 简述运输需求的概念与基本特征。
2. 如何看待运输需求与供给之间的关系？
3. 简述运输市场的特征。
4. 运输成本的概念是什么？运输成本可以从哪几个方面来分类？具体如何分类？
5. 如果将道路交通运输服务作为一种商品，它与我们平时所描述的商品有何不同？运输市场的内涵及运输市场与其他市场相比有何特点？

第 10 章

货物运输组织

10.1　公路货物运输组织

10.1.1　公路货物运输类型

公路货物运输主要有以下类型：

①按货运地区范围，可分为城市货运和城间货运。

②按运输距离，可分为短途货运和长途货运。

③按车辆从属关系，可分为公用货运和自用货运。公用货运是由汽车运输企业进行组织，用来完成国民经济各部门的货运要求，并具有盈利性质的货运类型。自用货运是由拥有自用车辆的各社会单位等自行组织，仅完成本部门内部货运任务并不具有盈利性质的货运类型。

10.1.2　公路货物运输组织形式

在公路货物运输中，合理地组织车辆运行方式可有效提高车辆利用率和运输生产率，其中可明显提高运行效率的公路运输组织形式主要有多（或双）班运输、定点运输、定时运输、直达联合运输、集装箱运输、零担货物运输、甩挂运输等。

(1)多(或双)班运输

多班运输,是指在昼夜时间内的车辆工作超时一个班以上的货运形式。组织双班运输的基本方法是每辆汽车配备两名左右的驾驶员,分日、夜两班轮流行驶。它也是提高车辆生产率的有效措施之一,但要注意安排好驾驶员的劳动、休息和学习时间,同时也考虑到定车、定人和车辆保修安排。在组织双班运输时,由于夜班比日班条件差,因此,除了工作时间长短不同外,在安排日夜班的运行作业计划时,一般应遵循以下原则:难运的安排在日班,好运的安排在夜班。为了开展多班运输,还应特别注意组织好货源,并与收发单位搞好协作关系,创造良好的装卸现场条件,修整现场道路,安排照明设备等,以保证顺利地开展多班运输。

(2)定点运输

定点运输,是指按发货点固定车队、专门完成固定货运任务的运输组织形式。在组织定点运输时,除了根据任务固定车队外,还实行装卸工人、设备固定和调度员固定在该点进行调度等工作。实行定点运输,可以加速车辆周转、提高运输和装卸工作效率、提高服务质量,并有利于行车安全和节能。定点运输组织形式,既适用于装卸地点比较固定集中的货运任务,也适用于装货地点集中而卸货地点分散的固定性货运任务。

(3)定时运输

定时运输,是指运输车辆按运行作业计划中所拟定的行车时刻表来进行工作。在汽车行车时刻表中规定:汽车从车场开出的时间、每个运次到达和开出装卸地点的时间及装卸工作时间等。由于车辆按预先拟定好的时刻表进行工作,加强了各环节工作的计划性,提高了工作效率。要组织定时运输,必须做到各项定额的制定和查定工作,包括:车辆出车前的准备工作时间定额,车辆在不同运输路线上重、空载行驶时间定额,以及不同货种的装、卸工作时间定额等。同时还应合理确定驾驶员的休息和用餐等生活时间,加强货源调查和组织工作,加强车辆调度和日常工作管理以及装卸工作组织等。

(4)甩挂运输

甩挂运输,是指利用汽车列车甩挂挂车的方法,以减少车辆装卸停歇时间的一种拖挂运输形式。在相同的运输组织条件下,汽车运输生产效率的提高取决于汽车的载重量、平均技术速度和装卸停歇时间三个主要因素。实行汽车运输列车化,可以相应提高车辆每运次的载重量,从而显著提高运输生产效率。采用甩挂运输时,需要在装卸货现场配备足够数量的周转挂车,在汽车列车运行期间,装卸工人预先装(卸)好甩下的挂车,列车到达装(卸)货地点后先甩下挂车,装卸人员集中力量装(卸)主车货物,主车装(卸)货完毕即挂上预先装(卸)完货物的挂车继续运行。采用这种组织方法,就使得整个汽车列车的装卸停歇时间减少为主车装卸停歇时间加甩挂时间。但需要注意周转挂车的装卸工作时间应小于汽车列车的运行时间间隔。甩挂运输适于装卸能力不足、运距较短、装卸时间占汽车列车运行时间比重较大的运输条件下采用,并根据运输条件的不同而组织不同形式的甩挂运输。

(5)直达联合运输

直达联合运输(即各种运输方式的直达联合运输),是指以车站、港口或供需物资单位为中心,按照货物运输的全过程,把供销部门、多种运输工具组织成一条龙,将货物从生产地一直运输到消费地。其主要优点是:

①有利于各种运输方式的综合利用和发展,促进综合运输网的形成;

②压缩车船等运输工具的停留时间,提高港站的通过能力,节省运力和降低运输成本;

③可以减少货物运输的中间环节，加速物资周转，节约运输费用。

以汽车为主体的中、短途货物联合运输，实现汽车运输企业与产销部门之间的运输协作或汽车运输与其他运输方式之间的协作。为了搞好直达联运工作，有效地利用各种运输工具以满足社会生产和生活的需要，组织直达联合运输的有关部门应首先做好货源调查工作，掌握货源及货流规律，然后根据运输任务的要求、运输工具的特点以及道路情况，合理选配和安排各种运输工具及运输任务，并组织好各种运输工具的衔接。

(6)集装箱运输

集装箱运输，是指把一定数量的货物集中于一个便于运输、搬运、装卸、储存的集装箱内来进行货物运送的运输组织形式。公路集装箱运输多采用以下几种形式：

①公路集装箱直达运输。即由汽车或汽车列车独立承担全程运输任务，许多发达国家一般都是以这种运输形式为主。

②公路、铁路集装箱联运。即由汽车运输部门和铁路运输部门共同完成集装箱运输任务，这种运输形式有利于发挥铁路运输能力大和公路运输机动灵活的特点。

③公路、水路集装箱联运。即由汽车运输部门和水路运输部门共同完成集装箱运输任务，进、出口货物运输常采用这种运输形式。

由上可见，汽车运输除了可独立承担集装箱运输任务外，在集装箱多式联运工艺流程中也是处于第一个和最后一个运输环节。集装箱运输的经济性主要集中表现在“门到门”运输，但它的最终实现只能通过汽车运输才能予以保证，是不可缺少的运输环节。因此，汽车运输是铁路、水路集装箱运输最有效的集散方式。

(7)零担货物运输

凡一批货物托运的质量或体积在3t以下或不满一整车装运时，该批货物称为零担货物。其一般采用定线定站式货运班车或客运班车捎带货物挂车的形式将沿线零担货物集中起来运输的货运形式。零担货物具有运量小、流向分散、批数较多、品类繁杂的特点。零担货物以件包装货物居多，包装质量差别较大，有时几批甚至十几批才能配装成一辆零担车(零担货物以每张托运单为一批)。因此，零担货物运输组织工作要比整车货运复杂得多。零担货运的营运组织形式主要有直达零担车、中转零担车、沿途零担车三种。

①直达零担车是在起运站将不同发货人托运到同一到站且性质适宜配装的各种零担货物，同车装运至到达地的运输组织形式。这种形式可加快零担货物的送达速度，避免中转换装作业，确保货物完好并节省中转费用。在组织零担货物运输时应尽可能地开行这种形式。

②中转零担车是指在起运站将不同发货人同一方向不同到站且性质适宜配装的各种零担货物，同车运至规定的中转站，以便再另行配装为新的零担车继续运往到达地的运输组织形式。这种零担运输形式对运量零星、流向分散的零担货物的运输很适用，符合零担货物的特点。

③沿途零担车是指在起运站将不同发货人托运同一线路、不同到站，且性质适宜配装的各种零担货物，同车运装至沿途各作业计划点，卸下或装上零担货物后继续行驶，直至最后终到站的运输形式。这种零担车运输形式在组织工作上较为复杂，车辆在途时间也较长，但它能够满足沿途某些零担货主的运输需要。

10.1.3 公路货物运输车辆运行与调度工作

公路货物运输车辆运行作业计划是运输生产计划的继续。运输生产计划虽然按年、季或月安排了生产任务，但它只是纲领性的生产目标，不可能对运输生产的细节作出作业性的安排。为此，有必要制定车辆运行作业计划，以便实现具体的运输过程。车辆运行作业计划的主要作用，是将运输生产计划中规定的各项任务，按月、旬、日以至工作班，具体、合理地分配到各基层生产单位，以保证企业运输生产计划能够按质、按量、按期完成。车辆运行作业计划有不同的形式，通常按其执行时间的长短分为以下几种：

①长期运行作业计划。其适用于经常性的运输任务，通常其运输线路、起讫地点、运输量及货物类型都比较固定。

②短期运行作业计划。其适应性较广，对于货运起讫地点较多、流向复杂、货种繁多的货运任务，可对其编制周期为三日、五日、十日等作业计划。

③日运行作业计划。其主要适用于货源多变、货源情况难以早期确定和临时性任务较多的情况。

④运次运行作业计划。其通常适用于临时性或季节性、起讫地点固定的短途大宗货运任务。

调度工作是企业生产管理活动中一个重要的组成部分。汽车运输生产活动是围绕着车辆运行进行的，为了完成计划所规定运输任务，企业必须进行一系列的日常运输工作组织，其中最为核心的部分就是车辆运行调度工作。调度工作不仅以车辆的运行为中心，而且通过车辆运行作业计划，可将企业内部各职能科室及车队、车站、车间、装卸等基层运输生产单位连接成一个有机的整体，同时，又通过车辆运行作业计划，保持与企业外部的港口码头、铁路站场、物资仓库及车船运行等衔接和配合。车辆运行调度工作的任务是通过汽车运输企业所建立的各级调度机构，及时、全面地了解运输生产过程，并不间断地组织指挥和监督检察，正确处理运输生产中出现的各种问题，使各个生产环节和作业能协调工作，保质、保量地完成车辆运行作业计划。

10.2 铁路货物运输组织

10.2.1 铁路运输的货物种类

铁路运输货物的类别，一般按货物的性质和运输条件进行划分为普通货物和特殊货物。

(1)普通货物。是指在运输过程中，不需要采取特殊保护或防护措施，并按一般运送条件办理的货物，如散装货物煤炭、矿石、木材、袋装货物粮食、棉纱、聚酯颗粒等货物等。

(2)特殊货物。是指由于货物本身的性质，在运输过程中，货物需要采取特殊的运送保护措施，以保证货物完整和行车安全。特殊货物一般分为以下五大类：

①危险货物。凡具有燃烧、爆炸、腐蚀、毒害、放射射线等性质，在运输过程中可能引起人身伤亡、财产毁损需要特别防护的货物，均属于危险货物。危险货物在运输过程中，需要分别按其特性在包装、标志、承运、装卸、编组、挂运、防护和管理等方面采取安全措施。

②鲜活货物。凡是在运输、保管过程中需要采取冷藏或加温、供应饲料、饮水等特殊措施，以防止腐烂、变质或死亡的货物，称为鲜活货物。保证鲜活货物质量的关键，是根据货物的性质，严格执行其所要求的运输条件。

③超限货物。一件货物装车后，在直线上停留时，货物的高度、宽度有任何部位超出机车车辆限界或特定区段装载限界的，称为超限货物。对超限货物，要在车辆选择、装载方案制定、装车和挂运等方面采取妥善措施，确保运输安全。

④超长货物。一件货物的长度超过所装普通平车的长度，需要使用游车或跨装超限的，称为超长货物。无论使用何种车型，均需保证货物装载和加固的安全技术条件。

⑤集重货物。一件货物的重量，大于所装平车的负重面长度最大允许载重量，称为集重货物。对于运输集重货物，应在装载方案确定时，避免车底架受力过于集中，以免造成其工作应力超过最大允许限度的现象发生。

10.2.2 铁路货物运输方式

按照我国铁路运输行政管理特点以及铁路技术装备条件，现行的货物运输方式有以下几类。

1）按货物运输范围划分

（1）管内货物运输。指在一个铁路局管辖范围内的运输。

（2）直通货物运输。指跨及两个或两个以上铁路局的运输。

以上两种运输都属于铁路系统内部的运输，包括相同轨距和不同轨距间的铁路运输，当货物的运程，包括轨距不同的铁路区段时，在衔接地点必须进行换装并遵守有关的运输规定。

（3）水陆货物联运、公铁联运。以一份货运票据，在换装地点无需发货人重新办理托运，由铁路和水路或铁路和公路共同参与的运输。水陆联运、公铁联运都属于多式联运。

（4）国际铁路货物联运。指在两个或两个以上国家之间进行铁路货物运输时，只使用一份统一的国际联运票据，由一国铁路向另一国铁路移交货物时，无需发货人、收货人参加，铁路当局对全程运输负连带责任的运输方式。

2）按铁路技术装备条件和运输组织方式划分

按铁路技术装备条件和运输组织方式，现行铁路货物运输分为整车、零担和集装箱货物运输。整车货物运输适用于大宗货物运输；零担货物运输适用于每批次量较小的零星货物运输；集装箱货物运输适用于精密、贵重、易损货物运输。铁路货物运输以批为单位，“批”是铁路承运货物、计收运费、交付货物和处理事故的单位。

（1）整车货物运输

凡一批货物的重量、性质、体积、形状需要以1辆或1辆以上货车装运的，均按整车货物办理。另外，需要保温的货物、蜜蜂、不易计算件数的货物、规定必须按整车办理的危险货物、易于污染其他货物的污秽品、未装容器的活体动物、必须用罐车装运的液体货物，都必须按整车办理。整车货物运输的基本条件如下：

①整车货物以每一货车所装货物为一批；跨装、爬装或使用游车装运的货物，以每一车组为一批。某些限按整车办理运输的货物，允许托运人将一车货物托运至两个或三个到站分卸，即按整车分卸办理。

②原则上按件数或重量承运货物，但对于散装、堆装不易计算件数的货物，则只按重量承运。

③按照货物运输途中的特殊需要，允许托运人派人押运。

④允许在铁路专用线、专用铁路内装车或卸车。

(2)零担货物运输

按照货物重量、体积和形状,不需要以一辆单独货车运送,而且允许与其他货物配装的货物,可以按零担办理。零担运输在运输组织、装卸作业等环节上,相对于整车作业更为复杂,因此还要受到其他一些运输条件的限制。办理零担货物运输的条件如下:

①零担货物一件体积不得小于 $0.02m^3$;但一件质量在 10kg 以上时,则不受此最小体积限制。

②为便于装卸作业中堆码、交接和配装,一批零担货物的件数不得超过 300 件。

③以下货物不得按零担运输办理:需要冷藏加温运输的货物;规定限按整车办理的货物(装入铁路批准使用爆炸品保险箱运输的除外);易于污染其他货物的污秽品(经过卫生处理不致污秽其他货物的除外);蜜蜂;不易计算件数的货物;未装入容器的活动物(铁路局管内零担运输办法允许者除外);一件质量超过 2t、体积超过 $3m^3$ 或长度超过 9m 的货物(发站认为不致影响中转站或到站卸车作业者除外)。

④零担货物一般在公共作业场所组织运输,不允许派押运人。

(3)集装箱货物运输

凡能装入集装箱,不会对集装箱造成损坏的货物及规定可按集装箱运输的危险货物均可按集装箱办理。集装箱以装运贵重、易碎和怕湿货物为主,如家电、仪器、仪表、小型机械、玻璃陶瓷、建材、工艺品、文化体育用品、医药、卷烟、酒、食品、日用品、化工产品、针纺织品、小五金和其他适合集装箱运输的货物。办理集装箱运输的条件如下:

①每批必须是同一箱型,使用不同箱型的货物不得按一批托运;

②每批至少一箱,最多不得超过铁路一辆货车所能装运的箱数;

③承运人按箱计费和负责运输,一般不负责查点箱内货物。

10.2.3 铁路货物运输业务流程

铁路货物运输业务流程由货物发送作业、货物运输途中作业、货物到达作业三部分构成。

(1)货物发送作业

包括托运人向作为承运人的发送站申报运输要求、提交货物运单、进货、缴费,与发站共同完成承运手续;发站受理托运人的运输要求,审查货物运单、验收货物及其运输包装、计量、收费,与托运人共同完成承运手续。承运顺序因运输种类不同而异:整车货物是先装车后承运,零担和集装箱货物则是先承运后装车。

(2)货物运输途中作业

货物运输途中作业包括重车运行途中的货物常规交接与检查、特殊作业及异常情况处理。常规交接与检查是指货物运输途中车站人员同列车乘务人员相互间在局(分局)规定地点和时间内办理的火车或货物的交接检查工作;特殊作业一般包括:零担货物在中转站的作业,整车分卸货物在分卸站的作业,加冰冷藏车在加冰所得加冰作业,托运人或收货人提出的货物运输变更的办理等业务;异常情况的处理是指货车继续运行或货物继续运送有碍运输安全或货物完整时必须做出的处理,例如,货物装载偏重、超载或货物装载移位须进行的换装或整理,对运输阻碍的处理,等等。

(3)货物到达作业

包括到站作为承运人向收货人发出货物催领通知,接受到货查询、收费、收单、交货,与收货人共同完成交货手续；收货人向作为承运人的到达站查询、缴费、交单、领货，与到站承运人共同完成交付手续。

由铁路组织卸车，到站在向收货人办理交接手续、交付货物后，即算交付完毕；发站由托运人组织装车，到站由收货人组织卸车的货物，到站在货车交接地点交接完毕，即算交付完毕。

铁路货物运输业务流程如图 10-1 所示。

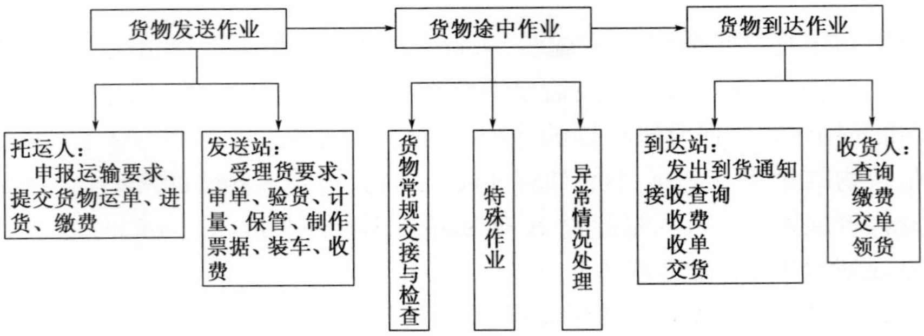

图 10-1　铁路货物运输业务流程

10.2.4　铁路货物运输行车组织

铁路行车就是机车、列车和车列在线路区间内或车站站线上的运行或位移。铁路行车组织则是综合运用铁路运输技术设备（机车、车辆、线路、车站、通信、信号等）和统筹协调铁路运输有关专业部门（机务、车辆、工务、电务、运输等），保证安全、准确、迅速、经济地实现铁路行车的工作。

铁路行车组织的功能在于把铁路运输这一架大联动机的各种技术设备和各个专业部门协调有序地结合成一个大系统，精确而有节奏地正常运转。

铁路行车组织内容主要包括：车站行车作业、列车编组、列车运行、区段通过能力、机车车辆运用、日常运输组织及调度管理等。

1）车站行车作业

有效运用车站技术设备，合理组织车站行车技术作业的生产管理方法，是铁路行车组织的组成部分之一。车站类型不同，办理的技术作业内容也有所不同。

中间站技术作业。中间站办理的技术作业主要是接发列车作业、摘挂列车的摘挂调车作业和车辆取送作业，少数车站也办理机车给水、补机摘挂、列车技术检查、列车始发或终到作业。

技术站技术作业。技术站（区段站和编组站的总称）办理的技术作业，除接发列车作业外，主要与到发列车和车流的性质有关。在技术站到发的列车按其作业性质有四种：①无改编中转列车，它是在车站不进行改编而只在到发场、出发场或直通场进行到发作业后继续运行的列车；②部分改编中转列车，它是在车站进行变更重量、变更运行方向或换挂车组等调车作业及相应的到发作业后继续运行的列车；③到达解体列车，它是在车站进行到达作业后解体的列车；④自编始发列车，它是在本站编组并进行出发作业的列车。在技术站到发的车流有三种：①无调中转车，它是在中转列车（无改编和部分改编中转列车的总称）中不摘下的运用货车；②有调中转车，它是在技术站改编但不进行货物作业（装车或卸车）的运用货车；③货物作业车，它是在车站进行货物作业的运用货车，又称本站作业车。

2)列车编组

旅客列车的编组是固定的,主要由乘坐旅客的车辆及服务性的非乘坐旅客的车辆两大基本部分组成。前者包括数量不等的硬座车、软座车、硬卧车、软卧车;后者包括行李车、餐车、乘务员宿营车、邮政车等。其编组在每次运行图实行期间,由原铁道部和铁路局根据客流密度、列车种类、机车功率、列车质量、线路坡度、运行速度、站线长度和站台长度等因素予以确定,一般不变动。

货物列车编组的方法是根据车流的大小和性质,结合各站设备条件,采取不同的车流组织形式:在装车量较大的车站(一站或若干站联合)组织始发或阶梯直达列车;将未纳入始发或阶梯直达列车的车流向就近的技术站集中,然后按车流去向的远近分别编入不同的适当的列车,主要是技术直达列车、直通列车和区段列车,逐步转送到目的地。按照上述方法,我国铁路的列车编组包括两大部分:装车地直达列车编组和技术站列车编组。

(1)装车地直达列车编组

在装车地利用自装车辆编组,通过一个或一个以上编组站(或规定有作业的区段站)不进行改编作业的列车,称为装车地直达列车。

只要装车站(一站或几站联合)有一定数量的稳定的车流,装车和调车设备具组织直达列车的能力,并且保证足够的空车供应,就可以组织装车地直达列车。装车地直达列车能最大限度地减少中间作业环节,从而降低运输成本,减轻运行途中有关技术站的改编作业负担,加速机车车辆周转和货物送达。因此,各国铁路都十分重视,并将其作为铁路首要的车流组织形式。

(2)技术站列车编组

未被装车地直达列车输送的车流,要将其送往技术站加以集中,以便和技术站自装车流汇合在一起分别编组不同种类和到站的列车,称之为技术站列车编组。

由于在一般情况下,每个区段都要开行摘挂列车和区段列车,因而编制技术站列车编组计划主要是确定技术直达列车和直通列车的编组问题。在技术站编组列车时,每一去向的车流都是陆续到达的,必须将各衔接方向到解列车陆续挂来的有调中转车流,和从本站各装卸地点陆续取出的装卸完的零星车流,按去向分解到固定使用的调车线之内,使之凑足规定质量或长度的车列,然后才能进行编组。

3)列车运行

列车的运行主要是依靠编制列车运行图来实现。

列车运行图就是运用坐标原理描述列车运行的时间、空间关系,表示列车在铁路各区间运行时间及在各车站停车和通过时间的线条图。

列车运行图是列车运行的图解,它以横轴表示时间,并用垂直线等分横轴代表一昼夜的小时和分钟;以纵轴表示距离,并按列车在各区间运行时分的比例画水平线,代表各车站中心线的位置。图上的斜线称为列车运行线,其与车站中心线的交点就是该列车在区段内有关车站的到、发或通过时刻。

列车运行图规定了列车占用区间的次序,列车在每一车站出发、到达或通过的时间,在区间的运行时分,在车站的停站时分,以及列车的质量和长度等。这样,列车运行图也就规定了铁路线路、站场、机车、车辆和通信信号等设备的运用,以及与行车有关各部门的工作。因此可以说,列车运行图是铁路运输工作的一个综合性的计划,铁路行车组织的基础,是协调铁路各部门和单位按一定程序进行生产活动的工具。

(1)列车运行图的分类

根据铁路线路的技术设备(如单线、复线)和列车运行速度、上下行方向的列车数量以及对各种列车的运行具有不同的要求,铁路上采用着不同类型的运行图。

①按区间正线数目的不同有单线运行图和复线运行图。

单线运行图的特点是上下行列车均在同一条正线上运行,从而列车的会让必须在车站上进行。复线运行图的特点在于上下行列车分别在各自的正线上运行,互不干扰,因而对向列车可以在区间内或车站上交会,但同方向列车的越行仍须在车站上进行。

②按各种列车运行速度的不同有平行运行图和非平行运行图

凡同一方向列车在同一区间内的运行速度都相同,因其运行线互相平行,并在区段内没有列车越行的,称为平行运行图;凡具有不同种类和运行速度的列车运行图,同方向列车的运行线不相平行,称为非平行运行图。非平行运行图也称普通运行图,是铁路普遍采用的运行图。

③按上下行方向列车数目是否相同,分为成对运行图和不成对运行图

④按同方向列车是否追踪运行,分为追踪运行图和非追踪运行图

在自动闭塞区段同方向列车允许以闭塞分区为间隔追踪运行,即采用追踪运行图;在非自动闭塞区段,同方向列车只允许以站间区间或所间区间为间隔连发运行,即一般情况下只能采用非追踪运行图(或称连发运行图)。

(2)列车运行图的编制

为适应客货运输需求的变化、铁路技术装备和运输组织工作的改进、列车牵引质量及速度的提高,对铁路列车运行图进行重新制定或修订,它是铁路行车组织工作的重要内容之一。在我国,一般在原铁道部统一领导部署下,每两年在全路定期编制一次列车运行图,由各铁路局负责各自管辖范围的编图具体工作。

原铁道部由运输、机务、车辆、工务、电务、计划等有关部门负责人组成领导小组,负责编图的组织领导工作,确定编图的原则、任务和步骤,组织有关铁路局拟定全路跨局列车的运行方案,解决局间列车交接的有关问题,审查各局提报的编图资料和各局编制的列车运行图。

各铁路局也由运输、客运、机务、车辆、工电等部门的有关人员组成编图小组,按照原铁道部的统一部署,认真准备编图资料,负责完成本局的编图工作。

列车运行图的编制,必须贯彻国家在这一时期的方针政策和原铁道部的有关指示,并符合下列要求:

①确保列车运行的安全;

②适应运输市场需求,迅速、便利地运输旅客和货物;

③充分利用运输能力,经济合理地运用机车车辆和安排施工时间;

④做好列车运行线与车流的结合;

⑤保证各站、各区段间的协调和均衡。

为加快编图进度,一般采取集中与分散相结合的办法:旅客列车运行图采取在原铁道部直接领导下集中编制的方法;货物列车运行图采取先集中、后分散的编制方法。列车运行线的铺画原则上采取先客后货、先快后慢、先直通后管内、先编初步方案再具体铺画详图的方法。

为了保证客、货列车按运行图和经济合理地运用机车,应在编制列车运行图的同时绘制机车周转图。机车周转图是根据该区段所采用的机车运转制和乘务制度,以及列车运行方案编

制的机车运用工作计划。

4)线路通过能力

铁路线路通过能力是指某一铁路线、方向或区段,根据现有的固定技术设备,在一定类型的机车车辆和行车组织方法条件下,在单位时间内所能通过的规定质量的最大列车对数或列数。

货运通过能力除用列数表示外,也可用车数或货物吨数表示。

按各种固定设备分别计算出来的通过能力,其中最小的一种能力就限制了整个线路、方向或区段的通过能力,该能力即为该线路、方向或区段的最终通过能力。为了适应国民经济发展和国防建设的需要,铁路应有预见、有计划地采取措施加强区段的通过能力。加强铁路区段通过能力的途径,不外是提高货物列车质量标准及其载重系数和增加列车密度,或者两方面综合起来运用,实现列车质量、速度、密度的优化组配。其具体措施可分为两大类:一类是以挖潜提效为主,不需任何投资或只需极少量投资的技术组织措施,如增加平行作业、缩短占用技术设备时间等;另一类是以采用先进技术装备为主的技术设备改扩建措施,如修建新线、完善信号联锁闭塞设备、采用大型货车等。

但无论采用何种方法,加强铁路区段通过能力是一项复杂的系统工程。铁路各种技术设备之间是互相关联的,在采用某种加强措施时,必须注意到相关设备和作业组织的配套问题。例如,提高列车牵引质量就要涉及站线有效长度的延长、大功率机车和大型货车的采用、制动技术的改进等一系列问题。这就是说,必须采取综合加强措施,才能取得更好的效果。

10.3 水路货物运输组织

10.3.1 水路货物运输分类

水路货物运输根据分析的目的不同,可以有多种分类方法,见表10-1。

水路货物运输种类 表10-1

<table>
<tr><th>分类方法</th><th>运输方式</th><th>含 义</th></tr>
<tr><td rowspan="2">按贸易种类</td><td>外贸运输</td><td>本国同其他国家和地区间的货物运输</td></tr>
<tr><td>内贸运输</td><td>本国各地区间的货物运输</td></tr>
<tr><td rowspan="5">按航行区域分类</td><td>远洋运输</td><td>船舶航行跨越大洋的运输航线</td></tr>
<tr><td>近洋运输</td><td>本国各港口至邻近国家港口间的海上运输航线</td></tr>
<tr><td>沿海运输</td><td>本国沿海各港口间的海上运输航线</td></tr>
<tr><td>内河运输</td><td>在一条河流上(包括运河)上或通过几条河流的运输,一般为国内运输,但如属于经过多个国家的河流,例如欧洲的莱茵河、多瑙河等,在这种河流上也有国与国之间的运输</td></tr>
<tr><td>湖泊运输</td><td>一个湖区内的运输,大多属于国内运输,但在像美国、加拿大两国间的五大湖区内也有国与国之间的国际运输</td></tr>
<tr><td rowspan="2">按船舶营运形式分类</td><td>班轮运输</td><td>船舶在特定航线上和固定港口之间,按事先公布的船期表进行有规律的航行,以从事货物运输业务并按事先公布的费率收取运费的一种运输方式</td></tr>
<tr><td>不定期船(租船)运输</td><td>与班轮运输相比,不定期船(租船)运输没有固定的航线、港口、船期和运价,是根据国际租船市场的行情和租船人的实际需要,船舶所有人出租整船或部分舱位给租船人使用,租船人按约定的运价或租金支付运费的商业行为</td></tr>
</table>

国际上的贸易货物有2/3以上是通过远洋和近洋运输来完成的,其航行距离长,涉及面广,其经营活动受有关国际公约和各国法律约束,同时还受国际航运市场的影响,与沿海运输相比,远洋和近洋运输风险要更大、运输环节更多、影响因素也更复杂。

10.3.2 水路货物运输组织形式

水路货物运输组织指从事水路运输的航运企业对运输船舶运行活动的合理安排。船舶为了安全、迅速、经济、方便地运送货物,必须与港口、航道等在技术条件、营运管理上相互适应,且与其他运输方式相互协调配合。

水路货物运输组织主要有班轮运输组织(即定期航线运输)、不定期船运输组织、轮驳船队运输组织三种,其中轮驳船队运输组织主要用于内河运输。以下重点介绍班轮运输组织、不定期船运输组织。

1)班轮运输组织

(1)班轮运输特点

班轮运输又称定期船运输,它是指固定船舶按照公布的船期表在固定航线和固定港口间运行的运输组织形式。从事班轮运输的船舶称之为班轮。班轮运输具有以下特点:

①具有"四固定"的特点,即是固定航线、固定港口、固定船期和相对固定的费率。这是班轮运输的最基本特征。

②班轮运价内包括装卸费用,即货物由承运人负责配载装卸,承托双方不计滞期费和速遣费。

③承运人对货物负责的时段是从货物装上船起,到货物卸下船止,即"船舷至船舷"或"钩至钩"。

④承运双方的权利义务和责任豁免以签发的提单为依据,并受统一的国际公约的制约。

(2)班轮航线设置

国际上班轮航线有多种布局形式,但最基本、最常见的有传统多港口挂靠航线、干线配支线船航线、多角航线、单向环球航线、小陆桥航线及大陆桥航线等。影响班轮公司航线选择的最主要因素是货源,或准确地讲是航线经济效益,其次是港口的自然条件和社会、政治因素。为了选定合适的航线,必须做货源调查及港口调查。一般来说,选定的航线要有足够的货源,并且从长远角度来看有较大的发展潜力。班轮航线货流方面的特征,可以用以下四个参数描述:港间货流量、航线货流总量、运输方向不平衡系数、运输时间不平衡系数。

(3)班轮船期表的编制

班轮船期表的编制主要计算往返航次时间、航线配船数、航线发船间隔、到发时间与调整。

①往返航次时间计算

往返航次时间是一艘班轮由始发港启航,经中途港、目的港返回到始发港再启航所经历的时间,或称为船舶周转周期。往返航次时间计算的依据是:航线总距离、船舶航速、港口装卸效率、在港装卸货物的数量及其他可能发生的耗时因素,如进出港减速航行和通过运河等。

②航线配船数计算

一条班轮航线通常需要配置船舶的艘数要由货运需求(量的多少及发到船频率)、单船装载能力和往返航次时间等因素决定。

③航线发船间隔的计算

发船间隔是指一个班次的船舶驶离港后,直至下一班次的船舶再次驶离该港的间隔时间。它可由船舶往返航次时间及航线配船数确定。

④到发时间计算与调整

在以上计算的基础土,结合沿途各港的具体情况,先分别计算出相邻两港之间各航段的航行时间和在各港的停泊时间,然后根据始发港发船时间依次推算出船舶到、离各港的时间。当沿途各港所在地的时差不同时,在船期表上应给出船舶到发的当地时间。为此,需将上述未考虑时差而计算出的各港到发时间加上或减去各港所在地与始发港所在地间的时差。向东行为加,向西行为减。当航线有几艘船舶运行时,后续船舶在各港的到发时间依次相差一个发船间隔时间。

班轮船期表是以表格的形式反映船舶在位置和时间上运行程序的文件,其主要内容包括:船名、航次编号、始发港、中途港和终点港的港名,到达和驶离各港的时间。

(4)班轮公会

班轮运输的特点是航线垄断性很强,许多航线上都存在垄断组织,即班轮公会。它是由经营同一条航线的若干个航运公司为了限制互相竞争,并免受外来竞争,就航线经营的利益分配达成某种协议而形成的一种半垄断联合体。班轮公会的主要活动包括:

①制订防止内部竞争的措施。其形式有:运费协定、运量分配、运费收入分配、吨位限制,等等。

②采取回扣制度,对外竞争、取得货载。回扣有两种形式,即延期回扣和合同回扣。班轮公会的存在有利有弊。利在于可以在一定程度上避免无益的竞争;弊在于对航线的垄断,尤其对发展中国家船公司扩大船队及申请加入公会,常常会造成很大的障碍。

2)不定期船运输组织

(1)不定期船运输特点

不定期船业务是针对以经营无固定船舶、航线、船期、运价、港口的海运业务而言的。这种业务大多使用专用散装船为主要运送工具,并以散装货物(如煤、矿砂等)为主,所承运的货物有一定流向与季节性,且运价较定期船低。不定期船业务具有如下特点;

①货物上:a. 以承运大宗的散装原料或半成品为主;b. 托运者通常为特定货主,如电站、钢铁公司。需要大宗原料,以利生产作业;c. 装、卸港口较少,通常 1 ~2 个,而且货物品类较少,为 1 种或 2 种。

②船舶上:使用船舶为适于大宗货物装运的专用船。

③运营组织上:a. 运送通常独立经营,组织规模比经营定期货运者小,其营运的船舶或自有或租用;b. 通常由运送人与托运人签订租船契约,或包揽舱位的运输契约;c. 货物装卸船费用均由货主自行负担。

(2)航次租船

签订航次租船合同前,一般要根据货源情况和装卸港、航线情况进行航次估算。所谓航次估算是船舶经营者根据各待选航次的货运量、运费率、挂靠港口、船舶特性及航线参数等有关资料,估算各航次的航次收入、航次成本和航次每天净收益,从而预知某个航次是否盈利。特别是当有多个航次货载机会时,根据估算结果,经营者就可做出最有利的决策,即选择单位时间净收益最大的航次签订运输合同。因此,航次估算是船东或经营人进行航次租船决策的基础，它被广泛地应用在不定期船的运输组织中。

(3)船舶期租

在期租过程中，通常船舶出租人负有保证船舶适航性的义务，并基于此收取一定的租金。因此，期租保本费率就是每一载重吨、每一个月分摊的船舶出租人为提供适航船舶和船员所发生的全年所有费用，也称船舶期租租金基价，简称 H/B(Hire Base)。

(4)船舶闲置

在航运市场上，需求随着世界经济的发展和贸易量的变化经常发生变化，而作为供给的船舶吨位一旦形成，一般是比较稳定的。因此，在运输需求与实有运力之间常会出现不平衡的现象，导致运价上下波动。

当货少船多，运价下跌时，船舶盈利逐渐减少，出现保本、甚至亏损的现象，企业被迫考虑封存(闲置)部分运力，以减少亏损，调整供需关系，使运价回升。

发生亏损就意味着运输收入不能抵偿运输成本，但也不能一亏损就草率地将船舶封存起来：因为船舶封存起来以后，仍需要发生一定的维持费用，如资本费(折旧费)、看守费用、保险费、维护保养费等，称其为封存成本或闲置成本，虽然成本数额大为减少，但这些成本却得不到任何来自船舶自身的补偿。权衡这两种状态的经济得失，得出船舶封存的经济条件：

①当船舶营运亏损额小于船舶封存成本，应继续营运；

②当船舶营运亏损额等于船舶封存成本，视其他情况而定(称为封存点或封存界限)；

③当船舶营运亏损额大于船舶封存成本，应停航封存。

在日常的经营工作中，为简便、直接地判别，可将上述亏损额与封存成本之间的比较转换为费率之间的比较，以便根据市场运费率的高低，直接做出反应。

10.3.3 水路货物运输业务流程

分别对班轮运输和不定期船运输的业务流程进行介绍。

1)班轮运输业务流程

班轮运输业务流程一般包括三大环节：货运安排→接货装船→卸船交货。其货运的相关单证流转如图 10-2 所示(以国际货运流程为例)。

图 10-2 中，各数字含义具体说明如下：

①托运人向船舶代理人提出货物装运申请(托运单 B/N、装货联单 S/O)。

②船舶代理人签发 S/O，并要求托运人将货物及时送到制定码头。

③托运人持有关单证向海关办理报关手续，海关在 S/O 单上盖章放行后，准备装船。

④船舶代理人编制装货清单(L/L)，分别送至理货公司、装卸公司，并按计划装船。

⑤大副根据 L/L 单，通知理货公司、装卸公司按计划装船。

⑥托运人将经过海关在 S/O 单上盖章放行的货物运至码头仓库准备装船。

⑦大副核实装船后的 S/O 单，留下 S/O 单、签发收货单(M/R)。

⑧理货员将大副签发的 M/R 转交给托运人。

⑨托运人持 M/R 单到船舶代理人处付清运费(预付方式)换取正本已装船提单(B/L)。

⑩船舶代理人留下 M/R 单，签发 B/L 单给托运人。

⑪托运人持 B/L 及其他有关单证到议付行结汇(信用证支付形式)，取得货款，议付银行将 B/L 及有关单证邮寄开证行。

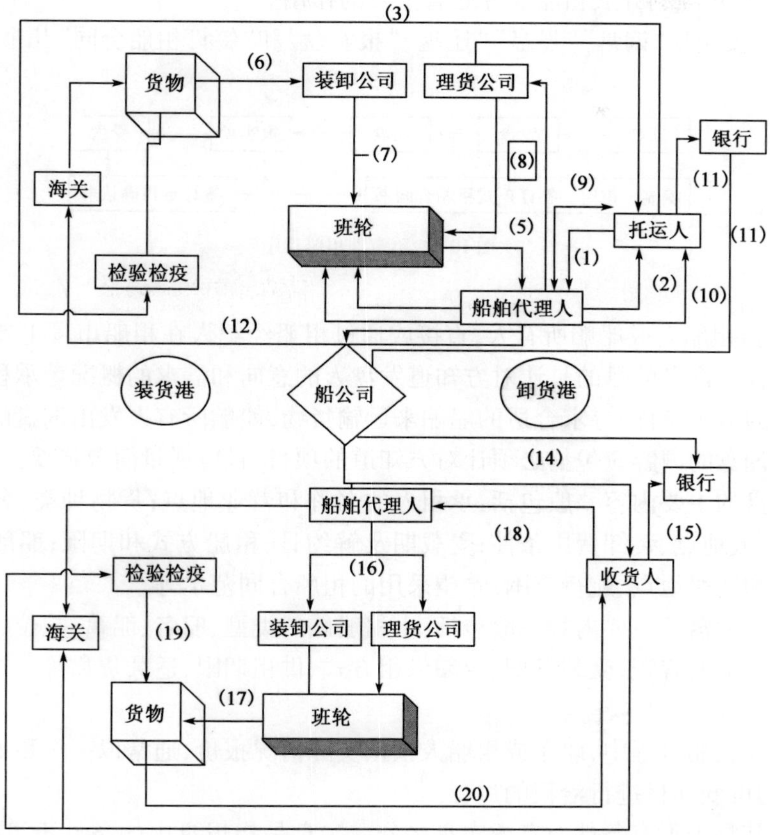

图10-2 班轮运输主要货运单证流转示意图

⑫船舶代理人将编制好的出口载货清单(M/F)送船长签字后,向海关办理船舶出口手续,M/F单随船带,船舶启航。

⑬装货港船舶代理人编制出口载货运费清单(F/M)、连同B/L单副本、M/R单送交船公司结算代收运费,负责将卸货港需要的单证寄给卸货港船舶代理人。

⑭卸货港船舶代理人接到船舶抵港信息后,通知收货人船舶到港任期,准备接货。

⑮收货人到开证银行付清货款取回B/L单(信用证支付方式)。

⑯卸货港船舶代理人根据装货港船舶代理人寄来的货运单证,编制进口载货清单、有关船舶进口报关和卸货所需要的单证;约定装卸公司、理货公司,做好接船卸货准备。

⑰船舶抵港后,船舶代理人办理船舶进口手续,并开始卸货。

⑱收货人持正本B/L单向船舶代理人办理提货手续,付清应付费用后,换取代理人签发的提货单(D/O)。

⑲收货人办理货物进口手续,向海关支付进口关税等。

⑳收货人持D/O到码头仓库或船边提取货物。

2)不定期船运输业务流程

租船业务是通过租船市场进行的。船舶所有人是租船市场上船舶的供给方,租船人则是租船市场上船舶的需求方。国际上的租船业务,几乎都是通过租船经纪人来进行的,租船经纪人熟悉租船市场行情,精通租船实务,具有丰富的租船知识和经验,在整个租船程序中起桥梁或中间人的作用,对顺利开展租船业务起着重要的作用。

租船程序主要包括“询盘”“发盘”“还盘”“报实盘”和“签订租船合同”几个环节,如图10-3所示。

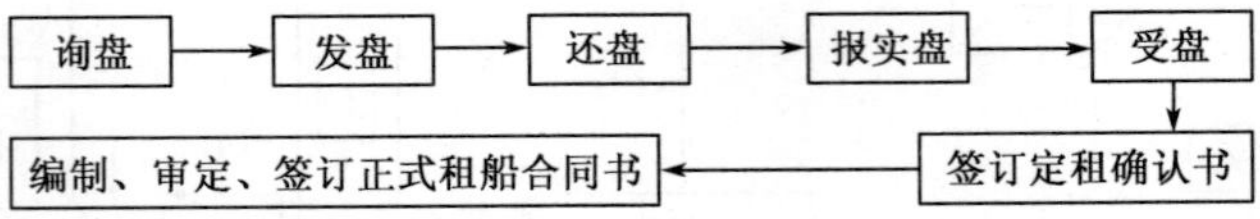

图10-3　不定期租船程序

(1)询盘

“询盘”是指租船人或船舶所有人,直接或通过租船经纪人在租船市场上要求租用船舶或承揽货物的过程。询盘的目的是让对方知道发盘人的意向和需求的概况。承租人发出询盘的目的是以适当的洽租条件,寻求合适的船舶来运输货物,船舶所有人发出询盘的目的是承揽货物运输业务。询盘的内容应包括必须让对方知道的项目,且应尽量简单扼要。

承租人询盘的主要内容一般包括:承租人的名称和营业地点;货物种类、名称、数量、包装形式;装卸港口或地点、装卸费用条件;受载期及解约日,租船方式和期限;船舶类型、吨位、船龄、船级;交船和还船地点、航行范围;希望采用的租船合同范本等。

船舶所有人询盘的主要内容一般包括:出租船舶的类型、船名、船籍、吨位、航行范围;船舶的各种包装状态下的容积;受载日期、船舶供租方式、供租期限,适载货物等。

(2)发盘

发盘是指在租船过程中,船东或租船人根据实际情况报价,通常以一个租船合同范本为依据,针对其中的可变项目进行洽租的过程。

发盘根据其是否附有条件而有虚实盘之分。实盘是指报盘中的条件不可改变,并在有效的时间内接受才能有效,否则无效;虚盘是有条件的发盘,这种发盘的有效性必须以满足某种条件为前提,如以船未租出、货未订妥船、再确认等各种条件为前提。

(3)还盘

还盘又称还价,是指接受发盘的一方对发盘中的一些条件提出修改,或提出自己的新条件,并向发盘人提出的工作过程。还盘的目的在于要求对方更改对自己不利的,或合同执行上不可行的洽租条件。这时要仔细审查对方发盘的内容,决定哪些条款可以接受,哪些条款不能接受、要进行修改和补充,并逐一提出。

(4)报实盘

在经过了多次还盘与反还盘后,如果双方对租船合同条款的意见已渐趋一致,一方可以报实盘的方式要求对方做出是否成交的决定。

(5)受盘

受盘又称接受订租,即一方当事人对实盘所列条件在有效期内明确表示承诺的意见。至此,租船合同即告成立。

(6)签订定租确认书

一项租船业务成交后,通常的做法是要在当事人之间签署一份定租确认书。定租确认书应详细列出船舶所有人和承租人在洽租过程中双方承诺的主要条款。

(7)编制、审核、签订正式租船合同

当事人双方签认的订租确认书是一份供双方履行的简式的租船合同,双方还可按照已达成的协议编制、审核并签署正式的租船合同。

3)租船方式及特点

租船运输按照船舶所有人与租船人之间签订的租船合同组织运输。根据承租人的不同要求,租船又分为航次租船、定期租船,包运租船、光船租船等不同的租船形式。

(1)航次租船

指以航次为基础的租船方式。船方必须按时把船舶驶到装货港口装货,再驶到卸货港卸货,完成合同规定的运输任务并负责船舶的经营管理以及航行中的一切开支费用,租船人按照约定支付运费的租船方式。

航次租船具有以下特点:

①以航次为基础,规定一定的航线货装卸港口以及装运的货物种类、名称、数量等;

②船舶的调度、经营管理由船方负责,并负担船舶的燃料、物料、修理、港口使用、淡水以及船员工资等运营费用;

③运价一般按货物装运数量计算,或采用包干运费;

④事先规定装卸期限,并计算滞期费、速遣费;

⑤船方负责航行、驾驶、管理船务和货物运输。

根据租船人实际业务的需要,航次租船方式又可分为:

①单航次租船,即船舶所有人将船舶出租给租船人进行一个单程航次运输货物的形式。

②来回程航次租船,即由船舶所有人出租给租船人一艘特定的船舶,在完成了从装货港运输货物至卸货港的一个单航次后,继续在该航次结束时的卸货港或其附近地点重新装货运回原装货港或其他附近地点。

③连续航次租船,即由船舶所有人出租的同一艘船舶,在租船人指定的几个相同港之间进行重复航次运输货物的形式。

(2)定期租船

指船舶所有人把船舶出租给承租人使用一定时期的租船方式。有关租期的长短,完全由船舶所有人和租船人根据实际情况洽商而定,少则几个月,多则几年或更长的时间。租船市场上货源、货流比较稳定的货物,一般通过定期租船方式进行运输。

定期租船方式具有以下特点:

①船长和船员由船舶所有人指派,但应听从租船人的指挥;

②租船人负责船舶的营运;

③船舶一经交由租船人使用,租船人必须按定期租船合同规定的条件和时间支付租金,租金按船舶载重吨和租期计收;

④从船舶交给租船人处置时起,在整个合同期限内租船人有权在合同规定的范围内指挥、调度、管理和使用船舶,并可直接命令船长完成任何航次运输任务。

(3)包运租船

包运租船是指是指船舶所有人提供给租船人一定运力,在确定的港口之间,以事先约定的期限、航次周期和每航次较均等的货运量,完成运输合同规定总量的运输方式。

包运租船方式具有以下特点:

①包运租船方式下,船舶出租年限的长短,完全取决于货物的总运量及船舶航次周期所需时间。

②包运租船合同中不确定船名，一般仅规定船级、船龄和技术规范。因此，船舶所有人只需提供能够完成合同规定的每航次货运量的运力即可，这对船舶所有人在调度和安排船舶方面十分有利。

③包运租船方式下，船舶所运输的货物，主要是货运量大的干散货或液体散装货，租船人往往是业务量大和实力强的综合性工矿企业、贸易机构、生产加工集团或大石油公司等。

(4)光船租船

船东不负责提供船员，仅一条船交租船人使用，由租船人自行配备船员，负责船舶经营管理和航行的各项事宜的租船方式。“光船租船’”与前述几种租船方式不同，是一种财产租赁，而不是运输承揽方式。

10.4 航空货物运输组织

10.4.1 航空货物运输经营方式

航空货物运输的经营方式主要有以下几种。

(1)班机运输

在固定航线上的固定起落站按预先计划规定时间进行定期航行的飞机。班机有固定航线和停靠港，定期开航，定点到达。

货运航班只承揽货物运输，一般使用全货机。但考虑到货源的因素，只在规模较大的航空公司的一些货源充足航线上采用。货运航班主要控制货物体积(不能超高、超长，能够装入货舱)、形状(易于固定)、货物质量(不能超重)。在保证飞机飞行平稳和安全的前提下充分提高飞机的载运率。

货运班机具有迅速准确、方便货主和货位有限等特点。班机运输定期开航，发到站、途经站固定，适于急用物品、行李、鲜活物品、贵重物品、电子元器件等货物的运输。同时发收货人能确切掌握起运、到达时间，可以保证货物安全、迅速运到世界各地，颇受贸易商的欢迎。

(2)包机运输

包机运输是由租机人租用整架飞机或若干租机人联合包租一架飞机进行货运的方式。当货物批量较大，班机运输无法满足需要或发货人有特殊要求时，则需要选择包机运输。

包机运输方式分为整架包机和部分包机两类。

整架包机是指航空公司或包机代理公司，按照与租机人事先约定的条件与费率，将整架飞机出租给包机人，从一个或几个航空站装运物品到指定目的地的运输方式，它适合于大宗物品运输。

部分包机有两种方式，一种是由几家航空货运代理公司或发货人联合包租整架飞机，另一种是由包机公司把整架飞机的舱位分租给几家租机人。部分包机适合于运送1t以上但货运量不足整机的物品，在这种形式下，运价较班机费率低，但由于要等待其他货主备好货物，所以运送时间比班机长。

10.4.2 航空货物运输组织方式

航空货物运输组织方式有集中托运、陆空联运、海空联运、航空快递和邮件运输等组织形式。

(1)集中托运

指航空货运代理公司将若干批单独发运到同一方向的货物,组成一整批向航空公司办理货运手续的运输组织方式。托运过程中,填写一份总运单,发到同一目的港,由集中托运人在目的港指定当地的代理人(也称分拨代理商)负责收货、报关,再根据集中托运人签发的航空分运单拨给每个实际收货人。

集中托运是航空货运应用最为普遍的一种方式,也是航空货运代理公司的主要业务之一。其中集中托运人在运输中具有双重角色,他对各个发货人负有货物运输责任,相当于承运人,而在与航空公司的关系中,他又被视为集中托运的一整批货物的托运人,各关系方承担的责任如图 10-4 所示。

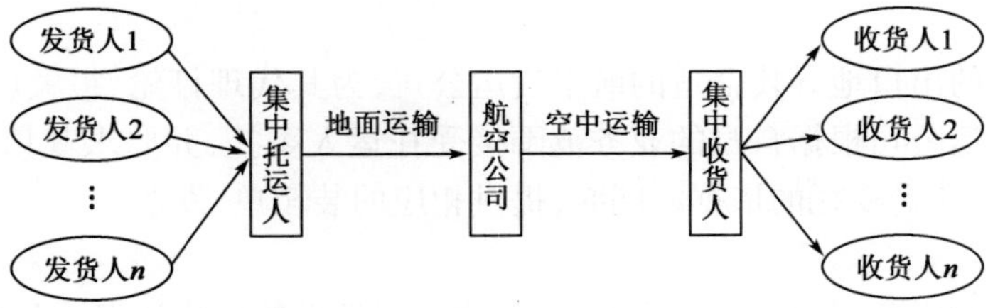

图 10-4 集中托运环节及关系图

集中托运具有方便货主、运输成本低、便于提前结汇等优点。但同时也有以下的局限性:

①贵重物品、活动物、危险品、外交信袋等根据航空公司的规定不得采用集中托运的形式。

②由于集中托运的情况下,货物的出运时间不能确定,所以不适合易腐烂变质的货物、紧急货物或其他对时间要求高的货物的运输。

③对一些可以享受航空公司优惠运价的货物来讲,使用集中托运的形式可能不仅不能享受到运费的优惠,反而使托运人运费负担加重。

(2)陆空联运和海空联运

是指陆路运输(铁路与长途汽车运输)或海上船舶运输与航空运输的联运。我国幅员辽阔,而国际航班较多的国际机场较少(仅限于北京、上海、广州等大城市),且运输费用较高,因此我国出口空运货物常采用陆空联运。我国南方各省份出口的普通货物,常利用中国香港机场航班多、普通货物运价便宜等优点,先用铁路或船舶将货物运至香港,再从香港机场用班机运至目的地或中转站。

(3)航空快递

是指有独立法人资格的货运企业将进出境的货物从发货人所在地通过自身网络或代理的网络运达收货人的一种快速货运方式。它不同于航空邮寄和航空货运,而是由一个专门经营该业务的公司和航空公司合作,办理空运手续,或委托到达地的速递公司,或在到达地设立速递公司,或派专人随机送货,以最快的速度在货主、机场、用户之间运送货物。

(4)邮件运输

是邮政部门与航空公司以运输合同(或协议)方式合作组织的信件、包裹等小件物品的航空运输,在全部航空货运中占有比例较小,一般在 10% 左右。

10.4.3 航空货物运输业务流程

1)航空货物运输出港业务流程

航空货物运输出港业务主要包括自托运人将物品交给航空公司,直到物品装上飞机的整个操作过程。航空货物运输出港业务流程如图10-5所示。

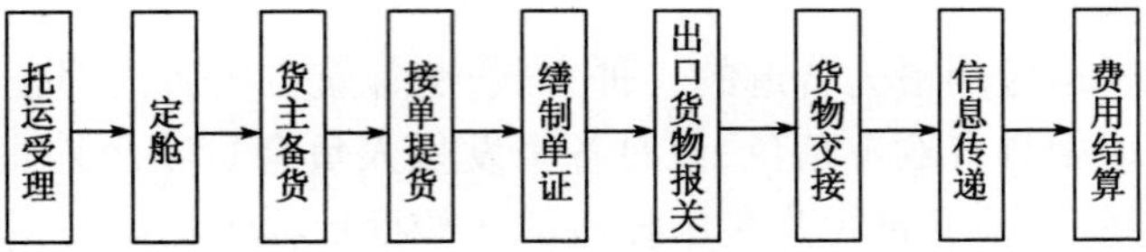

图10-5 航空货物运输出港业务流程

(1)托运受理

发货人在货物的出口地寻找合适的航空货运公司,为其代理订舱、报关(若是出口货物)、托运业务。航空货运公司根据自身的业务范围接受托运人委托,并要求其填制航空货物托运书,以此作为委托与接受委托的依据。同时,提供相应的装箱单、发票。

(2)定舱

货运代理人向航空公司申请并预定舱位,航空公司签发舱位确认书,同时给予装货集装器领取凭证(如需要时),以表示舱位订妥。此时需要填写订舱单,以便航空公司的吨控与配载部门掌握情况。

(3)货主备货

航空公司根据航空货运公司填写的订舱单安排航班和舱位,并由航空货运公司通知发货人备单、备货。

(4)接单提货

航空货运公司去发货人处提货并送至机场,同时要求发货人提供相关单证,主要涉及报关单、合同副本、商检证明、出口许可证、出口收汇核销单、配额许可证、正本的装箱单、发票等。

(5)缮制单证

航空货运公司审核托运人提供的单证,缮制报关单,报海关初审。同时,缮制航空货运单,并注明收货人和发货人名称、地址、联络方法,始发港和目的港,货物的名称、数量、质量、体积、包装方式等。还要将收货人提供的货物随行单据钉在运单后面。

(6)出口货物报关

航空货运公司持缮制好的航空运单、报关单、装箱单、发票等相关单证到海关放行。海关将在报关单、运单正本、出口收汇核销单上盖放行章,并在出口产品退税的单据上盖验讫章。

(7)货物交接

物品过磅、入库,将盖有海关放行章的航空运单一起交给航空公司,由其安排航空运输,随附航空运单正本、发票、装箱单、产地证明、品质鉴定书等。大宗货、集中托运货,以整板、整箱称重交接;零散小货按票作重,计件交接。航空公司验收单、货无误后,在交接单上签字,将物品存入出港仓库。

(8)信息传递

货物出发后,航空货运公司及时通知其国外代理收货,通知内容包含航班号、运单号、品名、数量、质量、收货人有关资料等。

(9)费用结算

费用结算主要涉及发货人、承运人和国外代理几方之间的结算。

2)航空货物运输进港业务流程

航空货物运输进港业务是指航空货物从飞机起飞(进口货物从入境)到提货或转运的整个过程所需要办理的手续以及必备的单证。下面以航空进口货物为例,说明进港业务流程。

(1)接单接货

航空货物入境时,与货物有关的单据(运单、发票和装箱单等)也将随机到达,货物卸机后运至由海关监管的仓库内,同时航空公司根据主运单上的收货人地址寄发取货通知单,一般储运单的收货人是为航空货运代理公司。航空货运代理公司在与航空公司办理货物交接手续时,应根据运单和仓单核实货物,若存在有单无货或有货无单的情况,应告知航空公司,并在仓单上注明,以便其及时查找和通知入境地海关,若发现货物短少或损毁等异常情况,应要求航空公司出具商务事故处理记录,作为实际收货人交涉索赔事宜的依据。

(2)分类编号

航空货运代理公司取得航空运单后即按照一定的标准进行分类整理,如按照进口货物的类别或贸易方式等进行分类。为便于用户查询和统计货量的需要,航空货运代理公司在分单后对每票货单都编上公司内部的编号并输入计算机。

(3)发到货通知单或查询单

根据运单号或合同上的收货人名称及地址分别寄发到货通知或查询单给实际收货人,告知货物已经到港,通知单需要填写的项目有运单号、合同号、公司编号、货物名称、到货日期、通知人及联系方式等。查询单一般发给订货单位,其基本格式与通知单一样,只是要根据货物的名称及运单号,列明需提供的各种批准文件或证明。

(4)缮制单证

缮制单证就是填报"进口货物报关单",其依据是运单、发票及证明货物合法进口的有关批准文件。报关单上需要由报关人填报的项目一般有:进口口岸、收货单位、经营单位、合同号、批准机关及文号、运输工具名称及号码、贸易性质、贸易国别、原产地、外汇来源、进口日期、提单或运单号、运杂费、件数、毛重、海关统计商品标号、货名规格及货号、数量、成交价格、价格条件、货币名称、申报单位、申报日期等相关内容。

(5)进口报关

进口报关就是向海关提出办理进口货物手续的过程。报关是进口业务中最关键的环节,任何货物都必须向海关申报并经海关放行后才能提出海关监管场所,不能擅自将未经海关放行的货物提出监管场所。

(6)送货或转运

航空货运代理公司可以接受货主的委托送货上门或办理转运,在将货物移交给货主时办理相关交接手续,并向其收取货物进口过程中所发生的一切费用。此外,货主也可以自行到海关监管场所提取货物并办理相关手续。航空货物运输进港业务流程如图10-6所示。

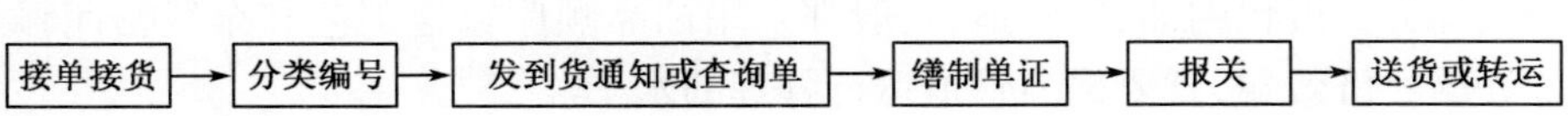

图10-6　航空货物运输进港业务流程

10.5 管道运输组织管理

10.5.1 管道运输生产管理

管道运输生产管理是指管道运行过程中利用技术手段对管道运输实行统一指挥和调度，以保证管道在最优化状态下长期安全而平稳地运行，从而获得最佳经济效益。它包括管道输送计划管理、管道输送技术管理、管道输送设备管理和管道线路管理。前两项又合称为管道运行管理，是生产管理的中心环节。

(1)管道输送计划管理

根据管道所承担的运输任务和管道设备状况编制合理的运行计划，以便有计划地进行生产。管道输送计划管理首先是编制管道输送的年度计划，根据年度计划安排管道输送的月计划、批次计划、周期计划等。然后根据这些计划安排管道全线的运行计划，编制管道站、库的输入和输出计划，以及分输和配气计划。另一方面，根据输送任务和管道设备状况，编制设备维护检修计划和辅助系统作业计划。

(2)管道输送技术管理

根据管道输送的货物特性，确定输送方式、工艺流程和管道运行的基本参数等，以实现管道生产的最优化。管道输送技术管理的内容包括随时检测管道运行状况参数，分析输送条件的变化，采取各种适当的控制和调节措施调整运行参数，以充分发挥输送设备的效能，尽可能地减少能耗。对输送过程中出现的技术问题，要随时予以解决。管道输送技术管理和管道输送计划管理都是通过管道的日常调度工作来实现的。

(3)管道输送设备管理

对管道站、库的设备进行维护和修理，以保证管道的正常运行。管理的内容主要包括：对设备状况进行分级，并进行登记；记录各种设备的运行状况；制定设备日常维修和大修计划；改造和更新陈旧、低效能的设备；保养在线设备。

(4)管道线路管理

对管道线路进行管理，以防止线路受到自然灾害或其他因素的破坏。管理内容主要包括：日常的巡线检查；线路构筑物和穿越、跨越工程设施的维修；管道防腐层的检漏和维修；管道的渗漏检查和维修；清管作业和管道沿线的放气、排液作业；管道线路设备的改造和更换；管道线路的抗震管理；管道紧急抢修工程的组织等。

10.5.2 管道运行管理

管道运行管理是指用制定管道运行计划的方法，以及运用管道运行状况分析和调度等手段，充分发挥管道和设备的输送效率，实现管道安全、平稳、经济的最优化运行，是管道生产管理的主要组成部分。近代的油、气管道，一般都采用油品顺序输送工艺和全线密闭输送工艺。为了达到最好的经济效益，就要提高管道运行管理的水平。

管道运行管理，需要准确的资料档案，即应有能正确反映全线客观条件的资料，如全线及泵站的竣工图和竣工后的更改记录；需要先进、可靠的设备，如要有良好的调度设备和通信设备,以及显示各泵站运行参数及流程的电视屏幕,还要有电子输出设备以便随时记录各站的运行参数;需要训练有素的调度人员,他们对管道及各站的设备、流程要熟悉了解,具有掌握现代化设备的知识和能力,具有丰富的运行管理经验。

管道运行管理包括分析运行资料、编制运行计划和运行调度 3 个基本步骤。

(1)分析运行资料

对委托管道承运的油品种类和数量,交付输送的时间和地点,油品的特性,以及对管道各泵站收、发油品应具备的条件等进行分析和研究,编制出年度轮廓计划,并做好完成管道年度任务的技术准备。

(2)编制运行计划

在分析运行资料的基础上,编制指令性强的全线运行计划和各站的运行计划。在编制成品油月或旬的全线运行计划时,要标明各批油品的名称、编号、特性和输量;标明各批油品到达各站的时间和进入的油罐;明确各批油品输送的顺序和分输时间、分输量;确定各批油品的运行参数;标明有无清管作业和计划性停输作业。在编制月或旬的各站运行计划时,要明确各站进油任务、倒罐流程:安排倒罐作业、启泵和停泵或倒换泵的作业、流量计标定、清管器接收与投入作业以及各旬的设备维修计划等。

(3)运行调度

运行调度是指按运行计划进行全线指挥、调整、监管等工作,以保证运行计划完成输送任务。调度人员先对运行计划进行核对,并作适当修改,然后根据计划下达调度指令。全线运行情况均反映到调度室,以便调度室进行全面监视。顺序输送时跟踪各批油品界面的准确位置,预报分输站切换流程和分输的时间,跟踪清管器的运行位置等。一旦发生事故,调度人员应负责立即处理,采取措施,下达指令,更换运行参数,以减轻事故对计划的影响。

10.5.3 管道运输技术手段

管道运输线路长,站、库多,输送的货物易燃、易爆、易凝或易沉淀,且在较高的输送压力下连续运行。这样,就要求管道生产管理具有各种可行的监控技术手段,主要有管道监控、管道流体计量和管道通信等技术手段。

(1)管道监控

管道监控是指利用仪表和信息传输技术测试全线各站、库和线路上各测点的运行工况参数,作为就地控制的依据,或输给控制室作为对全线运行工况进行监控和管理的依据,是实现密闭输送工艺,管道安全、平稳和最优化运行所必需的手段。管道监控系统一般由调度中心、远传通道和监控终端三大部分组成。

管道监控的主要任务:收集、处理、显示和记录管道系统的运行状态和工艺参数;按输送计划、动态工况分析结果,选择最优运行方案;协助调度人员迅速准确地开关阀门和启停设备,以实现选定的输送工艺流程:调节流量、压力和温度等运行参数;预测、分析和处理事故;进行起点站、终点站和分输站的油、气交接以及账务结算等。

(2)管道流体计量

管道流体计量是指对管道运输的流体货物流动量的测量工作,其任务是:向交运和承运双方提供货物运输量的数据;为实施输送计划、分析运行工况、控制总流量和分输量的平衡提供重要依据;在油品顺序输送中,为批量切换和转换提供依据;为计算输油和输气成本提供依据;

监测管道输送过程中的漏失量。

(3)管道通信

管道通信是管道运输借以传递各种信息,进行业务联系和控制管道运行的工具。管道运输具有全线联合作业的特点,即管道的各个环节要密切配合,协调一致,才能完成管道运输作业,这就必须通过通信系统进行统一调度和集中监视。同时,在管道维护和抢修过程中,组织人员,调运器材,协调操作等也缺少不了通信联络。

管道通信系统主要由区段通信、干线通信和移动通信三部分组成。区段通信是指管道各区段内部的通信。每个区段的通信系统不仅要满足本区段的通信需要,而且也是干线通信网的组成部分。干线通信是管道运输部门各级管理机构之间及其与调度中心之间的通信。干线通信网沟通总部、大区中心和调度中心。移动通信是为满足收集、传递管道沿线和各种监视信号的需要,以及为满足管道维护工作的需要所使用的无线电通信系统。

10.6 多式联运

10.6.1 多式联运概念

多式联运:由两种及其以上的交通工具相互衔接、转运而共同完成的运输过程统称为复合运输,我国习惯上称之为多式联运。《联合国国际货物多式联运公约》对国际多式联运所下的定义是:按照国际多式联运合同,以至少两种不同的运输方式,由多式联运经营人把货物从一国境内接管地点运至另一国境内指定交付地点的货物运输。而《中华人民共和国海商法》对于国内多式联运的规定是,必须有种方式是海运。

从多式联运的定义可见,多式联运具有以下特征:

①根据多式联运的合同进行操作,运输全程中至少使用两种运输方式,而且是不同方式的连续运输。

②多式联运的货物主要集装箱货物,具有集装箱运输的特点。

③多式联运是一票到底,实行单一运费率的运输。发货人只要订立一份合同,一次付费,一次保险,通过一张单证即可完成全程运输。

④多式联运是不同方式的综合组织,全程运输均是由多式联运经营人组织完成的。无论涉及几种运输方式,分为几个运输区段,由多式联运经营人对货运全程负责。

10.6.2 多式联运基本形式

(1)法定联运

法定联运是指与多式联运有关的运输单据、联运范围、联运受理的条件与程序、运输衔接、货物交付、货物索赔程序以及承运人之间的费用清算等均应符合有关国际公约和国家颁布的有关规章的规定,并实行计划运输。

法定多式联运最基本的特征在于其强制性,即承托双方并不需要对国际多式联运合同的条款予以协商,仅需要按照规定办理即可。法定多式联运实际上属于协作式联运,参与联运的承运人为共同承运人,对货主承担连带责任。这种多式联运形式有利于保护货主的权利及多式联运生产的顺利进行。其不足之处是灵活性较差,适用范围较窄,它在从事多式联运的运输企业资格、联运线路、货物种类与数量及受理地/换装地点等方面均做出限制。此外,由于货主托运前需要报批运输计划,给货主带来了一定的不便。

在国际多式联运中,一般不存在法定多式联运。但单一方式下的国际联运大多采用法定联运,如国际铁路联运即属于法定联运。目前,国际铁路联运主要有两大体系:一是以《国际铁路货物运输公约》(简称《货约》)为依据进行的国际铁路联运;另一个是以《国际铁路货物联运协定》(简称《货协》)为依据所进行的国际铁路联运。

在我国的多式联运中,以《水路货物运输规则》(简称《货规》)和《铁路和水路货物联运规则》(简称《联规》)为依据,由各港航企业与港口、航运、铁路企业共同协作,完成货物的水水联运和水陆联运均属于法定联运。它主要适用于保证指令性计划的调拨物资、重点物资和国防、抢险、救灾等急需物资。

(2)协议联运

协议联运是指法定联运以外的多式联运。其最基本的特征在于联运的非强制性。在协议联运形式下,联运采用的运输方式、运输衔接、货物交付、货物索赔程序以及承运人之间的利益分配与风险承担等均由双方通过协商而定。在实际业务中,货主往往处于劣势,并不具备与多式联运经营人协商修改联运协议的能力。因此,为了避免多式联运经营人损害货主的利益,在国际和国内都制定了规范这种联运形式的国际公约或法律法规,凡多式联运协议中与这些国际公约或法律法规相抵触的内容均属无效。

在协议联运中,根据联运组织方法和体制的不同,又可分为协作式联运和衔接式联运两种类型。

10.6.3 多式联运组织方法

国际货物多式联运的全过程就其工作性质的不同,可分为实际运输过程和全程运输组织业务过程两部分。

实际运输过程是由参加国际多式联运的各种运输方式的实际承运人完成的,其运输组织工作属于各方式运输企业内部的技术、业务组织。

全程运输组织业务过程是由国际多式联运经营人完成的,主要包括全程运输所涉及的所有商务性事务和衔接服务性工作的组织实施,其运输组织方法可以有很多种,但就其组织体制来说,基本上可分为协作式多式联运和衔接式多式联运两大类。

(1)协作式多式联运的运输组织方法

协作式多式联运的组织者是在各级政府主管部门协调下,由参加多式联运的各种运输方式的企业和中转港站共同组成联运办公室(或其他名称)。货物全程运输计划由该机构制定。

这种联运组织下的货物运输过程,如图 10-7 所示。

这种组织方法,发货人根据货物运输的实际需要向联运办公室提出托运申请,并按月申报整批货物要车、要船计划,联运办公室根据多式联运线路及各运输企业的实际情况制定货物运输计划,把该计划批复给托运人并转发给各运输企业和中转港站。发货人根据计划安排向多式联运第一程的运输企业提出申请,并填写联运货物托运委托书(附运输计划),第一程运输企业接受货物后经双方签字,多式联运合同即告成立。第一程运输企业组织并完成自己承担区段的货物运输至下一区段衔接地,直接将货物交给中转港站,经换装后由下一程运输企业继续运输,直至最终目的地由最后一程运输企业向收货人交付。在前后程运输企业之间和港站与运输企业交接货物时,需填写货物运输交接单和中转交接单(交接与费用结算依据)。

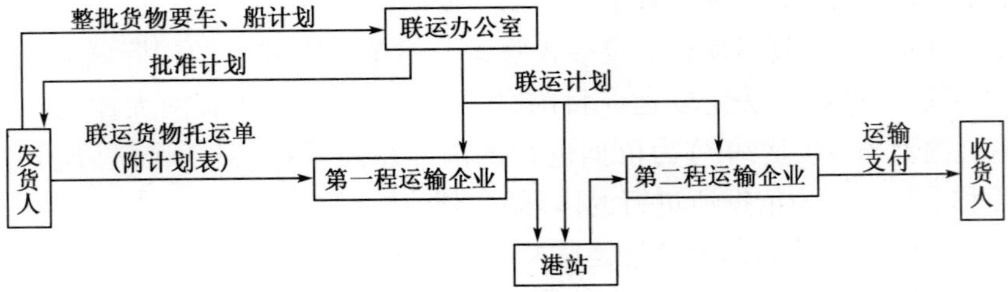

图 10-7　协作式多式联运货物运输过程

联运办公室(或第一程企业)负责按全程费率向托运人收取运费,然后按各企业之间商定的比例向各运输企业及港站清算。

协作式多式联运组织方法是建立在统一计划、统一技术作业标准、统一运行时间表和统一考核标准基础上,而且在接受货物运输、中转换装、货物交付等业务中使用的技术装备,衔接条件等也需要同步建设、配套运行以保证全程运输的协同性。这种组织方法在有的资料中称为货主直接托运制,是国内过去和当前多式联运(特别是大宗、稳定、重要物资运输)中主要采用的方法。

(2)衔接式多式联运的组织方法

衔接式多式联运组织业务是由多式联运经营人完成的,货物运输过程如图 10-8 所示。

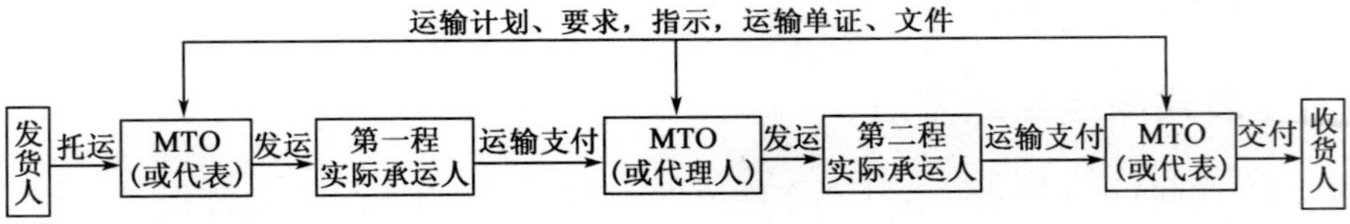

图 10-8　衔接式多式联运货物运输过程

这种组织方法,由多式联运经营人受理发货人提出的托运申请,双方订立货物全程运输的多式联运合同,并在合同指定地点(发货人的工厂或仓库,或指定的货运站、中转站、堆场、仓库)办理货物的交接,多式联运经营人签发多式联运单据。接受托运后,多式联运经营人首先要选择货物运输路线,划分运输区段(确定中转、换装地点),选择各区段的实际承运人,确定零星货物集运方案,制定货物全程运输计划,并把计划转发给各中转衔接地点的分支机构或委托的代理人。然后根据计划与各运程的实际承运人分别订立货物运输合同。全程各区段间的衔接,由多式联运经营人(或其代表或其代理人)从前程实际承运人接收货物再向后程承运人交接,在最终目的地从最后一程实际承运人接收货物后再向收货人交付。

在与发货人订立多式联运合同后,多式联运经营人根据双方协议,按全程单一费率收取全程运费和各类服务费、保险费(如需多式联运经营人代办的)等费用。在与各区段实际承运人订立各分运合同时,需向各实际承运人支付运费及其他费用。在各衔接地点委托代理人完成衔接服务业务时,也需向代理人支付委托代理费用。

这种多式联运组织方法,在有些资料中称为运输承包发运制。目前在国际货物多式联运中主要采用这种组织方法,在国内多式联运中也越来越多地采用这种方法。

10.6.4 多式联运业务流程

多式联运经营人是全程运输的组织者,在多式联运中,其业务程序主要有以下几个环节:

(1)接受托运申请,订立多式联运合同

多式联运经营人根据货主提出的托运申请和自己的运输路线等情况,判断是否接受该托运申请。如果能够接受,则双方议定有关事项后,在交给发货人或其代理人的场站收据副本上签章,证明接受托运申请,多式联运合同已经订立并开始执行。

发货人或其代理人根据双方就货物交接方式、时间、地点、付费方式等达成协议,填写场站收据,并把其送至多式联运经营人处编号,多式联运经营人编号后留下货物托运联,将其他联交还给发货人或其代理人。

(2)集装箱的发放、提取及运送

多式联运中使用的集装箱一般应由多式联运经营人提供。这些集装箱来源可能有三个:一是经营人自己购置使用的集装箱;二是由公司租用的集装箱,这类箱一般在货物的起运地附近提箱而在交付货物地点附近还箱;三是由全程运输中的某一区段承运人提供,这类箱一般需要在多式联运经营人为完成合同运输与该分运人订立分运合同后获得使用权。

如果双方协议由发货人自行装箱,则多式联运经营人应签发提箱单或者租箱公司或区段承运人签发的提箱单交给发货人或其代理人,由他们在规定日期到指定的堆场提箱并自行将空箱托运到货物装箱地点准备装货。如发货人委托,也可由经营人办理从堆场装箱地点的空箱托运。如是拼箱货或整箱货,发货人无装箱条件不能自装时,则由多式联运经营人将所用空箱调运至接受货物集装箱货运站,做好装箱准备。

(3)出口报关

若联运从港口开始,则在港口报关;若从内陆地区开始,应在附近的海关办理报关。出口报关事宜一般由发货人或其代理人办理,也可委托多式联运经营人代为办理。报关时应提供场站收据、装箱单、出口许可证等有关单据和文件。

(4)货物装箱及接收货物

若是发货人自行装箱,发货人或其代理人提取空箱后在自己的工厂和仓库组织装箱,装箱工作一般要在报关后进行,并请海关派员到装箱地点监装和办理加封事宜。如需理货,还应请理货人员现场理货并与之共同制作装箱单。若是发货人不具备装箱条件,可委托多式联运经营或货运站装箱,发货人应将货物以原来形态运至指定的货运站由其代为装箱。如是拼箱货物,发货人应负责将货物运至指定的集装箱货运站,由货运站按多式联运经营人的指示装箱。无论装箱工作由谁负责,装箱人均需制作装箱单,并办理海关监装与加封事宜。

对于由货主自装箱的整箱货物,发货人应负责将货物运至双方协议规定的地点,多式联运经营人或其代理人在指定地点接收货物。如是拼箱货,经营人在指定的货运站接收货物。验收货物后,代表联运经营人接收货物的人应在场站收据正本上签章并将其交给发货人或其代理人。

(5)订舱及安排货物运送

经营人在合同订立之后,即应制定货物的运输计划,该计划包括货物的运输路线和区段的划分,各区段实际承运人的选择确定及各区段衔接地点的到达、起运时间等内容。这里所说的订舱泛指多式联运经营人要按照运输计划安排洽定各区段的运输工具,与选定的各实际承运人订立各区段的分运合同。这些合同的订立由经营人本人或委托的代理人办理,也可请前一区段的实际承运人作为代表向后一区段的实际承运人订舱。

(6)办理保险

在发货人方面,应投保货物运输险。该保险由发货人自行办理,或由发货人承担费用由多式联运经营人代为办理。货物运输保险可以是全程,也可分段投保。在多式联运经营人方面,应投保货物责任险和集装箱保险,由经营人或其代理人向保险公司或以其他形式办理。

(7)签发多式联运提单,组织完成货物的全程运输

多式联运经营人的代表收取货物后,经营人应向发货人签发多式联运提单。在把提单交给发货人前,应注意按双方议定的付费方式及内容、数量向发货人收取全部应付费用。

多式联运经营人有完成或组织完成全程运输的责任和义务。在接收货物后,要组织各区段实际承运人、各派出机构及代表人共同协调工作,完成全程中各区段的运输以及各区段之间的衔接工作,运输过程中所涉及的各种服务性工作和运输单据、文件及有关信息等组织和协调工作。

(8)运输过程中的海关业务

按惯例国际多式联运的全程运输均应视为国际货物运输。因此该环节的工作主要包括货物及集装箱进口国的通关手续,进口国内陆段保税运输手续及结关等内容。如果陆上运输要通过其他国家海关和内陆运输线路时,还应包括这些海关的通关及保税运输手续。

这些涉及海关的手续一般由多式联运经营人的派出机构或代理人办理,也可由各区段的实际承运人作为多式联运经营人的代表办理,由此产生的全部费用应由发货人或收货人负担。

如果货物在目的港交付,则结关应在港口所在地海关进行。如在内陆地交货,则应在口岸办理保税运输手续,海关加封后方可运往内陆目的地,然后在内陆海关办理结关手续。

(9)货物交付

当货物运至目的地后,由目的地代理通知收货人提货。收货人需凭多式联运提单提货,经营人或其代理人需按合同规定,收取收货人应付的全部费用。收回提单后签发提货单,提货人凭提货单到指定堆场和集装箱货运站提取货物。如果整箱提货,则收货人要负责至掏箱地点的运输,并在货物掏出后将集装箱运回指定的堆场,运输合同终止。

(10)货运事故处理

如果全程运输中发生了货物灭失、损害和运输延误,无论是否能确定发生的区段,发(收)货人均可向多式联运经营人提出索赔。多式联运经营人根据提单条款及双方协议确定责任并做出赔偿。如果已对货物及责任投保,则存在要求保险公司赔偿和向保险公司进一步追索问题。如果受损人和责任人之间不能取得一致,则需在诉讼时效内通过提起诉讼和仲裁来解决。

【复习思考题】

1. 公路货物运输主要有哪几种类型?
2. 公路货物运输组织主要有哪几种形式?
3. 铁路货物运输方式主要有哪几种?

4. 简述铁路货物运输业务流程。
5. 水路货物运输组织主要有哪几种形式?
6. 简述水路货物运输业务流程。
7. 航空货物运输组织主要有哪几种形式?
8. 简述航空货物运输业务流程。
9. 简述管道运输生产管理的概念与主要内容。
10. 简述管道运行管理的基本步骤与技术手段。
11. 简述多式联运的概念与基本形式。
12. 简述多式联运的组织方法与业务流程。
13. 简述多式联运的优越性,分析我国多式联运现状及问题。

第 11 章 旅客运输组织

11.1 城际旅客运输组织

城际客流是由旅客在城市间流动形成的客流,主要包括类别、流量、流向、流时(流动时间)及运距五个要素。城际客运是指借助于客运工具实现旅客在城市间空间位移的过程。在旅客运输过程中,完成或需要完成的运送旅客人次数称为客运量(人次);完成或需要完成的旅客运输工作量称为旅客周转量(人次·km)。客运量和旅客周转量统称为旅客运输量,用以衡量运输生产劳动量。城际客运可分为 4 种类型:公路客运、铁路客运、航空客运和水上客运。

11.1.1 公路客运组织

1)营运方式

公路客运按营运方式可分为长途直达、城乡短途、旅游客运和包(租)车客运四种类型。

(1)长途直达

即在某些较长的客运线路上,在起终点站之间不停靠,或仅在大站停靠的班车运输方式,主要用于跨省、跨区的长途干线上的旅客运输。一般情况下,当直达客流量大于客车定员的 60% 时,可考虑开行直达客车。

(2)城乡短途

即开行在城乡线路上需要沿途各站频繁停靠的运输方式。其所配备的客车除提供一定数量的座椅外,还应保留一定站位和放置物品的空间。

(3)旅游客运

指在游客较多的旅游线路上开设的旅客运输方式。通常配备舒适性较高的大、中、小型客车,以满足不同旅客的需要,同时还应配备导游人员。客车应根据旅客要求在风景点停靠,开行的方式可以采用定线、定班或根据游客要求定制等适当的形式。

(4)包(租)车客运

其主要服务对象主要是机关、企事业单位集体外出学习、游览的职工。包(租)车可根据具体情况分为计时和计程两种。

2)客运站站务作业

汽车客运站是公路运输企业主要基础生产单位,担负着接送旅客和组织客车运行等工作。客运站通过一系列站务作业,保证旅客安全、及时、经济、方便、舒适地到达目的地,同时为企业客运计划、统计、经济核算等工作提供原始材料,为企业改善经营管理、提高经济效益作贡献。客运站站务作业的主要内容有售票工作、行包托运与交付、候车室服务工作、组织乘车及发车、接车工作等。

(1)售票工作

车票是旅客乘客的凭证,也是旅客支付客车运费的依据和凭证。通过售票工作,把旅客按照时间、方向和车次有条不紊地组织起来,为实行计划运输及合理组织旅客运输工作提供依据。车站采取的售票形式有多种,如网络售票、团体送票、多点售票、流动售票、窗口售票、随车售票等。车票有全票、儿童票、残疾军人票三种。票价由各省、市、自治区自行制定,一般是根据运输种类,依照有关规定以每人公里的运价率来计算和确定。

(2)行包托运与交付

行包是指旅客随身携带的行李和物品。当行包质量超过免费票质量时,超过的部分需按由各省、市、自治区自行制定的行包运价计算收取运费。行包的发送作业,包括承运、保管和装车作业;行包的到达作业,包括卸车、保管和交付作业。行包自承运时起到交付时止,汽车运输部门要承担安全运输责任。在运输过程中,因运输部门责任发生损坏或丢失,应由运输部门负责修理或赔偿。

(3)候车室服务工作

候车室服务工作是汽车客运站站务作业中的重要环节之一。旅客候车室应清洁、卫生,有开水供应,并贴有旅客须知、客运班次表、票价表、中转换乘其他交通工具时刻表,另外,还应有报纸、意见簿、旅客留言牌、精确的计时装置等设施。客流较大的车站要设立问讯处和小件物品寄存处。问询处是为旅客解答难题的地方,应设置在候车室或车站入口的显著位置处,问询处工作人员必须业务熟悉、态度和蔼;小件寄存则是为旅客提供方便的一项措施。

(4)组织乘车及发车

组织旅客有秩序地上车并使班车安全、正点发出,是客运站站务作业的一项重要内容。为组织旅客有序上车,应在候车室内按班次划定候车区域。履行检票手续时,为保证旅客不错乘、漏乘,应认真查看票面日期、车次、到达地点,与车次相符无误后检票。旅客上车就座后,驾驶员和乘务员应利用发车前的时间做好宣传工作,使乘客了解本班车到达的终点站、沿途停靠站、途中膳宿地点、正点发车时间、到达时间及行车中的注意事项等。

(5)接车工作

班车到站时,值班人员应指挥车辆停放在适当位置,查看行车路单,交接行包清单等有关资料,了解本站下车人数,清点到站的行包情况,通知有关人员进行各项站务作业(如向车内旅客报告本站站名、照顾旅客下车、解答旅客提出的有关问题等),在行车路单上填写清楚班车到达时间;对于路过班车,同时还要组织本站旅客乘车;对终到班车,站务作业结束后,可将车辆调回车场或调放过夜地点。

3)客车运行组织

客车运行组织工作主要包括客运班次计划及编制、客车运行循环代号的编制、客车运行作业计划和客车调度工作。

(1)客运班次计划及编制

客运班次的安排是车站提供旅客安排旅行的依据(旅客根据自己的需要,按照车站公布的客运班次,确定乘车路线,选择合适的班次购票),也是车站完成旅客运输任务和企业据以安排运输生产计划的一项重要的基础工作。客运班次主要包括行车路线、发车时间、起讫站、途经站及停靠站等。客运班次安排的科学合理,可使旅客往返乘车方便,省时省钱,使客车运行不超载、不空驶,确保企业生产计划的完成并提高车辆生产效率及经济效益。

安排客运班次,必须在深入进行客流调查,在掌握各线、各区段、区间旅客流量、流向、流时及其变化规律的基础上研究确定。客运班次一经公布,应尽力避免临时变动,更不要轻率地停开班次、减少班次或变动行车时刻。具体应考虑以下因素:

①根据旅客流向及其变化规律,确定班次的起讫站和中途停靠站,兼顾始发站及各中途站旅客乘车的需要;

②根据客流量大小安排班次数量,遇到节假日及集会等客流量猛增时,要采取及时增加班车或组织专车、提供包车服务等措施;

③根据客流规律来安排班次时刻,且尽量考虑与其他交通工具到发时间相衔接;

④安排班次时刻应考虑车辆运行时间、旅客中途膳食地点、驾驶员作息时间以及行包装卸等站务作业安排。

(2)客车运行循环代号的编制

客运班次确定后,就要安排车辆如何运行,即编制客车运行循环代号。所谓一个循环代号,是指一辆客车在一天内的具体运输任务,运行指定的一个或几个班次。通过合理编配,确定需要多少辆客运班车,即编出多少个循环代号(俗称车辆运行路牌)。全部循环代号包括运输公司所有参与运营车辆的全部班次。有了循环代号,才能进一步编制客车运行作业计划和进行车辆运行调度。

循环代号的内容一般包括代号名称、班次的起讫站名称、开到时间、距离里程、车日行程等相关内容。由于班车运行是连续的,编排循环代号要合理分配运行任务,各个代号的车日行程要基本相当,代号与代号要首尾相连,便于循环,使各单车均衡地完成生产任务。

编制客车运行周期循环表(表11-1),首先要确定客车运行周期循环。客车运行周期循环的方式主要有:大循环、小循环与定车定线等三种形式。

①大循环运行。是指将全部计划编号统一编成一个周期,全部车辆按确定的顺序循环始终的运行方式。这种循环方式适用于各条线路道路条件相近、车辆基本相同的情况。其优点

是每辆客车的任务安排基本相同，车日行程接近，驾驶员的工作量比较平均；缺点是循环周期长，驾、乘人员频繁更换运行线路，不利于掌握客流及道路变化等情况，且一旦某局部计划被打乱，会影响整个计划的进行。

客车运行周期循环表 表 11-1

路牌号	车次	起站	终站	开车时间	到达时间	距离(km)	车日行程(km)
2086	1962	南京	上海	7:00	10:05	310	620
…							

②小循环运行。是指把全部计划编号分成几个循环周期，将车辆划分为几个小组分别循环，其优点是有利于驾、乘人员了解和掌握运行范围的线路和客流变化等情况，有利于安全运行和提高服务质量；缺点是部分情况下客车运用效率低于大循环。

③定车定线运行。是指将某一车型固定于某条线路运行的方式，一般在营运区域内道路条件复杂或拥有较多车型时采用，或在多班次班线时采用。其优点是有利于驾乘人员较详细地了解、掌握运行线路客流变化等情况；缺点是客车不能套班使用，对提高车辆运用效率有一定影响。

客车运行计划一般编制成客车运行周期表的形式，如表 11-1 所示。编制客车运行周期表要满足以下条件：保证全部客运班次均有车辆参运；充分发挥每辆车的运输效率；循环周期不宜过长，以便于安排车辆的维修及驾驶员、乘务员的食宿和休息。

(3)客车运行作业计划

客车运行周期循环表编好后，开始编制车辆运行作业计划。其编制步骤如下：

①确定相关数据资料。

主要包括营运线路图、线路客运量(范围)、车日行程、车站作业时间、营运车辆类型、车辆数及车辆定额载客量、车辆工作率、实载率、营运速度、保修计划等信息资料。

②计算开行的客运班次数目。

$$n = \frac{q_i}{q_c \varepsilon} \tag{11-1}$$

式中：n——客运班次数(趟)；

q_i——该月份 i 线路日均客流量(人次/日)；

q_c——每车座位数(座)；

ε——实载率(%)。

③确定班次时刻和路牌，见表 11-2。

客运班次时刻表及路牌 表 11-2

路牌	班次	起点	终点	发车时间	到达时间
1	101	A	B	6:30	12:20
2	102	B	A	13:30	19:20
…	…	…	…	…	…
10	201	D	A	7:00	12:00

续上表

路牌	班次	起点	终点	发车时间	到达时间
11	202	A	D	13:00	18:00
…	…	…	…	…	…
20	506	C	A	8:00	13:20
21	507	A	C	12:00	17:20

④编制月度客车运行作业计划表,见表11-3所示。

月度客车运行作业计划表(单位:km)　　表11-3

日　期	1	2	3	…	19	20	21	22
车号(已行程)	路　牌							
101(4 000)	1	2	3	…	3	4	5	机动
…	…	…	…	…	…	…	…	…
304(8 000)	15	16	17	…	18	19	20	21
305(9 000)				…				
…	…	…	…	…	…	…	…	…

(4)客车调度工作

调度工作是企业生产管理活动中一个非常重要的环节,其中最为核心的部分就是车辆的调度工作。客运调度室要根据循环代号,综合考虑企业保有客运车辆的实际情况,如车辆型号、技术性能、额定座位、完好率、工作率、平均车日行程、实载率;预估保留一定数量的机动运力,同时也要考虑和车辆的保修计划协调一致等;然后统筹安排客车调度工作。

客运调度的工作内容一般包括:①做好运量与运力的平衡;②监督客车运行作业计划的执行情况,合理调配车辆,确保运输生产按计划顺利进行;③根据客流流量、流向、流时及其变化规律,及时调整运力,保证车辆运用效率得以充分发挥并能满足客运需要;④参与班次时刻表和客车运行作业计划的编制,组织客车按计划运行;⑤建立健全客运调度值班制度,做好日常调度工作;⑥做好资料统计工作。

11.1.2　铁路客运组织

1)营运方式

铁路客运按营运行程是否跨越铁路局管辖范围为界限,可将铁路营运方式分为直通列车和管内列车两种类型。

①直通列车。其行程跨及两个及以上铁路局。由于运输距离较长,要求列车中挂有卧车及餐车,对列车服务标准要求保证较高的舒适度。

②管内列车。其行程在一个铁路局范围内。运输距离较短,故列车服务标准更注重快捷准点。

2)客运计划编制

铁路旅客运输计划是确定旅客列车对数和客运机车、车辆需要数的基础,也是确定客运设备、客运机车、车辆修造计划及客运运营支出计划的重要依据。

(1)旅客运输计划的分类及编制依据

①旅客运输计划分类

长远计划:一般为5年、10年或更长期的规划,是铁路客运的发展计划。主要制定旅客运输的发展方向、技术政策,旅客列车的速度、质量及有关的主要指标。

年度计划:依据长远计划,结合年度具体情况编制,是旅客运输的任务计划。它是确定旅客列车量和客运机车、车辆需要数以及客运设备改建、扩建的主要依据。

日常计划:根据年度计划任务,考虑季节性、假期及日常波动情况而编制,是指导日常旅客运输的工作计划。在日常计划中,还应根据各站提报的日计划,按照各次旅客列车的运输能力,对各站、各区段客流进行统一的平衡调整,以保证旅客运输计划任务的完成和旅客列车运送能力的充分利用。

②编制旅客运输计划的依据

客流调查是编制旅客运输计划的基础。根据客流调查资料,可以掌握客运量的变化和发展情况。对于大批团体客流和节假日、双休日客流,可通过专门的客流调查直接确定流量和流向,从而为制定运输计划提供可靠的资料。

旅客运输统计报告资料是掌握旅客运输变化规律的重要资料,包括车站根据售出客票记录和各次列车上、下车人数等日常统计分析资料,铁路管理部门统计部门根据各站的售出客票报告、退票报告和铁路管理部门内交换资料(输入和通过客流)编制的客流统计报表。根据这些资料,可以分析历年来实际客流量、流向及其变化规律和客流增长率,可以查明旅客运输的季节性波动情况,可以确定各区段各次列车的利用情况。

(2)客流计划的编制过程

客流计划是旅客运输计划的重要组成部分,既是实现旅客运输计划的技术计划,又是旅客运输能力的分配计划和旅客运输组织的工作计划。客流计划的编制工作是在原铁道部的集中统一领导下,根据客流资料,采取上下结合、集中编制的方法进行。客流计划可一年编制一次。其编制步骤分为三个阶段:

第一阶段:下达任务,准备资料。在编制新运行图确定旅客列车开行方案前,由原铁道部指定用某月份(称客流月)的客流统计资料作为编制依据,于客流月前下达编制客流计划和客流图的任务,同时公布全路直通客流区段。管内区段则由各原铁道部统计,与运输部门共同商定。铁路局根据原铁道部下达的任务,督促各站、段认真填写客票和表报单据,并及时完整地向统计部门寄送。

第二阶段:铁路局编制客流图和客流计划。各铁路局统计部门按铁路客货运输统计规则的要求,提出客流月的直通和管内区段的发送旅客流向统计资料。各客运部门根据分客流区段的旅客流向资料,按日均数编制客流图,为编制列车运行图提供确定旅客列车对数和运行区段所需的计划客流量。

第三阶段:原铁道部汇总。原铁道部组织各铁路局将所编制的直通客流图资料进行交换,并汇总在全路客流汇总图上。各原铁道部根据交换的资料,计算出直通客流区段的客流密度,连同管内客流量一起,汇总在全国铁路区段客流密度图上。然后各局分析客流调查和统计资料,并与过去几年同期实际资料相比,预计客观形势可能的发展,推算计划期间客流的增长率,从而编制客流计划。最后按干线、支线分客流区段汇总成直通客流表,编制计划客流密度与现行运行图规定的旅客列车运送能力比较表,以提供编制列车运行图所需的资料。

(3)客流分配计划

客流分配计划又称票额分配计划,是旅客运输计划的重要组成部分。票额分配工作是在编制新运行图时进行的。在旅客列车对数、行驶区段和列车编组内容确定后,根据旅客列车运送能力以及编制新运行图所使用的客流图、客流计划资料,按铁路管理部门别分不同车次、上下行、软(硬)座、软(硬)卧铺进行票额分配。其中,跨三铁路管理部门以上的旅客列车由原铁道部负责,跨铁路管理部门的旅客列车由两铁路局协商进行,并分别以原铁道部、铁路管理部门命令公布,与新运行图同时实行。

3)客运列车的运行组织

旅客列车的运行组织是铁路旅客运输工作的重要组成部分。为满足旅客的旅行要求,铁路除了做好列车的乘务工作,还应做好旅客列车的运行组织工作。

(1)列车质量和速度的选择

由于列车的质量和速度决定机车的主要特征,决定对线路、列车制动以及站线和站台有效长度的要求,决定着旅客列车的组成数量及旅客在途时间的消耗,直接影响铁路的客运能力、服务质量和客运设备的使用效率。旅客列车质量和速度的确定方法包括以下步骤:

①拟定设计直通速度。在牵引类型和机车功率一定的条件下,列车质量越大,其运行速度越低。确定列车质量时,应以提高直通速度为主,其次应考虑旅客站台及站线的有效长度,并按列车种类和等级,参照现行各项技术标准,分别拟定其设计直通速度。

②审查修正直通速度。对初步拟定设计的直通速度,按旅客列车在始发站、终到站的发车及到达时间对旅客是否方便的条件加以修正。修正直通速度,可采取减少列车停站次数、停站时间、区间运行时间等措施。

③确定合理的发车时间范围。合理的发车时间范围随旅客列车的运行距离和直通速度不同而不同,应从方便旅客乘车的条件出发,确定每列旅客列车合理发车时间范围。

④确定列车质量和编组辆数。根据修正直通速度,确定各区段的区间运行速度。通过牵引计算,求出列车质量理论上的允许值,并根据线路、站台长度,加挂预留吨位等因素按列车种类和等级加以确定。

(2)列车运行区段和行车量的确定

列车的运行区段和行车量,基本上取决于客流计划。客流图为划分各种列车的运行区段、确定列车种类及行车量的工作提供了有利条件。

①运行区段的确定

直通旅客列车运行区段的确定,取决于各客流区段的直通客流量,以及主要站所在地的政治、经济、文化情况及客运段设备条件。原铁道部规定,跨两铁路管理部门的列车其直通客流量不少于600人,跨三铁路管理部门的列车其直通客流量不少于500人,跨四铁路管理部门及其以上的列车其直通客流量不少于400人。管内旅客列车输送沿途变动的客流时,运行区段的确定也应考虑其客流量的大小以及政治、经济、国防上的需要。

②行车量的确定

在确定列车运行区段后,即可按整个方向上各客流区段的最小客流密度计算行车量,即为了最大限度地以直达运输吸引直通客流,一般将某个铁路方向的两端站定为旅客列车的始发站和终到站,然后再将客流密度变化较大的站间定位较短的列车运行区段,并计算相应的行车量,要求整个方向上确定的旅客列车运行区段和行车量提供的客运能力应与各客流密度相适应。

(3)列车运行图的编制

在确定了旅客列车运行区段和行车量之后,需要确定各次列车的运行时刻,即编制旅客列车运行图。由于我国铁路是客、货列车共线运行,因此,列车运行图上同时辅画有客、货列车运行线。列车运行图规定了各种列车占有区间的次序,列车在每个车站的到达、出发或通过时刻,列车在各区间的运行时间,列车在车站的停站时间标准以及机车交路等。

(4)列车固定车底数的确定

列车编组的客车车种、辆数、编挂顺序一般是固定的,并由旅客列车编组表加以规定。这种固定连挂在一起的车列叫客车固定车底,它在固定的运行区段内来回行驶,平时不进行改编。

车底在配属段所在站和折返段所在站之间往返一次所经过的全部时间,称为车底周转时间。周转时间的长短是决定某一对列车所需车底数目的依据。某种旅客列车的车底数计算公式见式(11-2)。

$$n_{\mathrm{CD}} = KQ_{\mathrm{CD}} = N \tag{11-2}$$

式中:n_{CD}——某种旅客列车的车底数;

K——在一个周期时间内平均每天发出的列车数;

Q_{CD}——某种旅客列车的车底数周转时间;

N——车底周转时间内发出的该到达站、该种旅客列车的总数。

4)车站接发列车工作

列车除在区间运行外,还要在车站到发和通过。因此,接发列车工作是列车运行过程中不可缺少的重要环节。为了保证列车运行的安全,列车接入车站和由车站出发都必须按照一定程序办理接发列车的必要作业。接发列车时需要办理的作业包括:与邻站办理闭塞;准备接车或发车进路;开放和关闭进站信号或出站信号;接、交行车凭证(不使用自动闭塞和半自动闭塞时);迎送列车及指示发车。

在正常情况下,列车运行采用空间间隔行车闭塞的方法,即同一时间和同一区间(或闭塞分区)内的一条正线上,只准许有一个列车运行,以防止同向列车追尾或对向列车正面冲突。因此,列车进入区间前,两站间办理闭塞手续是车站接发列车的首要作业程序。

列车到达、出发或通过所需占用的一段站内线路称为列车进路。列车到达或出发前,车站值班员应正确发布准备列车进路的命令,及时停止影响列车进路的调车工作。只有在闭塞手续办理完毕,列车进路已准备妥当后,才能开放进站信号或出站信号;列车进入或开出车站后及时关闭信号。列车到达或出发后,车站值班员应及时将到、发时刻通知邻站和报告列车调度员。

11.1.3 航空客运组织

航空客运是航空运输业主要生产任务。随着经济的快速发展和航空运力的不断提高,航空旅客运量逐年增长。航空运输规模的不断扩大,服务质量要求越来越高,生产过程也变得越来越复杂。因此,航空运输生产计划安排要求更加严密、组织实施更加严格,以保障运输安全正点、优质高效。

1)营运方式

按行程是否跨越本国国境为界限,可将航空客运营运方式分为国内航线和国际航线。

(1)国内航线,线路其起讫地点均在本国国境以内。

(2)国际航线,线路跨越本国国境,通达其他国家。

2)运输生产体系

航空运输生产体系可以分为5个生产体系。各生产体系分别由民航系统的有关部门负责管理和协调。

(1)机场保障

机场是航空运输生产的必备基地。机场保障为空中运输的地面准备和空中飞行提供跑道、灯光、特种车辆、旅客候机场所和相关服务设施,并提供安全检查和紧急求援服务。在国际机场,还设有边检、海关、检疫等派出机构,为国际航班旅客运输提供必要的服务。

(2)机务维修体系

机务维修是保证空中飞行安全的重要环节。其主要任务是,维护航空器正常运行,施行对航空器、发动机、通信导航和驾驶控制等机械与电子电气设备的检测与维修,使航空器保持适航状态。

(3)航行业务管理体系

航行业务管理体系主要负责航行调度、通信导航、气息信息、航行情报以及空勤人员管理等工作,为航空运输提供一个完整的空中飞行保障体系。

(4)油料供应体系

油料供应体系主要为航空运输飞行提供航空燃油。我国民航系统成立了航油专业公司,负责航空运输必需的航空燃油的供应与管理。

(5)运输服务体系

民航运输各部门的工作,始终围绕"安全正点、优质高效"这一宗旨,为运输生产服务。运输服务部门负责制定运输生产计划、组织客货运输、提供运输飞行、保证服务质量、开拓运输市场,以达到最佳经济效益。

3)生产计划编制

航空运输生产计划,是贯彻实施企业发展目标和企业发展计划的具体生产部署,是制定企业其他计划的重要基础,包括航班计划、航线计划、飞行生产计划等。

(1)计划编制准备工作

制定运输生产计划的准备工作包括:①确立企业的阶段发展目标、生产任务和实施方针;②评估企业发展的内部环境和外部环境;③分析企业的生产形势,包括市场分析、营运分析、成本分析和收益分析;④拟定符合企业发展的战略。

(2)航班计划

航空运输有定期航班和不定期航班之分。定期航班飞行是航空运输的重要生产方式,其生产量一般占总量的90%以上。因此,航班生产计划主要是针对定期航班制定。航空运输的计划部门,根据企业的发展目标和市场要求,确定运输飞行航线、机型、航班班次、航班班期以及航班时刻等,供生产部门安排和实施。航班计划经民航管理当局审批后,以航班时刻表的方式向社会公布并付诸实施。

(3)航线计划

航线计划是一项综合性计划,包括一系列生产的指标,如航空运输的生产量、生产能力、生产效益和生产质量等。不仅可以作为企业运输生产的指标,也可用于考核企业完成生产情况的指标。

(4)飞行生产计划

飞行生产计划主要包括飞机利用计划、飞行需求计划、空勤人员飞行计划和飞机维修计划。制定计划时需要充分利用飞机潜力、最大限度发挥机队的作用,为企业创造更多的效益。

4)运输生产过程

航空旅客运输生产的任务是实施航班计划,完成将旅客和行李从始发机场安全地运送到目的地机场。机场保障部门、机务维修部门、航务管理部门、油料供应部门以及运输服务部门应在运输现场指挥部门的统一组织协调下,分工合作,共同完成生产任务。

航空旅客运输生产过程,可以分为5个阶段。

(1)航班计划阶段

航空公司根据公司的发展目标、航线计划、运力、人力资源以及资金等情况,在市场调查的基础上,进行航班安排,具体确定飞行班次、航班频率和经停机场,并制定航班时刻表。航空公司和机场的所有生产活动,将以航班计划为核心进行组织安排,确保航班计划的顺利实施。

(2)市场销售阶段

根据航班计划,航空公司市场销售部门以及销售代表,在公布的订座期限内,进行航班座位销售。航班座位销售将直接影响航空公司的经济收益。航班座位销售与管理一般通过计算机订座系统(Computer Reservation System,简称CRS)来实现。通常采用集中控制、航班始发站控制和配额控制等方法,对航班座位进行有效管理。

①集中控制

航班的座位销售由订座中心或航空公司本身的销售集中控制。根据规定或与销售代理的销售协议,订座中心或航空公司向销售代理或售票分处分配销售权限和数额。这种方式有利于掌握航班销售动态,及时调整市场销售,达到最大化销售,最大限度地提高航班乘坐率。

②航班始发站控制

在一些手工订座的航班始发站,航空公司为了掌握市场销售情况,将航班座位控制权集中在始发站的销售管理部门,由航空公司在始发站的销售处或销售代理销售。这种方法仅仅是对没有CRS系统的一种补充,不利于及时掌握航班的销售情况。

③配额控制

航空公司对旅客较为集中的始发站或航班中停站给予一定数量的航班座位销售配额,并在规定时限内将多余的座位返还给航空公司的座位控制部门。

航班订座并不等于销售。只有在旅客办理了购票手续之后,预定的座位才算真正地被销售出去。实际中,往往有下列情况发生:有的旅客不进行订座,直接购票乘机;有的旅客进行订座,但最终并没有购票或购票后未登机。对于航空公司而言,最坏的情况是,在航班飞机起飞时,一方面飞机有不少空座,另一方面却有旅客买不上票而无法乘坐该航班。

市场销售阶段除了进行座位管理,还需考虑吨位控制问题。吨位控制的目的是在保证乘客运送任务顺利完成的基础上,充分利用飞机的运载能力,配以足够的货物或邮件,以提高飞机的载运率,降低飞行成本,最大限度地利用运力。吨位控制过程是通过对航班飞机进行配载平衡实现的。

(3)旅客乘机阶段

航空公司根据航班时刻表,为旅客安排登机准备,接受旅客的行李交运。同时,机场有关部门对旅客和行李进行安全检查,提供候机服务和查询服务。

(4)运输飞行阶段

运输飞行通常由四个阶段的工作构成:

①运输飞行预先准备阶段

通常指在执行飞行任务的前一天,航空公司根据航班时刻表,编排次日的飞行计划,准备飞机,安排机组,确定航线,通报航务管理部门,相关机场当局和油料供应部门,应协调配合做好相应的准备工作。

②运输飞行直接准备阶段

在飞行预先准备工作的基础上,为飞机的安全飞行进行起飞前的准备。有关部门和人员将根据飞行计划和地面保障工作计划,检查飞机和地面保障实施情况,组织旅客登机,装载货邮,研究航线天气情报和航路情况,了解前方机场和备降机场情况,准备特殊情况处理方案,调配相关空域活动,准备飞机起飞。

③运输飞行实施阶段

飞行实施阶段是完成运输生产任务的关键环节。在这一阶段,飞机处于空中飞行状态,主要是飞机机组人员和航务人员密切配合工作,共同完成安全飞行运输任务。

④运输飞行总结讲评阶段

这一阶段的工作主要是对飞行安全、服务质量、航班正点、地面保障等方面的工作进行总结与评估,以便总结经验教训,改进组织管理工作,提高运输生产质量。

(5)旅客离港阶段

在飞机安全抵达目的地机场后,运输服务部门安排旅客下机,卸运行李;航空公司为旅客提供查询和领取行李服务。

11.1.4 水上客运组织

1)营运方式

按其航行的区域,可分为远洋运输、沿海运输和内河运输。

①远洋运输,除沿海运输以外的所有的海上运输。

②沿海运输,利用船舶在我国沿海区域各港之间的运输。

③内河运输,利用船舶、排筏和其他浮运工具,在江、河、湖泊、水库及人工水道上从事的运输。

2)客运航线的规划

(1)基本原则

在制定或组织客运航线时,应遵循如下基本原则:①最大限度地方便旅客,满足社会各阶层旅客的水运需要;②使船舶的利用率最高,经济效益好;③能充分利用港口客运设施并尽量使港口工作均衡;④客运航线能与其他运输方式合理衔接、协调配合。

(2)规划步骤

规划客运航线时应从整个客运系统出发,其具体规划步骤大致如下:①分析现有客运航线的营运情况;②综合分析客运航线起讫港间的各种客运方式;③分析航区经营环境的变化;

④分析旅客需求的变化；⑤新航线的构想及航线多方案设计；⑥对设计的方案进行分析和评价，并确定最终航线方案。

3）客运船型的选配

每一条客运航线都有其特点，在这些航线上经营的船舶必须符合航线的特征。因此，客船是专门为特定的航线设计建造的，属于专用型。客运航线选配船舶应注意以下几点：①同航线上，船舶的性能应相同或力求一致，以保证船舶能按相同的规律而有节奏地运行。②航线配船时，应考虑航线上的发船密度与计划期发船次数，以满足航线上的运输要求，并使船舶得到最好的利用。③在长途客运航线上，应配置设备较完善、速度较高、配备有卧铺的船舶；在游览修养航线上的船舶，设备配置也应完善，为便利旅客观看沿途风光，航速不能太快。④短途客运航线，特别是支农航线，应采用比较经济实惠的船型，无论舱室或走廊，均尽可能宽敞，以便存放东西。

4）客运船舶运行时刻表的编制

为了使客运航线的船舶运行准确及时，并与航道、港口工作密切配合，要求船舶必须按照规定的运行时刻表运行，以提高船舶正点率，保证正点运行。运行时刻表规定了船舶各自航线上的始发港、中途港、终点港的到发时间和停泊时间以及各航段上的航行时间。

在编制和确定船舶运行时刻表时，既要保证航行安全，又要最大限度地方便旅客。安排船舶在各港的到发时间及经过某些航段时间时应做到：

①长途航线一般始发港的离港时间最好在傍晚，到港时间最好在早上，进入主要中途港和经过风景区的时间尽可能安排在白天；

②在中转港或与其他运输方式相连的地点，应与相邻的其他航线和其他运输方式的运行时刻表相衔接，以保证旅客能及时并有足够的时间换乘车船；

③运行时刻表的编制必须特别注意保证船舶安全，尽量使船舶不在夜间通过险要航道，如有暗礁、浅滩、急流、狭窄的航段等，也不要在险要航段处会船或超越，并力求减少或消除通过限制航段和船闸的等待时间；

④在安排运行时刻表时，对船舶应给予足够的停泊时间，以便船舶检修、清扫、补给，并让船员得到适当休息；

⑤由于内河水道在不同季节，其水位和流速一般都有较大的差别，因此船舶运行时刻表应按不同的水位期分别制定。

5）客运船舶生产调度

水上客运生产调度的基本任务是以客运为中心，科学地组织船舶的生产活动，编制和执行水上客运生产计划，经济合理地利用船舶和港口设备能力，加速船舶周转，提高运营管理水平。

（1）港口船舶调度（港调）

港调主要组织内港拖轮进行拖带作业。港调应熟悉港作拖轮的性能，如吃水、抗风力、船体强度、驾驶台高度等，同时也要熟悉被拖船的性能。港调工作主要根据指定的停靠码头，按计划派出适当的拖轮，将船舶或驳船拖带到指定的泊位进行作业，作业完毕应及时将其拖离，以免妨碍其他船只进入作业。因此，港调需掌握停泊的作业动态。

（2）运行船舶调度（运调）

运调主要负责选定船舶航线，决定船舶到港、离港时间，掌握船舶运行动态等。运调需与航行中的船舶保持通信联系。船舶一般在每日 6:00、12:00、18:00、24:00 分四次向运调报告船名、船位、航向、速度、风浪状况、预计何时到达下一港口等相关内容。

11.2 城市旅客运输组织

11.2.1 城市公共交通系统

城市公共交通是城市中供公众使用的经济、方便的各种客运交通方式的总称，狭义的公共交通是指在规定的线路上，按固定的时刻表，以公开的费率为城市公众提供短途客运服务的系统。本章讨论的城市公共交通系统，是指广义的大公共交通系统，主要包括城市地面公交系统和城市轨道交通系统两类。其中，城市地面公交系统又可细分为城市常规公交系统与城市快速公交系统。

1）城市常规公交系统

城市常规公交系统一般包括车辆、车道、场站、运行四个组成因素。

（1）车辆

从车辆驱动原理上，公共汽车可分为混合动力公共汽车、清洁能源公共汽车、电动公共汽车三种类型；从车体构造上，又可分为小型公共汽车、标准公共汽车、铰接公共汽车、双层公共汽车等类型。

（2）车道

常规公交系统运行车道可与一般机动车辆混用。为保障常规公交路权、提高其服务水平，也可设置常规公交专用车道或道路，如路侧式公共汽车专用道、路中式公共汽车专用道、公共汽车专用路等。

（3）场站

公交车场是公交公司运营管理的基层单位。车场的主要技术业务是组织车辆运行、车辆停放保管、执行技术保养、车辆故障修理等公交车场。按功能可划分为综合车场（包括停车场和保养场）、保养场和中心停车场。

公交车站按功能可划分为首末站、中途停靠站和枢纽站。首末站是一种将车辆调头、停放、上下客和乘客候车等多种设施整合在一起的小型服务性起、终点站，也是行车调度人员组织车辆运行，司售人员休息的地方；中途停靠站供线路运营车辆中途停靠，为乘客上下车服务；枢纽站通常为多条公交线路的交汇处和乘客集散点。

（4）运行

公共汽车的运行一般由起点开始，依路线行进，并在车站位置停靠、上下乘客，至终点为止。其间的行车速度、间隔等，受路面其他交通的影响较大。

2）城市快速公交系统

城市快速公交系统一般指利用改良型的公交车辆，运营在公交专用道路空间上，介于轨道交通和普通公交之间的一种便利、快速的公共交通方式。一般包括六个不同的组成部分，即车辆、道路空间、车站与枢纽、线路、收费系统以及运营保障体系等。

（1）车辆

快速公交系统往往采用不同于普通公交的低地板、大容量车型。其中车长 18m、额定载员160人的大容量车型被大多城市的快速公交系统所采用,已成为快速公交系统的标准车型。大容量公交车型的主要优势包括:可以减少配车量并减低相应的劳动成本;单车能满足更大的客流需求,且具有较高的服务水平;可以增加快速公交系统的视认性,有利于吸引更多的客流。

(2)道路空间

快速公交系统的车辆主要运行在专用车道或道路上。公交专用车道的设置方式包括:中央双侧公交专用车道、单侧双向公交专用车道、边侧公交专用车道、逆向公交专用车道和城市高架路下的公交专用道。公交专用道路的设置方式包括:全封闭的高架公交专用道路、全封闭的公交专用道和公共交通专用道路。

(3)车站与枢纽

快速公交系统的车站与枢纽的功能体现在为乘客提供上下客、集中换乘的场所,站体一般具有较为显著的特征,以便于乘客辨认快速公交车站与枢纽位置。

(4)线路

快速公交系统的线路可以采用与轨道交通类似的单一线路或是多条组合线路,其线路的组成比轨道交通具有更多的灵活性,例如可以在主干线上互相组合或者在主干线的起讫点向外进一步延伸。

(5)收费系统

快速公交系统的收费系统一般采用与轨道交通类似的收费系统,收费往往是在车站或枢纽内完成,以便于乘客快速上下车。

(6)运营保障体系

快速公交系统的运营保障体系应明确运营组织模式,运营服务标准等功能要求。例如,可采用每站停、越站、区间、编组等运营组织模式。运营调度中心应对快速公交通道上的各条线路运营车辆进行统一和协调调度,明确快速公交系统的发车间隔和行驶速度等。

3)城市轨道交通系统

城市轨道交通系统一般是指市域范围内以轨道结构进行导向的公共客运交通系统,具有运能大、速度快、安全准时、节能环保等优点。

按照运能大小,一般将轨道交通系统分为高运量、大运量、中运量、小运量四种。高运量轨道交通系统主要指市郊铁路,其单向运输能力一般在6~8万人/h之间;大运量轨道交通系统主要指地下铁道,其单向运输能力一般在3~7万人/h之间;中运量轨道交通系统主要包括轻轨、单轨、小断面地下铁道等,单向运输能力一般在1~3万人/h之间;小运量轨道交通系统一般指单向运输能力在1万人/h以下的城市低运量轻轨和有轨电车等。

轨道交通车站是提供乘客上下车及换乘和运行管理的地方,按功能可分为以下五种:

①中间站。是轨道交通线路中常见的一种仅供乘客乘降用的车站。

②折返站。是在中间站设置折返线路的车站。设置折返站是为了在客流量大的区段能多开列车以满足乘客出行要求,节省运营车辆的投入及其他开支。

③换乘站。是既用于乘客乘降又为乘客提供换乘的车站。

④终点站。即地铁线路两端的车站,除了供乘客乘降或换乘外,也可供列车停留、折返、临修及检修使用。

⑤车辆段。其可分为检修车辆段(简称车辆段)和停放车辆段(简称停车场)。车辆段配备了必要的停车线及检修设备。

城市轨道交通设备系统包括以下子系统:车辆系统(包含车辆基地)、供电系统(包含电力监控系统)、信号系统、通信系统、收费系统、环境监控系统、空调通风系统、给排水及消费系统、电扶梯系统等。

11.2.2 城市公交客流特征与调查

1)客流特征

城市公交客流是指城市居民为实现各类出行活动,借助各种公共交通工具,在城市范围内的有目的流动。公交客流量是指在某时间段内,人们乘公交出行的总体数量。它是由城市居住人口、外地暂住人口、流动人口,因生产、生活等需要出行乘车而构成的,其中包含时间、方向、地点、距离、数量等因素。

(1)客流分布在时间上的不均匀性

客流分布具有明显的年、月、日、昼、夜律动性的特征。由于居民工作和休息时间有一定规律,客流在全天各时间段中的变化也有一定的规律性。一般情况下,一天中早晚上下班时间的客流量最为集中,形成客运高峰,其中尤以早高峰客流量最大。

为了评价客流沿日营业时间内各小时分布的不均匀程度,采用时间不均匀系数作为评价指标。时间不均匀系数,指营运线路日营业时间内某一小时客运量与平均每小时客运量之比,按式(11-3)计算:

$$K_{ti} = \frac{Q_i}{\overline{Q}_h} \tag{11-3}$$

式中:K_{ti}——线路营业时间内第 i 小时的时间不均匀系数,$i=1,2,\cdots,m$;

Q_i——线路营业时间内第 i 小时的线路客运量(人次);

$\overline{Q}_h$——线路营业时间内平均每小时线路客运量(人次)。

一般情况下,客流高峰小时仅在线路的个别营业时间段内发生,此时需增加该时段内的运输车辆。时间不均匀系数,也是确定线路车辆调度形式时所需考虑的关键指标之一。

(2)客流分布在空间上的不均匀性

客流分布在空间上的不均匀性,指客流按乘行方向、乘车距离、停车站点及乘行路段分布的不均匀性,主要评价指标有方向不均匀系数、路段不均匀系数、站点集散量不均匀系数等。

①方向不均匀系数

为了评价客流沿营运线路流动方向分布的不均匀程度,可采用方向不均匀系数作为评价指标。方向不均匀系数,指统计时间内某线路高单向客运量与平均单向客运量之比,按式(11-4)计算:

$$K_a = \frac{Q_a}{\overline{Q}_a} \tag{11-4}$$

式中:Q_a——高单向客运量,即统计时间内线路最大单向客运量;

$\overline{Q}_a$——统计时间内线路平均单向客运量。

②路段不均匀系数

对客流沿路段(断面)分布的不均匀程度,可采用路段不均匀系数作为评价指标。路段不均匀系数,指统计时间内营运线路某路段客流量与平均路段客流量之比,即按式(11-5)计算:

$$K_{si} = \frac{Q_i''}{\overline{Q''}} \tag{11-5}$$

式中:K_{si}——统计时间内第 i 路段的不均匀系数,$i=1,2,\cdots,k$;

Q_i''——统计时间内第 i 路段客流量(人次);

$\overline{Q''}$——统计时间内平均路段客流量(人次),即

$$\overline{Q''} = \frac{\sum_{i=1}^{k} Q_i''}{k} \tag{11-6}$$

③站点集散量不均匀系数

对于客流沿营运线路的上下车地点分布的不均匀程度,可采用站点集散量不均匀系数(又称站点不均匀系数)作为评价指标。站点集散量,指在统计时间内到达某停车站乘客的上车人数(集结量)与下车人数(疏散量)的总称。站点集散量不均匀系数,指统计时间内营运线路某停车站乘客集散量与各停车站平均集散量之比,按式(11-7)计算:

$$K_{cj} = \frac{Q_{cj}}{\overline{Q}_c} \tag{11-7}$$

式中:j——营运线路停车站序号,$j=1,2,\cdots,n$;

Q_{cj}——统计时间内第 j 停车站乘客集散量(人次);

$\overline{Q}_c$——统计时间内沿线各停车站平均乘客集散量(人次)。

2)客流调查

客流调查,指运输服务区域内客流动态特征(包括流量、流向及其分布规律等)调查。通过调查所得数据资料,为改进线网布局、合理分配各线车辆、改进行车调度工作、改善乘车拥挤与合理调整各停车站点配置提供最原始的基础信息,从而提高车辆利用程度、提高运输服务质量及降低运输成本。

根据调查内容,可将客流调查分为出行起终点调查、乘行起终点调查及线路客流调查。

(1)出行起终点调查

出行起终点调查,即企业服务地区内居民(或乘客)出行起终点调查,包括采集样本、调查内容及数据处理等。

①采集样本。大规模(全市区)居民出行调查,主要通过抽样的方法进行。一般抽取调查的居民人数约为全部居民的0.1% ~0.4%。抽样方法,可以服务地区居民户口为准进行分段随机抽样,即按一定概率比例分多次抽出,平均每3~5年进行一次或结合当地人口普查一同进行。

②调查内容。主要包括调查对象的自然情况,出行目的、时间、频率与出行方式等,交通费用以及居民对客运工作的综合评价等。

③数据处理。调查所得资料是以数据形式分类进行表达的,因此对数据的分类整理统计、计算与分析工作量很大,处理方法以计算机为主。主要计算数据包括各种类型人口构成及其利用各种公共客运车辆(及其他交通工具)的人数,从居住地及目的地到最近公共客运停车站

的步行时间、在站等车时间、乘行时间、一次出行时间，每月个人实际负担的交通费用等。

(2)乘行起终点调查

乘客乘行起终点调查，是以城市已有客运线路网为基础进行的乘客乘行起终点和乘行方向调查，从而可发现乘客迂回乘车、不合理转乘及调度形式不合理等情况，为调整现有客运线路网点布局、改进行车调度和提高运输服务质量提供决策依据。

乘行起终点调查，通常与出行起终点调查一同进行。主要分析数据包括各相对起终点间客运量及最短可乘行路线，乘客换乘率，乘客由居住地及目的地到最近公共客运停车站的步行时间、在站等车时间、乘行时间及各站点乘客集散量等。

(3)线路客流调查

线路客流调查是以客运线路为基础进行的，主要解决行车组织问题。通常每年夏、秋季各进行一次或每年进行一次全区域性线路客运普遍调查或抽样调查，每次 1 ~3 周，每天从营业时间开始至终止，每隔半小时一次(高峰客流统计时间间隔可适当缩短)。根据需要也可以结合进行局部营运线路、路段或某段营业时间(如高峰、低峰期间)的定期或不定期的客流调查。

通过这种调查可以掌握不同季节，一周内不同日期、不同时刻、不同线路站点及沿线不同方向的客流量，为编制客运计划与行车时刻表、合理确定车辆调度形式、选择运输车辆及配备行车人员提供基础资料。

其调查方法主要有随车调查、驻站观测和票据法三种。

①随车调查：是派调查人员随车调查沿线各站上下车人数、停留时间、留站人数、零票售出数及行车准点情况等。

②驻站观测：是派调查人员在各停车站进行观测统计。

③票据法：是根据乘客上车时的公交卡刷卡记录进行统计分析。

线路客流调查的计算数据包括全日或高峰时间内的各线路(路段)客运(流)量、周转量、车容量、客位公里、营业公里、平均运距、满载率、客流分布不均匀系数、线路平均负荷、沿线各中途站平均停站时间、始末站停站时间、车辆沿线路及各路段行车时间、平均技术速度、运送速度、营运速度以及平均行车间隔、行车故障时间等。

11.2.3 城市公共交通运营组织

1)城市常规公共交通运营组织

(1)车辆调度形式类型

车辆调度形式，指营运调度措施计划中所采取的运输组织形式。按车辆运行与停站方式，可分为全程车、区间车、快车、定班车、跨线车等。全程车，指车辆从线路起点发车直到终点站，必须在沿线各停车站一次停靠，按规定时间到达部分站点并驶满全程的一种基本调度形式，又称慢车。区间车，指车辆仅行驶线路上某一客流量集中的路段或区段的调度形式。快车，是为满足长距离乘车需求，采取的一种越站快速运行的调度形式，包括大站车(车辆仅在沿线乘客集散量较大的停车站停靠)与直达车(车辆仅在线路起讫站停靠)。定班车，是为接送职工上下班或学生上下学而组织的一种专线调度形式。跨线车，是为平衡相邻线路之间客流负荷，减少乘客转乘而组织的一种车辆跨线运行的调度形式。

(2)行车时刻表编制与调整

行车时刻表也叫行车计划，是根据主要运行参数数据资料排列各分段时间内、各车次(周转)的行车时刻序列。行车时刻表是组织和指导公交企业运营生产全过程的生产作业性计划,是公交运营调度的基础。

①行车时刻表类型

行车时刻表通常有车辆行车时刻表和车站行车时刻表两种形式。

车辆行车时刻表指按行车班次制定的车辆沿线路运行的时刻表。表内规定了该班次车辆的出场(库)时间、每周转(单程)中到达沿线各站时间与开出时间、在一个车班内(或一日的营业时间内)需完成的周转数以及回场时间等。

常规公交行车时刻表,按各行车班次(路牌)制定,即同一营运线路每天出车序号相同的车辆按同一时刻表运行,如表11-4所示。

××路公交行车时刻表

表11-4

始末站:A站—F站

行车班次:4

出场时间:5:00

回场时间:20:30

周转	方向	停靠站 / 站距(km)	A	B	C	D	E	F
		站距(km)		1	0.6	0.9	0.8	1.2
1	上行 →	到	5:00	5:08	5:12	5:16	5:20	5:24
		开	5:05	5:09	5:12	5:16	5:22	5:29
	下行 ←	到	5:48	5:45	5:41	5:37	5:33	5:24
		开	5:52	5:46	5:41	5:38	5:32	5:29
2	上行 →	到	…	…	…	…	…	…
		开	…	…	…	…	…	…
	下行 ←	到	…	…	…	…	…	…
		开	…	…	…	…	…	…

车站行车时刻表指线路始末站及重点中途站车辆行车时刻表。表内规定了在该线路行驶的各班次公共汽车每周转中到达和开出该站的时间、行车间隔以及换班或就餐时间等,如表11-5所示。

××路××站公交行车时刻表

表11-5

班次 \ 时间	1		2		…	16		17	
	开	到	开	到	…	开	到	开	到
1	5:00	5:56			…				
2	5:10	6:05			…				
3					…				

②行车时刻表编制原则

以客流的活动规律、公交企业的运输能力等为依据编制行车时刻表时需遵循以下原则:

a. 确定各车辆行车班次序列(路牌)时,应与车辆在车场(库)的停车方式及行车人员的工作制度相适应。

b. 根据客流时间分布的不均匀规律,进行增减车辆排列时间间隔,保持行车间隔均匀有序,以避免产生车时浪费或周转不及时。

c. 行车人员工作时间安排,既要服从客流的变化需要,又应注意各行车班次车辆工作时间的均衡;安排行车人员就餐时,应综合考虑运输服务质量、车时利用、行车人员休息等因素。

d. 行车时刻表的制定应与邻近线路或其他城市公共客运方式行车时刻表相协调。

虽然行车时刻表是依据客流规律编制的,但是往往计划与实际状况会有一些偏差。行车时刻表在执行中,客观条件也有可能会出现一些变化,所以适当的调整修改是合理且必要的。如果客流规律和运行环境发生了较大变化,运力配置不当,运行状况不好,需要重新编制或大幅度的调整行车时刻表,此时要向上级(公司、场)提出修改依据和修改建议,经批准后由车队贯彻执行。

(3)行车现场调度方法

行车现场调度方法就是按照行车作业计划控制车辆运行,合理分布车辆行车间距,尽快恢复营运秩序,保证车辆均衡载客营运的方法。现场调度可分为常规调度和异常调度两大类。

①常规调度

当全线行车情况基本上符合行车作业计划方案,车辆处于正常运行时的调度工作称为常规调度。公交企业对于运营调度的监控目前只能做到在线路首末站进行控制管理,对于车辆在各中途站点的情况则无法监控。公交企业常规调度的基本内容如图 11-1 所示。

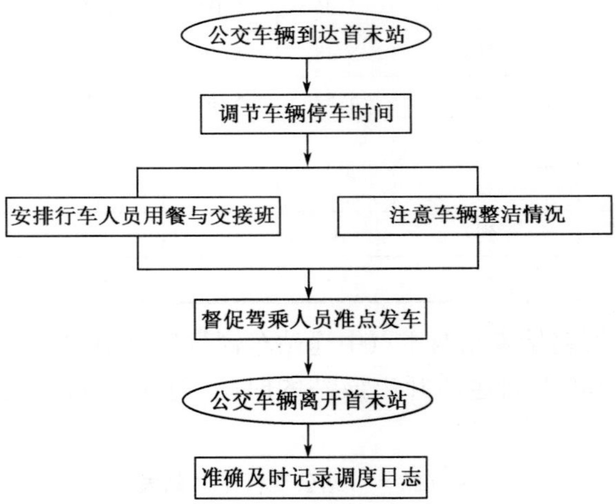

图 11-1　常规调度主要内容

②异常调度

当线路因各种原因造成行车秩序紊乱,车辆运行偏离行车作业计划时的调度工作称为异常调度。车辆运行不正常的情况,有时比较单一,有时比较复杂,消除其影响的基本调度方法有以下几种。

a. 调距法

指调整行车间距的调度方法。它是在一定时间内使用压缩或放宽行车间距或既压缩又放宽行车间距的调度方法。调距法说明在总体周转时间不变,车辆不增加的情况下,通过车间距的调整,可以增加发车密度,提高服务质量和劳动生产率。由于可供调度员调剂的时间只有终点站的停站时间,所以使用时还需多加注意。

b. 放站法

指营运车辆在路线上越站停靠的调度方法。需要采用放站法的情况包括:车辆到达始末站误点时间超过停站休息时间；在一定时间内，路线上有约 1/3 站点的集散量，达到线路客流量的 60% 左右；路线较长且客流呈单向性。

客流重点在起点站时，一般应载客越站停靠。如客流重点不在起点站时，可留适量车辆在本站载客，其他车辆空放出站，以平衡乘客候车时间。如客流重点在高单向处，低单向处的部分车辆可越站停靠或空放，以加快车辆周转。灵活掌握空放间距，达到加快运送乘客的目的。由于车辆放站会影响乘客的候车时间，所以放站时，要采用交叉停靠站点的方法。一般最多不得连续三辆车放过同一站点。

c. 掉头法

指缩短原行驶路线，用以减少周转时间的调度方法。需要采用调头法的情况包括：车辆到达始末站误点时间超过全程周转时间 1/3 左右时；增加某一区段的运能以提高营运效率；路线出现较大的行车间隔，需要车辆调头填补空档。

采取调头法，能够尽快恢复线路的正常秩序，但对需要到达超过调头区域的乘客而言，会增加候车时间，所以一般应尽可能不要两辆车连续调头。车辆填补空档时，要充分考虑道路通行能力，正确估算好车辆到达空档处的行驶时间。如果车辆需大量调头，为解决路线区段上的客流，应另外编制区间车的行车时刻表，方便现场调度员调控。

d. 加车法

指在原有行驶车辆中增加车辆的调度方法。需要采用加车法的情况包括路线的客流量突然增高；路线因故需放宽周转时间但又要保持原有车距。为使加入车辆后的车距均匀分布，首先应确定加车的数量、加入时间及其影响范围，然后对原有的车距进行计算调整。

e. 缩时法

即缩短周转时间的调度方法。需要采用缩时法的情况包括：道路交通条件有明显的改善，道路通行能力提高，车速加快；实际客流比计划下降较多，造成车辆中途上下客时间减少，车辆普遍提前到站；交通中断，临时缩短路线行驶等。

f. 抽车法

指在原有行驶车辆中减少车辆的调度方法。需要采用抽车法的情况包括：线路客流突然下降；路线发生车辆故障、肇事、纠纷；因客流需要支援其他路线等。为使抽出车辆后的车距均匀分布，首先应确定抽出车辆的数量、抽出时间及其影响范围，然后对原有的车距进行计算调整。

g. 延时法

即延长车辆周转时间的调度方法。需要采用延时法的情况包括：车辆运行过程中遭遇严重的交通堵塞和行车事故；客流增加，乘客上下车时间增多，营运主高峰时出现乘客滞站现象；冰、雷、雾、暴雨等恶劣天气导致车辆通行缓慢。延长车辆周转时间的限度，以该线驾驶水平较低的驾驶员为准。

h. 跨线法

指利用本线或它线车辆路线营运的调度方法。需要采用跨线法的情况包括：相邻路线高峰时段客流有较大的时间差异；本线全程与区间、大站之间的运能需要互补等。跨线法能对运能、工时起到充分利用的作用，达到既解决客流需求，又可降低营运成本的目的。

i. 调档法

指将车辆的车序号临时重新组织调整的一种调度方法。调档法主要用于路线车辆故障抛锚、肇事、纠纷、换班、行车人员用餐等情况。车辆在出场或首末站发生故障，如能很快修复行驶的,可与后车倒换次序营运。高峰时,因营运需要将车辆的车序号临时调整的,一般先控制车距,在高峰之后再恢复行车次序。利用车辆调档完成行车人员用餐的方法,是有效利用时间,提高工作效率的较好措施。

2)城市轨道交通运营组织

(1)运输计划

城市轨道交通运输计划包括客流计划、列车运行组织方式、行车计划、车辆配备计划、列车交路计划以及人员配备计划等。为了充分发挥轨道交通系统运量大、运行可靠的特点,其运输组织必须以客流计划为基础,根据客流的特点合理调度、指挥列车运行。

①客流计划

客流计划是列车运行组织方式、行车计划和车辆配备计划编制的基础,是运输计划的重要组成部分。客流计划的主要内容包括站间到发客流量,各站双向上下车人数,全日高峰小时、低峰小时断面客流量,全日分时最大断面客流量等。在线路投入运营的初期,客流计划根据客流预测资料进行编制。在既有线路上,客流计划一般根据客流统计资料和客流调查资料进行编制。

②运营方式

城市轨道交通应根据各条线路的不同特点、不同的实施阶段,选择合适的运营方式。轨道交通各线原则上应采用独立的运营方式,根据线路长短和客流分布情况采用分区运行。分段延伸运营方式是一种临时性、过渡性的运营方式。根据路网实施规划采用分期施工、分期运营时,可采用建成一段、运营一段,逐渐延伸的方法。

③行车计划

行车计划是指营业时间各个小时开行的列车对数计划,是编制列车运行图、计算运营工作和确定车辆配备数量的基础。行车计划编制应以营业时间内各小时的最大断面客流量、列车定员人数和车辆满载率以及希望达到的服务水平为依据。

④车辆配备计划

车辆配备计划是指为了推算完成全日行车计划而制定的车辆保有数安排计划,包括运用车辆数、在修车辆数和备用车辆数。

⑤列车交路计划

列车交路计划规定了列车的运行区段、折返车站和按不同列车交路运行的列车对数。在轨道交通线路的各个区段客流量不均匀的情况下,合理的列车交路计划既能提高列车的运用效率,降低运营成本,又能为乘客提供更好的服务。

⑥列车折返方式

列车折返方式可分为站前折返和站后折返两种方式。站前折返方式是列车经由站前渡线折返。站前折返的优点是列车空车走行少,折返时间短,乘客能同时上、下车,缩短停站时间;缺点是出发、到达列车存在进路交叉,影响行车安全和站台秩序。站后折返方式分为站后环形线折返、站后尽端折返线折返和站后渡线折返。站后折返的优点是列车出站速度高,有利于提高运行速度。

⑦人员配备计划

轨道交通公司主要包括运营部门、设备部门以及辅助部门,其中运营部门人员主要是乘备员和站务工作人员;设备部门人员配备对象主要是车辆设备检修工作人员、变电站、触网、轨道等维护人员;辅助部门人员配备对象主要是从事信息、数据及研究工作的人员。

(2)列车运行图

①基本概念

列车运行图是列车运行的时间与空间关系的图解,它是表示列车在各区间运行及在各车站停车或通过状态的二维线条图。列车运行图规定了各次列车占用区间的次序,各次列车在区间的运行时间,在车站的到达、出发或通过的时刻,在车站的停站时间和在折返站的折返作业时间,以及列车交路和列车出入车辆段时刻等,能直观地显示出各次列车在时间上和空间上的相互位置和对应关系。

列车运行图是用坐标原理来表示列车运行的一种图解形式。列车运行图上用横坐标表示时间,纵坐标表示距离,水平线代表各车站中心线位置,斜线称为列车的运行线,其中上斜线代表上行列车,下斜线代表下行列车。列车运行线与水平线的交点,就是列车在每个车站到、发或通过的时刻。图 11-2 是列车运行图的一个示例。

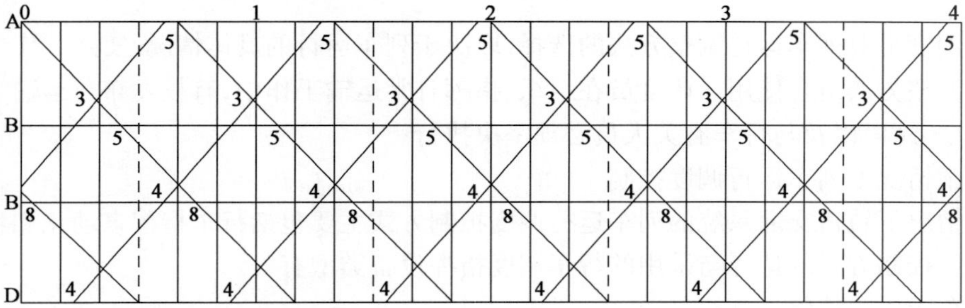

图 11-2　列车运行图

②列车运行图的作用

列车运行图是轨道交通行车组织工作的综合性计划,是地铁和轻轨等行车组织工作的基础。列车运行图不仅把沿线各车站、线路、供电、车辆、通信信号等技术设备的运用联合成一个统一的整体,而且把所有与行车有关的部门和单位都组织起来,严格地按照一定程序有条不紊地进行工作,从而保证列车安全、正点运行。

(3)线路运输能力

运输能力是通过能力和输送能力的总称。

线路的通过能力是指在采用一定的车辆类型、信号设备和行车组织方法的条件下,轨道交通系统线路的各项固定设备在单位时间内所能通过的列车数。输送能力是指在一定的车辆类型、信号设备、固定设备和行车组织方法的条件下,按照现有活动设备和乘务人员的数量,轨道交通系统在单位时间内所能运送的乘客人数。

随着城市出行需求的不断增加,客流往往呈现逐年增长的态势,线路能力不足的问题随之出现。因此,一方面,要有计划、有步骤地采取有效措施,加强运输能力,不断适应客流增长的需要;另一方面,通过运用新的技术设备或加强现有的技术设备,引用先进的管理方法,以降低运输成本、提高劳动生产率、改善劳动条件,以利于真正实现"以人为本"的服务宗旨。

(4)行车调度管理

城市轨道交通行车调度工作由调度中心实施,实行高度集中统一指挥,以使各个环节紧密配合,协调工作,保证列车安全、正点运行。行车调度工作是城市轨道交通系统的核心,它的好坏直接影响乘客运输任务的完成。

①列车运行调整方法

组织列车正点始发是保证列车正点运行和实现列车运行图的基础。对始发列车，行车调度员应具体掌握和组织列车出库、列车折返交路和客流情况等，以保证正点发车。

在列车运行晚点时，行车调度员应根据列车运行的实际情况，按规定的列车等级顺序进行调整。对同一等级的旅客列车可根据列车的车次和乘客多少等情况进行调整。在抢险救灾的情况下，优先放行救援列车。列车运行调整应注意列车运行安全，做到恢复正点运行和行车安全兼顾，尽可能在最短时间内使列车恢复按图运行。

列车运行调整的主要方法包括：a. 始发提前或推迟发出列车；b. 组织列车加速运行，恢复正点；c. 组织车站快速作业，压缩停站时间；d. 组织列车通过某些车站；e. 变更列车运行交路，组织列车在具备条件的中间站折返；f. 组织列车反方向运行；g. 调整列车运行时间间隔；h. 停运列车。

行车调度员对列车运行调整方法的选择，取决于列车运行的具体情况，实际工作中往往将几种运行调整方法组合使用。调度员在组织、指挥日常运输工作中，有权发布与运输组织有关的调度命令，站段以及与行车有关人员必须坚决执行。

②正常情况下列车运行调度控制

正常情况下轨道交通系统的列车运行调度控制方式主要包括行车指挥自动化和集中调度两种。调度控制方式的选择与采用的行车调度指挥设备类型有关。

a. 行车指挥自动化

在行车调度员监控下，由列车自动监控系统（Automatic Train Supervision，简称 ATS）完成列车运行的控制任务。通常还采用列车自动保护（Automatic Train Protection，简称 ATP）和列车自动运行（Automatic Train Operation，简称 ATO）子系统。这三个子系统构成列车自动控制系统（Automatic Train Control，简称 ATC），ATC 系统具有列车运行自动化和行车指挥自动化功能。在 ATS 子系统因故不能使用时，改为调度集中控制。

行车指挥自动化的主要功能包括：由基本列车运行图或计划列车运行图生成使用列车运行图；自动或人工控制管辖范围内各车站的发车表示器、道岔及排列列车进路；跟踪正线列车运行，显示各车站发车表示器开闭、进路占用和列车车次、列车运行状态等；自动或人工进行列车运行调整；自动绘制实际列车运行图和生成运营统计报告。

b. 集中调度

行车调度员通过调度集中控制设备控制所管辖线路上的信号和道岔，办理列车进路，组织和指挥列车运行。此时列车运行以驾驶员操纵为主。在调度集中控制因故不能实现时，改为车站控制。车站值班员在列车调度员的指挥下，办理列车进路、接发列车。

调度集中的主要功能包括：控制管辖范围内各车站的信号机、道岔以及排列列车进路；显示各车站信号机开闭、进路占用和列车车次、列车运行状态等；自动绘制实际列车运行图。

调度集中控制设备是一种远程控制的信号设备。控制中心的行车调度员通过操纵控制台上的按钮集中控制，管辖线路上的信号和道岔，直接办理各车站的接发车进路，指挥列车运行。行车调度员通过区间和车站线路表示盘，可以方便快捷地掌握线路上列车运行和分布情况、区间和站内线路的占用情况、各种信号机的显示状态和道岔位置等。

③特殊情况下列车运行调度控制

a. 列车自动控制系统发生故障

ATC 系统发生故障时，行车指挥方法和列车运行控制方式调整如下：

若 ATS 子系统发生故障，改为调度集中控制，由行车调度员人工控制全线的信号与道岔、办理列车进路，调整运行秩序。

若 ATP 地面设备发生故障，如果是小范围的设备故障，可由行车调度员确认故障区间空闲后，向驾驶员发布命令，列车在故障区间限速运行；如果是大范围的设备故障，必须停止使用自动闭塞法，改为车站控制，实行电话闭塞法行车，即在没有机械、电气设备控制的条件下，仅凭电话联系来保证列车空间间隔的行车闭塞法。

若 ATP 车载设备发生故障，因故障列车无法接收限速命令，该列车驾驶员应按调度命令，人工驾驶限速运行。

若 ATP 子系统和车站通信设备同时发生故障，则采用时间间隔法行车。

若 ATO 子系统发生故障，列车改为人工驾驶，在 ATP 车载设备的监护下，按车内速度信号显示运行。

b. 列车运行实施车站控制

当出现如下任何一种情况时，应根据行车调度员的命令，将列车运行由调度集中控制改为车站控制，由车站行车值班员办理闭塞、准备进路、开闭信号和接发列车。如：对所管辖的道岔或信号失去控制作用；表示盘上失去复示作用或不能正确复示；停止使用自动闭塞法；按半自动闭塞法行车；清扫道岔；列车运行或调车有关工作必须由车站办理。

c. 列车运行改用电话闭塞法

当出现以下一些情形时，应根据行车调度员的命令，停止使用自动闭塞法，改用电话闭塞法，并严格按规定的作业办法与要求办理。如：因故不能使用基本闭塞设备；因故发出由区间折回的列车；双线区间列车反方向运行；半自动闭塞区间出站信号机故障或灯光熄灭。

d. 列车运行改用时间间隔法

由于自然灾害或其他原因使车站一切电话中断，车站行车值班员无法与控制中心、邻站取得联系，为了不间断行车，双线区间可改用时间间隔法行车。此时，行车作业办法与要求如下：车站行车值班员指定改用时间间隔法的第一趟列车驾驶员，将实行该行车法的情况通知有关车站；除线路两端折返站外，中间站道岔一律置于正线列车运行位置，如车站行车值班员无法在控制台上确认道岔位置或转换道岔，必须随车就地确认或办理；出站信号机置于停车信号显示，列车进入区间的行车凭证为红色许可证，手信号发车。

e. 夜间施工

夜间施工是轨道交通系统生产活动的重要组成部分。运输调度部门既要按照批准的施工计划，保证设备维修更换、线路扩建工程等夜间施工任务顺利完成，又要保证次日运输生产能正常进行。为此，夜间施工时的行车应按有关作业办法与要求组织。

城市轨道交通行车调度管理的主要内容如图 11-3 所示。

11.2.4 公共交通系统的组织协调

1）组织协调分析

各种交通方式各自具有不同的特点，综合交通系统的高效运作有赖于各种交通方式的协调，因此很有必要做好城市公共交通系统各种交通方式之间的衔接。

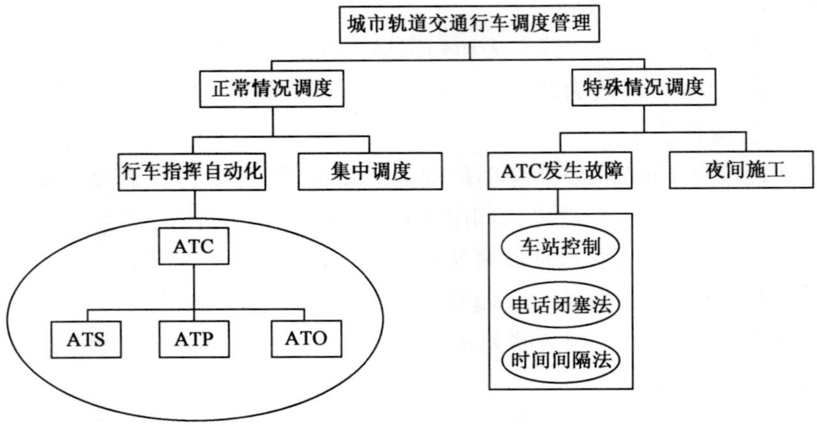

图 11-3　城市轨道交通行车调度管理

(1)城市间(境外)公共交通的衔接分析

城市的公共交通不仅仅为市内交通服务,同时还承担着接驳市间客运的任务。将城市公共交通系统与城市系统封装起来,并从地域的角度来分析公共交通的衔接问题,得到城市间交通衔接关系,如图 11-4 所示。

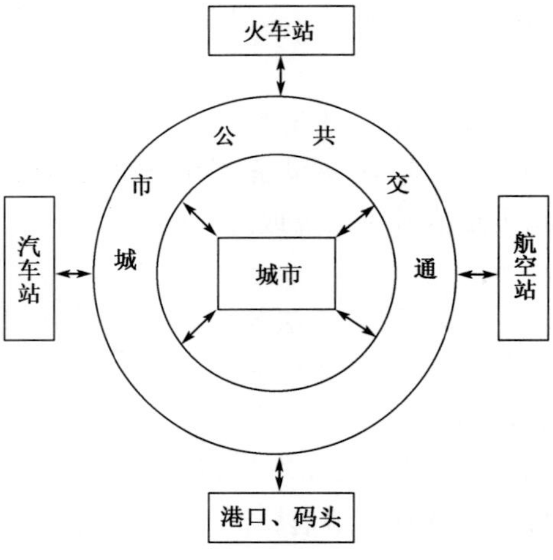

图 11-4　城市公共交通系统衔接关系分析图

城市通过公共交通系统接驳乘坐轨道、水运、空运、公路等交通方式的市间旅客,从而实现城市与外界的联系。轨道、水道、公路及空中航线是运输的长通道,而火车站、港口码头、长途汽车客运站、航空港则是这些通道的衔接点。因此城市公共交通必须加强与上述衔接点的联系,以有效地衔接城市间客运。

(2)市内公共交通衔接分析

城市客运交通系统包括了公共交通方式和非公共交通方式。从可持续发展的角度来讲,除了做好城市客运交通系统与城市大系统的协调,同时还应做好城市交通系统内部各子系统之间的协调。这其中最主要的就是公共交通方式和非公共交通方式之间的组织协调。

①公共交通与自行车交通的衔接

自行车是一种经济、低碳的短距离出行方式。随着城市规模的不断扩大,人们出行距离的不断增加,自行车出行接驳城市公共交通将占有一定的比例。因此,必须考虑为自行车与公共交通提供便捷的衔接组织。

②公共交通与小汽车交通的协调

小汽车交通是一种道路资源占用率高、燃油耗费大、污染排放高的一种交通方式。现状交通量增长与道路资源有限的矛盾愈加突出。为缓解这对矛盾,国家采取的策略是"不限制小汽车的拥有,但限制其使用"。这里所说的限制主要是针对交通供需矛盾突出的老城区或城市中心区而言。因此应当为小汽车出行者提供进入城市中心区可选择的交通方式。

(3)轨道交通与常规公交的衔接

随着轨道交通的快速发展,地铁与公交换乘难的矛盾日益突出。过去,由于各种原因造成两者之间的“脱节”,给市民的出行带来了极大的不便,也使城市立体交通网络的功能得不到充分发挥。因此在常规公交站点及轨道交通站点布局时应当综合考虑,做好两者的衔接工作,以有利于扩大轨道交通的服务范围,并最终形成以轨道交通、地面公共交通一体化的城市公共交通系统。

2)换乘衔接组织

(1)公共交通换乘衔接组织的概念

交通换乘衔接组织是指交通管理部门为保证交通对象能够实现出行目的而协助其在不同交通方式或交通设施之间搭乘转换,以及在此过程中提供的载运接驳设施(如衔接通道及线路、换乘站厅等)等交通服务。公共交通换乘组织系统包括以下三个基本方面。

①客运换乘枢纽的基础设施建设

在枢纽换乘站的设计中,交通方式间的转换空间、等候空间等基础设施要求同步规划与建设,这些空间应具有安全性、可识别性和方便性,设计中要求体现人性化设计思想,以方便不同交通方式的搭乘转换。

②交通方式间的运能衔接与组织

交通换乘枢纽中的不同交通方式的运行时间要求进行统一协调,相互换乘的交通方式间要求运能匹配,运能低的交通工具能够快速地为运能高的交通工具进行客流集散,以避免换乘站的旅客滞留。

③换乘信息服务建设

一体化交通的发展要求具备先进的客运换乘信息服务系统,换乘信息服务系统应能满足不同层次的需要,能及时准确地采集、处理、分析、存储、传输客流转换过程中所产生的各种信息,使乘客在出行中实时了解何种交通工具可乘和如何选择最佳的交通工具组合方式,为旅客提供合理的行车时间与路线,方便乘客换乘。

(2)换乘枢纽组织的主要内容

各种交通方式的衔接最终将落实在公共交通换乘枢纽的组织上。主要包括枢纽站址的选取、枢纽规模的确定、交通方式的换乘设计及效果评价、换乘信息的提供和枢纽周围交通流的组织。在换乘枢纽的组织优化中主要考虑的因素有:与城市整体规划相协调;有效衔接城市不同的功能分区;保证交通连续,减少延误;换乘信息的提供和枢纽周围交通流的组织。

(3)换乘衔接组织措施

枢纽换乘组织措施可分为系统措施和细化措施。系统措施主要从规划布局角度考虑;细化措施主要从建设和运营体系来考虑。

系统措施主要包括:综合换乘枢纽的合理布局;公共交通线网的优化设计;公交车首末车站的合理布局;运能的合理配置;停车换乘系统的合理布局;小汽车和自行车停车场容量规模配置;公共交通站点的合理布局等。

细化措施主要包括:换乘联系通道的布置与建设;共用站厅站台与换乘联系通道的布置与建设;站前广场等换乘设施的建设;建立市内交通和对外交通联运体系,包括联运措施的建立、联运票价的制定、联运利益的合理分配方案的制定;建立市内交通的通票体系,包括通票的发行、价格制定;停车优惠政策及安全管理措施等。

【复习思考题】

1. 城际旅客运输组织主要包括哪几个要素?
2. 简述公路客车运行组织的工作内容。
3. 简述铁路旅客运输计划编制的依据。
4. 航空运输生产涉及哪些生产体系?
5. 简述客运航线规划的基本原则。
6. 客运船舶运行时刻表的编制要求有哪些?
7. 简述城市公共交通的定义与分类。
8. 简述城市公交客流分布在时间和空间上的不均匀性。
9. 车辆运行偏离行车作业计划时,常用的调度策略有哪些?
10. 城市轨道交通运输计划包括哪些方面的内容?
11. 简述公共交通换乘衔接组织的概念及内涵。

第12章

交通运输安全

结合事故的性质和特点,事故是指在生产活动过程中,人们由于认识上的局限、科学知识和技术力量的限制所发生的违背人们意愿的事件序列。事故的发生可能造成系统运行中断、人员伤亡、财产损失、环境破坏或者多者同时出现。交通运输事故主要指与各种运输方式相关的交通事故,包括道路交通事故、铁路交通事故、水上交通事故、航空交通事故,以及与多种运输方式同时相关的交通事故。交通运输事故主要有以下几点特征:

①交通运输事故是当事人因使用交通工具而发生。在交通事故中,至少有一方应是交通工具的使用人。

②交通运输事故必须发生在交通工具运行的过程之中。在静止状态中发生的事故,如车载货物掉落伤人等,都不属于交通运输事故。

③交通运输事故的结果是造成人员的伤亡和财产的损失。

④交通运输事故中侵权人(也称致害人)主观上有过失或有其他原因而非故意。

12.1 交通运输事故分类及等级

12.1.1 道路交通事故分类与分级

道路交通事故是指车辆在道路上因过错或者意外造成的人身伤亡或者财产损失的事件。为了满足道路交通事故统计和处理工作，对道路交通事故进行分类，主要分类包括：

1）按事故主要责任对象分类

按照事故主要责任对象不同，道路交通事故可分为机动车事故、非机动车事故、行人事故、乘车人事故。如果双方负同等责任，则按相对交通强者一方定事故。

（1）机动车事故

机动车事故是指事故中，汽车、摩托车、拖拉机等机动车负主要责任的事故。在机动车与非机动车或行人发生的事故中，机动车负同等责任的，也应视为机动车事故。

（2）非机动车事故

非机动车事故是指自行车、人力车、三轮车、畜力车等按非机动车管理的车辆在交通事故中负主要责任的事故。在非机动车与行人之间发生的事故中，非机动车负同等责任的，也应视为非机动车事故。

（3）行人事故

行人事故是指行人负主要责任的事故。

（4）乘车人事故

乘车人事故是指乘车人负主要责任的事故。

2）按事故损害后果分类

根据人身伤亡或者财产损失的程度或数额，交通事故可以分为轻微事故、一般事故、重大事故和特大事故，如表12-1所示。

道路交通事故按情节轻重和伤亡损失大小分类表 表12-1

事故类型	人员伤害	财产损失
轻微事故	轻伤1~2人	机动车事故<1万元， 非机动车事故<200元
一般事故	重伤1~2人，或轻伤3人以上	<3万元
重大事故	死亡1~2人，或重伤3~10人	3~6万元
特大事故	死亡3人以上，或者重伤11人以上 或者死亡1人，同时重伤8人以上 或者死亡2人，同时重伤5人以上	6万元以上

3）按事故原因分类

道路交通事故按事故原因可分为主观原因造成的事故和客观原因造成的事故两类。

（1）主观原因造成的事故

主观原因造成的事故主要表现为违反规定、疏忽大意和操作不当等所致。

违反规定是指当事人由于思想方面的原因,不按交通法规规定行驶,致使正常的道路交通秩序混乱,发生交通事故。如酒后开车、非驾驶人开车、超速行驶、争道抢行、违章超车、超载、非机动车走快车道、行人不走人行道等。

疏忽大意是指当事人由于心理或生理方面的原因,没有正确地观察和判断外界事物而造成的失误。如心情烦躁、身体疲乏等造成的精力分散、反应迟钝、观察不周。当事人有时凭主观想象判断事物,过高估计自己的技术,也会造成采取措施不及时。

操作不当是指当事人技术生疏、经验不足,对车辆、道路情况不熟悉,遇有突然情况惊慌失措,引起操作错误。如有的驾驶人制动时踩加速踏板。

(2)客观原因造成的事故

客观原因造成的事故主要指由于车辆、环境、道路等方面的不利因素引发的交通事故。

4)按事故对象分类

按事故对象可将道路交通事故分为6类,如表12-2所示。

道路交通事故按事故对象分类表 表12-2

事故类型	事 故 分 类
汽车—汽车事故	包括正面碰撞、追尾碰撞、侧面碰撞、超车时的剐擦
汽车—行人事故	机动车冲上人行道;人行横道内的交通事故;行人乱穿马路的交通事故
汽车—自行车	机动车碾压骑自行车人的事故
汽车—单车事故	汽车下坡、转弯或掉头时所发生的翻车事故;在桥上因大雾或机械失灵而产生的坠入江河事故等
汽车—障碍物	汽车撞击固定物的碰撞事故,如汽车撞击电线杆、桥墩、房屋等
汽车—火车	铁路道口事故

5)按交通事故现象分类

交通事故的现象,可分为碰撞、碾压、剐擦、翻车、坠车、爆炸和失火等七种。

(1)碰撞

指交通强者(相对而言)的正面部分与他方接触。碰撞主要发生在机动车之间,机动车与非机动车之间,机动车与行人之间,非机动车之间,非机动车与行人之间,以及车辆与其他物体之间。根据碰撞时的运动情况,机动车之间的碰撞可分为正面相撞、迎头相撞、侧面相撞、追尾相撞、左转弯相撞和右转弯相撞。

(2)碾压

指作为交通强者的机动车对交通弱者如自行车和行人等的推碾或压过。

(3)剐蹭

交通强者的侧面与他方接触,称为剐蹭。机动车之间的剐蹭,根据运动情况分为会车剐蹭和超车剐蹭。

(4)翻车

指车辆在行驶中因受侧向力的作用,使一部分或全部车轮悬空,车身着地的事故。翻车一般分为侧翻和大翻两种。两个车轮离开地面的称为侧翻,四个车轮均离开地面的称为大翻。

(5)坠车

指车辆驶出路外,整体脱离地面,落到与路面有一定高差的地方,如车辆坠入桥下、山涧。

(6)爆炸

由于把爆炸物品带入车内,在行驶过程中因为振动等原因引起爆炸所造成的事故。行驶中由于轮胎爆炸引起的事故,不应理解为爆炸。

(7)失火

指车辆在行驶过程中,发生车辆燃烧的事故。引起失火的原因包括人为原因,如吸烟、明火、违反操作规程等,以及车辆原因,如发动机回火、排气歧管或排气管过热、电路系统漏电等。

除以上7种主要分类方法外,其他分类方法还有:按伤亡人员职业类型分类,按肇事者所属行业分类,按肇事驾驶人所持驾驶证种类、驾龄分类。

12.1.2 铁路交通事故分类与分级

铁路交通事故是指铁路机车车辆在运行过程中发生冲突、脱轨、火灾、爆炸等影响铁路正常行车的事故,包括影响铁路正常行车的相关作业过程中发生的事故,或者铁路机车车辆在运行过程中与行人、机动车、非机动车、牲畜及其他障碍物相撞的事故。

按事故性质、损失和对行车所造成的影响,铁路交通事故分为特别重大事故、重大事故、较大事故和一般事故四个等级。

(1)特别重大事故

有下列情形之一的,为特别重大事故:

①造成30人以上死亡。

②造成100人以上重伤(包括急性工业中毒,下同)。

③造成1亿元以上直接经济损失。

④繁忙干线客运列车脱轨18辆以上并中断铁路行车48h以上。

⑤繁忙干线货运列车脱轨60辆以上并中断铁路行车48h以上。

(2)重大事故

有下列情形之一的,为重大事故:

①造成10人以上30人以下死亡。

②造成50人以上100人以下重伤。

③造成5 000万元以上1亿元以下直接经济损失。

④客运列车脱轨18辆以上。

⑤货运列车脱轨60辆以上。

⑥客运列车脱轨2辆以上18辆以下,并中断繁忙干线铁路行车24h以上或者中断其他线路铁路行车48h以上。

⑦货运列车脱轨6辆以上60辆以下,并中断繁忙干线铁路行车24h以上或者中断其他线路铁路行车48h以上。

(3)较大事故

有下列情形之一的,为较大事故:

①造成3人以上10人以下死亡。

②造成10人以上50人以下重伤。

③造成1 000万元以上5 000万元以下直接经济损失。

④客运列车脱轨2辆以上18辆以下。

⑤货运列车脱轨 6 辆以上 60 辆以下。

⑥中断繁忙干线铁路行车 6h 以上。

⑦中断其他线路铁路行车 10h 以上。

(4)一般事故

一般事故分为 4 类:一般 A 类事故、一般 B 类事故、一般 C 类事故、一般 D 类事故,具体如表 12-3 所示。

铁路交通一般事故分类表 表 12-3

一般 A 类事故	有下列情形之一,未构成较大以上事故的,为一般 A 类事故: 1. 造成 2 人死亡; 2. 造成 5 人以上 10 人以下重伤; 3. 造成 500 万元以上 1000 万元以下直接经济损失; 4. 列车及调车作业中发生冲突、脱轨、火灾、爆炸、相撞,造成下列后果之一的:①繁忙干线双线之一线或单线行车中断 3h 以上 6h 以下,双线行车中断 2h 以上 6h 以下;②其他线路双线之一线或单线行车中断 6h 以上 10h 以下,双线行车中断 3h 以上 10h 以下;③客运列车耽误本列 4h 以上;④客运列车脱轨 1 辆;⑤客运列车中途摘车 2 辆以上;⑥客车报废 1 辆或大破 2 辆以上;⑦机车大破 1 台以上;⑧动车组中破 1 辆以上;⑨货运列车脱轨 4 辆以上 6 辆以下
一般 B 类事故	有下列情形之一,未构成一般 A 类以上事故的,为一般 B 类事故: 1. 造成 1 人死亡; 2. 造成 5 人以下重伤; 3. 造成 100 万元以上 500 万元以下直接经济损失; 4. 列车及调车作业中发生冲突、脱轨、火灾、爆炸、相撞,造成下列后果之一的:①繁忙干线行车中断 1h 以上;②其他线路行车中断 2h 以上;③客运列车耽误本列 1h 以上;④客运列车中途摘车 1 辆;⑤客车大破 1 辆;⑥机车中破 1 台;⑦货运列车脱轨 2 辆以上 4 辆以下
一般 C 类事故	有下列情形之一,未构成一般 B 类以上事故的,为一般 C 类事故: 1. 列车冲突; 2. 货运列车脱轨; 3. 列车火灾; 4. 列车爆炸; 5. 列车相撞; 6. 向占用区间发出列车; 7. 向占用线接入列车; 8. 未准备好进路接、发列车; 9. 未办或错办闭塞发出列车; 10. 列车冒进信号或越过警冲标; 11. 机车车辆溜入区间或站内; 12. 列车中机车车辆断轴,车轮崩裂,制动梁、下拉杆、交叉杆等部件脱落; 13. 列车运行中碰撞轻型车辆、小车、施工机械、机具、防护栅栏等设备设施或路料、坍体、落石; 14. 接触网接触线断线、倒杆或塌网; 15. 关闭折角塞门发出列车或运行中关闭折角塞门; 16. 列车运行中刮坏行车设备设施; 17. 列车运行中设备设施、装载货物(包括行包、邮件)、装载加固材料(或装置)超限(含按超限货物办理超过电报批准尺寸的)或坠落; 18. 装载超限货物的车辆按装载普通货物的车辆编入列车; 19. 电力机车、动车组带电进入停电区; 20. 错误向停电区段的接触网供电; 21. 电化区段攀爬车顶耽误列车; 22. 客运列车分离;

续上表

一般C类事故	23. 发生冲突、脱轨的机车车辆未按规定检查鉴定编入列车； 24. 无调度命令施工，超范围施工，超范围维修作业； 25. 漏发、错发、漏传、错传调度命令导致列车超速运行
一般D类事故	有下列情形之一，未构成一般C类以上事故的，为一般D类事故： 1. 调车冲突； 2. 调车脱轨； 3. 挤道岔； 4. 调车相撞； 5. 错办或未及时办理信号致使列车停车； 6. 错办行车凭证发车或耽误列车； 7. 调车作业碰轧脱轨器、防护信号，或未撤防护信号动车； 8. 货运列车分离； 9. 施工、检修、清扫设备耽误列车； 10. 作业人员违反劳动纪律、作业纪律耽误列车； 11. 滥用紧急制动阀耽误列车； 12. 擅自发车、开车、停车、错办通过或在区间乘降所错误通过； 13. 列车拉铁鞋开车； 14. 漏发、错发、漏传、错传调度命令耽误列车； 15. 错误操纵、使用行车设备耽误列车； 16. 使用轻型车辆、小车及施工机械耽误列车； 17. 应安装列尾装置而未安装发出列车； 18. 行包、邮件装卸作业耽误列车； 19. 电力机车、动车组错误进入无接触网线路； 20. 列车上工作人员往外抛掷物体造成人员伤害或设备损坏； 21. 行车设备故障耽误本列客运列车1h以上，或耽误本列货运列车2h以上；固定设备故障延时影响正常行车2h以上（仅指正线）

12.1.3 水上交通事故分类与分级

水上交通事故指船舶、设施和排筏在海上或内河水域中航行、停泊或作业时发生的事故。其中，发生在沿海水域中的事故称为海上交通事故，发生在内河通航水域中的事故称为内河交通事故。

（1）事故分类

水上交通事故依据致损原因被分为九类，包括：

①碰撞事故

指两艘以上船舶之间发生撞击造成损害的事故。

②搁浅事故

指船舶搁置在浅滩上，造成停航或者损害的事故。

③触礁事故

指船舶触碰礁石，或者搁置在礁石上，造成损害的事故。

④触损事故

指船舶触碰岸壁、码头、航标、桥墩、浮动设施、钻井平台等水上水下建筑物或者沉船、沉物、木桩、鱼栅等碍航物并造成损害的事故。

⑤浪损事故

指船舶因其他船舶兴波冲击造成损害的事故，也称之为非接触性碰撞。

⑥火灾、爆炸事故

指船舶因自然或人为因素致使船舶失火或爆炸造成损害的事故。

⑦风灾事故

指船舶遭受较强风暴袭击造成损失的事故。

⑧自沉事故

指船舶因超载、积载或装载不当、操作不当、船体漏水等原因或者不明原因造成船舶沉没、倾覆、全损的事故，但其他事故造成的船舶沉没不属于自沉事故。

⑨其他引起人员伤亡、直接经济损失的水上交通事故

除以上事故种类之外，其他引起人员伤亡、直接经济损失的水上交通事故归为第 9 类。例如船舶因外来原因使舱内进水、失去浮力，导致船舶沉没，由于船舶机务事故导致的水上交通事故等。

(2)事故分级

水上交通事故按照人员伤亡、直接经济损失或者水域环境污染情况等要素被分为小事故、一般事故、较大事故、重大事故及特别重大事故，具体分级标准见表 12-4。

水上交通事故分级标准

表 12-4

	伤亡	经济损失	水域污染
特别重大事故	30 人以上死亡(含失踪)，或者 100 人以上重伤	1 亿元以上直接经济损失	船舶溢油 1000t 以上致水域污染
重大事故	10 人以上 30 人以下死亡(含失踪)，或者 50 人以上 100 人以下重伤	5000 万元以上 1 亿元以下直接经济损失	船舶溢油 500t 以上 1000t 以下致水域污染
较大事故	3 人以上 10 人以下死亡(含失踪)，或者 10 人以上 50 人以下重伤	1000 万元以上 5000 万元以下直接经济损失	船舶溢油 100t 以上 500t 以下致水域污染
一般事故	1 人以上 3 人以下死亡(含失踪)，或者 1 人以上 10 人以下重伤	100 万元以上 1000 万元以下直接经济损失	船舶溢油 1t 以上 100t 以下致水域污染
小事故	指未达到一般事故等级的事故		

12.1.4 航空交通事故分类与分级

航空交通事故是指任何人登上航空器准备飞行直至所有这类人员下了航空器为止的时间内，所发生的与该航空器的运行有关的人员死亡、航空器损坏的事件。

1)航空交通事故的主要类型

(1)人为事故

人为事故指主要由人为因素造成的航空交通事故，包括飞机驾驶员操作失误，机械师的维修失误，空中管制员的口误等。

(2)机械事故

机械事故指主要由机械因素造成的航空交通事故，包括飞机轮胎爆胎、飞机起落架失灵、飞机通信中断等。

(3)自然灾害事故

自然灾害事故指主要由于自然环境原因造成的航空交通事故，包括由暴雨、大雾、大雪等恶劣天气造成的事故。

(4)安全管理事故

此类事故具体又分为两类，一类是由于民航相关组织本身的管理所造成的事故，包括飞行人员配置不合理，安全管理部门职责不清等造成的事故。另一类是由于人们主观意愿产生，会危及航空运输安全的突发事件，如劫机事件、恐怖事件等

2)航空交通事故等级划分

按照航空器在运行过程中发生人员伤亡的数量和航空器损坏程度及其造成的影响，航空交通事故划分为如下等级：

(1)特别重大飞行事故

人员死亡数在40人及以上者或航空器失踪，机上人员在40人及以上者，属于特别重大飞行事故。

(2)重大飞行事故

人员死亡数在39人及以下者，或者航空器严重损坏或迫降在无法运出的地方(最大起飞质量在5.7t及其以下的航空器除外)，或者航空器失踪，机上人员在39人及以下者，属于重大飞行事故。

(3)一般飞行事故

出现以下情况之一者：①人员重伤人数在10人及以上者；②最大起飞质量在5.7t以下的航空器严重损坏，或迫降在无法运出的地方；③最大起飞质量在5.7~50t的航空器一般性损坏，其修复费用超过事故当时同型号或同类可比新航空器的价格的10%(含)者；④最大起飞质量在50t以上的航空器一般性损坏，其修复费用超过事故当时同型号或同类可比新航空器价格的5%(含)者，属于一般飞行事故。

12.1.5 管道运输事故分类与分级

管道运输由于石油、天然气的易燃、易爆和毒性等特点，会因外部干扰、腐蚀、管材和施工质量等原因发生失效事故。管道运输事故按性质可分为火灾、爆炸、中毒、泄露等类型。由于管道运输事故主要属于生产安全事故，其事故等级主要参考《生产安全事故报告和调查处理条例》分为：

①特别重大事故

造成30人以上死亡，或者100人以上重伤，或者1亿元以上直接经济损失的事故。

②重大事故

指造成10人以上30人以下死亡，或者50人以上100人以下重伤，或者5000万元以上1亿元以下直接经济损失的事故。

③较大事故

造成3人以上10人以下死亡，或者10人以上50人以下重伤，或者100万元以上5000万

元以下直接经济损失的事故。

④一般事故

指造成3人以下死亡,或者10人以下重伤,或者1000万以下直接经济损失的事故。

注:所称的“以上”包括本数,“以下”不包括本数。

12.2 交通运输事故影响因素分析

交通运输系统的组成要素可以概括为交通运输参与者、交通运输设备、交通运输环境、交通运输系统管理。以下从这几类因素展开分析其对交通运输事故的影响机理。

12.2.1 道路交通事故影响因素

1)人的因素

在道路交通系统中,人包含了所有道路使用者,如驾驶人、乘车人、行人等,人的不安全行为是引发道路交通事故的主要原因。在交通事故发生原因中,驾驶人因素占了很大比重。驾驶人肇事的主要原因有:超速行驶、疲劳驾驶、操作不当和其他违章驾车。

超速行驶会使驾驶人视觉特性和车辆行驶稳定性等发生变化,主要表现在会使驾驶人视野受到限制、动视力下降、易于疲劳、车辆制动距离延长、车辆的操纵稳定性降低。

疲劳驾驶会导致驾驶人生理机能和心理机能失调,身体状态和精神状态难以恢复,开车时驾驶机能低落。单调无味的长距离高速行驶,睡眠不足,或有连续节奏的枯燥声响,或在高山地区行车空气稀薄等,都是引起疲劳的原因。

行驶中,驾驶人若对路况不了解,易出现急转弯和紧急制动等不当操作。如驾驶员发现突发事件时,紧急制动,结果车轮抱死,方向失控,侧偏、侧滑或失控而造成事故。

违章驾车包含了占道行驶、违章调头、违章停车、违章倒车、违章并线、违章超车和逆行等危险行为,既有驾驶人不了解道路行车规则和标志内容引起,也有驾驶人安全意识淡薄,不遵守交通标志标线的规定引起。

2)车辆的因素

车辆造成的交通事故占道路交通事故很大比例。其主要表现在车辆性能差,机件失灵、损坏等。车辆影响交通安全的要素主要有车辆的制动性能、动力性能、操纵稳定性、轮胎质量等。

(1)制动性能

高速行驶的汽车,在突然遇到意外情况时,须能迅速减速或停车,才能保证安全,避免事故,汽车的这种性能称为制动性。制动性能包括制动距离、制动效果和操作性、制动效率及操作的稳定性、制动时的方向稳定性。根据我国标准《机动车运行安全技术条件》(GB 7258—2012)的规定,汽车须装有两套彼此独立的制动装置,即行车制动装置和驻车制动装置。

(2)动力性能

汽车的动力性包括最高车速、加速度和加速时间、最大爬坡能力。影响汽车动力性的最主要因素是汽车的发动机,发动机的技术状况变坏,造成车辆被迫停车,影响车辆在公路的正常行驶,经常引发撞车事故,造成人员伤亡。最理想的发动机特性是:在低速时,发动机有较大的扭矩,能使汽车很快加速,随着车速的提高,剩余扭矩逐渐减小。

(3)操作稳定性

汽车的操纵稳定性与交通安全有直接关系,操纵稳定性不好的汽车使驾驶人难以控制,严重时还可能发生翻倾或侧滑而造成交通事故。高速行驶时汽车的操纵稳定性主要包括:直线行驶的方向稳定性,快速变换车道特性,侧向风稳定性等。影响操纵稳定性的因素有很多,主要有整车的前后质量分配、重心、转动惯量、轴距和轮距,悬架装置和车轮定位,转向系统的结构和性能,车身的空气动力学性能等。

(4)轮胎质量

因轮胎而引发的道路交通事故可归纳为两种表现,一种是直接引发,一种是间接引发。直接引发较为直观的是爆胎,间接引发具体体现在轮胎对道路的不适应、驾驶操作不符合轮胎要求等方面。

3)道路的因素

道路的因素主要是指道路的线形设计、道路结构、行车环境等。道路上安装的设施,如信号装置、交通标志标线、道路标识、防护栏、道路照明、分隔带等也影响着道路交通的安全性。信号装置可以避免交叉口的车流冲突。交通标志标线以及道路标识向驾驶人提供重要的道路行驶信息。防护栏防止车辆冲出路外或者对向车道。道路照明使夜间行车的驾驶人得到视野内必要的道路信息和足够的安全视距。分隔带使往返车流分道行驶,防止会车时的正面碰撞。

4)环境的因素

环境要素包括自然及地理环境,还有交通环境等。在雨、雾、风、雪天气条件下,道路上行驶的车辆存在行驶风险性较大,视线受影响,车辆难以控制等情况。交通环境与交通事故发生有密切关系,主要体现在交通量的大小、交通组成、速度与速度离散性。一般认为,交通量越小,事故率越低,反之越高。混合交通中货车比例增加,事故率上升。车速离散程度越高,事故发生的概率越高。

12.2.2 铁路交通事故影响因素

(1)人的因素

影响铁路交通安全的人主要指操作人员,包括列车司机、信号员、调度员、维修保养人员、道口人员、货物装卸人员、事故紧急处理人员、有关设备、工程的设计施工人员等。在铁路交通事故中,操作人员的操作错误或操作失误经常是造成事故或未能阻止事故蔓延的直接原因。这些人员的年龄结构、文化素质、心理素质以及应变能力如何、是否很好地遵循岗位职责、严格按操作规程作业,与铁路事故的发生与否、发生事故的多少、事故造成损失的大小等都有着密切的关系。

(2)载运设备及其他移动设备的因素

列车本身的状态不良,会导致重大恶性事故的发生,若设备配置不当还会使得事故在短时间内迅速加重。如车辆发生断轴、热切,制动梁或下拉杆脱落,制动、报警装置发生故障,或者车钩破损等均会导致事故的发生。而机车"三大件"(自动停车装置、无线电列车调度系统、机车信号系统)、列车运行监控装置、红外线探测网、减灾救援设备等安全技术装备能有效地避免事故发生或减轻事故严重程度。

(3)内部环境的因素

铁路内部环境包含了轨道、车站设施、铁路信号、道口等。轨道出现技术和质量差错,或者线路上有障碍物,高速运行在轨道上的列车就很可能脱轨、颠覆,发生重大交通事故。车站通风及排烟系统设计不佳、没有紧急照明设备、灭火设备不足等会加重火灾造成的危害程度。铁路信号能否在正确的时间传递正确的信息,直接关系着铁路运输的安全。道口是铁路与道路相交的主要形式,允许行人和车辆穿越铁路,其安全管理设备(如报警设备、栏杆等)是否正常,看守房等设施是否妨碍瞭望视线都对铁路安全有着影响。

(4)外部环境的因素

铁路外部环境指自然环境与社会经济环境,这些环境的变迁对铁路运输系统的安全状态影响很大。自然环境包含了大风、洪水、大雾等不良自然天气,使得铁路运输行驶困难,事故风险提高。社会环境因素指政治经济发展状况、法律普及、治安状况、地方政府与铁路部门的合作关系、民众的安全意识及对安全的认知、社会风气、社会对既有事故的评价、铁路企业形象、铁路安全状况等外部环境。

12.2.3 水上交通事故影响因素

(1)人的因素

在水上交通事故中,人的因素往往是触发因素,其中船员又是最主要的因素。船员引起水上交通事故的原因可分为人员不适任和人为失误两类。人员不适主要是指船员因在理论知识、实际操作技能、语言沟通、身心体能等方面的因素所导致的不适应其工作职务。人为失误即是人的不安全行为。根据人为失误对水上交通事故的影响有不同的表现阶段和表现形式,具体分为感知、决策、行动三个阶段。感知阶段的失误包括船员擅离职守、船员技术水平低、打瞌睡等。决策阶段的失误包括违反规则或公约规定、航线计划或选择不当、判断失误等。行动阶段的失误包括未及时采取行动、船舶操纵不当、未采取安全航速等。

(2)船舶的因素

船舶要素包括船舶的设备、技术特性,主要有船舶航行操纵设备、助航设备、救生消防设备、电气设备、轮机设备、船舶材料及质量、船体结构、强度、密封性、船舶的浮态、吃水、吃水差、干舷、稳性、摇荡性等。船舶要素有时会成为事故的主要因素,特别是船舶倾覆或沉没的事故,以及在船舶失控的情况下发生的事故。

(3)货物的因素

货物的挥发性、易燃易爆性、毒害性、易移动、污染性、易流态化等特性,或在货物分类、处置、堆装、系固、运输保管等方面处理不当,则容易引发事故。

(4)环境的因素

环境因素分为自然环境因素和通航环境因素。自然环境因素包括气象条件(风、雪、雨、雾等)、水文条件(流速、流态、涨潮、落潮等)和航道条件(道宽度、深度、曲率半径、水下障碍物等)。通航环境因素包括通航密度、交通秩序、靠泊条件、锚泊条件、桥梁及架空电缆高度、助航标志、背景灯光、港口设施的状况、安全信息等。

(5)管理的因素

管理因素包括海事法规建设、船员管理、船舶管理、通航管理、航行安全保障及组织宣传、教育、培训体系的健全程度等。

12.2.4 航空交通事故影响因素

(1)人的因素

人的因素涉及技术水平、安全意识、心理素质以及体能,由人引起的航空事故主要是因为管制员行为的失误。管制员行为失误在小流量情况下表现为思想麻痹、注意力分配不当、特情处置能力差、个人违规操作、疲劳上岗、业务基础知识掌握不牢、技能有限。在大流量情况下则是管制混乱、低空通话用语不规范、管制员口误、管制员不适应、未认真收听飞行员复诵、教员对见习管制员放手量过大、班组配合不当、双语通话不适应、管制区间移交协调不够、提前进行管制移交(协调管制员未干预)、未掌握航行情报资料、提供错误场压、交接班有误等。

(2)机械的因素

由机械引起的交通事故的原因可归纳为:

①雷达虚假信号或信号丢失。偶尔的雷达讯号丢失会导致管制工作被动,甚至出现措手不及、引发管制失误的现象。

②雷达标牌未自动相关或相关错误。雷达标牌没有自动显示各航空器的基本信息,或者显示错误信息的话,就无法给管制员提供正确有效的信息,易导致不安全事件的发生。

③航空器未装二次雷达。航空器没有安装二次雷达,会导致管制员无法确认一次雷达提供的信息是否准确无误,如若按照错误的信息进行指挥的话,很有可能引发不安全事件。

(3)管理的因素

航空管理中最容易出现问题的环节分别是安全监察管理、班组资源管理以及技术设备管理。安全监察管理中的问题表现为安全管理制度落实不力、安全培训和教育不够到位以及不安全事件的样本收集存在问题。班组资源管理的问题表现为班组成员的搭配不当、缺乏沟通以及监督不力。技术设备管理的问题表现为对技术设备可靠性的检查。

(4)环境的因素

航空交通事故中的环境因素可分为航路空域环境、自然环境和民航系统环境。航路空域环境易出现航线设计与空域管理欠合理,空中交通流量过大等问题。自然环境主要为恶劣的自然气候,如风切变、雷雨、大雾等。民航系统环境包含了航空公司以及机场公司,某些航空公司在安全与效益不能两全时选择冒险开“红眼航班”,机场导航系统损坏、应急救援体系不完善等都会导致航空事故的发生。

12.2.5 管道运输事故影响因素

(1)人的因素

人的因素分为两部分,一部分为工作人员受经验、当时的情况或心理等因素的影响,在管道和储罐的施工、运行和维护工程中,存在违背正规流程的误操作,如日常检查中忽视了管道出现的安全缺陷。另一部分为非工作人员对运输管道造成的损坏行为,如人为的对主干管线打孔盗油。

(2)设计的因素

设计因素指管道运输设施在设计中存在缺陷,主要包括了焊缝缺陷、管体缺陷、建造缺陷及材料管体失效等,导致管道运输设施强度不达标、易疲劳破坏等。

(3)腐蚀的因素

腐蚀因素在管道运输事故原因中占有非常大的比例。运输管道与周边环境长期相互作用,不可避免会产生一定量的腐蚀,包括大气腐蚀、管道内腐蚀、埋地管道的金属腐蚀等,如果不采取措施加以防范和维护,易引起管道运输事故的发生。

(4)自然灾害的因素

管道运输面临的自然及地质灾害主要包括地面运动和极端气候,如溃堤、洪水、滑坡与泥石流、河水冲击、暴雨、洪水、雷电、台风等。

12.3 交通运输安全技术

12.3.1 道路运输安全技术

1)道路交通安全设计技术

道路交通安全设计技术包括道路线形设计、路面设计和安全设施设计。道路线形设计要考虑线形与地区的土地利用相协调,同时要使道路线形连续、协调,并能满足施工、维修管理、经济、交通等各方面的要求。最小曲率半径的确定要考虑行驶在道路曲线部分上的汽车所受到的离心力、重力与地面提供的横向摩擦力之间的平衡,并考虑不影响乘客的心情。在曲线部分,应根据实地情况适当的超高。纵断面线形的设计必须符合规范。为保证安全,路面应具有一定的平整度和粗糙程度。路面的平整度直接影响到行车平稳性、舒适性、轮胎磨损程度等。为防止产生汽车滑水现象,路面还需保持一定的粗糙度。行车道的设计必须满足相关标准对行车道宽度、紧急停车带设计、爬坡道和变速车道设计等方面的规定和要求。交通安全设施的设计应以相关规范为依据,设置完善的交通安全设施系统。

2)道路交通安全监控与检测技术

道路交通安全监控与检测技术分两大类:一类是基于事故避免的监控与检测技术,另一类是基于维护和维修的检修与诊断技术。

(1)基于事故避免的监控与检测技术

由于驾驶员疲劳或注意力不集中而导致车辆发生事故的情况非常常见,可用驾驶员警报系统监视转向盘输入和车辆位置的办法检查驾驶员状态,并通过"刺激"方法给与驾驶员警报,以便及时调整驾驶员状态。汽车行驶记录仪是安装在汽车上,记录、存储、显示、打印车辆运行速度、时间、里程以及有关车辆运行安全的其他状态信息的数字式电子记录装置.这些记录的信息在遏制疲劳驾车辆超速等严重交通违法行为,预防道路交通事故,保障车辆行驶安全,提高营运管理水平等方面发挥着重要的作用,并将为事故分析鉴定提供原始数据。汽车导航系统是一种以 GPS 为基础的技术扩展。导航系统可根据驾驶员的目的地、交通密集程度及其他环境因素,通过信号站和卫星信号选择最佳交通路线,从而提高交通运输效率、节约旅行时间,有益交通安全。为使行驶在同一条路线上的车辆始终保持一定距离,车辆应装有速度控制装置。该装置可调节车速,使跟随车辆始终与前面车辆保持正确的距离,以减轻驾驶员的劳动强度并避免事故发生。

(2)基于维护和维修的监测与诊断技术

汽车检测是对汽车技术状况和工作能力进行检查,目的是判别汽车技术状况是否处于规定水平,是否达到合格指标。检测内容包括:侧滑检验、制动检验、车速表检验、前照灯检验、噪声检验、CO 检验、烟度检验等。定期检查道路的负载能力、路面粗糙度、平整度等,对路基、路面应实行定期养护,以保持道路的安全要求。经常清扫路面保持路面整洁,降雪或路面结冰时撒盐或加防滑链,路基损坏、路面坍塌凹陷应及时修复。道路安全设施应定期保养,及时修理和更换损坏部分。设施不全或没有设施的公路,应根据公路性质、技术等级和使用要求,有计划、有步骤地增设。安全设施的维护与管理包括护栏、交通标志和交通标线的维护和管理。

3)道路交通安全管理技术

道路交通安全管理技术包括了运用高科技手段及时查处违章车辆,排除事故隐患;在雨、雾、雪天等灾害气候条件下应制定交通管制预案,合理控制交通流量,疏导车辆通行;在城市道路,实现人车分流,进行合理的交通渠化;向车辆发布分流信息,提供最佳绕行路线等。

4)智能交通运输技术

利用智能交通运输技术,如交通管理系统(在途驾驶人信息、路径诱导、交通控制、突发事件管理、公铁路交叉口管理等)、应急管理系统(紧急事件通告与人员安全、应急车辆管理),商用车辆运营系统(自动路侧安全监测、车载安全监测、危险品应急响应等)、车辆控制与安全系统等,能够提高人、车辆、道路环境等的安全水平,减少事故的发生。

12.3.2 铁路运输安全技术

(1)铁路运输安全设计技术

常用的铁路运输安全设计技术有强化运输设备的安全性、隔离、闭锁等。强化运输设备的安全性是减少铁路运输事故的重要措施,如平交道口改立交,铺设重型钢轨、采用自动闭塞、电气集中、调度集中,增加各类道口信号的装备率等。隔离也是一种常用的安全设计技术,如采用物理分离、护板和栅栏等将已识别的危险同人员和设备隔开,以降低危险的影响。闭锁是指防止某事件发生或防止人、物等进入危险区域,如油罐车上的闭锁装置可防止在车体未接地的情况下向车内加注易燃液体。

(2)铁路运输安全监控与检测技术

为保证铁路运输安全而采用的安全监控与检测技术有铁路列车检测、铁路列车超速防护、铁路车辆探测系统、设备故障防护报警和自动检测、自动控制及远程控制等先进手段。常见的列车检测技术有轨道电路、查询应答器列、卫星系统和车上检测感知器等。列车超速防护是对列车实际速度和最大安全速度进行比较,当出现超速时,要实施安全制动。铁路探测系统有轴箱发热探测器、热论探测器、脱轨、拖挂设备检测器、临界限界检查器等。

12.3.3 水上运输交通安全技术

(1)船舶航行安全技术

船舶的安全航行需要能精确地确定传播的航向和位置。控制航向的主要设备是舵,一般采用自动操舵控制航向。自动操舵可分为两类:航向保持系统与航迹保持系统。船舶的定位方法按照参照目标可分为岸基定位与星基定位。岸基定位是利用岸上目标定位,如灯标、山头等,其中最常用的雷达定位是通过雷达脉冲遇到显著物标反射回来所经过的时间及方向测定物标的距离和方位,得出位置线,相交而定出船位。星基定位方法是利用天体,包括太阳、月亮、恒星、行星与船舶的相对位置来确定船舶的位置,如目前使用最广泛的全球定位系统。电子海图显示与信息系统的不断完善,集海图显示、计划航线设计、航路监视、危险事件报警、航行记录、海图自动改正等功能于一身,提高了航行安全和航行效率。

为了避免水上船舶的碰撞,船舶配备了自动识别系统,其能向船舶驾驶人员持续提供更多更准确的避碰信息,如船名、船舶种类、船舶尺度、装载情况、航行状态和航行计划等,有利于减少因船舶识别和避碰决策失误引起的船舶碰撞事故。

为避免因恶劣天气和水文条件等影响而发生其他水上交通事故,还有大风浪安全航行技术、冰区安全航行技术、狭水道安全航行技术、超大型船舶安全操作技术。

(2)水上交通安全监控技术

目前普遍采用的水上交通安全监控技术主要是船舶交通服务系统。船舶交通服务系统收集水上的各类数据,包括船舶运动的有关数据(如航向、航速、船位等)、水文气象数据(如气温、气压、温度等)和静态数据(如船体、设备、人员等),然后在固定时间和时间间隔,或在船舶交通服务系统认为必要时,或应船舶请求,将相关信息进行传播。

(3)船舶航行警告、遇险报警和搜救技术

航行警告系统和航行通告,是将有关海区和水域内发生的或将要发生的,可能影响航行和作业安全的任何情况变化,及时准确地通知所有船舶,是指采取适当措施或保持戒备,以确保船舶航行和作业安全。海上安全主管部门一般会专设海岸电台利用无线电发布这类公告。

船舶遇险报警和搜救技术主要是全球海上遇险与安全系统,能满足遇险船的可靠报警,对遇险船的识别、定位,救助单位之间的协调通信,救助现场的通信,可靠、及时的预防措施以及日常通信等各项要求。

12.3.4 航空运输安全技术

(1)飞行安全及支持保障技术

就航空器的航行安全操作而言,飞行安全技术包括小速度飞行安全技术、大速度飞行安全技术、地面滑跑与近地飞行安全技术、非对称动力飞行安全技术、高原飞行安全技术、高温机场飞行安全技术、特殊天气条件下飞行安全技术、其他特殊条件下安全飞行技术等,这主要依赖于航空器适航性和飞行员的驾驶操作技能。为航空器的航行安全提供路基支持保障的技术包括通信、导航和检测技术等。

航空器正在朝"以人为中心的自动化"方向发展,其相关技术包括:①综合卫星及机载系统,实现机上导航、定位、避撞以及常规飞行;②机载自动检测系统、卫星和空地数据链,实现航空器运行状态的实时监控;③风险探测系统;④具有自诊断能力的内部各系统自检和综合管理系统;⑤与地面空中交通管理系统配套的全面综合化驾驶舱。这些技术的综合使用可以提高航空器的安全保障型,降低由于技术因素导致的飞行事故率。

(2)空中交通安全管理技术

空中交通管理的任务是有效维护和促进空中交通安全,维护空中交通秩序,保障空中交通畅通。空中交通管理的内容主要包括空中交通管制、空中交通流量管理和空域管理。空中交通管制是空中交通管理的主要部分,包括空中交通管制服务、飞行情报服务和告警服务。空中交通管制服务的任务是防止航空器与航空器相撞及在机动区内航空器与障碍物相撞,维护和加快空中交通的有序流动。实施空中交通管制分为不同层次:机场交通管制塔台负责接收和移交出入进近管制室的飞机,引导它们着陆、起飞和滑行,并监视和管制它们在飞行区地面上的活动;航站交通管制室负责将区域管制中心移交来的飞机安排好顺序,均匀而有次序地进出机场,并移交给机场管制塔台;区域交通管制中心通过远程雷达监视飞机间的间隔,同时还可识别飞机及其航道和目的地,估计其速度和飞行高度,并利用通信(话)与飞机驾驶员沟通信息。管制方式分为程序管制和雷达管制两种。程序管制是依照空中交通管制规则、机场和航路的有关规定,依靠通信手段进行管制的方法。雷达管制则是按照空中交通管制规则,依靠雷达监视的手段进行管制的方法。

12.3.5 管道运输安全技术

(1)管道运输安全设计和安装技术

运输管道的安全设计是消除事故隐患,避免和减少管道运输事故的基本手段。管道运输安全设计技术包括根据管道的材料、管道的用途和管线的铺设方式按照相应的国家和行业标准进行设计和安装,防止因地质和天气等自然条件和外界因素的影响而造成的管道的腐蚀和破裂,导致泄露、起火、爆炸事故。应设置石油天然气管道标识和警示标识以防止施工作业和其他工程活动对管道和管线的损害。加油气站点和加压加温泵站的设备和设施也应按照相应的国家和行业标准进行设计和安装,达到防腐、防火、防爆和防毒的技术要求。

(2)管道运输安全监控与检测技术

管道运输安全监控与检测技术,包括管道内检测技术、管道泄漏监控与检测技术、地质灾害及特殊地段监控技术、事故和灾害自动定位和自动报警技术等。物料在管道运输过程中,对其运输状态需要进行实时监控,发现问题及时处理。管道安全检测应包括腐蚀环境检测评价、腐蚀防腐系统监测评价及管体安全状况监测评价三个方面。埋地钢制管道的外腐蚀检测评价分为管道参数与操作历史数据统计、非开挖现场检测、管道质量的开挖检测评估、外腐蚀完整性评价四个阶段。针对输油管线泄露和盗油现象,自动监控报警系统可利用高性能仪表将管线的压力、流量、温度等信号进行跟踪测量。管道完整性管理技术则利用不同的技术手段将获取的管道安全相关数据,通过计算机平台进行分析处理,得出对管道的决策计划。

12.4 交通运输突发事件应急救援

交通运输突发事件,是指突然发生,造成或可能造成严重社会危害,需要采取应急处置措施予以应对的涉及交通运输的自然灾害、事故灾难、公共卫生和社会安全等事件,包含了道路、铁路、水上、航空交通运输突发事件。为了应对交通运输中的突发事件,各级人民政府纷纷建立了相应的交通运输突发事件应急救援制度。

(1)交通运输应急预案体系

交通运输应急预案体系是指由国家交通运输突发事件应急预案序列、各级政府交通运输部门应急预案序列、各级企事业单位和社会基层组织制定的应急预案序列构成的有内在联系的预案网络。专项应急预案是为应对突发事件而预先制定的涉及多个部门职责的工作方案,包括国家级、省级、市级、区县级。部门应急预案是指在交通运输部门内部即可处置的突发事件应急预案,也分为国家级、省级、市级、区县级。

(2)交通运输应急管理体制

交通运输应急管理体制主要是指交通运输部门主责应对，或其他部门主责应对交通运输部门配合的交通运输突发事件中应急组织体系以及各部门的职责，如各类交通运输突发事件的应急领导机构、专项指挥机构、应急小组、日常办事机构，等等。

(3)交通运输应急管理机制

应急管理机制是指在突发事件事前、事发、事中、事后全过程中，采取的各种制度化、程序化的应急管理方法与措施。按照应急管理的过程，应急管理机制主要有20个工作机制，包括社会管理机制、风险防范机制、应急准备机制、宣传教育培训机制、社会动员机制、事件监测机制、事件研判机制、事件预警机制、国际合作机制、先期处置机制、快速评估机制、决策指挥机制、协调联动机制、信息发布机制、恢复重建机制、心理救援机制、调查评估机制和责任追究机制。

(4)应急救援处置

交通运输突发事件发生后，事发地交通运输管理部门立即采取措施控制事态发展，启动相应级别的应急预案，组织、部署交通运输突发事件的应急救援处置工作，根据实际需要，主要采取以下措施：

①组织搜寻、营救遇险人员，疏散、撤离受威胁人员和运输器械；

②对危险源和危险区域进行控制，设立警示标志；

③调集人员、物资、设备、工具，对突发事件造成影响进行消除，对受损的交通基础设施进行抢修、抢通或搭建临时性设施以满足交通运输正常运行需要；

④采取控制、防范措施，防止次生、衍生灾害发生；

⑤必要时请求本级人民政府和上级交通运输部门的帮助，协调有关部门，启动联合机制，联合开展应急处置；

⑥组织开展应急处置动员和自救互救；

⑦及时向上级和有关部门报告突发事件信息，报告事件情况和应急处置开展情况；

⑧按照有关规定，统一、准确、及时、客观地向社会和媒体发布应急处置信息；

⑨其他有利于控制、减轻和消除危害的必要措施。

【复习思考题】

1. 交通运输事故的特征有哪些?

2. 铁路交通事故按事故性质、损失和对行车所造成的影响分为哪四类?

3. 公路运输事故影响因素有哪些?

4. 航空运输事故影响因素有哪些?

5. 简述提高道路运输安全的技术。

6. 简述提高水上运输安全的技术。

7. 简述提高管道运输安全的技术。

8. 试针对某类交通运输突发事件，拟定应急救援处置方案。

第 13 章
交通运输发展新趋势

13.1 智慧交通运输系统的发展

13.1.1 智慧交通运输系统的内涵和特点

智慧交通运输系统是以国家智能交通系统体系框架为指导,在交通领域中充分运用物联网、云计算、互联网、人工智能、自动控制、移动互联网等技术,综合运用交通科学、系统方法、人工智能、知识挖掘等理论与工具,通过高新技术汇集交通信息,对交通管理、交通运输、公众出行等等交通领域全方面以及交通建设管理全过程进行管控支撑,使交通系统在区域、城市甚至更大的时空范围具备感知、互联、分析、预测、控制等能力,以充分保障交通安全、发挥交通基础设施效能、提升交通系统运行效率和管理水平,为通畅的公众出行、可持续的经济发展服务。

智慧交通是智慧城市建设的重要组成部分,世界各国都进行了大规模的智慧交通建设,智慧交通蓬勃发展,“互联网 + ”交通运输发展迅速,无车承运、网约车、分时租赁、汽车金融等新业态蓬勃兴起。交通运输系统智慧化首先表现在硬件上,未来交通运输系统的硬件设备都带有芯片,整个交通运输系统就是一个大的计算机网络。其次表现在软件上,这不仅表现在人机界面应该更加友好和人性化,而且还要求管理、经营、控制等方案的高智商,智慧交通运输系统具有如下特点:

(1)智慧交通运输系统具有以知识表示的非数学广义模型和以数学模型表示的混合模型,适合于对含有复杂性、不完全性、模糊性、不稳定性和算法未知的运输过程的描写具有分层信息处理和决策机构。

(2)智慧交通运输系统的核心在高层模块,对运输环境或运输过程进行组织、决策和规划,实现非线性智能交通运输系统的广义求解。

(3)智慧交通运输系统具有总体自寻优化的特点,即根据当前的客货流量的大小和方向,在调整交通运输系统参数仍得不到满足时,就以跃变的方式改变交通运输系统结构,以此提高交通运输效益。

由于智慧交通运输系统具有实时特征辨别、特征记忆等特点,在整个运输过程中计算机系统实时获取客货和环境的信息,进行实时处理并给出运输决策,通过不断优化参数和寻找运输系统的最佳结构形式,以获取整体最优运输效益。智慧交通运输系统的目标是安全性、畅通性、环保性和舒适性,必将带来巨大的经济效益、社会效益、生态效益、环保效益。

13.1.2 智慧交通运输系统的研究内容

(1)先进的交通信息服务系统(ATIS)

先进的交通信息服务系统是建立在完善的信息网络基础上的,交通参与者可以通过装备在道路上、车辆上、换乘站上、停车场上以及气象中心的传感器和传输设备,向交通信息中心提供各处的交通信息;该系统得到这些信息并经过处理后,适时向交通参与者提供道路交通信息、公共交通信息、换乘信息、交通气象信息、停车场信息以及与出行相关的其他信息;出行者根据这些信息确定出行方式和选择路线,提高人们的出行效率和安全水平。由于合理地选择了出行方式和路线,从而使路网上的交通流获得平衡分配。如果车辆上装备了自动定位和导航系统,还可以帮助驾驶员自动选择行驶路线。

(2)先进的交通管理系统(ATMS)

在这个系统中,有一部分与ATIS共用了信息采集、处理和传输系统。交通管理部门对道路系统中的交通状况、交通事故、气象状况和交通环境进行实时的监控,通过收集到的信息,对交通车辆进行有效的实时疏导、控制与处理等。ATMS包括的子系统有:在途驾驶员信息系统、旅行服务信息系统、事故处理系统、交通控制系统和排放检测与控制系统等。

(3)先进的公共交通系统(APTS)

该系统的主要目的在于改善公共交通的效率(包括公共汽车、地铁、轻轨交通、城郊铁路和城市间的公共汽车等),提高公共交通的可靠性和安全性,以提供便捷、经济、大运量的公共交通系统。

(4)先进的车辆控制和安全系统(AVCSS)

从当前的发展看,由于AVCSS为驾驶员提供了各种形式的碰撞和安全保障措施,改善了驾驶员对行车环境的感应和控制能力,通常把它分为以下两个层次:

一是车辆辅助安全驾驶系统。该系统包括以下几个部分:车载传感器(微波雷达、激光雷达、摄像机、其他形式的传感器等)、车载计算机和控制执行机构等。行驶中的车辆通过车载的传感器测定出与前车、周围车辆以及与道路设施的距离和其他情况,由车载计算机来处理,在紧急情况下,还可以强制车辆制动。

二是自动驾驶系统。装备了该系统的汽车也称为智能汽车,它在行驶过程中可以做到自动导向、自动检测和回避障碍物。在智能公路上,能够在较高的速度下自动保持与前车的距离。智能汽车只有在智能公路上使用时才能发挥其全部功能,如果在普通公路上使用,它仅仅只是装备了辅助安全驾驶系统的汽车。

(5)营运车辆运行管理系统(CVO)

这是一个以高速道路网和信息管理系统为基础,利用物流理论进行管理的智能化的物流管理系统。综合利用卫星定位、地理信息系统、物流信息及网络技术来有效地管理和改善客货汽车、公共汽车企业的行驶技术与设备,并组织运输,使营运车辆的安全性和生产效率得到提高,使公路交通系统的所有用户都能获益于更为安全可靠的公路环境,提高运输效率。

(6)电子收费系统(ETC)

公路收取通行费是公路建设资金回收的重要渠道之一,但是随着交通流量的增加,收费站开始成为道路上新的瓶颈。电子收费系统就是为解决这个问题而开发的。使用者可以在高速公路公司或银行预交一笔通行费,领到一张内部装有电子线路的通行卡,将其安装在自己汽车的指定位置,当汽车通过收费站的不停车收费车道时,该车道上安装的读取设备与车上的卡进行相互通信,自动在预交账户上将本次通行费扣除。这样就可以使所有地面交通收费系统实现自动化,以减少因用现金收费所造成的交通延误。如果在现有的车道上安装电子不停车收费系统,则可以使车道的通行能力提高 3 ~5 倍。

(7)紧急救援管理系统(EMS)

紧急救援管理系统是一个特殊的系统,其基础是 ATIS、AT-MS 和有关的救援机构与设施。通过 ATIS 和 ATMS 这些设施可以将交通监控中心与职业的救援机构联成有机的整体,提高对突发交通事件的报告和反应能力,改善应急反应的资源配置,为道路使用者提供车辆故障现场紧急处置、拖车、救护、排除故障车辆等服务。

13.1.3 智慧交通运输系统的主要技术平台

(1)全球卫星定位系统

全球卫星定位系统(GPS)是由空间卫星系统、地面监控系统、用户接收系统三大子系统构成,是具有全球性(陆地、海洋、航空与航天)、全天候优势的导航定位、定时、测速系统。GPS 的导航系统与电子地图、无线电通信网络及计算机车辆管理信息系统相结合,可以实现车辆跟踪和交通管理等多种功能。

(2)交通地理信息系统

交通地理信息系统是一种空间性数据库管理系统,除具备一般数据管理系统的基本功能外,还具有空间查询和分析的功能,用户可以根据需要建立一个应用分析模型,通过动态分析为评价、管理和决策提供服务。

(3)现代通信和网络技术

目前,计算机网络的宽带网技术发展很快,网络主干带可达到千兆位,可满足传输量大的智能运输系统的要求。全球移动通信系统可以使用户之间方便地进行信息传递,可以在任何时间和地点实现车辆之间、货主之间的生产调度通信联系和营销业务通信联系等。高速发展的互联网,能够高效地实现货运企业间的数据交换,实现货物的预约和车辆的配载及企业本身的内部管理等。前途广阔的无线局域网技术,可以让用户在任何时间和地点轻松地进入到网络去获得自己所需的交通信息,用户不再需要接入到局域网交换机的端口去访问网络。在智慧交通运输系统中,将GPS导航系统与交通地理信息系统、通信网络及计算机车辆管理信息系统相结合,可以实现车辆跟踪和交通管理等许多功能。

13.2 车联网

13.2.1 车联网的内涵和特点

车联网(Internet of Vehicles)是一种基于人、车、环境协同的可控、可管、可运营、可信的开放融合网络系统,通过先进的信息通信与处理技术,对人、车、网络通信和道路交通基础设施等环境元素的大规模复杂动静态信息进行感知、认知和计算,解决泛在异构移动融合网络环境中智能管理和信息服务的可计算性、可扩展性和可持续性问题,最终实现人、车、环境的深度融合,提高交通出行效率,改善城市服务水平,降低社会运行成本。

车联网能够实现对入网所有车辆的属性信息和动静态信息进行实时查询和利用,根据不同需求对整个网络内的车辆主动实施信息共享、智慧化管理和控制,为用户提供实时准确的车辆信息、路况信息、车辆位置信息和路径诱导。具体体现在以下几个方面:

(1)在大规模路网信息获取方面

车联网将实现大量道路网络交通信息的共享。基于射频识别(RFID)等先进的自动识别技术,可识别高速运动物体及同时识别多个标签,操作快捷方便,适用于各种恶劣环境。入网车辆只要贴上标签,就可以通过路侧设施获取附近通过车辆的大量属性信息、行驶状态信息等,而安装了智慧车载装置的联网车辆,除能提供车辆自身行驶状态信息外,还能感知周围道路交通环境信息,并将这些信息上传至车联网监控平台,成为大量道路交通信息的主要来源。

(2)在城市交通最优化管理和控制方面

稳定、安全、高效的车联网是解决城市交通拥挤的有效途径。车联网建设实施后,不但可以获取更加丰富的路网信息,且将大大增强交通管理系统与路网、车辆之间的实时交互。交通管理系统能够及时接收车辆运行请求和发现路网交通症结,通过智慧化交通控制、交通诱导等交通管理手段以及与路网车辆的实时协调,实时收集车辆车况反馈信息,对有问题的车辆提前干预,实现主动管理和控制,有效缓解城市交通拥挤。

(3)在信息化服务方面

信息服务多元化是提高城市交通服务效率的关键所在。车联网下,车辆行驶更智慧化、安全化,信息化服务的目标除满足效率、主动安全等要求外,还应具备多样化功能,如动态交通信息实时查询与显示、行驶路线规划、辅助驾驶、应急救援、兴趣点查找等,信息服务质量要求更高,服务范围覆盖面更广等方面。同时,对车载装置的设计与开发提出了新的需求,车载装置应具备多功能化、智慧化和信息化等特征,应能够与其他车辆或者道路系统进行交互,将自身车辆状态及车辆感知的周围环境信息反馈到互联网,扶助驾驶员操控自身车辆等。

13.2.2 车联网服务与应用

WiFi、RFID等无线技术被运用于交通运输领域智能化管理,车联网将能够用于各个方面,例如智能公交定位、智能停车场管理、车辆类型及流量信息采集、不停车路桥电子收费、车辆速度计算分析等,车联网的典型应用主要包括以下几个方面。

(1)紧急救援系统

当紧急情况发生,车主按动车上安装的紧急按钮,通过无线通信接通客服中心。客服人员能够通过 GPS 技术精确定位,将救援送达车主。在救援过程中,客服人员不仅能一直与车主进行在线交流,而且能实时调度救援资源,最小化车主的生命财产损失。

(2)智能导航系统

现行试用的路线推荐系统能够根据司机需求和实时交通信息,推荐最短路径、时间最优路径,甚至为出租车司机推荐最有可能搭载乘客的路线。2009 年日本丰田引入 G-Book 智能副驾系统。同年通用汽车将 OnStar(安吉星)技术装配在凯迪克拉和别克等车型上。福特、日产等企业相继发布了车载网络平台。

(3)智慧交通运输系统

将先进的进的信息技术、通信技术、传感技术、控制技术以及计算机技术等有效地集成运用于整个交通运输管理体系,从而建立起在大范围内、全方位发挥作用的,实时、准确、高效的综合的运输和管理系统。

(4)车载社交网络

实现车联网技术的未来城市交通将告别红绿灯、减轻拥堵、交通事故和停车难等一系列问题。此外,自动驾驶的实现将驾驶者从紧张、劳累中解脱出来,充分享受路途中的社交无线网络。

13.2.3 车联网的关键技术

(1)RFID

RFID(Radio Frequency identification,射频识别)是一种非接触式的自动识别技术,它通过射频信号自动识别目标对象并获取相关数据,识别工作无须人工干预。RFID 应用于车联网的主要优势是该技术可以识别高速运动的多个物体,容易地实现车联网当中结点间的数据传输。当前,RFID 技术已经应用于物流与供应链管理、不停车收费系统中。较之其它的一些传输技术,RFID 还具有数据存储量大、小巧轻便、使用寿命长、防水防磁、安全性好等优点。

(2)中间件技术

中间件技术(Middleware)是当前软件研发领域当中的核心技术,在车联网领域也需要重视 RFID 中间件的研发。RFID 中间件是实现 RFID 硬件设备与应用系统之间数据传输、过滤、数据格式转换的一种中间程序,将 RFID 读写器读取的各种数据信息,经过中间件提取、解密、过滤、格式转换、导入车联网的应用程序当中,并通过应用系统反应在用户界面上,供车联网用户使用。针对车联网当中的不同应用,可以开发不同的 RFID 中间件,如车辆路径导航中间件、紧急事件处理中间件、车辆辅助驾驶中间件、交通信号控制中间件等。中间件技术可以降低应用开发的难度,提高开发效率。

(3)协议转换技术

车联网没有采用传统的 TCP/IP 参考模型,这就决定需要研发新的适用于车联网的网络协议栈。新协议的研发也应参考 OSI 网络分层的思想,依据车联网的体系结构逐层进行探讨。新协议的研发应该引入当前的最新研究成果,同时结合车联网的实际特点,注重协议的运行效率。车联网还需要接入 Internet,这就需要研究协议转换的问题,使车联网与 Internet 的数据实现互通。车联网的网络协议也包括网络控制、数据安全传输等方面的内容。

(4)智慧技术

车联网应该是一种智慧化的新型网络,需要在车联网当中采用一些先进的智慧技术。通过使用智慧技术,可以使车辆具备一定的智慧性,主动感知环境的变化、实时交通状况甚至是驾驶员的需求等。智慧技术研究的主要内容包括人工智能理论、智能控制系统、信号处理识别、信息融合等方面的内容。无人驾驶智能车、交通智能导航等应用都要以智慧技术的运用为基础。

(5)安全技术

构建安全、可靠的车联网应用系统是研究的热点及难点技术,安全性和可靠性将决定车联网的推广普及程度。车联网的开放性、包容性等带来了一些不可避免的安全隐患,车联网的复杂恶劣的应用环境对可靠性提出极高的要求。车联网应该具有防御网络攻击、保护个人隐私、确保数据传输准确等方面的能力。

13.3 交通工具变革

电子技术、信息技术的快速发展,人类社会正从工业经济时代逐步步入知识经济时代。在知识经济时代,原有的产业结构将发生变化、重组,各种运输资源的比例也将进一步调整,知识和信息将在这一时代发挥主导性和决定性的作用。交通运输业与信息业联系紧密,计算机、网络、通信卫星和光导纤维等最新信息技术的应用,进一步提升了运输体系的现代通信、控制和组织指挥系统的功能。全球卫星定位系统的出现为载运工具的移动提供了全新的定位和导航方法,被广泛应用于航海、航空、地面运输领域,大大提高了载运工具的安全可靠性。因此,交通运输业必须根据这种变化去更新和调整内部的运力结构和组织方式,以适应时代的需要。

13.3.1 无人驾驶智能车

(1)无人驾驶智能车的概念

无人驾驶智能车,也叫无人车,是指在车内没有驾驶员的情况下,通过无线遥控或者自身程序来控制汽车的行驶状态和路径线路等状态参数,从而实现无人驾驶的技术。无人车是通过在车内安装一种由计算机系统控制的智能驾驶仪对车辆进行驾驶,它可以通过进行自主识别、报警、停车并且保持距离来发现道路障碍。无人车具有能够在复杂的道路环境下,根据预先给定的行驶路线和实际的交通状况进行独立智能的操控车辆,使车辆能安全的行驶在预定路径上的特点。

(2)无人驾驶的意义

无人车在汽车的安全、舒适、适应方面以及提供优质的人机界面方面都有了显著提高,在不久的将来会成为智能交通系统的一个重要分支,也将会是世界各国研究的热点以及汽车工业的助推手,无人车在交通运输行业有着广泛应用。

(3)无人车的应用

①无人车在智能交通系统上的应用

无人车在智能交通系统上的应用是最典型的,无人驾驶功能的研究对提高交通的智能化有重大意义。无人车可以为驾驶人员减轻很多负担,它不但能适应多变的天气,还能降低交通事故的发生率,同时能够充分利用道路网络,提供相关方法用来解决交通问题,缓解交通拥堵。

②无人车在货物运送上的应用

无人车可以在很多人类难以完成的环境中工作,比如说码头,仓库等运送物资的部门。例如在无人车技术应用到的自动化仓库,它在通过无人车运送货物的时候就可以极大提高送货效率,而且也免去了人体和有害物质的接触,能够完成在有毒环境下的任务。

13.3.2 新能源汽车

现阶段,世界各国都受到环境污染和石油紧缺的影响,各国纷纷出台限制汽车排放污染的种种法律、法规和政策,呼吁要尽快推出节能汽车或清洁能源汽车,来摆脱面前的困境。现今已投入使用和正在研究开发的新能源汽车主要有:天然气汽车、电动汽车(包括纯电动汽车、混合动力汽车、燃料电池汽车)、太阳能汽车、二甲醚汽车和生物柴油汽车等。在新能源汽车当中,现今应用最普遍的是燃气汽车,全球的新能源汽车总数大概在600多万辆,这其中的80% ~90%都是燃气汽车,而其他种类的新能源汽车,例如氢气汽车、电动汽车等仍然处于研发阶段。

目前已投入使用的新能源汽车有天然气汽车、电动汽车、太阳能汽车、生物燃料、二甲醚汽车等,各种新能源汽车的优缺点及现状前景,见表13-1。

新能源汽车的优缺点、现状与前景比较表 表13-1

类型	优　点	缺　点	现状与前景
天然气汽车	1. 天然气储存量丰富,在相当长的时间内来源有充足保障; 2. 排放污染物少; 3. 天然气辛烷值高; 4. 天然气价格便宜; 5. 天然气的技术成熟	1. 非再生资源,不能作为根本性的替代能源; 2. 天然气储运不便; 3. 建加气站网络要求投资强度大; 4. 气态天然气的能量密度较小; 5. 动力性有所下降; 6. 单烧天然气时须设计发动机	在许多国家获得广泛使用并被大力推广,已有约150万辆; 在短期内将成为营运车辆的主流
电动汽车	1. 电能来源丰富、广泛; 2. 电动车无污染并且噪声很小; 3. 结构大大简化,维修方便	1. 续驶里程短、动力性差; 2. 电池重量大、寿命短、成本高; 3. 充电间隔短、时间长; 4. 电池制造有污染,废弃电池若处理不当污染严重	处于试验研究阶段,还需要一定的时间解决技术难题和降低成本; 有希望成为未来汽车的主体
太阳能汽车	1. 是最清洁、最有发展前景的绿色环保汽车; 2. 零排放、低噪声、能源补充来源广	1. 太阳能的采集与转换问题没有得到解决; 2. 制价太高	汽车及石油公司缺少生产推广太阳能汽车的内在需求; 有希望成为未来汽车的组成部分
生物燃料	1. 可利用生物、煤炭制取,来源有长期保障; 2. 储运方便	乙醇燃料的来源是瓶颈问题	可以作为能源的一种补充,在某些国家和地区可能保持较大的比例

续上表

类型	优　点	缺　点	现状与前景
二甲醚汽车	1. 易于储存与输运； 2. 价格便宜	二甲醚本身很清洁，但煤炭转化为二甲醚时将会产生大量的二氧化碳，不利于环保	目前没有形成市场； 有希望成为未来汽车的重要组成部分

13.3.3 新型轨道交通

1）云轨

（1）云轨的概念

云轨是跨座式单轨，类似于“空中小火车”，速度可以达到80km/h。相比地铁，云轨具有速度高、造价低的优势，其造价成本仅为地铁的1/5，建设周期也只有地铁的1/3。云轨可以从城市建筑群中穿过、独立路权、景观性好，能较好地适应城市生态环境。在城市道路中间的绿化带上搭起深至20～30m、高至10m的双向轨道，列车在其上运行，运能为单向1～3万人/h。

（2）云轨的特点

云轨的轨道梁较为纤细，支柱结构面积小，可以建在道路中央分隔带和较狭窄的街道上，占地面积小。云轨桥梁通透，在空间遮挡小，能提供更充足的光照，景观性好，能更好适应城市生态环境。云轨采用预制轨道梁，整体建造周期一般为2年，是地铁用时的1/3，建造周期较短。与地铁采用钢轨体系不同，云轨的转向架采用的是橡胶胎及空气弹簧，云轨的车体震动较小，且运行噪声低于钢轨系统。噪声可控制在城市噪声标准内，轨道可以架设在建筑丛中，穿梭而过。云轨的造价低：工程量适中、拆迁少并且以高架为主，这使得其总造价为地铁的1/5。

（3）云轨的适用性

根据在同一个城市中不同区域、不同路段的差别，云轨主要分为两类：①比亚迪A型线，用于干线。适用于机场、火车站、地铁等专用线路的接驳站点、市区公共交通干线、以及城市综合交通系统的组成部分。A型线的特点是交通流量大、承载人群多，A型线的站点可以灵活设置，能够连接卫星城和周边城市，连接医院、学校、旅游景点，乃至商场、大型居民社区等。②比亚迪C型线，用于深入社区。这种C型线路靠近住宅、商场、医院、学校、公交站、地铁站等。由于占地面积小等特性，C型线路的观景性较强。

2）自动导向交通

（1）自动导向交通的概念

自动导向交通（Automated Guideway Transit，AGT）系统是指利用导轨导向、完全自动控制沿着具有专用权的固定轨道载运人员运行的新型中小运量轮轨交通系统。新交通系统最早出现在美国，当初多为一种穿梭式往返运输乘客的短距离交通工具，曾被称为“水平电梯”（Horizontal Elevators）或称为“空中巴士”（Sky Bus）、“快速交通”（Transit Expressway）。在逐渐发展成一种城市客运交通工具后，一般称为“客运系统”（People Mover System）。后来日本和法国又作了技术改造和发展，并使其成为一种中运量城市客运交通系统。

（2）自动导向交通的特点

自动导向交通由于全自动化运作，以及车辆体型相对短小、重量轻和其构造简单的特点，使其具有许多一般中运量轮轨交通难以相比的优点。计算机控制的自动导向交通,可以使行车间隔缩小至1min,实现高密度、小编组、安全快速运行,克服了常规地面交通运行密度高但速度不快,地铁等轮轨交通速度快而难以达到高密度运行的缺点,可使乘客快速、准点、安全地到达目的地,进一步提高了客运服务质量。

自动导向交通系统比其他轮轨交通系统的输送能力小,但建设费用较低,并且由于使用了橡胶轮胎,噪声较小,因此,在日本已经成为深受欢迎的新型交通系统,填补了铁路与公交之间的运量空隙。列车采用电力牵引,不会产生废气污染。采用橡胶车轮,对车内和周围环境产生的噪声和振动影响都非常小。

自动导向交通这种交通制式也存在一些缺点,由于采用橡胶车轮在表面粗糙的板式轨道上行驶,磨耗较大,不如一般轨道交通采用的钢轮钢轨那样经久耐用,车轮使用寿命相对较短,同时运行能耗也相应加大。此外,该系统采用充气橡胶车轮,还需要有预防爆裂和发生爆裂后的安全措施和装置。露天的线路,在雨雪天行车易打滑。自动导向交通采用的充气橡胶车轮,其载客能力相对较低。

(3)自动导向交通的适用性

自动导向交通除作为城市中低运量的轮轨交通外,还可以用于运行距离短、行车密度高、客运量较大的接驳运输,如用于机场、博览会和游乐园等场合的内部交通等。对于客流变化很大的线路,如沿线有突发性客流的场所,像剧院、展览会等,自动导向交通以其行车安排和调度的灵活性和科学性,可以迅速补添车次或改变列车编组,以满足和适应及时运送乘客的需要。列车爬坡能力较强、能通过较小半径的曲线的特点,使自动导向交通可以适应复杂的地形,如地势起伏加大的地区或可占用空间较小的老城区,并在城市内易避开现有的建筑物,减少拆迁工程量,降低建设成本和保护有价值的历史文化建筑。

13.3.4 集装箱运输

集装箱运输方式的产生是运输业的革命,克服了普通件杂货运输存在的装卸效率低、货损货差率高、包装要求高、货运手续繁杂、运输服务质量低等缺点。集装箱运输使流通过程中的每一个环节都发生了根本性的变革,是一种高效率、高效益、高质量的运输组织方式。

发达国家出口结构更趋高级化,高、精、尖端和附加值比较高的产品比例不断提高,适箱货源增加,从而促使集装箱运量不断增长,使集装箱运输持续发展。在未来一定时期内,以下5个方面将发生较大变化:

①集装箱运输将日益普遍。海运、陆运甚至空运货物的集装化比率在逐步提高,发达国家基本上实现集装箱化(>80%),发展中国家逐步逼近50%,集装箱运输重心逐步从欧美地区向亚太地区转移。

②集装箱船舶向大型化发展。在货源充足的条件下,为了降低单位运输成本,实现规模经济效益,海上运输干线的集装箱船向大型化发展,20世纪70年代平均955TEU/艘,20世纪90年代末达到5 000~6 000TEU/艘。

③多式联运将进一步完善。由于多式联运经营人的形成和发展,货物运输逐步由单一的运输方式向水路、公路、铁路、航空等多种运输联合方向发展。

④联合经营体制将更盛行。各国间的船舶公司逐步向联盟方向发展,例如,世界主要远洋航线联盟集团重新组合,建立全球联盟体,自1996—1998年,马士基、海陆船公司联盟第六

条航线,并以香港、高雄、新加坡为枢纽港,连接亚洲区域与北美的海运贸易。

⑤集装箱港口集疏运要求提高。由于集装箱船舶向大型化发展,建设大型深水中转枢纽港将更为重要和迫切,港口的中转作用可吸引大量中转集装箱,使得集装箱吞吐量上升,要求提高集装箱港口的接卸能力和集疏运能力,满足船舶对进出口港道和码头前沿水深的要求,配备高效、合理的装卸工艺系统,完善沿海支线运输系统和畅通的内陆集疏运系统。

13.4 现代物流

现代物流是为了满足消费者需要而进行的从起点到终点的原材料、中间过程库存、最后产品和相关信息有效流动和存储计划、实施和控制管理过程。物流管理主要包括运输、储存、包装、装卸、配送、流通加工以及信息处理等活动。"高质量管理 + 优质服务 + 高效、快速、安全"是物流业赖以生存的基础,综合物流突出了服务客户,令顾客满意的宗旨。根据客户个性化的要求,推出了以满足基本服务水平和特定客户要求相结合的全方位战略,即以低成本满足基本要求,而以特殊服务满足特定客户的个性化需求。

13.4.1 第三方物流

第三方物流(Third Party Logistics,TPL)的概念源自于管理学中的资源外包,是指企业动态地配置自身和其他企业的功能和服务,利用外部的资源为企业内部的生产经营服务。第三方物流是相对"第一方"发货人和"第二方"收货人而言的,是由第三方物流企业来承担企业物流活动的一种物流形态。TPL 既不属于第一方,也不属于第二方,而是通过与第一方或第二方的合作来提供其专业化的物流服务,它不拥有商品,不参与商品的买卖,而是为客户提供以合同为约束、以结盟为基础的、系列化、个性化、信息化的物流代理服务。

随着信息技术的发展和经济全球化趋势,越来越多的产品在世界范围内流通、生产、销售和消费,物流活动日益庞大复杂,第一、二方物流的组织和经营方式已不能完全满足社会需要。同时,为参与世界性竞争,企业必须确立核心竞争力,加强供应链管理,降低物流成本,把不属于核心业务的物流活动外包出去。于是,第三方物流应运而生。最常见的第三方物流服务包括设计物流系统、电子数据交换技术、报表管理、货物集运、选择承运人、货代人、海关代理、信息管理、仓储、咨询、运费支付、运费谈判等。由于服务业的方式一般是与企业签订一定期限的物流服务合同,第三方物流也被称为合同契约物流。第三方物流内部构成一般分为两类:资产基础供应商和非资产基础供应商。对于资产基础供应商而言,有自己的运输工具和仓库,通常进行物流操作。非资产基础供应商是管理公司,提供人力资源和先进的物流管理系统,专业管理顾客的物流功能。从发达国家物流业的发展状况看,第三方物流在发展中已逐渐形成鲜明特征,突出表现在以下 5 个方面。

(1)关系合同化

第三方物流是通过契约形式来规范物流经营者与物流消费者之间关系的,物流经营者根据契约规定的要求,提供多功能、全方位、一体化的物流服务,并以契约来管理所有提供的物流服务活动及其过程。第三方物流发展物流联盟是通过契约形式来明确各物流联盟参加者之间的权责相互关系。

（2）服务个性化

第三方物流需要根据不同物流消费者在企业形象、业务流程、产品特征、顾客需求特征、竞争需要等方面的不同要求，提供针对性强的个性化物流服务和增值服务。其次，从事第三方物流的经营者也因为市场竞争、物流资源、物流能力的影响需要形成核心业务，不断强化所提供物流服务的个性化和特色化，以增强物流市场竞争能力。

（3）功能专业化

第三方物流所提供的是专业物流服务，从物流设计、物流操作过程、物流技术工具、物流设施到物流管理都必须体现专业水平，这既是物流消费者的需要，也是第三方物流自身发展的基本要求。

（4）管理系统化

第三方物流应具有系统的物流功能，是第三方物流产生和发展的基本要求，第三方物流需要建立现代管理系统才能满足运行和发展的基本要求。

（5）信息网络化

信息技术是第三方物流发展的基础物流服务过程中，信息技术发展实现了信息实时共享，促进了物流管理的科学化、极大地提高了物流效率和物流效益。

13.4.2 第四方物流

第四方物流（Fourth Party Logistics，FPL）是1998年美国埃森哲咨询公司率先提出的，是专门为第一方、第二方和第三方提供物流规划、咨询、物流信息系统、供应链管理等活动，并不实际承担具体的物流运作活动。第四方物流是一个供应链的集成商，是政府为促进地区物流产业发展而搭建的物流平台，提供共享及发布信息服务，是供需双方及第三方物流的领导力量。

与第三方物流注重实际操作相比，第四方物流更多关注整个供应链的物流活动，这种差别主要体现在以下四个方面。

（1）提供供应链解决方案

第四方物流可以提供一整套完善的供应链解决方案，是集成管理咨询和第三方物流服务的集成商。第四方物流和第三方物流不同，不是简单地为企业客户的物流活动提供管理服务，而是通过对企业客户所处供应链的整个系统或行业物流的整个系统进行详细分析后提出具有中观指导意义的解决方案。第四方物流服务供应商本身并不能单独地完成这个方案，而是要通过物流公司、技术公司等多类公司的协助，经过再造、变革、实施和执行四个层次实施方案。

（2）产生影响增加价值

第四方物流是通过对供应链产生影响的能力来实现自身价值，在向客户提供持续更新和优化的技术方案的同时，满足客户特殊需求。第四方物流可以通过物流运作的流程再造，使整个物流系统的流程更合理、效率更高，从而将产生的利益在供应链的各个环节之间进行平衡，使每个环节的企业客户都可以受益。

（3）集约综合化

第四方物流的经营集约化通过专业化和规模化运营使物流更快、更省，降低客户物流成本，提高产品的竞争力，这一特征已经成为第四方物流具有强大生命力的重要保证。第四方提供综合性的供应链解决方案，有效地适应多样化、复杂的需求，集中所有资源为客户解决问题。

(4)技术和能力要求全面化

第四方物流需要更多的技术和能力，如制定供应链策略、设计业务流程再造、具备技术集成和人力资源管理的能力，在集成供应链技术和外包能力方面处于领先地位，具有较雄厚的专业人才队伍，具有管理和组织多个不同的供应商的能力等。

13.4.3 物流系统平台建设

物流系统平台是指物流企业、物流需求企业、政府及其他相关部门提供物流信息服务的公共的商业性平台，其本质是运用先进的信息技术和现代通信技术所构建的具有虚拟开放性的物流网络平台。

物流系统平台通过对交通流背景资料、物流枢纽货物跟踪信息、政府部门间信息等进行收集、分析及处理，对物流企业信息系统完成车辆调度、货物跟踪及运输计划制定等提供支撑功能，为政府提供宏观决策支持功能。物流系统平台为企业提供单个企业无法完成的基础资料收集，并对其进行加工处理；为政府相关部门公用信息的流动提供支撑环境。通过共用信息平台保障物流信息的畅通，整合现有企业物流信息资源，优化行业物流运作，实现社会物流系统整体效益的最大化。

物流系统平台的作用主要包括以下5个方面。

(1)整合物流信息资源

物流系统平台最重要的作用就是整合各物流信息系统的信息资源，完成各系统之间的数据交换，实现信息共享。物流系统平台可以担负信息系统中公用信息的中转功能，各个承担数据采集的子系统按一定规则将公用数据发送给系统平台，由系统平台进行规范化处理后存储，根据需求规划，采用规范格式将数据发送出去。

(2)整合社会物流资源

物流系统平台可以加强物流企业与上下游企业之间的合作，优化供应链。当合作企业提出物流请求时，物流企业可通过物流系统平台迅速建立供应链接，提供相关物流服务。这有利于提高社会大量闲置物流资源的利用率，起到调配物流资源、优化供应链、理顺经济链的重要作用，产生较好的经济社会效益。

(3)有利于物流系统优化

物流系统平台可以减少物理信息的传递层次和流程、提高物流信息利用率，以最短的流程、最快的速度、最小的费用完善物流系统的正常进行，实现全社会物流系统运行的优化，有效降低物流成本。

(4)有利于提高物流技术和服务水平

物流系统平台通过政府和社会各界的力量，能够实现单个或几个企业所不能实现的技术，有利于推动物流系统先进技术的发展，与物流先进地区接轨。解决行业信息互通、企业间信息沟通、企业与客户之间交流问题，从根本上提升整个区域物流服务水平。通过开放、安全、可靠的实时物流信息，物流系统平台可以支撑用户使用运输优化工具来进行动态运输线路选择和实时调度等。

(5)推动电子商务的发展

物流系统平台的建设，有利于实现与电子商务 B to C 或 B to B 系统的对接。随着电子商务交易系统建设的深入，如何为其配置电子化的物流系统已成为关键问题，而物流系统平台是解决这一问题的较佳方案,可以为电子商务提供更好的物流服务,促进电子商务发展。

13.5 真空管道运输系统

(1)真空管道的概念

真空管道运输(Evacuated Tube Transport,ETT)是一种无空气阻力、无摩擦的全新运输系统,其基本原理是在地上或地下建设大型管道,管道中铺设磁浮轨道并抽成一定真空,让磁悬浮车在此真空管道中运行,行车阻力、能耗和噪声将大幅度降低,符合环保要求,速度超过任何汽车、火车和飞机。真空技术、设备和配件是真空管道运输系统必不可少的组成部分,在整个系统中占很大比重。真空管道运输系统的建设与应用,将给真空产业创造巨大的市场空间,是真空产业、真空科学与技术发展的新机遇。

(2)真空管道运输系统的基本结构及特点

真空管道运输线路由双方向的两根管道组成,可以走地上、地下或者高架。两根管道可以平排,也可竖排。管道内径1.5~2.0m,并抽成一定的真空。沿线每隔一定距离设置真空泵站以及车站等。

真空管道运输系统采用先进的真空技术,在同样的设计输送能力下,其断面可以比高速铁路小很多。最新研究资料表明,真空管道运输所需能耗不到当前运输方式能耗的2%,速度更快、安全性更高。真空管道运输的运营费用相当便宜,以连续方式运行,基本不受天气条件的影响。建设真空管道比建设一条公路对环境造成的损害减少95%,对资源的消耗也少得多,就每人公里运输量而言,真空管道运输对环境的温室效应只有飞机和小汽车的0% ~2%,对湿地、沼泽地的影响也较小,不会破坏自然水体和蓄水层,具有独特的环保优势。

与现有的交通运输工具相比,真空管道运输具有以下优越性:

①快速

纽约—洛杉矶,45min;华盛顿—北京,2h;本地旅行速度350km/h,城际间旅行速度1000km/h,国际间旅行速度大于4000km/h。

②方便

连续运行,可以在任何时候搭乘、旅行,没有时刻表,不需要遵循交通部门制定的出发时间;没有延迟与停止,到任何目的地均为直达。

③节能高效

在一定速度下,只有当前运输能耗的1%;材料节省达90%。

④清洁

环境友好,使用可再生能源——少量电力,可持续性好,由于管道中抽成真空,自然形成音屏障,以致无任何对外噪声。

⑤安全

消除了相撞的可能性,不受任何气候条件影响,不会因不良天气而中断。

⑥现实可行

所有建设ETT的设备都是现成的,所涉及的各项技术都已投入商业应用。

(3)真空管道运输系统对相关技术的要求

真空管道运输系统中,管道不仅要防水、防大气渗漏,承受车辆重力;而且要求承受由于管道内外气压差形成的额外压力,要求密封良好,保证管道内真空环境不被破坏。因此,要选择密封性和力学性能均较好,但价格较低的管道材料。如果建在地下,可采用密封性能良好的混凝土衬砌或适当的工艺进行处理。

管道与管道之间的接头处,必须密封严实。管道沿线有许多抽气泵站,要为维修、检查、紧急情况等预留开口。运行的磁浮车辆中必须是适宜人乘坐的大气环境,由于管道中是真空状态,因此,磁浮车辆必须具有良好的密封。真空管道运输系统在运行过程中一旦出现事故,正在行进中的车辆要能够及时停车。如果是车辆内部供氧系统故障,需要保证在短时间内使车内得到空气。因此,沿线需要设置紧急进气孔,当出现险情时,进气孔自动打开,空气进入管道内。

高温超导磁悬浮车是磁悬浮车的很有发展前景的一种模式,也很适合于真空管道运输系统。目前的高温超导磁悬浮车需要使用液氮及杜瓦容器,如果杜瓦开口跟车体舱内相联,则不会对管道真空环境造成影响,但车辆设计时要考虑氮气的回收问题。如果杜瓦开口直接通向真空管道,挥发的氮气会影响管道内真空环境,在计算抽气速率时要考虑排放到真空管道中的氮气。

【复习思考题】

1. 简述智慧交通运输系统的内涵及特点。
2. 什么是车联网?有哪些典型的应用?
3. 试述新能源汽车的优缺点、现状与前景。
4. 简述未来主要的新型轨道交通方式及其适用性。
5. 什么是现代物流?第三方物流与第四方物流的区别体现在哪些方面?
6. 试述真空管道运输系统的适用性和发展前景。
7. 未来交通运输发展新趋势是什么?主要体现在哪几个方面?有什么特点?

参 考 文 献

[1] 沈志云，邓学钧. 交通运输工程学[M]. 北京:人民交通出版社，2003.
[2] 姚祖康. 交通运输工程导论[M]. 北京:人民交通出版社，2008.
[3] 邓学钧，刘建新. 交通运输工程导论[M]. 北京:清华大学出版社，2009.
[4] 王炜，过秀成. 交通工程学.[M].2 版. 南京:东南大学出版社，2011.
[5] 冯树民. 交通运输工程学[M]. 北京:知识产权出版社，2004.
[6] 刘南. 交通运输学[M]. 杭州:浙江大学出版社，2009.
[7] 胡思继. 交通运输学[M]. 北京:人民交通出版社，2011.
[8] 于英，周卫琪，陆颖等. 交通运输工程学[M]. 3 版. 北京:北京大学出版社，2012.
[9] 王振军. 交通运输系统工程[M]. 南京:东南大学出版社，2008.
[10] 杨浩. 交通运输概论[M].2 版. 北京:中国铁道出版社，2009.
[11] 刘舒燕. 交通运输系统工程[M]. 北京:人民交通出版社，2011.
[12] 陈大伟，李旭宏. 运输工程[M]. 北京:人民交通出版社股份有限公司，2014.
[13] 顾保南，赵鸿铎. 交通运输工程导论[M]. 北京:人民交通出版社股份有限公司，2014.
[14] 王炜. 交通规划[M]. 北京:人民交通出版社，2007.
[15] 过秀成. 城市交通规划[M].2 版. 南京:东南大学出版社，2017.
[16] 中华人民共和国行业标准. JTG B01—2014 公路工程技术标准[S]. 北京:人民交通出版社股份有限公司，2014.
[17] 中华人民共和国行业标准. JT/T 200—2004 汽车客运站级别划分和建设要求[S]. 北京:人民交通出版社，2004.
[18] 中华人民共和国国家标准. GB 50220—1995 城市道路交通规划设计规范[S]. 北京:中国计划出版社，1995.
[19] 中华人民共和国国家标准. GB 50090—2006 铁路线路设计规范[S]. 北京:中国计划出版社，2006.
[20] 中华人民共和国行业标准. TB 10621—2014 高速铁路设计规范[S]. 北京:中国铁道出版社，2014.
[21] 中华人民共和国国家标准. GB 50157—2013 地铁设计规范[S]. 北京:中国建筑工业出版社，2013.
[22] 中华人民共和国国家标准. GB 50490—2009 城市轨道交通技术规范[S]. 北京:中国建筑工业出版社，2009.
[23] 中华人民共和国国家标准. GB/T 30012—2013 城市轨道交通运营管理规范[S]. 北京:中国标准出版社，2013.
[24] 中华人民共和国国家标准. GB/T 50186—2013 港口工程基本术语标准[S]. 北京:中国计划出版社，2013.
[25] 中华人民共和国行业标准. JTS 165—2013 海港总体设计规范[S]. 北京:人民交通出版社，2013.
[26] 中华人民共和国行业标准. JTJ 212—2006 河港工程总体设计规范[S]. 北京:人民交通出版社，2006.

[27] 中华人民共和国行业标准. JTS 181—2016 航道工程设计规范[S]. 北京:人民交通出版社, 2016.

[28] 中华人民共和国行业标准. JTJ/T 204—1996 航道工程基本术语标准[S]. 北京:人民交通出版社, 1996.

[29] 中华人民共和国国家标准. GB 50139—2014 内河通航标准[S]. 北京:中国计划出版社, 2014.

[30] 中华人民共和国行业标准. JTJ 305—2001 船闸总体设计规范[S]. 北京:人民交通出版社, 2001.

[31] 中华人民共和国国家标准. GB 50251—2015 输气管道工程设计规范[S]. 北京:中国计划出版社, 2015.

[32] 中华人民共和国国家标准. GB 50253—2014 输油管道工程设计规范[S]. 北京:中国计划出版社, 2014.

[33] 中华人民共和国住房和城乡建设部. 城市综合交通体系规划编制办法(建城[2010]13号)[S]. 2010.

[34] 中华人民共和国住房和城乡建设部. 城市综合交通体系规划规范(征求意见稿)[S]. 2016.

[35] 中华人民共和国住房和城乡建设部. 城市综合交通体系规划编制导则(建城[2010]80号)[S]. 2010.

[36] 中华人民共和国行业标准. CJJ 37—2012 城市道路工程设计规范[S]. 北京:中国建筑工业出版社,2012.

[37] 中华人民共和国国家标准. GB 50647—2011 城市道路交叉口规划规范[S]. 北京:中国计划出版社,2011.

[38] 中华人民共和国行业标准. 城市道路公共交通站、场、厂工程设计规范(CJJ/T 15—2011)[S]. 北京:中国建筑工业出版社,2011.

[39] 中华人民共和国国家标准. GB 50156—2012 汽车加油加气站设计与施工规范[S]. 北京:中国计划出版社,2012.

[40] 中华人民共和国住房和城乡建设部. 城市步行与自行车交通系统规划设计导则[S]. 2013.

[41] 中华人民共和国国家标准. GB 50490—2009 城市轨道交通技术规范[S]. 北京:中国建筑工业出版社,2009.

[42] 中华人民共和国国家标准. GB 14648—1993 民用航空器飞行事故等级[S]. 北京: 中国标准出版社, 1994.

[43] 中华人民共和国行业标准. JTS 141—2011 水运工程设计通则[S]. 北京:人民交通出版社, 2011.

[44] 中华人民共和国交通运输部. 公路安全生命防护工程实施技术指南(试行)[M]. 北京: 人民交通出版社股份有限公司, 2015.

[45] 中华人民共和国铁道部. 铁路技术管理规程[M]. 北京:中国铁道出版社, 2006.

[46] Highway Capacity Manual 2010 [M]. Transportation Research Board, Washington D. C, 2010.

[47] 过秀成. 公路建设项目可行性研究[M]. 北京:人民交通出版社, 2007.
[48] 陈宽民, 严宝杰. 道路通行能力分析[M]. 北京:人民交通出版社, 2011.
[49] 黄晓明. 路基路面工程[M].4 版. 北京:人民交通出版社股份有限公司, 2014.
[50] 杨少伟. 道路勘测设计[M].3 版. 北京:人民交通出版社, 2009.
[51] 陈峻, 徐良杰, 朱顺应,等. 交通管理与控制[M]. 北京:人民交通出版社, 2012.
[52] 刁心宏, 李明华. 城市轨道交通概论[M]. 北京:城市铁道出版社, 2013.
[53] 姚林泉, 汪一鸣. 城市轨道交通概论[M]. 北京:国防工业出版社, 2012.
[54] 孙章, 蒲琪. 城市轨道交通概论[M]. 北京:人民交通出版社, 2014.
[55] 傅选义, 佟立本. 铁道概论[M]. 北京:中国铁道出版社, 2016.
[56] 张晓东. 铁道工程[M]. 北京:中国铁道出版社, 2012.
[57] 佟立本. 高速铁路概论[M].4 版. 北京:中国铁道出版社, 2016.
[58] 李向国. 高速铁路技术[M]. 北京:中国铁道出版社, 2008.
[59] 陈应先. 高速铁路线路与车站设计[M]. 北京:中国铁道出版社, 2001.
[60] 董锡明. 现代高速列车技术[M]. 北京:中国铁道出版社, 2006.
[61] 韩宝明, 李学伟. 高速铁路概论[M]. 北京:北京交通大学出版社, 2008.
[62] 铁道部运输局. CRH2 型动车组司机手册[M]. 北京:中国铁道出版社, 2007.
[63] 朱惠忠. GSM-R 通信技术与应用[M]. 北京:中国铁道出版社, 2005.
[64] 杨广庆. 高速铁路路基设计与施工[M]. 北京:中国铁道出版社, 2006.
[65] 朱顺应, 郭志勇. 城市轨道交通规划与管理[M]. 南京:东南大学出版社, 2008.
[66] 毛保华,等. 城市轨道交通[M]. 北京:科学出版社, 2015.
[67] 过秀成, 孔哲. 城市轨道交通网络演变机理及生成方法[M]. 北京:科学出版社, 2013.
[68] 周顺华. 城市轨道交通设备系统[M]. 北京:人民交通出版社, 2009.
[69] 顾保南, 叶霞飞. 城市轨道交通工程[M]. 武汉:华中科技大学出版社, 2007.
[70] 张玮. 城市轨道交通概论[M]. 成都:西南交通大学出版社, 2010.
[71] 钱传贤,张凡. 城市轨道交通概论[M]. 成都:西南交通大学出版社, 2007.
[72] 吴胜权. 现代有轨电车工程基础[M]. 北京:机械工业出版社, 2016.
[73] 牟瑞芳,黄振晖. 现代有轨电车概论[M]. 成都:西南交通大学出版社, 2015.
[74] 陆云. 现代有轨电车工程[M]. 成都:西南交通大学出版社, 2015.
[75] 王灏, 田振清, 周楠森. 现代有轨电车系统研究与实践[M]. 北京:中国建筑工业出版社, 2011.
[76] 戴彤焱, 孙学琴. 运输组织学[M]. 北京:机械工业出版社, 2006.
[77] 贺观. 跨座式单轨交通车辆[M]. 成都:西南交通大学出版社, 2016.
[78] 李炎保. 港口航道工程导论[M]. 北京:人民交通出版社, 2010.
[79] 郭子坚. 港口规划与布置[M]. 北京:人民交通出版社, 2011.
[80] 陈家源. 港口通过能力理论与计算方法[M]. 大连:大连海事大学出版社, 2002.
[81] 交通部第一航务工程勘察设计院. 海港工程设计手册[M]. 北京:人民交通出版社, 2001.
[82] 徐金环. 航道整治[M]. 北京:人民交通出版社, 2011.
[83] 周素珍. 港口航道工程学[M]. 北京:中国水利水电出版社, 2000.

[84] 王元战. 港口与海岸水工建筑物[M]. 北京:人民交通出版社, 2013.
[85] 刘晓平, 陶桂兰. 渠化工程[M]. 北京:人民交通出版社, 2009.
[86] 朱金福. 航空运输规划[M]. 西安:西北工业大学出版社, 2009.
[87] 汪泓, 周慧艳, 石丽娜. 机场运营管理[M]. 2 版. 北京:清华大学出版社, 2014.
[88] 谢进一, 石丽娜. 空中交通管理基础[M]. 北京:清华大学出版社, 2012.
[89] 张军. 现代空中交通管理[M]. 北京:北京航空航天大学出版, 2005.
[90] 潘卫军. 空中交通管理基础[M]. 成都:西南交通大学出版社, 2005.
[91] 彭辉, 朱力争. 综合交通运输系统及规划[M]. 成都:西南交通大学出版社, 2006.
[92] 吴兆麟. 综合交通运输规划[M]. 北京:清华大学出版社, 2009.
[93] 过秀成, 涂圣文, 张宁,等. 干线公路与城市结点衔接交通规划方法与应用[M]. 北京:人民交通出版社股份有限公司, 2016.
[94] 陆化普, 陈宏峰, 袁虹,等. 综合交通枢纽规划: 基础理论与温州的规划实践[M]. 北京: 人民交通出版社, 2001.
[95] 过秀成. 交通工程案例分析[M]. 北京:中国铁道出版社, 2009.
[96] 过秀成, 崔莹. 城市步行与自行车交通规划[M]. 南京:东南大学出版社, 2016.
[97] 鲍香台, 何杰. 运输组织学[M]. 南京:东南大学出版社, 2008.
[98] 王长琼. 物流运输组织与管理[M]. 武汉:华中科技大学出版社, 2009.
[99] 过秀成, 严亚丹. 地面公共交通运行可靠性分析与调度控制[M]. 南京:东南大学出版社, 2013.
[100] 交通运输部道路运输司. 城市公共交通管理概率[M]. 北京: 人民交通出版社, 2011.
[101] 宋瑞. 城市公共交通[M]. 北京:北京交通大学出版社, 2014.
[102] 美国交通运输研究委员会. 公共交通通行能力和服务质量手册(原著第 2 版)[M]. 杨晓光,滕靖,译. 北京:中国建筑工业出版社, 2010.
[103] 毛保华. 城市轨道交通规划与设计[M]. 2 版. 北京:人民交通出版社, 2011.
[104] 过秀成, 李家斌,等. 轨道交通运营初期公共交通系统优化方法[M]. 南京:东南大学出版社, 2015.
[105] 过秀成,姜晓红,杨洁. 城乡公共客运发展机理与组织方法[M]. 北京:人民交通出版社股份有限公司, 2016.
[106] 过秀成, 姜晓红. 城乡公共客运规划与组织[M]. 北京:清华大学出版社, 2011.
[107] 过秀成. 道路交通安全学[M]. 2 版. 南京:东南大学出版社, 2011.
[108] 过秀成, 盛玉刚. 公路交通事故黑点分析技术[M]. 南京:东南大学出版社, 2009.
[109] 肖贵平, 朱晓宁. 交通安全工程[M]. 2 版. 北京:中国铁道出版社, 2011.
[110] 冯春祥, 杨松尧. 铁路运输安全管理[M]. 北京:人民交通出版社股份有限公司, 2015.
[111] 交通运输部工程质量监督局. 公路水运工程施工安全标准化指南[M]. 北京:人民交通出版社, 2013.
[112] 王华伟, 吴海桥. 航空安全工程[M]. 北京:科学出版社, 2014.
[113] 冉斌, 陈祥辉, 张健. 智慧高速公路理论与实践总论[M]. 北京:人民交通出版社股份有限公司, 2015.

[114] 冉斌，孙兴焕，何赏璐，等. 智慧高速公路信息采集技术与应用[M]. 北京:人民交通出版社股份有限公司，2016..

[115] 杨兆升. 智能运输系统概论[M]. 北京:人民交通出版社，2003.

[116] 刘小卉. 物流管理信息系统[M]. 上海:复旦大学出版社，2006.

[117] 陈欣. 机场空侧容量评估与优化方法研究[D]. 南京:南京航空航天大学，2007.

[118] 孟国连. 区域性运输通道布局规划的方法及应用研究[D]. 北京:北京交通大学，2010.

[119] 熊巧. 区域综合交通网络布局优化与决策研究[D]. 成都:西南交通大学，2015.

[120] 汪鸣泉. 面向广域交通的综合枢纽规划研究[D]. 上海:同济大学，2008.

[121] 金石. 我国现代物流产业结构与发展趋势研究[D]. 上海:大连海事大学,2012.

[122] 吴会敏. 我国新能源汽车的现状及前景分析[D]. 吉林:吉林大学，2015.

[123] Carlos F D. Structure of competitive transit networks [J]. Transportation Research Part B: Methodological. 2010, 44(4): 434-446.

[124] Estrada M, Roca-Riu M, Badia H, et al. Design and implementation of efficient transit networks: procedure, case study and validity test [J]. Procedia-Social and Behavioral Sciences. 2011, 17: 113-135.

[125] 张迦南，赵鹏. 综合运输通道规划方法研究[J]. 北京交通大学学报，2010，34(3): 142-147.

[126] 耿彦斌，孙颖. 基于供需平衡的综合运输通道网络布局方法[J]. 综合运输，2016(01):42-48.

[127] 肖慎，过秀成，明图章，等. 公路网络与城镇发展空间网络适应性分析评价[J]. 土木工程学报，2003，36(7):7-13.

[128] 叶茂，过秀成，王谷. 从单核到组团式结构：带形城市的交通模式演化与选择[J]. 现代城市研究，2010(1): 30-35.

[129] 过秀成，孔哲，杨明，等. 城市交通分区体系建构研究[J]. 现代城市研究,2010(1): 16-20.

[130] 王谷，过秀成. 基于超效率分析的轨道线网规划方案研究[J]. 武汉理工大学学报，2011(6): 1201-1204.

[131] Y. D. Yan, Q. Meng, S. A. Wang, X. C. Guo. Robust optimization model of schedule design for a fixed bus route [J]. Transportation Research Part C. 2012, 25: 113-121.

[132] Liu, Z., Yan, Y., Qu, X., and Zhang, Y. Bus stop-skipping scheme with random travel time, Transportation Research Part C, 2013,35:46-56.

[133] 严亚丹，过秀成,叶茂. 基于 BCC 模型的常规公交线路绩效评估方法[J]. 交通运输系统工程与信息，2010(04):143-147.

[134] Dou X P, Q Meng, X C Guo. Bus Schedule Coordination for the LastTrain Service in an Intermodel Bus-and-train Transpot Network [J]. Tranportation Research Part C: Emerging Technologies,2015,60:360-376.

[135] Jiang X H, X C Guo, B Ran. Optimization Model for Headway of a Suburban Bus Route [J]. Mathematical Problems in Engineering, 2014.

[136] 姜晓红，过秀成，过利超，龚小林．城乡公交线路片区组织的实施条件研究[J]．交通运输工程与信息学报，2014，12(1):28-33.

[137] Liu，P.，Yu，H.，Wang，W.，and Ma，J.，Evaluating the Impacts of Signal Countdown Timers on Queue Discharge Characteristics at Signalized Intersections in China[J]．Transportation Research Record：Journal of the Transportation Research Board，2012，(2286)：39-48.

[138] Liu，P.，Zhang，X.，Wang，W.，and Xu，C.，Driver Response to Automated Speed Enforcement on Rural Highways in China[J]．Transportation Research Record：Journal of the Transportation Research Board，2011(2265)：109-117.

[139] 过秀成，盛玉刚，潘昭宇，等．公路交通事故黑点总体特征分析[J]．东南大学学报(自然科学版)，2007，37(5).

[140] 潘昭宇，过秀成，盛玉刚，等．灰色关联分析法在公路交通事故黑点成因分析中的应用[J]．交通运输工程与信息学报，2008，6(3).

[141] 刘小洋，伍民友．车联网：物联网在城市交通网络中的应用[J]．计算机应用，2012，32(4)：900-904.

[142] 王畅，秦加合，郭明华，等．智能汽车换道控制算法的仿真研究[J]．计算机工程与设计，2013，34(7)：2528-2532.

[143] 王新．大数据时代整车物流信息系统建设[J]．物流技术，2015，12(2)：201-208.

人民交通出版社股份有限公司　公路教育出版中心
交通工程/交通运输类教材

一、专业核心课

1. ◆▲交通规划(第二版)(王　炜) …………… 40元
2. ◆▲交通设计(杨晓光) …………… 35元
3. ◆▲道路交通安全(裴玉龙) …………… 36元
4. ▲交通系统分析(王殿海) …………… 31元
5. ▲交通管理与控制(徐建闽) …………… 26元
6. ▲交通经济学(邵春福) …………… 25元
7. ◆交通工程总论(第四版)(徐吉谦) …………… 42元
8. ◆▲交通工程学(第三版)(任福田) …………… 40元
9. 交通工程学(第三版)(李作敏) …………… 48元
10. ◆交通运输工程导论(第三版)(顾保南) …… 25元
11. 交通运输导论(黄晓明) …………… 43元
12. 交通运输工程学(过秀成) …………… 45元
13. Traffic Enginering 交通工程学(王武宏) ……… 38元
14. Introduction to Traffic Engineering 交通工程总论(杨孝宽) …………… 59元
15. ◆交通管理与控制(第五版)(吴　兵) ……… 40元
16. 交通管理与控制(第二版)(罗　霞) ……… 38元
17. Traffic Management and Control(罗　霞) …… 24元
18. 交通管理与控制案例集(罗　霞) …………… 25元
19. 交通管理与控制实验(罗霞) …………… 22元
20. ◆道路交通管理与控制(袁振洲) …………… 40元
21. ▲道路交通设计(项乔君) …………… 38元
22. 交通调查与分析(第二版)(王建军) ………… 38元
23. ◆交通工程设计理论与方法(第二版)(梁国华) …………… 36元
24. 交通工程设施设计(李峻利) …………… 35元
25. ◆道路交通工程系统分析方法(第二版)(王　炜) …………… 33元
26. 交通工程专业英语(裴玉龙) …………… 29元
27. ◆智能运输系统概论(第三版)(杨兆升) …… 49元
28. 智能运输系统(ITS)概论(第二版)(黄　卫) …………… 24元
29. 运输工程(第二版)(陈大伟) …………… 39元
30. ◆运输经济学(第二版)(严作人) …………… 44元
31. 运输组织(彭　勇) …………… 40元

二、专业选修课

32. 微观交通仿真基础(张国强) …………… 35元
33. ◆道路通行能力分析(第二版)(陈宽民) …… 28元
34. 道路运输统计(张志俊) …………… 28元
35. ◆公路网规划(第二版)(裴玉龙) …………… 30元
36. ◆城市客运交通系统(李旭宏) …………… 32元
37. 城市客运枢纽规划与设计(过秀成) ………… 35元
38. 综合交通枢纽规划理论与方法(何世伟) …… 46元
39. 交通项目评估与管理(第二版)(谢海红) …… 45元
40. 公路建设项目可行性研究(过秀成) ………… 27元
41. 交通组织设计(张水潮) …………… 30元
42. ◆交通运输设施与管理(第二版)(郭忠印) …………… 38元
43. 交通预测与评估(王花兰) …………… 45元
44. 道路交通安全管理法规概论及案例分析(裴玉龙) …………… 29元
45. 交通工程基础方法论(臧晓冬) …………… 38元
46. ◆交通与环境(陈　红) …………… 30元
47. 道路交通环境影响评价(王晓宁) …………… 25元
48. 交通地理信息系统(符锌砂) …………… 31元
49. 高速公路通信技术(关　可) …………… 36元
50. 交通供配电与照明技术(第二版)(杨　林) …………… 36元
51. 信息技术在道路运输中的应用(王　炼) …… 42元
52. 运输市场管理(郭洪太) …………… 38元
53. 交通类专业大学生职业发展与就业指导(白　华) …………… 30元

注:◆教育部普通高等教育"十一五""十二五"国家级规划教材
▲交通工程教学指导分委员会推荐教材、"十三五"规划教材